U0468982

甲午战争与近代中国丛书

国际法视角下的甲午战争

戚其章 著

济南出版社

图书在版编目（CIP）数据

国际法视角下的甲午战争 / 戚其章著 . —— 济南：济南出版社，2024.11. —— （甲午战争与近代中国丛书）.
ISBN 978-7-5488-6819-4

Ⅰ . K256.306

中国国家版本馆 CIP 数据核字第 2024XW1033 号

国际法视角下的甲午战争
GUOJIFA SHIJIAO XIA DE JIAWU ZHANZHENG
戚其章　著

出 版 人　谢金岭
责任编辑　赵志坚　孙亚男　李文文
装帧设计　谭　正

出版发行　济南出版社
地　　址　山东省济南市二环南路 1 号（250002）
总 编 室　0531-86131715
印　　刷　济南新先锋彩印有限公司
版　　次　2024 年 11 月第 1 版
印　　次　2024 年 11 月第 1 次印刷
开　　本　165mm×230mm　16 开
印　　张　28.5
字　　数　363 千字
书　　号　ISBN 978-7-5488-6819-4
定　　价　108.00 元

如有印装质量问题 请与出版社出版部联系调换
电话：0531-86131736

版权所有　盗版必究

出版说明

甲午战争是中国近代史上的重大事件，成为中国近代民族觉醒的重要转折点。2024年为甲午战争爆发130周年。济南出版社隆重推出甲午战争研究专家戚其章先生的"甲午战争与近代中国丛书"，包括《甲午战争》《北洋舰队》《晚清海军兴衰史》《甲午战争国际关系史》《国际法视角下的甲午战争》《甲午日谍秘史》等6册。

《甲午战争》从战争缘起、丰岛疑云、平壤之役、黄海鏖兵、辽东烽火、舰队覆没、马关议和、台海风云等关键事件入手，以辩证的目光对关键问题和历史人物进行评述，解开了诸多历史的谜题。

《北洋舰队》主要讲述了北洋舰队从创建到覆没的全过程，以客观的辩证的历史角度，展示了丁汝昌、刘步蟾、林泰曾、杨用霖、邓世昌等爱国将领的形象，表现了北洋舰队抗击日军侵略的英勇顽强的爱国主义精神。

《晚清海军兴衰史》细致地叙述了晚清时期清政府创办海军的历程，从战略角度分析了北洋海军失败的原因，现在看来仍然振聋发聩。

《甲午战争国际关系史》从国际关系的角度，论述了清政府的乞和心态和列强的"调停"过程，突出表现了清政府的腐败无能和列强蛮横贪婪的真实面目，指出列强所谓的"调停"只是为了本国利益，并非为了和平，清政府的乞和行为是注定不会成功的。

《国际法视角下的甲午战争》把法理研究与历史考究有机地结合起来，把争论百年的甲午战争责任问题放在国际法的平台上，进行全面、系统、客观、公正的整理与评论，是一部具有历史责任感和国际法学术观的著作。

《甲午日谍秘史》对日本间谍在甲午战前及战争中的活动进行揭露和分析，明确这场侵略战争对中国人民造成了严重伤害，完全是非正义的，因此对这场侵略战争中的日本间谍，应该予以严正的批判和谴责。

"甲午战争与近代中国丛书"全面客观地评述了甲午战争的背景、过程和影响，教育引导新时代的我们勿忘国耻、牢记使命，把历史悲痛化为奋斗强国的不竭动力。

甲午战争是一本沉甸甸的历史教科书，让我们在深刻的反思中始终保持清醒，凝聚信心和力量，肩负起时代赋予的光荣使命。

目 录

第一章　日本海外扩张的思想渊源
　　第一节　倡导海外扩张论的鼻祖丰臣秀吉 / 1
　　第二节　江户时代学者的海外扩张论 / 6
　　第三节　"征韩论"之争的实质 / 13
　　第四节　启蒙思想家的"文明论"与"国权"观
　　　　　　——以福泽谕吉为代表 / 31

第二章　"征韩"计划的逐步实施
　　第一节　炮舰外交初试锋芒
　　　　　　——"云扬"号事件与朝鲜开国 / 41
　　第二节　伺机强取在朝鲜驻兵权
　　　　　　——壬午兵变与《济物浦条约》/ 50
　　第三节　参与策动甲申政变与签订《汉城条约》/ 65

第三章　发动大规模侵华战争的前奏
　　第一节　《中日修好条规》谈判和换约的背后 / 91
　　第二节　发兵入侵台湾 / 108
　　第三节　吞并琉球与中日关于琉案的交涉 / 133
　　第四节　甲午战争的"预先约定"
　　　　　　——中日《天津条约》的签订 / 147

第四章　扩充军备与进行大陆作战准备

第一节　大力扩充军备 / 158
第二节　制订"征清"方策 / 164
第三节　甲午战争前日谍的在华活动 / 171

第五章　预谋战争的"陆奥外交"

第一节　日本"六·二出兵"的真实目的与假象 / 190
第二节　英俄对峙与陆奥宗光的"狡狯手段" / 207
第三节　撕毁撤军协议的背景 / 223
第四节　"改革朝鲜内政"提案
　　　　　——陆奥宗光精心设计的"好题目" / 241

第六章　甲午开战的国际背景与战争责任

第一节　日本采取"断然措施"与英国远东政策的偏移 / 256
第二节　从高倡"维护朝鲜独立"到"擒王劫政" / 275
第三节　"高升"号事件与英国政府的态度 / 294
第四节　甲午开战时间与战争责任问题 / 315

第七章　违反战争法规的犯罪行为与战争赔款及掠夺

第一节　日军违反战争法规的暴行 / 335
第二节　旅顺屠杀事件及其性质 / 346
第三节　甲午战争的赔款和掠夺 / 377

第八章　钓鱼岛的主权归属与国际法

第一节　日本窃取钓鱼岛的经过 / 401
第二节　钓鱼岛的历史与主权 / 414
第三节　钓鱼岛主权归属争端的法理评判 / 434

第一章 日本海外扩张的思想渊源

第一节 倡导海外扩张论的鼻祖丰臣秀吉

甲午战争发生于19世纪90年代，即使按当时的国际法准则，任何国家也都不应无端挑起对别国的战争。《万国公法》就强调"师出有名"，反对"黩武"。并指出："各国倘受侵凌，别无他策以伸其冤，惟有用力以抵御报复耳。"[①]《公法会通》也将"无故征伐邻邦"列为"犯公法之案"。所谓"无故"，是从公理来说；而从发动战争的国家来说，就决非无故，而是图利。故又专门规定："邦国不得专为图利而开战。"[②] 这就是说，除非是为了"抵御报复"别国的"侵凌"，为"图利"而发动战争是违反国际法准则的。

日本发动甲午战争，就其侵略思想渊源而言，最早可追溯到几个世纪以前。甲午战争爆发后，日本当局开动宣传机器，煽动战争狂热，当时着力鼓吹对外侵略扩张的一位历史人物，就是丰臣秀吉。1894年创办的《日清战争实记》，从第3编开始连载坪谷水哉的《丰公朝鲜

[①]《万国公法》卷四，同治三年（1864）四明崇古书局铅字本，第1~2页。
[②]《公法会通》卷六，光绪六年（1880）同文馆聚珍版本，第4页；卷七，第3页。

军记》，其小序开门见山地说："我帝国开辟以来，堂堂六师境外从事征讨，自上古神功皇帝征服三韩以后，迄于天智天皇在位，前后460余年间，凡30余次，然征讨三韩之地，即今之所谓朝鲜半岛者，更深入中国本土与之交兵，当时则从未有过。天智朝以来的1220余年间，我兵出国征讨，大收宣扬国威之效者，仅有两次：其一，是文禄、庆长之际丰太阁征韩之役；其二，是此次对清军的讨伐。"这里所说的"丰太阁"，就是丰臣秀吉。对于丰臣秀吉的"功绩"，作者写道：

> 文禄、庆长间，出兵朝鲜前后两次，为时达七年之久，二十万貔貅蹂躏八道之野，几番与明韩联军鏖杀，耀日军威武之辉于异域，永绝邻邦觊觎之念，扬国威，张国权，功莫大焉。是丰太阁雄才伟略所致，流泽后世之民多矣。

并坦言写作《丰公朝鲜军记》的目的，是要"温故知新"，以此"鼓舞振作国民敌忾之气"。① 实际上，当时日本的扩张主义者就是把丰臣秀吉尊崇为旷古英雄，视作自己的榜样和精神支柱的。甲午战前曾一度提倡平民主义、后转向国家主义立场并附和政府对外扩张政策的评论家德富苏峰，也不无得意地指出，丰臣秀吉正是"日本近代帝国主义的急先锋"②。当然，在丰臣秀吉的时代，在日本还没有出现帝国主义，因此对于日本来说，他被称为推行海外扩张政策的鼻祖，是当之无愧的。

丰臣秀吉，原在大名织田信长部下为将，因屡建战功，渐受重用，于

丰臣秀吉

---

① 《日清战争实记》第3编，东京博文馆，1894年，第55~56页。
② 井上清：《日本帝国主义的形成》，人民出版社，1984年，第1页。

1573年被擢为大名。1582年，织田信长于京都被家臣明智光秀袭击而自杀。丰臣秀吉遂代之而起，于1585年任关白，1586年任太政大臣。1590年，丰臣秀吉统一全国。翌年，将关白职让与养子秀次，自称太阁。早在1577年，他即曾同织田信长有一番意味深长的对话：

织田信长曰："汝平定中国（引者按：指日本本州），即以其地封汝。"①

丰臣秀吉拜谢曰："臣借君之威武，迅速平定中国，而君家宿将老臣未取得领土者甚多，宜将中国分予之。臣更拜命征伐九州，亲平该地，并率军进入朝鲜，席卷明朝四百余州，以为皇国之版图。"②

又曰："彼时当以此迎谢殿下。"

织田信长闻言大喜，笑曰："秀吉汝又口出大言！"③ 当时织田信长还以为丰臣秀吉只不过是一场戏言，其实他此时已经萌发了假道朝鲜入侵中国的海外扩张思想。

1587年，丰臣秀吉平定九州后，他的海外扩张野心便公开流露出来。他写信给爱妾浅野氏说："应督促朝鲜王入朝，派急使去对马。在我生存之年，誓将唐（引者按：指中国）之领土纳入我之版图。"④ 此时，宗谱歧守义调与其子对马守义智同谒丰臣秀吉，丰臣秀吉曰："他日征讨朝鲜、大明之日，即命汝为向导。"义调答称："当今之世，殿下威名闻于海内外，谁敢不唯命是从？然对外国发兵，愚以为以德服之为得计。"秀吉称其言为是，不再言语。及义调回到旅舍，义智进言曰："吾熟察太阁之意，即使一时从父之谏，其志大望深，后年必兴讨伐之师，则对州为其先导，岂能辞之？"⑤ 时义智才19岁，竟

---

① 《日清战争实记》第3编，第58页。
② 日本参谋本部编：《日本战史》，朝鲜战役，村田书店，1978年，第11页。
③ 《日清战争实记》第3编，第58页。
④ 《日本战史》，朝鲜战役，第11页。
⑤ 《日清战争实记》第3编，第59页。

被他言中了。

1590年，丰臣秀吉统一全国后，即派义智及筑前圣福寺僧玄苏等赴朝鲜，对朝王晓以利害。于是，朝鲜派大臣黄允吉等为使臣渡日。黄允吉所携朝鲜国王李昖书信，表示"欲速讲信修睦，以敦邻好"之意。然而，丰臣秀吉妄自尊大，回复了一封规劝朝鲜归顺的信。其内称：

> 窃按予事迹，鄙陋小臣也。虽然，当予于托胎之时，慈母梦日轮入怀中；相士曰：日光所及，无不照临，壮年必八表闻仁风，四海蒙威名者，其何疑乎？依有此奇异，作敌心者自然摧灭，战则无不胜，攻则无不取，天下大治，抚育百姓，怜愍孤独，故民富则财足，土贡万倍于古矣。本朝开辟以来，朝廷盛事，洛阳壮丽，莫如今日也。夫人生于世也，虽历长生，古来不满百年焉。郁郁久居此乎？不屑国家之隔，山海之远，一超直入大明国，易吾朝风俗于四百余州，施帝都政化于亿万斯年者，在方寸中。贵国先驱而入朝，依有远虑无近忧者乎？远邦小岛在海中者，后进辈者，不可作许容也。予入大明之日，将士辛临军营，则弥可修邻盟也。予愿无他，只显佳名于三国而已。①

朝鲜国王李昖读罢来书，感到事情非同小可，一面向明朝廷报告，一面作书质问丰臣秀吉："辞旨张皇，欲超入上国，而望吾国为之党，不知此言奚为而至哉？"②

与此同时，丰臣秀吉还致书于琉球王尚宁，曰：

> 吾勃兴于蓬茨，顺武威之运，六十余州既入彀中，殊域遐方来庭者不少，吾将征大明，是天所授也，蕞尔琉球，未通聘帛，

---

① 《日清战争实记》第3编，第60~61页。
② 《日本战史》，朝鲜战役，附文书第6号，第6页。

吾欲遣兵征之，而原田孙七郎（引者按：当时日本长崎的海外贸易商人）以商舶之有利，故屡往来于琉球。此日俾近臣达告吾曰：速赴琉球说本朝征国之旨，则其来享不可疑焉。是故余暂宥之。来春出师之日，速可来谒，若怠而不到，则必遣大兵，烧其城廓，鏖其岛民。①

尚宁得书大惊，急派使臣郑礼前往中国，见福建巡抚赵参鲁，告知丰臣秀吉企图入寇之意。

从1592年开始，丰臣秀吉先后两次大规模派兵进攻朝鲜，前后历时近7年。同年夏，侵朝日军连陷京城、平壤，并俘临海君、顺和君两王子。朝鲜大片国土遭到日军蹂躏。一时的军事胜利，使丰臣秀吉更加得意忘形，其侵略狂想也达到了极端。此前不久，他草拟了一份《二十五条觉书》交给关白秀次，从中可以清楚地看到他企图征服中国和称霸亚洲的狂妄野心。试看下列几点：

（一）令丰臣秀次于翌年占领北京，将大明之关白授与秀次，领有北京周围百县。

（二）准备于后年迁都北京，恭请天皇行幸明都，呈献都城周围百县供天皇"御用"。诸公卿将予采邑。其中下位者将增百倍，上位者将视其人物地位而增。

（三）日本之天皇可由良仁亲王或八条宫亲王继之；关白则由大和中纳言、备前宰相二人中择一人任之。

（四）朝鲜国由岐阜宰相或备前宰相秀家统治。

（五）秀吉居日本船来泊之宁波府，并进而占领印度。②

但是，丰臣秀吉的侵略计划并未如愿以偿。战事的失利使他忧忿

---

① 《日清战争实记》第3编，第61页。
② 《丰臣太阁御书事》，《新订大日本历史集成》第3卷，第1184~1185页。参见水野明：《日本侵略中国思想的检证》，载吴阜、王如绘主编，《甲午战争与近代中国和世界》，人民出版社，1995年，第270~271页。

5

成疾，终至不治。他在临终前吟咏着一首《辞世歌》："吾似朝霞降人世，来去匆匆瞬即逝。大阪巍巍气势盛，亦如梦中虚幻姿。"看来，他真是死不瞑目了。丰臣秀吉作为日本倡导海外扩张论的鼻祖，虽然在失败的哀鸣中死去，但他穷兵黩武、大兴无名之师之举，却使他成为中世纪以来"无故征伐邻邦"的突出典型。后世之穷兵黩武者岂不应引以为戒！

第二节　江户时代学者的海外扩张论

德富苏峰曾经发表过一种见解，认为丰臣秀吉以后，在德川幕府的统治下，日本国民的帝国主义"雄心"暂时受到了压抑，直到18世纪90年代，本多利明才喊出了其"复兴的第一声"；"在下一代的佐藤信渊那里，'日本帝国主义这一只有在皇室中心主义之下才能被有效地和充分地付诸实践的真理'，得到了阐明"。[①] 这种说法，未免低估了丰臣秀吉海外扩张思想流毒的影响。

事实上，早在17世纪中期，即早于本多利明差不多一个半世纪，丰臣秀吉的海外扩张思想便以各种不同的名目宣扬起来。从德川幕府前期开始，这种宣扬活动逐步地加强，而且更带上一定的"理论"色彩。

江户时代的日本学者所鼓吹的海外扩张论，首先是从批判旧的华夷秩序入手，然后再大力宣扬日本中心主义。其代表人物有熊泽蕃山、山鹿素行、本居宣长等。

[①] 井上清：《日本帝国主义的形成》，第1~2页。按：德川家康在日本掌权后，迫皇室封他为征夷大将军，在江户（今东京）开设幕府，故德川幕府统治时期亦可称江户时代。

熊泽蕃山是江户初期的阳明学者。因其学与当时日本官学的朱子学相抵触，熊泽蕃山受到排挤，后被幽禁至死。其主要著作有《集义和解》《大学或问》《源氏外传》等。对于传统的华夷思想，熊泽蕃山有着自己独特的见解。他一方面承认"中夏为四海之师"（《大学或问》），"中夏为天地之中国，位于四海之中"（《集义和书》）；一方面又提出"北狄"问题（引者按："北狄"系指满族），认为"北狄""而今已取中国"，成为日本的"外忧"，"侥幸盼望其不来，殊非武备之道"（《大学或问》）。① 从表面上看来，他对传统的华夷观的批判并不彻底，实际上是巧妙地抽掉了华夷秩序以中国为中心的内核，从而为尔后兴起的日本中心主义思潮提供了依据。

山鹿素行是江户前期的儒学者兼兵法家，比熊泽蕃山小3岁。如果说熊泽蕃山的思想还处于以中国为中心的华夷观向日本中心主义的过渡阶段的话，那么，山鹿素行则一跃而成为日本中心主义的最早倡导者了。他在49岁时所著的《谪居童问》，50岁时所著的《中朝事实》，

山鹿素行

成为他日本中心主义思想形成的标志。1675年，他在自传体著作《配所残笔》中详细地叙述了他抛弃旧的华夷观而达到日本中心主义的过程。他写道："我等以前喜读中国书籍，日夜不辍，而近年则无新书运进。10年以前来自中国之书籍，大都读遍。故不觉间以中国诸事为

---

① 信夫清三郎：《日本政治史》第1卷，上海译文出版社，1982年，第47页。

好，本国系小国，以为万事均不及中国，且圣人亦只能出自中国。此种情况不仅限于我等，古今之学者亦复如此，羡慕并学习中国。近来始有人以此为错误。务必不宜信耳而不信目，舍近而求远。此实为学者之大病。"在他看来，旧的华夷秩序应该翻一下个儿，只有日本"才确实可称为中国之地"，才称得上"中央之国"。因为日本与中国相比，有许多优越之处，其显著者有三：

其一，日本不像中国天下屡易其姓，而是皇统延续不断。中国"自开天辟地以迄大明，天下易姓，垂三十姓"，而日本"自人皇之初，神武帝（引者按：日本传说中的第一代天皇）平均天下，祭祀天神地神之宗庙，表明执政万万世以来，至今已二千五百年"，"其间人皇正统相继，未尝易姓"，因此"虽然四海广大而国家众多，但无堪与本朝相比之国土，即使大唐，亦不如本朝之完美"。

其二，他认为日本地理形势比中国优越得多。中国国土太广，四周没有自然屏障，而且与"四夷相连"，故难以统一。而与此不同的是，"本朝当天之正道，得地之中枢，正对南面之位，背北阴之险。上西下东，前拥数州，有河海之利；后据绝壁，濒临大洋，每州皆可漕运。故四海虽广，犹如一家，万国之化育同于天地之正位，终无长城之劳，亦无戎狄袭扰之虞。更何况鸟兽之美，布缕之巧，金木之工，无不毕备。称叹赞美为圣神，岂虚言哉？"正由于此，日本作为"中央之国"，"屹立巨海，疆域自有天险，自神圣继天立极以来，四夷终亦不得窥伺藩篱，皇统连绵而与天地共无穷"。

其三，从历史上看，日本自古以来就征讨过大陆之"外夷"，并使之朝贡。他大力宣扬传说中的崇神天皇和神功皇后，认为崇神天皇已在朝鲜任那（引者按：庆尚南道之地）建立领地，是为"外夷投化之始"；神功皇后"亲征三韩"，使"三韩面缚而服从，武德炫耀于外"。"此后历代以子弟为质，经常朝贡，如不然，即征伐以惩其不庭"。可见，"此海外诸蕃皆属中央之国。"到1673年，他又写成《武家事纪》，将丰臣秀吉作为神功皇后的后继者来加以颂扬："及秀吉晚年，征伐朝鲜。其勇敢胆略，冠于古今。盖朝鲜为本朝之属国屏藩，自往古神功皇后征伐三韩以来，历代记录皆明载其制。其后，本朝王威衰落，武家尚未如今日之化沾四海。由此朝鲜对本朝亦久绝贡赋，其后声称仅修邻交之好。秀吉遂征伐朝鲜。……显示本朝武威于异域者，神功皇后之后即在秀吉统治之时。"①

这样，山鹿素行比熊泽蕃山大大往前进了一步，提出了要建立一种以日本为"中央之国"的华夷秩序。

继山鹿素行之后，本居宣长对旧的华夷秩序的批判更为严厉。本居宣长，是江户中期的国学者，提出了国学的体系，影响甚大。他一生著述甚丰，有90种，计260余卷。其中，他于1778年所著的《驭戎慨言》，最值得注意。其主要内容可概括为以下几点：

其一，指斥儒者传布华夷思想是犯罪。"儒者心目中，无其他国家能超过唐土，推崇其王为天子，视如天地自然之理，此最最不可理解。"他对此坚决反对，并指出："称其国为中华、中国、上国，等等，一味尊崇；相反，对于我皇国却有意称为东夷，此种行为乃与叛逆之罪人相同。"

本居宣长

其二，批评华夷秩序是中国霸道思想的体现，必须加以制止。他

---

① 信夫清三郎：《日本政治史》第1卷，第49~51页。

说：中国"以其国土广阔，势力强大，对于邻近诸小国之王呼以种种名称，使之服从。自称为天子，妄自尊大；呼己国为中国，蔑视其他各国为夷狄。安自傲慢，一似天地间无可与相比者。此皆此首领之个人私事，而对其畏服之邻近诸国王接受其规定，尊之为天子，仰之为中国。自古及今，人皆为其表面之美好与词句之华丽所欺骗，深信此为当然之理"。他认为华夷秩序必须推倒，"自今以后，如彼国有罪而我加以征伐，则此种人心目中将认为，汝等夷狄之辈，竟敢反抗天子而弯弓相向，实属不敬。唯有顺从，才是正道。此实不祥而又不合道理之事！由此言之，经常认为彼国应受尊敬，此不仅毫无道理，亦实为关系国家大局之极为邪恶之事也。应反复禁止之"。

其三，必须建立以日本为中心的华夷秩序，要各国前来朝贡。他追溯了"外国诸种朝贡"的历史，认为崇神天皇时"自任那之国遣使来贡献贡品"，"正可谓外国前来参谒之始"，"追思往昔，此朝鲜与今之琉球等相同，乃向我皇国称臣而事奉我朝之国"。他还进一步叙述丰臣秀吉之"征朝鲜，其意无疑在于讨伐明朝"，以致"讨平朝鲜国之威势，使各国以至于中国更加畏惧"。因此，"由皇国观之，无论蒙古或明朝，不过同为戎狄耳"。据此，他设想了以日本为中心的华夷秩序情景：

> 如此，自东照宫大神（引者按：指德川家康）治理天下以来，断绝与中国之无益的关系，愈加尊崇本国天皇。恩惠所及，世上犹如春日明净，山野花草繁茂，万事渐复于古，成为诚足庆幸日益繁荣之时代。遥远各国皆来进贡，中国虽无国交，但其方物则每年百船千舶自然积载而来，为数极多，万物无不足者。大将军之威势照耀于天地之间。彼国国王遂照理称臣，顺服于我，可庆可敬。

本居宣长同山鹿素行一样，都是主张建立一个以日本为中心的华夷秩序。在这一秩序下，日本是"中央之国"，琉球、朝鲜等国皆为日本之藩属，中国则等同"戎狄"。这是他们的共同点。但是，本居宣长比山鹿素行更具侵略野心，他主张在中国"有罪"时"加以征伐"。这确如日本学者所指出"隐秘着向国外扩张的冲动"[①]。

在日本中心主义思想的影响下，江户后期学者开始提出建立"大日本帝国"的构想。其主要代表人物是本多利明和佐藤信渊。

本多利明是江户后期的经世思想家，其主要著作有《经世秘策》《西域物语》等。这些书皆写成于1798年前后。他认为，日本要想成为"大国"，必须实行"开拓制度"。试看"欧洲各强盛国家，其本国虽小，但多有属国，亦堪称大国"。因此，对于日本来说，"无论东洋或西洋皆有可属于日本之诸岛"，"即使侵犯他国，也应由此而增强本国，是乃国务"。他和比他大6岁的林子平一样，都特别推崇俄国女皇叶卡捷琳娜二世（E Katerina Ⅱ）。林子平说过："此女皇有志于成为一统五洲之皇帝，布德张武，于今虽经数代而其令不弛，可谓文武双全之栋梁。"本多利明更把她视为"贤君明主"，足为一切君主之楷模。同时，他还把英国看作理想的国家，因为英国与日本同属海国，然而，它"本国小"而"属国多"。他的希望是："东洋有大日本岛，西洋有英吉利岛，在全世界，两者并列为人富大强之国。"为实现此目的，他在《经世秘策》一书中建议：把日本国号改为"古日本"，首都迁到与伦敦同一纬度的堪察加，在与巴黎同一纬度的库页岛地方建筑大城郭，更加发展与大陆滨海边疆区和满洲的贸易，以完成与英国东西并峙的"大日本帝国"。[②]

---

① 信夫清三郎：《日本政治史》第1卷，第52~54页。
② 信夫清三郎：《日本政治史》第1卷，第74、76~77页。

佐藤信渊是江户后期的改革思想家，著有《经济要略》《宇内混同秘策》《吞海肇基论》《防海余论》等多种。其中，以1823年所写的《宇内混同秘策》一书最令世人瞩目，宣称："皇大御国乃天地间最初成立之国，为世界各国之根本。"根据这一狂言谬说，他认为，"皇国""合并世界各国"和"号令世界各国之天理"，是不言而喻的。① 不过，他又指出，"合并世界各国"，不能不讲究方略，"故此书先详述略取中国之方略"。其故安在？盖"皇国日本之开辟异邦，必先肇始自吞并中国"。而征服中国，必先取满洲。因为"凡经略异邦之方法，应先自弱而易取之地始之。当今之世界万国中，皇国易取易攻之土地，无比中国之满洲为更易取者"。故征服满洲，"不仅在取得满洲，而在图谋朝鲜及中国"。并建议：日本天皇亲征，"取南京应天府，定为假皇宫"。在他看来，只要征服了中国，世界各国必纷纷来归。"中国既入版图，其他西域、暹罗、印度诸国，侏离缺舌、衣冠诡异之徒，渐慕德畏威，必稽颡匍匐，隶为臣仆。"② 佐藤信渊的"宇内混同"论后来便成为日本军国主义海外扩张计划的"原型"，他本人的思想和主张则是名副其实的"大东亚共荣圈思想的先驱"。

由上述可见，在德川幕府统治下，丰臣秀吉式的"雄心"不但不曾受到压抑，反而得到了更加有力的鼓吹。从熊泽蕃山批判旧的华夷秩序，到山鹿素行、本居宣长宣扬日本中心主义，再到木多利明、佐藤信渊提出"大日本帝国"构想，说明德富苏峰的说法是完全站不住的。何况第二次世界大战的结果，已经宣布了披着各种外衣的海外扩张论的彻底破产。德富苏峰所十分肯定的佐藤信渊所阐明的"真理"，早就被扔进到历史垃圾堆里去了。

---

① 井上清：《日本帝国主义的形成》，第2页。
② 水野明：《日本侵略中国思想的检证》，《甲午战争与近代中国和世界》，第272页。

第三节 "征韩论"之争的实质

自江户幕府建立以来,海外扩张论者皆以宣扬神功皇后、丰臣秀吉"征韩"为能事,几乎在日本已经成为传统。日本有一首《日本刀歌》,唱道:"神后杖之征三韩,冲其巢窟降其王。……更有丰公试大挥,蹂躏八道意气扬。"① 就是这一传统在文学方面的反映。

到幕府末期,随着攘夷与开国之争的发展,"征韩"的声调又普遍地高涨起来。当时的学者也好,志士也好,"海外雄飞"② 已经成为他们的口头禅。其主要代表人物有吉田松阴、胜海舟、会泽正志斋、江藤新平等。

吉田松阴是幕府末期的思想家和教育家。伊藤博文、山县有朋等人皆出其门下。1853年,美国总统菲尔莫尔(M. Fillmore)派印度舰队司令佩甲(M. C. Perry)率舰驶进江户湾浦贺,要求日本升国,并威胁说:"若不受理,舰队就开进江户与将军直接谈判,否则万一开战,美国必胜,那时可执白旗来见。"③ 沙俄闻讯,亦

吉田松阴

---

① 《日清战争实记》第 3 编,第 80 页。
② 大畑笃四郎:《日本外交政策史の展开》,第 71 页。
③ 吴廷璆主编:《日本史》,南开大学出版社,1997 年,第 315 页。

派海军中将璞查廷（E. V. Putyatin）率舰来日，要求划定国界并通商。翌年3月，日本与美国签订《神奈川条约》，1855年2月，日本与俄国缔结《日俄亲善条约》。于是，日本被迫开国，锁国政策瓦解。吉田松阴认为，这虽是日本的失机，然尚可亡羊补牢。他说："癸丑（1853年）、甲寅（1854年）一大机会也，乃坐失之。然事已往矣。为今之计，以亲善而制两虏，乘隙富国强兵，开拓虾夷，夺取满洲，占领朝鲜，合并南地（引者按：指东南亚），然后挫美折欧，则事无不克。前者失机，尚未足深惜也。"[1]并主张："现在要加紧进行军备，一旦军舰大炮稍微充实，便可开拓虾夷，封立诸侯，乘隙夺取堪察加、鄂霍次克海，晓谕琉球，使之会同朝觐，一如内地诸侯。且令朝鲜，纳人质，进朝贡，一如古时强盛之时。北割满洲之地，南收台、吕宋诸岛，以示渐进之势。"他还在寄给其兄的一封信中称："我与俄、美媾和，既成定局，不可由我方决然背约，以失信于夷狄。但必须严订章程，敦厚信义，在此期间养蓄国力，割据易取之朝鲜、满洲和中国，在贸易上失于俄、美者，应以土地由朝鲜和满洲补偿之。"[2]吉田松阴所主张的"补偿"论，正是日本近代喧嚣一时的"征韩论"的先声。

继吉田松阴之后，胜海舟可称得上宣扬"征韩论"的急先锋。胜海舟是幕末和明治初期的军事家、政治家。据《海舟日记》1863年4月2日记，他对桂小五郎说："现在应由我国派出船舰，向亚洲各国君主游说合纵连横，共同壮大海军，互通有无，研究学术，免受西洋的蹂躏。应首先说服邻国朝鲜，其次是中国。"桂小五郎表示颇有同感。问题是，他所说的"说服"到底是什么意思？其实，在这里，"说服"正是"征服"的同义语。其后，他多次在日记中谈"征韩"之事，如

---

[1] 信夫清三郎：《日本政治史》第1卷，第230页。
[2] 吉田常吉、藤田省三等校注：《日本思想大系》第54卷，岩波书店，1978年，第193页。

记他向人"解说征韩之深义",因响应者寡,他不禁失望地说:"征韩之议,因循不决,叹息时机之将失。"① 桂小五郎又是何许人?桂小五郎即木户孝允。后来,木户孝允于1869年重倡"征韩论",其实就是受胜海舟的影响。

还应该指出的,胜海舟不仅是"征韩论"的倡导者,而且也是实行者。他深知"征韩"并非纸上谈兵可成,重要的是必须具备"征韩"的实力和手段,所以他立志要发展海军。他先入幕府在长崎开办的海军传习所,跟随荷兰教官学习航海技术。后又任咸临丸舰长赴美,1864年任幕府军舰奉行。他曾提出一个庞大的海军建设计划:把日本全国分为江户、大阪和沿海六海域,共有蒸汽护卫舰45艘,蒸汽巡洋舰135艘,小型蒸汽船190

胜海舟

艘,运输船和其他船只75艘,船员64 955人。他还指出:"如确立全国之守备,用一二大藩自造军舰守卫本藩,然大权集中于国家之手,则纪律整齐,号令一致,足可退而守国内,进而攻敌国,终成东海一大强国,与西洋各夷争天下之要冲,亦不难也。"② 他认为,若能做到这一步,实行"征韩"自然不成问题了。

在胜海舟的影响下,吉田松阴门下并称"松下村塾双璧"的久坂

---

① 井上清:《日本军国主义》第2册,商务印书馆,1985年,第8页。
② 信夫清三郎:《日本政治史》第1卷,第284、285页。

玄瑞和高杉晋作，也发展了其师的"航海雄图"论。最初，吉田松阴提出，变革"海防民政"以对付外患和内忧。日本被迫开关后，鉴于外患的紧迫，他开始把"海防"放到了第一位。这就是"航海雄图"论的由来。久坂玄瑞认为，"空喊航海航海，乃与先师之论相违背"，必须注重实行。为此，他学习西方军事学和英吉利学，还计划前去黑龙江勘察，因为死得太早而未能如愿。高杉晋作，曾于1862年到过上海，停留两个月，观察中国的形势，探讨其国势衰微的原因。他最后得出结论道："考虑其如此衰微之原因，乃在彼不知防外夷于海外之道。证据为：彼不造能闯过万里波涛之军舰，不造能防敌于数十里外之大炮等，彼国志士所译之《海国图志》等亦均绝版，徒然提倡僻见，因循苟且，空度岁月，不采取对策断然改变太平之心，不制造军舰大炮防敌于敌国之地，故由此而至于衰微也。因此，我日本如不欲蹈其覆辙，宜速造蒸汽船……"① 他亲自考察过中国衰微之故，体会良深，故进一步扩大了其师的"航海雄图"。"航海雄图"的实质就是海外扩张论，其具体的计划则是"征韩论"。

先是在1863年，胜海舟等即在策划，以日朝"修交"为名，对朝鲜进行经略；如果达不到目的，即发动"征韩"的战争。幕府鉴于国内矛盾重重，危机四伏，觉得"转内讧为外征"不失为上策，便采纳了所谓日朝"修交"论。同年5月，幕府晓谕对马藩称："据闻外夷（引者按：指朝鲜）来朝，修建屋宇，我与该国素有信义，应派员前往援助，击破外夷根本之策，因时制宜，以兵威制服之。"② 不难看出，这是以"派员前往援助"之名，行"以兵威制服"之实。不料此时国内发生政变，反幕派失败，"外征"已无必要，此计划便被搁置

---

① 信夫清三郎：《日本政治史》第1卷，第289、312页。
② 井上清：《日本军国主义》第2册，第45页。

起来。

到明治初年，最早再次倡导"征韩论"者则是木户孝允。木户孝允，长州藩士出身，本名孝允，幼时入嗣桂九郎兵卫为养子，通称小五郎，与西乡隆盛、大久保利通并称为"维新三杰"。1868年12月14日，他向岩仓具视进言："迅速确定天下之方向，遣使朝鲜，质问彼之无礼，彼若不服，鸣罪声讨，并希人张神州之威。果如此，天下陋习将倏忽一变，远定目的于海外，百艺机器

木户孝允

随之进展，而各窥内部，诽人之短，责人之非，各不自省之恶弊将为之一洗。"还向嗣后任兵部大辅的大村益次郎不断鼓吹"征韩"之说。他在1869年元旦的日记中写道："今晨与大村益次郎商讨征韩的夙志。然而，所谓征者并非滥征，欲推宇内之条理也。"那么，什么是"宇内之条理"呢？木户孝允解释说：

> 海陆两军于朝廷已稍具端倪，希望专以朝廷之力，主要以兵力开辟韩地釜山。当然，此举不可能有物产金银之利，甚至或有所损失，但皇国之大方向因此确立，亿万人之眼目将为之一变，海陆军各种技术将有实际进展。如欲兴皇国于他日，维持万世，除此以外，别无他策。……韩地之事乃皇国建立国体之处，推广今日宇内之条理故也。愚意如为东海生辉，应从此地始。倘一旦动起干戈，不必急于求成，大致规定年年入侵，得一地后，要好自确立今后策略，竭尽全力，不倦经营，不出两三年，天地必将为之一变。如行之有效，万世不拔之皇基将愈益巩固矣。[①]

---

① 井上清：《日本军国主义》第2册，第53~54页。

当时并不存在所谓朝鲜政府"无礼",有何可鸣之罪可言?可见木户孝允等人鼓吹"征韩论"的意图主要有四:(一)确立"皇国之大方向",即以海外扩张为基本国策;(二)接受胜海舟"攘夷必先兴国"的口号,在俄国和欧美之前抢先占领朝鲜,以作为"皇国建立国体之处";(三)将内讧转向外征,以平息国内的各种不满情绪;(四)虽然不存在朝鲜政府的"无礼",也完全可以责其"无礼",不愁找不到出兵的借口。

木户孝允"征韩"之议,与外务省的见解是相同的。其后,外务大丞柳原前光也表明自己对"征韩"的态度说:

> 皇国乃是绝海之一大孤岛,此后纵令拥有相应之兵备,而保周围环海之大地于万世始终,与各国并立,弘张国威,乃最大难事。然朝鲜国为北连满洲,西连鞑清之地,使之绥服,实为保全皇国之基础,将来经略进取万国之本。若使他国先鞭,则国事于此休矣。且近年来,各国也深知彼地之国情,频繁窥伺者不少,即如俄国,蚕食满洲东北,其势每每欲吞朝鲜,皇国岂能有一日之轻却疏忽,况列圣垂念之地焉。①

虽然"征韩论"者大力鼓吹和活动,政府内赞成者也不少,但主张却不尽相同,一时难以统一起来。恰在此时,发生了一起切腹自杀规谏政府的事件。自杀者名横山安武,乃西乡隆盛的学生。他列举时弊十条,特别反对"征韩",称:"主张征韩论者毕竟是由于慨叹皇国衰微所致,然而出兵应有名义,岂可不慎?朝鲜之事今姑置之,必须明察我邦形势,张维新之德化,德化既张,朝鲜岂能对我非礼!今仅侮彼为小国,妄兴无名之师,万一有所蹉跌,天下亿兆将云何?"② 当时西

---

① 日本外务省编:《日本外交文书》第3卷,1938年,第149页。
② 井上清:《日本军国主义》第2册,第55页。

乡隆盛对"征韩论"亦有不同意见，特为横山安武作碑文，以赏其志。

如果说木户孝允鼓吹"征韩论"时还找不到朝鲜政府有什么"无礼"之举的话，那么，"征韩论"者终于抓住可以"鸣罪声讨"的"无礼"证据了。

事情的原委是这样：早在木户孝允建议岩仓具视质问朝鲜政府"无礼"的前一个月，即 1868 年 11 月，日本政府命令对州藩将大政一新之事通知朝鲜；又于同年 12 月 19 日，即木户孝允向岩仓具视建议的前 5 天，由对州藩差臣桶口铁四郎复亲携一通知书送交朝鲜。但是，日本的两件通知文书，不仅改变了 1609 年朝日《己酉条约》所定的行文格式和印玺，而且文中屡次出现"奉敕""我皇"等只有中国皇帝一人才有资格使用的字样，所以朝鲜主管对日交涉的倭学训导安东畯拒绝接受。这件事正好为日本责难朝鲜"无礼"提供了绝好的借口，于是在日本政府内部掀起了一场"征韩论"之争。

1869 年 12 月，日本政府采纳木户孝允的建议，决定向朝鲜派遣使者，实际上是为武装侵略作准备。木户孝允所赏识的久留米藩士佐田白茅，是一个激烈的"征韩论"者，因而成为理想的使者人选。与佐田白茅同行的还有森山茂和斋藤荣。但是，日本政府交给佐田白茅等的任务主要是调查，其内容共 13 项，大都与政治和军事方面有关，如朝鲜对清朝的独立程度、朝鲜内政是否紊乱、朝鲜有无停泊军舰的港口、朝鲜的军备情况等。其军事企图是十分明显的。

佐田白茅等三人调查后回国，都提出了自己的对韩方策。森山茂的论点是：先向朝鲜派遣使节，如朝鲜对之无礼，立兴伐罪之师，一举席卷全朝；必须学习壬辰年丰臣秀吉把国内郁结的士气转移到朝鲜的治国良策，"方今邦内士气，凛乎以炽，确乎以逸，岂无内患之念哉"；征讨的经费可以"通知同盟各国，拍卖库页全岛"，以开发库页岛之费用于朝鲜。斋藤荣的意见则稍有不同，主张"以和为主，以兵权示国威，践序秩"，如对方仍不顺从，可凭"万国公法"的权利进行讨伐；所需费用则"以非常节约筹措"。① 佐田白茅的建白书最有影响，其主要内容如下：

（一）朝鲜有必伐之罪，不愁找不到借口。"曩天朝下一新之书，文官皆曰：宜以结交答之。武官皆曰：结交则日本终以我为藩属，须排斥其书。国王采武官之说，以有不逊之文字摈却之。呜呼！其摈却之，是朝鲜辱皇国也，皇国岂可不下皇使以问其罪乎哉？朝鲜知守不知攻，知己不知彼，其人深沉狡狞，固陋傲顽，觉之不觉，激之不激，非断然以兵莅之，则必不为我用也。况朝鲜蔑视皇国，谓文字有不逊，以与耻辱于皇国，君辱臣死，实不戴天之仇也，必不可不伐之。不伐之，则皇威不立也，非臣子也。"

（二）伐朝必胜无疑。"大兵直入，其一大将率十大队，向江华府，直攻王城；其一少将率六大队，进自庆尚、全罗、忠清三道；其一少将率四大队，进自江原、京畿；其一少将率十大队，溯鸭绿江，自咸镜、平安、黄海三道而进。远近相待，缓急相应，角之犄之，必可不出五旬而虏其国王矣。"

（三）伐朝可并清而伐。"当天朝加兵之日，则遣使于清国，告以伐朝鲜之故；若清必出援兵，则可并清而伐之。"

（四）既可防列国对朝鲜之觊觎，又是实行海外扩张的大好机会。"全皇国为一大城，则若虾夷、吕宋、台湾、满清、朝鲜，皆皇国之屏藩也。虾夷业已从事开拓，满清可交，朝鲜可伐，吕宋、台湾可唾手而得矣。且夫朝鲜之所以不可不伐者，则尤有故：四年前，法国攻

---

① 井上清：《日本军国主义》第2册，第57页。

朝鲜，取败衄，懊恨无限，必不使朝鲜长久矣。又俄国窃窥其动静，美国亦有攻伐之志。皇国若失斯好机会，而与之于外国，则实失我唇，而我齿必寒。"

（五）伐朝鲜有百利，乃富国强兵之道。"伐朝鲜有利而无损，一日虽投若干金谷，不出五旬而得其偿矣。今大藏省每岁出金凡二十万元于虾夷，未知几年而成开拓矣？朝鲜则金穴也，米麦亦颇多，一举拔之，征其人民与金谷，以用之于虾夷，则大藏省不唯取其偿，省数年间开拓之费，其利害岂不浩乎？故伐朝鲜者，富国强兵之策，不可轻以糜财蠹国论却之也。"

（六）借外征以消弭内乱之隐患。"今皇国实患兵之多，而不患兵之少。诸方兵士，以东北之师为最足，颇好战斗，翘足思乱，或恐酿成私斗内乱之忧，幸有朝鲜之举，用之于斯，以泄其兵士郁勃之气，则不惟一举屠朝鲜，大练我兵制，又大辉皇威于海外，岂可因循苟待，而不神速伐之乎？"[1]

与森山茂、斋藤荣二人相比，佐田白茅的建白书说得似乎头头是道，"理由"也显得更为充分。但正如论者所说："这个建白书，完全是黩武主义的狂论。他要屠朝鲜，伐中国，并括吕宋和我台湾为己有，一派武力征服的论调。不过，这篇'征韩论'的代表作也透露了当时日本国内的一种情况，就是讨幕废藩之后，一群骄兵悍将蠢蠢欲动，对外用兵，可以潜消内乱，即所谓'攘外以安内'，这是以后日本军国主义一贯使用的侵略政策。"[2]

1870年5月，外务省根据佐田白茅等三人的报告，拟订了有关对朝政策的三种方案，上报太政大臣三条实美，以供采择。内称："有

---

[1] 王芸生：《六十年来中国与日本》第1卷，三联书店，1979年，第116~118页。
[2] 同上书，第118页。

人借口朝鲜不接受国书的无礼，掀起战端。但我国尚未派遣敕使，彼此的交往原系通过甘心忍受屈辱谬例的对马藩进行，因此不能立即以此成为战争的借口。"因而提出以下方策：（1）趁此次朝鲜拒受国书之机会，暂时与之断绝来往，以待原来以对马宗氏为中介的通信关系自然消失，俟国力充实，再下手不迟。（2）派遣木户孝允为正使，宗氏为副使，率领军舰两艘前往朝鲜，先示以兵威，"责备对方摈斥我国通知国政一新之罪，并交涉开港开市，签订自由往来的条约"，视其态度如何，如果顽硬不从，便不惜诉诸武力。（3）因中韩之间具有传统的藩属关系，我先派遣使臣与清政府订约，日清既为平等关系，朝鲜自然居于下位，然后再签订日韩条约，有可能实现。① 三条实美权衡各方面的情况，决定采取第3个方案：一方面实行中日交涉先行的方针，派外务大丞柳原前光、少丞花房义质出使中国，商谈有关建交和通商事宜；另一方面，派外务少丞吉冈弘毅、森山茂、广津弘信三人前往朝鲜考察国情，并试探致送国书之事。

但是，日本的对朝工作长期难有进展。外务卿副岛种臣考虑，必须改弦更张，采取更为得力的措施。1872年8月，决定首先将朝鲜釜山的草梁倭馆转归外务省直接管理，并经太政大臣批准，派外务大丞花房义质赴朝。时任参议的陆军元帅西乡隆盛对花房此行早已成竹在胸，便与副岛种臣及参议板垣退助等商议，派时任炮兵队的陆军中佐北村重赖和陆军少佐别府晋介、河村洋兴同行，担任实地视察员，以搜集有关情报。同时，还派池上四郎、武市熊吉为外务省十等出仕，与外务中录鼓城中平同往中国东北，以考察地势、政治、军备、财政、风俗等情。这是近代日本派到中国刺探情报的第一批间谍。

9月15日，花房义质率领春日、有功两艘军舰抵达釜山港。他花

---

① 《日本外交文书》第3卷，第144~145页。

一周的时间整顿草梁倭馆的馆员，宣布将倭馆事务移交外务省管辖，改称大日本公馆。他还亲乘"春日"号测量釜山港湾及近海，查明浅海浦的海湾既深又广，在此处可停泊数十艘巨舰。其意图是十分明显的。

自花房义质赴朝后，草梁倭馆对朝鲜官员采取强硬的方针。他们任意移建房屋，扩展空地，完全不顾朝鲜官员的抗议。尤为严重的是，倭馆鼓励走私贸易，令大小日本贸易船可"不带执照而自由往返"。并做出了这样的决定：如果朝鲜官员就此提出反对意见，告以径向本国外务省交涉，不予理睬。当时，日本长崎县曾想对这种贸易课税，因外务省反对，太政大臣决定进出口一律暂时免税，于是日本"官民全都大搞起走私贸易"了。日本人这种单方面损人利己的做法，自然会引起朝鲜官民的强烈不满和警惕，激化了双方的矛盾。进入5月后，朝鲜加紧了对走私贸易的取缔。并在倭馆门前张贴通告，首先说明近日双方关系紧张，乃由于倭馆违背惯例而一意孤行所致，责任在于日方："近来彼我相持，一言以蔽之，我则仍依三百年约定，而彼欲变不易之法，是何居心？事若违例，行之本国，亦所难强，何况行于邻国，岂能任意行之乎？"然后中明朝鲜取缔走私贸易的决心："近见彼人所为，可谓无法之国，而且不以此为羞。我国则法令自在，行之于我境内。留馆商人，欲行条约中事，皆当听施；如欲行法外之事，则永无可成之日。虽欲偷卖一物，此路终不开。"5月31日，负责日本公馆的广津弘信就朝鲜通告向外务省报告称："文中有无理之言，青年官员十分愤慨，当即加以说谕，今后如公然进入馆内作无礼举动，反可为日后谈判造成开端，故我方却昂然不予理睬，大家非常镇静。唯盼早日决定庙议。"① 他还附上了朝鲜通告的抄件。

---

① 井上清：《日本军国主义》第2册，第67、69、70页。

当时，代理外务省省务的外务少辅上野景范接到广津弘信的报告后，当即提请太政官审议。他还建议："或者全部撤出我侨民，或者借强力以临韩廷，使之与我缔结修好条约，两者必择其一。" 6 月 12 日，三条实美主持太政官会议，讨论朝鲜问题的对策。三条实美认为，朝鲜的态度"最关朝威，涉及国辱，已难置之不理，必须断然出兵处分"。但鉴于事关重大，故又指出："虽然如此，兵者乃大事也，不可轻率动之。目前为保护我国人民，宜先向该地派置陆军若干，军舰几艘。一旦有事，则下令九州镇台火速支援。此外，尚应派遣使节，依据公理公道，务求实现谈判。盼厚体此意，共同协商。"参议板垣退助也同意此意见，太政官会议也多数赞同出兵。大约到 7 月下旬，始确定派遣护兵一个大队赴朝。

但是，西乡隆盛对派兵问题提出了疑问。他反对先派兵，即便是以保护侨民的名义，也不妥当，因为可能由此酿成战争，所以主张断然先遣使节。他认为，必使暴举先发自彼方，讨伐之名乃能成立。并决心担当此任，以死报国。按西乡隆盛的初衷，并非要反对最终对朝用兵，而是先让对方发生"暴举"，最好的办法是自己以使者的身份惨死于对方之手，以给日本带来"讨伐之名"。8 月 3 日，西乡隆盛致书三条实美，重点论述朝鲜问题。他对政府的对朝方针，"最初似即无意于谋求和睦，因而有此方略"表示理解。什么是"最初的方略"？不是别的，就是"征韩论"。"今至

西乡隆盛

24

彼骄横傲慢之时，乃改变初衷，倡困难之论，岂不招天下嘲笑，谁又得而兴隆国家乎？""今吾辈之论，决非好事而乱作主张，乃因迄今之势已发展至此，倘若不能贯彻最初之意旨，则将贻羞于永世。今之时者，一切人事已尽，应断然派使节，公布其无理于天下之时也。前此之一直忍耐，正有待于今日也。故不揣冒昧，务请派余为使，敢保决无招致国辱之事，请速即评议决定为盼。"这就很清楚，西乡隆盛不但未改变"征韩"的初衷，而是要更有力地早日贯彻此方针，故提出自己先行出使这种"困难之论"。

西乡隆盛是一个激进的"征韩论"者，恨不能马上就找到借口对朝鲜实行开战。他向三条实美提出作为使节赴朝的要求，一直没有结果，有些急不可待，便于14日去说服板垣退助道："派遣小弟之事，若在先生处犹豫不决，必将又拖延时日，敬希出面干预，排除异议，派遣小弟。舍此则断难实现开战，故用此温和之计，引彼入我彀中，必将带来开战之机。倘以余在此举中万一遇难为不妥，而生姑息之念，则于事理不合矣。"并恳求说："吾身已十去八九，余年不多，敬祈俯允所愿。"17日，又致书板垣退助，继续申明自己要求派使的理由："此时决非立即开战之时，战争应分两步走。今日之势，从国际公法追究，虽亦有可讨伐之理由，然彼尚有辩解余地，且天下人更不知底里。今我丝毫不抱战争之意，仅责其轻薄邻交，且纠正其前此之无礼，并示以今后拟厚结邻邦之深意。本此宗旨派遣使节，彼必不仅气势凌人，甚至杀害使节。其时，天下人皆将奋起而知其应予讨伐之罪，非至此地步不能了结。此时则思乱之心转向国外，移作兴国之远略，此固无庸申论。"西乡隆盛把自己的意图已经解释得非常清楚，认为从国际公法上说，对朝鲜开战的理由尚不充分，不如钻国际公法的空子，先设下圈套，即采取光明正大的派遣使节的"温和之计"，然后"引彼入我彀中",这就必然带来"开战之机"。为发动一场对外侵略扩张的战争,其用心亦真可谓良苦!

由于西乡隆盛执拗地坚持和说服,在 8 月 17 日举行的太政官会议上,除西乡隆盛本人没有出席会议外,在 6 名参议中,只有木户孝允暂未参加和表态,板垣退助、后藤象二郎、副岛种臣、江藤新平四人都支持西乡隆盛的意见,于是决定派遣西乡隆盛担任使节赴朝。三条实美上报明治天皇睦仁,作出的"宸断"是:"派遣西乡担任使节赴朝鲜一事,宜待岩仓回国认真研究后,再行上奏。"这个"宸断"含糊其词,其真正的意思并不清楚。但西乡隆盛听了三条实美的传达后,却以为一切均已决定,开始做出国的准备。

西乡隆盛当时万没想到,问题就出在"宸断""岩仓回国"这句话上,以致后来此事出现了一波三折。

原来,先是在 1871 年 10 月,日本政府决定派遣使团赴欧美考察,命外务卿岩仓具视为右大臣,担任使团正使,大藏卿大久保利通、参议木户孝允、工部大辅伊藤博文、外务少辅山口尚芳为副使,随行官员 40 余人。到 1873 年 1 月,三条实美因政府工作一度陷入混乱,致函岩仓具视,命令大久保利通和木户孝允提前回国。由于信函辗转费时,他们到 3 月间才接到命令。于是,大久保利通和木户孝允先后启程,大久保利通于 5 月 26 日回到日本,木户孝允直到 7 月 23 日才回国。二人回来后,正是政府内部处于酝酿派遣使节赴朝的过程,而他们宁可保持沉默,似乎置身于外。三条实美急中无计,为之犹豫不决。

其实,在 8 月 19 日,即太政官会议决定遣使的第 3 天,木户孝允即持反对的意见。他起草了一份意见书,认为"朝鲜不愿与我交友,固应举兵伐其无礼",但"治国有义务,以抚民为急;用兵讲方略,以养力为先"。何况"大政维新以来,虽已五六年之久,而改革之道尚未得其宜，全国不得其所者亦日益增多"，"今若用兵国外，本土人民将愈增灾难之怨"。尤其要注意的是，"今若真有事于两国，则行军之资、战阵之费，无可计数。如其速胜，则无善后之策；不速胜，则无持久之力。两者皆破坏财政，其弊难以两免，又以何日蓄养国力乎？"基于上述，他主张"今日当务之急在于重节俭而理财政"。论者或以此认为，木户孝允在明治初年积极鼓吹"征韩论"，如此又成了"征韩论"的反对者，这纯属误解。事实上，他并不是从原则上反对"征韩论"，而是仅对不顾主客观条件及后果而盲目出征的那种"征韩论"，赞成等待时机再征的"征韩论"。如此而已！正如他在结论中所说："尤愿首先励精图治，强我国力，正我之名而后徐谋两国。期以数年之后，未为晚也。"不过，他当时并未立即将建议书交给政府。

进入9月以后，"征韩论"之争终于逐步公开化。3日，木户孝允拜访三条实美，自然要谈论西乡隆盛建议出使朝鲜之事。他对三条实美说："当今万民困苦，新令屡布，人民益滋为惑。去岁以来，起义者数起，政府习以为常。当时，论方略则莫急于整顿内政；谈义务则莫过于保护库页岛人民。附和世间舆论，使百姓困，国力损，此决非余所信服者也。欲制其罪何必争迟速，然则整顿当前内政乃第一要务。"到19日，又把以前所草拟的建议书呈送三条实美，并另外抄写了一份送给外务少辅上野景范。这就把他反对太政官会议关于派西乡隆盛出使朝鲜决定的态度公开化了。与此同时，还向三条实美呈请辞去参议的职务，以表示自己立场之坚定。

面对政府出现的危机，三条实美束手无策，便有意请大久保利通担任参议，帮助收拾局面。但大久保利通坚辞不就。这时，伊藤博文也积极活动，向政府出谋划策，以克服危机。他认为，三条实美、岩仓具视、大久保利通、木户孝允四人的意见一致，是克服当前政府危机的绝对必要的条件。但要真正实现这一目的，还必须改组政府，即罢去新提升的参议后藤象二郎、大木乔任和江藤新平，并重新任命大久保利通为参议，以保证政府中的反西乡派占有多数。同时还认为，如果大久保利通、木户孝允能够与西乡隆盛恳谈，西乡隆盛有可能被说服，同意延期向朝鲜派遣使节。这场政府危机就会自然地化解了。但是，三条实美只准备在现任参议中增加大久保利通，不同意奏请罢去他自己所推荐的参议。伊藤博文的计划也就因受挫而未能实现。

在此期间，西乡隆盛不断地催促三条实美召开太政官会议。三条实美意识到问题的严重性，因为他断定此番派遣使节必会招致战争。所以，他认为："派遣使节则将转化为战争，论定其利害乃极重大之事也。此论不决，则使节不能出国。"可见，他对派遣使节的事始终拿不定主意。

但是，大久保利通终于接受参议的任职。他特别强调对朝鲜问题的处理要讲究"步骤"，而且政府"必须周密计议，统一方略，缓缓图之"。他反对西乡隆盛出使的目的，指出："考察此番议决遣使之缘由，乃是派遣特命使节，若其接待傲慢无礼，则我有堂堂正正发动战争之名义。如此则与出征讨之师，诘问其罪用意相似也。然今日之事态岂非使我国名誉受污，不得已事关国体，而无暇他顾而兴起此役乎？是耶？非耶？此事至明。然不顾当前国家安危，不顾人民利害关系，凭好私而兴事变，不详审进退取舍之机，实在令人费解，余所以不敢苟同兴起此役之议决也。"并向右大臣岩仓具视表示，对于阻止西乡隆盛担任使节一事必当尽力而为。

10月14日，在三条实美主持下，太政官会议召开了。除木户孝允因病缺席外，到会的参议分成两派：一是遣使派，有西乡隆盛、板垣退助、后藤象二郎、江藤新平、副岛种臣五人；一是反遣使派，有大久保利通、大木乔任、大隈重信三人。右大臣岩仓具视也参加了反遣使派。三条实美本想赞同反遣使派的意见，但因他此前已同意西乡隆盛出使，不能骤然改口，只有拖延时间之一法。会上争论激烈，一时难以作出决议，决定次日再议。

10月15日，西乡隆盛不肯出席太政官会议，却将备忘录交给三条实美。其内称："此时，光明正大地派遣使节，乃有相当重大之意义。若彼毁交，拒之以战，则在彼意图尚未确实暴露以前仍应竭力在人事上留下周旋余地。自然，如心怀暴虐难测之疑虑，作好非常之准备而派遣使节，则又将失礼，故务祈贯彻笃谊交好之方针。若彼仍暴虐蛮横，届时始可将彼之过失明告天下，始得有理问其罪责。今尚未竭力交涉而专责彼之非，则非真知其罪，而是彼此互相疑惑。如此则伐人者无义愤，被伐者亦不服。故余认定并建议，最关紧要者乃明辨是非曲直。"他坚持"光明正大地派遣使节"的意见，反驳那种认为派遣使节会招致战争的看法。他的决心震撼了三条。开会之前，三条实美向岩仓具视诉说自己的担心："此乃西乡下定决心之事。军队之动静亦视此举之进展，如此，则恐驾驭之策难矣。他日之变革则更不堪虑及矣。"并特别加重语气说："如果军队失去驾驭，则将成不可挽救之大患。"岩仓具视听后，态度发生动摇，撤回了自己的反对意见。于是，会议决定派遣使节。17日，大久保利通和木户孝介辞去了参议职务。18日，岩仓具视继之表示要引咎辞职。在本来预定向天皇睦仁上奏的18日凌晨，三条实美由于承受压力过重，突然神经错乱，不省人事。奏请"宸断"的事被迫推迟了。

唯其如此，大久保利通才有了卷土重来的机会。他想出一个"秘策"，就是劝说岩仓具视回到反对派使的立场。果然，10月20日，明治天皇命岩仓具视代行太政大臣事务。22日，西乡隆盛、板垣退助、副岛种臣、江藤新平四参议来访岩仓具视,催促派遣使节。此时,岩仓具视已不再顾虑,立表反对,四人不欢而散。23日,岩仓具视觐见睦仁,上奏反对目前派遣使节的意见书。指出:"今臣奉使复命,尚无暇详细报告,而遇内阁遣使朝鲜之议决。臣窃思之,维新迄今仅四五年,国基未坚,政理未整。治国之具似备而告警之虞难测。今日之时犹未可轻图外事也。虽然,朝鲜国与我修邻好,于兹数百年,彼加非礼于我,我岂能默然受之?且遣使之事,业已初步决定,臣亦然之。至于派遣日期,则不可不详审缓急步骤,若彼顽固不化,不加礼于我国使节,则我不可无对策;若我无对策,有损于我国权也。且彼已显露端倪。故遣使之日即决战之时。此乃军国大事,不可不深谋远虑也。"[1] 这样,在派遣使节的问题上,三条实美、岩仓具视、大久保利通、木户孝允四人取得了一致的意见,而且得到了天皇的裁可。当天,西乡隆盛提出辞呈,政府解除他的参议和近卫都督之职,仅保留其陆军大将一职。随之,板垣退助、后藤象二郎、江藤新平、副岛种臣四参议也提出了辞呈。这次长达数年的"征韩论"之争,终于以遣使派的失败而告终。

那么,在日本政府内部闹腾了几年的"征韩论"之争,其实质究竟是什么?

"征韩论"之争的具体表现,先是为出兵与反对出兵之争,后是为遣使与反对遣使之争。有人将此归结为征韩派与反征韩派之争,是不能成立的。因为对立的双方在征韩的大原则上并无分歧。又有人将此归结为外征派与内治派之争,从表现上看似有道理,因为木户孝允、大久保利通等人反对派遣使节的理由就特别强调内治问题。但若再进

---

[1] 以上引文见信夫清三郎:《日本政治史》第2卷,第354、364~365、373、376、376~377、382、388~391、392~394、394~395页。

一步探究，便可以看出，两派的主要分歧，并不在征韩与不征韩的问题，也不在遣使与不遣使的问题，而在于策略方面。木户孝允声称"欲制其罪何必争迟速"，大久保利通强调要特别重视"处理朝鲜之步骤"，都表明他们认为发动对外战争的时机尚未成熟，故"不可不详审缓急步骤"。可见，所谓"征韩论"之争，不过是"征韩论"者内部的急征派与缓征派之争而已。

第四节 启蒙思想家的"文明论"与"国权"观
——以福泽谕吉为代表

"文明开化"是明治政府初期推行的三大政策之一。"文明开化"这一口号，就其积极意义来说，是要以西方国家为榜样，实现近代化，将封建社会的日本转变为资本主义社会的日本。所以，有论者指出："'文明开化'就是明治维新学习西方的一次社会变革运动。"① 当时，启蒙思想团体"明六社"的一批启蒙思想家，在这个运动中起了巨大的推动作用。福泽谕吉就是其中最突出的代表人物。

福泽谕吉是日本幕府末期、明治初年启蒙思想家，对于日本的近代化进程产生过重要的影响。这在历史上应该说已经成为定论。但是，全面地看，这也只是福泽谕吉的一个方面。他像是《镜

福泽谕吉

---

① 万峰：《日本近代史》，中国社会科学出版社，1978年，第75页。

花缘》里两面国的人物,一般看到的往往是他的正面,不曾看到他脑后浩然巾下那副狰狞可怕的面孔。对于后者,不应该视而不见,更不应该闭口不谈。只有这样,才能够对他所倡导的"文明开化"有真正全面的了解。

在幕府末期的启蒙思想家中,福泽谕吉有着与众不同的独特经历。他不但精通汉学,而且熟悉英语,多次到欧美国家访问和考察,因此对西学有比较深入的了解。早在1862年,他在英国伦敦停留期间,曾对中国留英学生谈起国家的前途,即说过这样一句话:"要谋求东洋革新,必须首先输入西洋文明教育。"① 这时,他已经开始认识到推进文明开化的必要了。

福泽谕吉的著作甚多,而影响最大的恐怕是三部书,即《西洋事情》《劝学篇》和《文明论概略》。

《西洋事情》分初编、外编和二编,出版于1866年至1870年间。福泽谕吉写作此书的目的,据他自述,是在旅欧期间,"眼之所见,没有不觉得新奇的"。于是,他不禁"一边感到吃惊,同时又加以羡慕,想在我们日本国也把这些实行起来。这种雄心当然禁也禁不住。这就是我逗留欧洲一年到处笔录的情况,回国后加以整理,并参考一些西方著作写成了书,这就是《西洋事情》"。此书一出版,就成了主张开国的人士的必读之书。"他们一看就说这本书有意思,建立文明社会,这才是一本好材料。一人说万人应,不论朝野,凡谈西洋文明而主张开国之必要者都把《西洋事情》置于座右。《西洋事情》好像是无鸟乡村的蝙蝠,无知社会的指南,甚至维新政府的新政令,有的可能也是根据这本小册子制订的。"② 此说应非夸张之语。有学者考察,1868年3月14日明治政府发布了"五条誓文":(一)广兴会议,万机决于公论;(二)上下一心,盛行经纶;(三)官武一途以至庶

---

① 《福泽谕吉全集》第16卷,岩波书店,1958—1964年,第209页。
② 《福泽谕吉自传》,商务印书馆,1995年,第292、293页。

民，各遂其心，人心不倦；（四）破旧有之陋习，基于天地之公道；（五）求知识于世界，大振皇基。"就其基本思想来看，是与《西洋事情》一书有思想联系的。"①

《西洋事情》出版的成功，使福泽谕吉大受鼓舞，更坚定了进一步传播西方文明的决心。他自称："我就乘此形势更加大力鼓吹西洋文明，想从根底上扭转全国人心，以便在遥望的东洋创建一个新的文明国家，形成东有日本，西有英国，彼此相对互不落后的局面，这并不是甚么不可能的事情。"② 这就把他推行文明开化的"雄心"说得十分清楚了。

《劝学篇》是本小册子，分编出版，从1872年初编出版，到1876年第十七编出版，才算出齐。据1897年统计，"十七编共计发行340万册，遍及全国"。《文明论概略》共六卷，也发行"达几万部之多"③。足见二书流传之广。这两本书有一个共同的主题，就是日本的出路在于学习西方文明。

福泽谕吉认为，日本的文明已经落后于欧美国家。他说："日本从建国以来，已经经过了2 500年，我国的固有文明，虽然也自发地发展到一定的程度，但与西洋文明相比较，情况就有所不同了。自从嘉永（引者按：指1848年至1854年）年间，美国人来到日本，此后日本又与西洋各国缔结了通邮、贸易等条约，我国人民才知道有西洋，互相比较，才知道彼此的文明情况有很大的差异。"④ 这还不是一般的差异，而是巨大的差异。"试看今天日本的形势，实在是徒有文明之名，而无文明之实；徒具文明的外形，而缺乏内在的精神。现在我国的海陆军能和西洋的军队交战吗？决不能。现在我国的学术能教导西

---

① 杨孝臣：《试论福泽谕吉的启蒙思想》，见《世界历史》编辑部编《明治维新的再探讨》，中国社会科学出版社，1981年，第114页。
② 《福泽谕吉自传》，第277页。
③ 《福泽谕吉自传》，第295、299页。
④ 福泽谕吉：《文明论概略》，商务印书馆，1959年，第1页。

洋人吗？不但不能，反而向其学习唯恐不及。"而落后的结果只能挨打。"环顾世界各国，有的因为文明开化，文事武备都很昌盛，成为富强的国家；有的因为蒙昧还没有开化，文事武备都落后，成为贫弱的国家。"正由于此，"有些国家想凭仗富强之势欺负弱国，则和大力士用腕力拧断病人的手腕一样"。面对这样的现实，日本应该怎么办？他指出："贫富强弱并非天定，而决定于人的努力与否。今天的愚人可以在明天变成智者，从前富强之国可以在现在沦于贫弱，古今这种例子是不少的。如果我们日本人从此立志求学，充实力量先谋个人的独立，再求一国的富强，则西洋人势力又何足惧？"[①] 他的这些意见无疑是正确的，也是具有积极意义的。

福泽谕吉一方面认为文明有先进与落后之分，一方面又认为这不是一成不变的。他指出："文明既有先进和落后，那么，先进的就要压制落后的，落后的就要被先进的所压制。在从前闭关自守的时代，日本人还不知道有西洋各国，然而，现在已经知道有西洋国家，并且也知道了他们的文明情况。同他们的文明相比，知道彼此之间有先进和落后的差别，也知道我们的文明远不及他们，并知道落后的要被先进的压制的道理。"懂得了这个道理，问题也就容易解决了。因为"文明的发展，是有阶段的，因此必须随着它的进展，而采取相应的措施"[②]。

根据文明发展的程度，福泽谕吉把世界上的国家分为三类，即文明国家、半开化国家和野蛮国家。他说："现代世界的文明情况，要以欧洲各国和美国为最文明的国家，土耳其、中国、日本等亚洲国家为半开化的国家，而非洲和澳洲的国家算是野蛮的国家。这种说法已经成为世界的通论。"但是，"文明并不是死的东西，而是不断变化发

[①] 福泽谕吉：《劝学篇》，商务印书馆，1984年，第57、13~14页。
[②] 福泽谕吉：《文明论概略》，第168页。

展着的。变化发展着的东西就必然要经过一定的顺序和阶段,即从野蛮进入半开化,从半开化进入文明。现在的文明也正在不断发展进步中"。西洋的文明是可以效法的,但要是不重视方法,也是效法不好的。"半开化的国家在汲取外国文明时,当然要取舍适宜,但是文明有两个方面,即外在的事物和内在的精神。外在的文明易取,内在的文明难求。谋求一国的文明,应该先攻其难而后取其易,随着攻取难者的程度,仔细估量其深浅,然后适当地采取易者以适应其深浅的程度。假如把次序颠倒过来,在未得到难者之前先取其易,不但不起作用,反而有害。"再就是或取或舍,也要根据本国的具体国情。因为"西洋各国即使国境毗连,其情况也互有差异,何况远离在东方的亚洲国家,怎么可以全盘效法西洋呢?即使仿效了,也不能算是文明"。他批评当时中国刚兴起不久的洋务运动说:"中国也骤然要改革兵制,效法西洋建造巨舰,购买大炮,这些不顾国内情况而滥用财力的做法,是我一向反对的。这些东西用人力可以制造,用金钱可以购买,是有形事物中的最显著者,也是容易中的最容易者,汲取这种文明,怎么可以不考虑其先后缓急呢?"所以,尽管中国搞起了洋务运动,他对中国的前途还是作出了极其悲观的估计:"至于中国,因为幅员广大,西洋人尚不能深入内地,现在仅出入于沿海一带,但观察今后趋势,这个帝国也将要变成西洋人的田园。"他的基本观点是:"不应单纯仿效文明的外形而必须首先具有文明的精神,以与外形相适应。我所主张的以欧洲文明为目标,意思是为了具有这种文明的精神,必须从它那里寻求。"[①] 事实证明,这些言论是相当精辟的。

  福泽谕吉特别强调文明与国家独立的关系。他指出:"保卫国家独立的办法,除争取文明之外没有别的出路。今天号召日本人向文明

[①] 福泽谕吉:《文明论概略》,第9、11~12、186、13页。

进军，就是为了保卫我国的独立。所以说，国家的独立就是目的，国民的文明就是达到这个目的的手段。"就这个意义上来说，"国家的独立也就是文明，没有文明就不能保持国家的独立。这样，文明与独立二者，似乎没有什么区别"。"总而言之，我的意思是进而争取真正的独立，反对退而保守独立的虚名。"①

当时，日本尚处于与西方国家签订的不平等条约的束缚下，福泽谕吉强烈地呼吁争取国家的独立，这是可以理解的，也是爱国的表现。但与此同时，在他的学说里却散发着浓烈的皇国史观的气味。他认为，争取国家的独立以保卫国体为先。"日本人当前的惟一任务就是保卫国体。""世界上的一切国家，各有其国体。中国有中国的国体，印度有印度的国体，西洋各国也都各有一定的国体，并且对于这个国体没有不尽力加以保护的。"经过一番比较之后，日本的国体有其独特性，与其他国家都不尽相同。他说："我国的政统，自古至今迭次变革，情况与外国相同，没有什么值得夸耀。那么，所谓金瓯无缺，究竟是指什么呢？只是在于从开国以来，能保全国体，政权从未落入外人之手这一点而已。所以应该说，国体是国家的根本，政统和血统，只是随着国体的盛衰而共同盛衰。"不仅如此，而且"日本自有史以来，从未改变过国体，皇祚世代相传从未间断，……我国的皇统是和国体共同绵延到现在的，这是世界上绝无仅有的例了，这也可以叫做一种国体。但是如果推究事理严格来说，皇统绵延只是未丧失国体的一种象征"。这样，他便硬将国体与皇统联为一体，称之为"君国并立的国体"："我国的皇统是和国体相依为命绵延至今的，这是世界上绝无仅有的，也可以说是一种君国并立的国体。""君国并立的可贵，并不在于自古它就为我国所固有而可贵，而是因为有了它而维持了我国的

---

① 福泽谕吉：《文明论概略》，第190、192页。

政权和促进了我国的文明。"于是，他向国人发出呼吁："革新大业既成，天下的政权重归王室，作为一个日本国民，尊奉王室当然是应尽的义务。""唯有汲取西洋文明才能巩固我国国体，为我皇统增光，这又何必踌躇呢？"① 由此可见，作为启蒙思想家的福泽谕吉，同时也是日本皇国史观的倡导者。

在《劝学篇》一书中，福泽谕吉曾反复地阐述"天赋人权"的理论，如说："人生来就是一律平等、自由自在和没有上下之别的。""就这些人的基本权利而论，则是完全平等，毫无区别的。"② 所以，日本当权者曾一度把他视为民权论者，这当然是一种误解。他自己也连忙声明："我所讲的民权等等，并不妨碍政府的政权。"③ 其实，他是主张"官民调和"的。后来，他竟然发展到主张国权高于民权。他曾将民权比作青螺，国权比作螺壳，说："国家是人民之壳，切不可忘记维持保护之。""吾辈毕生的目的，唯在扩张国权一点。不论国内政权落于谁手，此事与国权利益相比较，轻重固非同日而语。其政治体制、名义即使类似专制，但只要该政府具有扩张国权的力量，便可满足矣。"④

国权论发展到了极致，便自然地滑向了海外扩张论。早在《文明论概略》一书里，福泽谕吉就鼓吹"战争是伸张独立国家的权利和手段"。"凡力图伸张本国的权利，使国富民强，提高本国人民的智德，和发扬本国荣誉的人，称为爱国的人民，这种思想称为爱国精神。"⑤ 福泽谕吉主张用战争来扩张国权，并称之为"爱国精神"。可见，早在19世纪70年代中期，他已经流露出海外扩张的思想了。

---

① 福泽谕吉：《文明论概略》，第24、19、22~23、28~29、173页。
② 福泽谕吉：《劝学篇》，第9页。
③ 《福泽谕吉自传》，第301页。
④ 《福泽谕吉全集》第5卷，第245页；第8卷，第124页。
⑤ 福泽谕吉：《文明论概略》，第175页。

到了 80 年代，福泽谕吉更成为宣扬海外扩张论的急先锋。他主张日本"专盛武备，扩张国权"，"采取积极远略"。"假如中国果真不能自立，落入外人之手，那我日本人岂有袖手旁观之理，也只有奋起逐鹿中原。"① 在他看来，世界已进入"禽兽相食"的时代，不是作为"食者"就是作为"被食者"，二者必居其一。"如果说，食者为文明之国人，被食者为不文明之国的话，那么我日本国则加入食者行列，与文明国人共求良饵。"② 1885 年，他为了给日本的海外扩张制造"理论"根据，还发表了《脱亚论》一文，抛出了著名的"脱亚入欧论"。该文声称："我日本国土虽在亚细亚之东，但国民之精神已脱亚细亚之固陋，移至西洋文明。"而断言近邻中国和朝鲜，"从现在起不出数年必然亡国，其国土将为世界文明诸国所分割"。因此，"为今之计，我国不可再犹豫踌躇、坐待邻国之文明开化而与之共同振兴亚洲，毋宁脱离其行列，去与西洋文明诸国共进退。我国对待中国、朝鲜之法，无须因其为邻国而有所顾忌，只能按照西洋人对待彼等之方式方法加以处理"③。

此后，福泽谕吉不仅对日本政府的侵略扩张行动亦步亦趋，而且还与之积极配合，煽动战争狂热。他自己即曾供认不讳："在政府逐渐决定采取文明开国的方针并逐步见诸事实的情况下，即尽力协助官方，并与政府人物共同处理文明的国务，大概这才是我的本意。"④ 这位启蒙思想家当年曾一秉人类的良知，高声疾呼"国与国平等"，认为以强凌弱"就国家权利来说是不能容许的"⑤，而且相信"现今如果有人敢于发动非正义的战争"，"也尚有明文条约，谈判交涉，国际公

---

① 《福泽谕吉全集》第 5 卷，第 313 页。
② 《福泽谕吉全集》第 9 卷，第 195～196 页。
③ 《福泽谕吉全集》第 10 卷，第 238～240 页。
④ 《福泽谕吉自传》，第 255 页。
⑤ 福泽谕吉：《劝学篇》，第 13～14 页。

法，以及知识界的舆论等等，所以不易得逞"。① 曾几何时，他却大肆宣扬起海外扩张论来了，说什么"今日之世界尚非道理之世界，是武力之世界"，"数千万言的万国公法，可以用一声枪炮抹杀之"。② 及至日本发动大规模的甲午侵华战争后，他不仅捐献巨款，而且撰文美化这场侵略朝鲜和中国的非正义战争，说它是"文野之战"，是"谋求文明开化进步者与妨碍文明开化进步者之间的战争"，因此对于日本来说，"不论出现什么事情，也不管遇到什么困难，纵然全国四千万人种尽灭，也不后退一步，必须取胜"。③

　　上述现象，确实值得注意，令今人很好地反思。福泽谕吉为什么会从一个启蒙思想家变成为醉心于海外扩张的黩武主义者？说奇怪也并不奇怪，因为他作为资产阶级民族主义的代表人物，自然会有维护民族独立的一面，也会有热衷于民族扩张的一面。或表现为前者，或表现为后者，皆以一定的时间和条件为转移。另外，绝对不能忽视的是，从历史上来看，日本就一直存在着一种强烈的对外实行侵略扩张的传统。无论是倡导海外扩张的鼻祖丰臣秀吉，还是江户时代学者们的形形色色的海外扩张论，以及明治政府初期政要们围绕着"征韩"问题的争论和福泽谕吉的"国权"观，都说明了这一点。以福泽谕吉为例，他明明知道，强国以武力侵略弱国是非正义战争，是违反国际公法的，却又主张置国际公法于不顾，故意知法犯法，大言不惭地说什么"数千万言的万国公法，可以用一声枪炮抹杀之"。就这一点来看，福泽谕吉还算是一个"诚实"的人。可是，从甲午战争爆发迄今，在日本国内一直有一些国际法学者和历史学家在著书立说，论述

---

① 福泽谕吉：《文明论概略》，第175页。
② 《福泽谕吉全集》第5卷，第297、304页。
③ 《福泽谕吉全集》第14卷，第491、516页。

日本在甲午战争中是如何如何遵守国际法的，继续散布自欺欺人之谈。这些人和福泽谕吉相比，其品格等而下之，主要是他们没有福泽谕吉那样"诚实"，以虚伪面对世人而不自惭。有正义感的学者对他们提出尖锐的批评①，这是很自然的。

---

① 中塚明：《关于日本海军的〈二十七八年海战秘史〉》，《北洋海军研究》，天津古籍出版社，1999年。

第二章 "征韩"计划的逐步实施

第一节 炮舰外交初试锋芒
——"云扬"号事件与朝鲜开国

在日本政府内部喧嚣一时的"征韩论"之争似乎烟消云散了。实际上日本并未放弃"征韩"的打算,只是在等待合适的时机,以便将计划逐步付诸实施。对于日本来说,这样的机会终于来到了。

1873年冬,朝鲜国王李熙亲政,大院君一党失势,王妃闵氏一党执掌朝政,露出亲日的倾向。日本把这看作是迫使朝鲜开国的绝好机会。1874年5月,日本外务省派出森山茂亲赴釜山刺探朝鲜政局的动向。根据森山茂提供的报告,时任参议的内务卿大久保利通和大藏卿大隈重信,提出了这样的建议:(一)"自御一新以来,曾数度向朝鲜遣使,彼屡拒之,可谓

朝鲜国王李熙

国耻。今又遣使，以示公谊，尽至诚，然彼若仍不同意，则将兴问罪之师，故不可不预先妥为计划。"（二）"海军应在派遣使节之前作好准备"，"自当随机应变，采取防御措施，至于征讨问罪之举，则应充分进行阁议"。（三）"议决出兵朝鲜之时，应预先照会俄国，并与之进行谈判，使其不加干涉。"（四）"其国情如何、兵备虚实，应搜集其版图等等，以备他日谋划之参考。""朝鲜与俄国接壤，俄国情状不可测，宜遣人入其国境进行侦察。支那亦可如此。"① 大久保利通、大隈重信二人的建议表明，日本的"征韩"计划是：先以实力作后盾，迫使其开国，并为今后武装入侵和扩大侵略预作准备。

1875年2月，日本政府命令森山茂以外务少丞递书契于朝鲜，因内有"大日本""皇上"等字样为朝鲜所拒绝。4月，森山茂向外务卿寺岛宗则建议，乘朝鲜发生内讧而局势不稳之际，派军舰以为声援，并测量朝鲜近海，以逼其开国。② 从5月底以来，日本多次派军舰侵入朝鲜近海，不断在东西海岸附近游弋，向朝鲜示威。

9月20日，日舰"云扬"号在舰长井上良馨海军少佐的指挥下，竟驶入汉江河口。据一日本记者提供的资料，井上良馨为了进行火力侦察，亲率20名水兵，以寻找淡水为名，乘艇向江华岛草芝镇炮台逼近。③ 炮台守军发炮示警。"云扬"号待井上良馨等撤回军舰后，即升起日旗，以制造污辱日本国旗的借口，并发炮猛烈轰击。随后又登陆窜至永宗镇，将其洗劫之后付之一炬。事后，太政大臣三条实美于10月3日发表公报称：

> 前者，我云扬舰自朝鲜东南海岸航行以后，犹欲从其西海岸向中国牛庄海边航行时，于9月20日正通过该国江华岛附近之

---

① 信夫清三郎：《日本政治史》第2卷，上海译文出版社，1988年，第426页。
② 《日本外交文书》第8卷，第29页。
③ 曹中屏：《朝鲜近代史（1863—1919）》，东方出版社，1993年，第47页。

际，不意受岸上发来炮火所击。因欲上陆询问原由，彼方炮轰益烈，云扬舰不得已发炮还击，次日遂登陆，占领其炮台，缴获其军器。我水夫二人受伤。①

此公报不仅表现了恶人先告状的惯技，而且轻描淡写，讳言日军的暴行。例如，日军登陆后破坏炮台、焚烧民房、轰毙朝鲜35人、掠去大炮38门等②，皆只字不提。可见其心中有鬼也。有一位日本学者说得好："虽把受炮火所击辩解为既突然，又完全出乎意料，但受炮击并非突然或出乎意料，而是预谋盼望受炮击。所以，我认为受炮击不仅不出乎我国意料，而且是我国所盼望的。"③ 这就是朝日关系史上著名的"云扬"号事件的真相。

"云扬"号事件发生后，日本当权者无不大喜过望。岩仓具视和大久保利通认为，此乃"从天上掉下来了绝好的借口"，可以此"上奉天子，下酬万民"。④ 木户孝允也一改当初反对"征韩论"的论调，态度变得积极起来。他于10月5日向政府提出了一份意见书，其内称：

> 今日之事，竟以无端暴行径加诸我帝国旗帜耶！……岂可舍而不问？务必讲求至当之处分，以保全我帝国之荣誉，谋我士民之安乐，固无待论，然而定谋必先审形势，行事有先后次序，不可徒从当世议者轻浮之论，随波逐流而已。若政府顶定方针，定其施行程序，臣请任其责。臣愿谨尽微力，以为我国家有所策效。……"征韩论"起，臣深虑内治未洽，故主张先内后外之论，且朝鲜亦未有显著可资征讨之罪。今其对我军舰暴击，则明

---

① 东亚同文会编：《对支回顾录》上册，原书房1936年刊，第183页。
② 中塚明：《近代日本与朝鲜》，三省堂1994年，第25页。
③ 渡边胜美：《朝鲜开国外交史》，普专学会论丛》第3辑（1937年），第229页。
④ 南昌龙：《〈江华条约〉的历史背景及其影响》，《日本申论文集》，辽宁人民出版社，1985年，第233页。

白与我为敌，于是我内治虽未能洽，岂能徒顾内治而弃其外务？臣之思想，于此亦不能不一变。然而事有先后，有次序。今朝鲜炮击我军舰，是已与我兵开战；然而我在釜山浦之一切依然犹存，是朝鲜与我未绝，不可以遽加兵威。朝鲜之与中国，现奉其正朔，虽于其互相交谊之亲密，患难之互相关切情况，未可明知，然而其有羁属关系则可必。是我不可不举朝鲜事件之始末，质诸中国政府，以请其居中代办。中国政府如能本其属邦之义，代我责罪，向我帝国道歉，讲求至当之措施，则我亦可适度而止。如中国政府不允居中代办，任我帝国自行处理；我始可举其事由，责询朝鲜，要求其妥善处分。彼若始终不肯，则我不得不问其罪。然而用兵之道，不可不审度彼我形势。是以我会计之赢绌，攻战之迟速，尤非权其重轻，自立于万全不败之地不可，故于其先后缓急之间，固不能仓猝定局。①

本来，日舰"云扬"号不经朝鲜允许而侵犯其领海，进而驶入汉江河口，是违反国际公法的。据原籍瑞士的德国海德堡大学（Universify of Heidelberg）教授步伦（J. C. bluntschli）博士所著《公法会通》（Le droit international codifié），其第311章云："江河流过某国境内者，其水面即作为某国土地论。"其第319章云："船入某国水界，或于海口下锚，或入江河，均归该国管辖，直至出境而后已。"并注曰："外国船只入境，与外人游历入境之例相似，皆不免于地方管辖。盖主权不分于水陆也。若谓船只应邀优免，则于理不合，故船只停泊于界内者，应归所在之国约束。"②再是英国剑桥大学的著名国际法学家劳特派特（H. Lauterpacht）教授所修订的《奥本海国际法》，

---

① 《对支回顾录》上册，第184~185页。
② 丁韪良译：《公法会通》卷三，光绪庚辰（1880）刊本，第13、15页。

其第2编第176目云："如果一条河流全部（即从河源到河口）在同一国的疆界内，这条河流就属于该国所专有。因为这条河流只在一国控制之下，并且完全排除其他国家的控制，所以它们被称为国内河流。"其第177目又云："国际法上并没有规定给予外国以要求准许其公私船舶在国内河流上航行的权利。在没有给予这种权利的商务或其他条约的情况下，每一个国家可以拒绝外国船舶进入它的国内河流，或者仅在一定条件（例如缴纳捐税等等）下准许它们进入。"① 可见，按照近代以来的国际公法，汉江完全是朝鲜的"国内河流"，为朝鲜国所专有，任何外国船舶都没有驶入的权利。云扬舰派艇载水兵驶入汉江，逼近朝鲜边防要地，不管用什么名义，都是违反国际公法的。日本当局不仅掩盖其违反国际公法的事实，反而故作委屈之态，说什么"不意受岸上发来炮火所击"与"竟以无端暴力行径加诸我帝国旗帜"，倒打一耙，真是欲加之罪，何患无辞！

日本政府接受木户孝允的主张，于11月初内定木户孝允为特命全权大臣，追究朝鲜的责任，但木户孝允于13日突发脑溢血而未果。12月9日，日本政府任命陆军中将兼参议黑田清隆为特命全权办理大臣，于27日又任命元老院议官井上馨为特命副全权办理大臣，并以外务大丞宫本小一、外务权大丞森山茂、陆军少将种田政明、陆军中佐桦山资纪等为随员。当时，美国驻日公使平安（John A. Bingham）问外务大臣寺岛宗则："此次派遣的全权，是否乘军舰赴朝？"寺岛宗则答曰："不错，不错！正是采取贵国佩里提督前来下田时那样的措施。"② 平安便将贝阿德·泰勒（Bayard Taylor）所著的一本《佩里远征日本小史》（A Visit to India, China and Japan in the Year 1853, 1866）赠给

---

① 干铢崖、陈体强译：《奥本海国际法》上卷第2分册，商务印书馆，1989年，第10、12页。
② 信夫清三郎：《日本政治史》第3卷，第15页。

井上馨副全权，以壮其行。① 看来，23年前在美国佩里舰队压力下被迫开国的日本，这次竟要仿效美国的做法，采取炮舰外交强迫朝鲜开国，并把不平等条约强加于它了。

此前，日本政府已于11月10日任命外务少辅森有礼为特命全权公使，前往中国，与清政府进行交涉。其此行之目的，是为了摸清中国的态度，以避免中国干涉日本对朝鲜的行动。1876年1月4日，森有礼至烟台上陆，于10日抵北京。11日，森有礼至总理衙门，见恭亲王奕䜣，面递节略一件。内述朝鲜炮击日船、拒纳日使等一面之词，并称："本大臣窃祈朝鲜国以礼接我使臣，不拒我所求，以能永保平和也。若不然，事遂至败，则韩人自取不测之祸必矣。彼此不幸何似！今日事机，实系祸福攸判，朝鲜见果及此，则应言归于好矣。"②

森有礼语带威胁，杀气腾腾，狂妄至极。奕䜣等人全不察"云扬"号事件之原委，唯恐引鬼上门，只想推出了之。即所谓"日朝之事，日朝自了"③也。因此，奕䜣等直告森有礼："朝鲜虽隶中国藩服，其本处一切政教禁令，向由该国自行专主，中国从不与闻。"④

奕䜣的回答并不错，说的本是实话。因为中国与朝鲜的宗藩关系是历史形成的，且已成为定制。⑤《清史稿》卷五二六《属国传》指出，宗主国与藩属的关系，其特点是："国家素守羁縻属国之策，不干内政，兴衰治乱袖手膜视。"这种宗藩关系即东方式的封贡体系，与西方的殖民体系是不同的。熟悉中外交涉的姚锡光说："中国之待藩属向异泰西。……英之于埃及，法之于安南，皆以全力致其死命，

---

① 信夫清三郎：《日本外交史》上册，商务印书馆，1980年，第159页。
②《清光绪朝中日交涉史料》卷一，第2页。
③ 王芸生：《六十年来中国与日本》第1卷，三联书店，1979年，第123页。
④《清光绪朝中日交涉史料》卷一，第1页。
⑤《钦定大清会典》事例卷五〇二，礼部朝贡条。

已尽攘其实而犹存其故国之名,中国于藩属,内政外交任其自为计,是以居藩属之名,而犹予以自主之实。"① 封贡体系和殖民体系,是当时世界上并存的两种国与国间关系的模式。

对于上述两种体系,有论者曾加以比较,认为"中国传统的宗法观念与近代的国际公法之宗法观念冲突,日本的立场合乎时潮,我们的则不合。在朝鲜问题的开端,我们就为传统所误"。② 得出这样的结论是不够妥当的。当时的国际公法并未否定藩属关系。如美国惠顿(Henry Wheaton)所著《万国公法》(Elements of International Law)称:"进贡之国并藩邦,公法求其所存主权多寡,而定其自主之分。"③《公法会通》第76章亦称:"此国赖彼国以行其主权者,则彼为上国,此为屏藩,屏藩与外国交接,其主权自有限制。"这里讲的是两类国家:一是"进贡之国";一是"藩邦"或"屏藩",即附属国。再看《奥本海国际法》第91目:"宗主国和附庸国之间的关系完全视具体情况而定,因此关于附庸国的国际地位问题不可能立定一个一般性的规则。……但有些例子表明附庸国可以有某种从属的国际地位。""例如埃及,当它还是土耳其的附庸国时,它可以不经宗主国的同意而与外国订立商务和邮政条约;又如保加利亚,当它还在土耳其宗主权之下时,它可以订立关于铁路、邮政和类似条约。其次,如埃及和保加利亚,当它们还是土耳其的附庸国时,它们就被允许派遣和接受领事作为外交代表。"④ 与上述殖民体系下的附庸国对比,可以明显地看出,封贡体系下的藩属国与之有着根本的区别。在封贡体系下,"藩属国土向中国皇帝按期进贡(分两年以至十年不等),奉正朔,受册

---

① 姚锡光:《尘牍丛钞·再密呈经划朝鲜说帖》。
② 蒋廷黻:《近代中国外交史资料辑要》中卷,第365页。转见关捷主编《海峡两岸〈马关条约〉百周年学术研讨会论文集》,大连海事大学出版社,1997年,第25页。
③ 丁韪良译:《万国公法》卷一,同治三年(1864)刊本,第17页。
④《奥本海国际法》上卷,第1分册,第147页。

封。由此，中国皇帝就有维持受册封的王统地位的义务，也有排难解纷保护藩属国安全的义务"①。宗主国与藩属国的关系，重在礼仪方面，表现为名分上的不平等，但实际上后者仍是具有独立主权的国家。而在殖民体系下，宗主国对附庸国可予取予求，有时赐予后者多少不等的权利，有时则吞并之，但在实际上后者已不是独立主权的国家了。这是不同的两种国与国间关系的模式。不承认封贡体系下的宗属关系的存在，是没有国际法作根据的。故有论者指出："国际法从未规定宗属关系必须获国际社会之承认或同意始能成立，而是依国际习惯法，凡宗属关系必然受到各国之尊重与接受，除非属国本身主动表示欲脱离其宗主国。"②

那么，是否能够说当时日本所坚持的殖民体系就合乎"时潮"，而封贡体系就不合了呢？所谓"时潮"提法的本身，就是很值得考虑的。因为用历史的观点看，这两种体系都要或早或迟地退出历史舞台。"时潮"应该是指反映时代主旋律的进步社会潮流，不能只看到当时世界正处于帝国主义抢夺殖民地的时期，就称殖民体系为"时潮"。殖民体系与封贡体系礼仪上的不平等关系不同，而是一种极端野蛮的不平等关系，它靠的是强权政治，而不是国际公法。德国首相俾斯麦（Karl Otto Eduard Leopold von Bismarck）曾有过这样一段自白："方今世界各国，皆谓以亲睦礼仪相交，此全系表面文章，而背地则强弱相凌，大小相侮。……彼所谓公法以保全列国权利为常典，实则当大国争利而于己有利时并不要求执行公法，而若于己不利，即翻脸示以兵威。本无常规可守。小国孜孜以条文与公理省察自己，不敢自越，以

---

① 陈伟芳：《甲午战争前朝鲜的国际矛盾与清政府的失策》，见戚其章主编《甲午战争九十周年纪念论文集》，齐鲁书社，1986年，第31页。
② 缪寄虎：《马关前后所涉及之国际法问题》，《海峡两岸〈马关条约〉百周年学术研讨会论文集》，第26页。

努力维护自主之权,但遇对方播弄凌侮之政略,亦每每难能自主。"①西方大国惯于恃强凌弱,以大欺小。他们在血腥征服的基础上建立起来的殖民体系,处处都是违反国际公法的,有何"时潮"可言?列强用西方的殖民体系来否定东方的封贡体系,也正是强权政治的表现。

日使森有礼拾西方殖民者之唾余,正是以殖民体系来否定中朝的藩属关系的。1月17日,他在致总理衙门的照会中,便抓住奕䜣等说的"朝鲜虽隶中国藩服,其本处一切政教禁令,向由该国自行专主,中国从不与闻"一段话,故意加以曲解,声称:"据贵王大臣云:朝鲜虽曰属国,地固不隶中国,以故中国曾无干预内政,其与外国交涉,亦听彼国自主,不可相强等语。由是观之,朝鲜是一独立之国,而贵国谓之属国者,徒空名耳。彼此为邻,加我暴戾,而今不得不遣使以责之,且为我国人民自尽保安海疆之义。因此,凡事起于朝鲜、日本间者,于清国与日本国条约上无所关系。"② 即使在封贡体系下,朝鲜在实际上也是独立自主的国家,但森有礼一口咬定"朝鲜是一独立之国",其用意却是要割断中朝之间的传统藩属关系,将清政府甩到一边,以便它实施"征韩"的计划。

正当森有礼在中国喋喋不休无理纠缠之际,黑田清隆等则于1月6日率舰船6艘及兵士800人从品川出港,驶向朝鲜。2月11日,黑田清隆和井上馨开始与朝鲜全权代表申櫶、尹滋承举行会议。在日方的压力下,朝日双方代表于26日签订了《朝日修好条规》,即通称之《江华条约》,共12款。到8月24日,朝日双方又签订了《朝日修好条规附录》11款。这是一个严重的不平等条约。如《条约》第1款"朝鲜国自主之邦,保有与日本国平等之权",是企图以此断绝中朝的

---

① 升味准之辅:《日本政治史》第1册,商务印书馆,1997年,第118页。
② 《清光绪朝中日交涉史料》卷一,第4页。

藩属关系，使朝鲜成为日本的殖民地；《条约》第4、第5款，规定朝鲜先后向日本开放釜山、元山、仁川三处通商口岸；《条约》第7款允许日本在朝鲜沿海进行测量和绘制海图；《条约》第10款允许日本享有领事裁判权，等等。日本的炮舰外交初试锋芒，实现了迫使朝鲜开国的计划，开始尝到了对外侵略的真正甜头。

《江华条约》的签订，是日本向大陆扩张的第一步。这一步的成功，刺激了日本军国主义者的胃口，从此更加不遗余力地推行大陆扩张的政策。

第二节　伺机强取在朝鲜驻兵权
——壬午兵变与《济物浦条约》

如果说日本通过制造"云扬"号事件和签订《江华条约》实现了迫使朝鲜开国目的的话，那么，1882年发生的壬午兵变则给日本提供了新的借口。日本逼迫朝鲜签订《济物浦条约》，使它在"征韩"的道路上又迈出了一大步，从而达到了迫使朝鲜全面开国的目的。

朝日《江华条约》缔结后，日本很快便根据条约所赋予的特权而完全控制了朝鲜的经济。据统计表明，条约签订前的1875年，朝日全年贸易额为128 717墨西哥元（俗称"鹰洋"，Mexico dollar），其中出口68 930墨元，进口59 787墨元，顺差9 143墨元。到壬午兵变前的1881年，贸易额猛增到3 827 394墨元，其中出口1 882 657墨元，进口1 944 737墨元，逆差则达到了62 080墨元。在短短的6年之内，贸易额竟突增近30倍。[①] 朝鲜对日本的出口，以价值计算，大米、大豆

[①] 林子候：《甲午战争前之中日韩关系（1882—1894）》，台湾嘉义玉山书局，1990年，第13页。

等农产品占60%，水产品占9%，金银等占21%。这么多粮食运往日本，必然会造成朝鲜国内的缺粮。在此期间，进驻釜山、元山津特别居留地的日本协同商会、大仓组、三菱会社等，更利用免征关税特权和领事裁判权向朝鲜出口日用品，带去日本通货，大搞投机倒把。由于日本的国内需要，日本商人在朝鲜大量收购大米，引起米价猛涨一两倍。① 日本在朝鲜的经济掠夺，给朝鲜人民带来了极大的灾难。几年后，伊藤博文在谈到这一阶段的日朝贸易时曾说："日本对朝鲜的主张是经济的，也就是说它并不要求对朝鲜的任何法律权限，而日本只是因为地理上的关系并为了供应其不断增加的人口，才打算利用朝鲜作为最好的供应地，以补其国内米产之不足，并作为将来日本子弟寻求职业最近便的场所。"② 他说这段话是为了掩盖其"征韩"的野心，当然不足凭信，但也道出了日本此阶段在朝鲜是主要采取经济侵略的方式。

日本除在经济上对朝鲜贪婪掠夺外，还为日后从政治和军事上控制朝鲜预作准备。日本公使花房义质一面加紧在朝鲜培养亲日分子，一面怂恿朝鲜政府仿效日本方式改革军制。他向朝鲜赠送武器，帮助其组建一支新式武装。1881年，这支新式武装建立，称"别技军"，聘日本陆军工兵少尉堀本礼造为教官，按照日本军队方式进行训练。"别技军"与原朝军相比，不仅装备好，而且待遇优厚，自然会引起后者的强烈不满。这便为翌年的兵变埋下了伏线。

当时，朝鲜动荡，民不聊生，危机四伏，而当权的闵妃集团却倒行逆施，腐败贪婪，挥霍无度，宫内"每夜曲宴淫戏，保佑、巫祝、工瞽歌吹媒媪，殿廷灯烛如昼，连曙不休"③。闵妃为祈祷世子平安，

---

① 升味准之辅：《日本政治史》第1册，第185页。
② 诺曼：《日本维新史》，商务印书馆，1992年，第202页。
③ 黄玹：《梅泉野录》卷一上，汉城韩国国史编纂委员会，1955年。

竟在金刚山所有峰巅上皆供献清钱千两、米一石、布一匹，以求神灵保佑。不出数年，国库为之荡尽。广大人民在闵妃集团和日本商人的双重盘剥压榨下，啼饥号寒，生活无着，大批地背井离乡逃往国外。① 金允植所编之《云养集》中收录的朝王李熙在壬午兵变后发布的《罪己纶音》记载："粤自嗣服以来，大兴土木，勒敛民财，使贫富俱困，是予之罪也。屡改钱币，多杀无辜，是予之罪也。玩好是求，赏赐无节，是予之罪也。过信祈禳之事，虚糜帑藏，是予之罪也。用人不广，宗戚是崇，是予之罪也。贿赂公行，贪墨不惩，穷民愁苦之状莫达于上，是予之罪也。储胥久虚，军吏失哺，贡价积欠，市井废业，是予之罪也。"② 可以推知，当时朝鲜国内矛盾丛集，已经达到了激化的程度。

日本贪得无厌的经济掠夺，更推动了朝鲜国内矛盾的发展，到壬午兵变前夕已是群情激奋，民怨沸腾。当时出现的儒生万人联名上疏，称："今日天下大势，上国不能令天下，面俄、法、美、英而萎缩，东方偏小之我国，实处泰山悬卵之危境。然环顾国内形势，八道道伯、三百六十州宰，不知善治，施苛政，置一国苍生于水火，是为'是日曷丧，汝及予偕亡。'"③ 由此可见，朝鲜民族危机空前严重，已处于亡国灭种的边缘。

到1882年7月，终于爆发了壬午兵变。这次兵变的原因是多方面的，但从根本上来说，它"是1876年至1882年日本独占朝鲜的贸易，朝鲜人民全面蒙受不平等条约掩护下的日本经济侵略之一种抵抗"④。信哉斯言！先是由于国库空虚，存粮短缺，汉城除别技军外，士兵有

---

① 曹中屏：《朝鲜近代史（1863—1919）》，第77页。
② 邵循正等编：《中日战争》（中国近代史资料丛刊）第2册，新知识出版社，1956年，第377页。
③ 李瑄根：《韩国史》（最近世篇），乙酉文化，1976年，第449页。
④ 林子候：《甲午战争前之中日韩关系（1882—1894）》，第13页。

13个月未发俸米，怨声充斥，早有不稳之势。当月19日，当局决定先发放一个月的俸米。可是仓吏营私舞弊，所发放之俸米乃朽腐的陈粮，米中还搀以砂石，而且分量不足，因此士兵积愤爆发，将仓吏殴打致伤。当局下令逮捕为首者，将处以极刑。诸营士兵闻讯大愤，打开军械库，夺取兵器，袭击闵党权臣住宅，并进攻别技军，杀死日本教官堀本礼造少尉并陆军学生3人。到23日黄昏，一支有民众参加的士兵队伍来到西门外的日本公使馆，杀声大起，呼喊"尽屠倭人"，[①]花房义质一面下令焚毁机密文件，并命海军军医佐川晃泼洒煤油，放火烧馆；一面率28名馆员，整队冲出，砍杀朝鲜军民20多人。26日，花房义质一行乘英国测量船"飞鱼"号（The Flying Fish）回国，于29日抵达长崎。

在花房义质逃离使馆的第二天，即7月24日，兵变的士兵愈集愈多，攻入国王李熙居住的昌德宫，并杀闵党重臣数人，闵妃只身逃脱。朝王急派人往云岘宫召大院君李昰应。25日，大院君入宫，李熙手诏云："自今大小公务，禀决于大院君前。"于是，李昰应重新执掌朝政。

花房义质一回到长崎，即向外务省电告朝鲜兵变经过，日本朝野为之愤激。各报纸大肆炒作，激励

李昰应

[①] 申国柱：《近代朝鲜外交史研究》，东京有信堂，1965年，第145页。

国人，一时人心鼎沸，"征韩"空气弥漫全国。或主张："欲使我国人民知晓扩张国权与爱国之重要，宜速发起问罪之师，轰动国威于海外"，"终须迫至城下之盟"；或主张："显示我之兵威，夺其志士之心胆"，但以"外示开战之势，内求和平谈判"为上策。① 意见虽不尽一致，但在采取强硬方针方面却皆无异辞。

与此同时，日本政府内部也在讨论对朝方针问题。7月30日，太政大臣三条实美召开内阁会议，会上意见纷纭，至深夜未决而散。31日，内阁会议继续讨论。内阁顾问黑田清隆主张迅派"征韩"之师，立即宣战。参议代理陆军卿山县有朋赞同黑田出兵开战的意见，但提出"先派遣全权使节前往诘责，朝鲜不接纳要求，再派遣膺惩之师"。② 外务卿井上馨重视列强的意向，主张慎重行事，先派舰队示威，在军事压力下进行谈判，如朝鲜不允日方条件，再研究正式出兵问题。因事关重大，天皇睦仁亲临旁听，甚是认同井上馨之言。于是，庙议遂决，将处置朝鲜之事，一切皆委井上馨办理。

根据阁议的决定，井上馨先于8月2日命花房义质在下关待令，作赴朝的准备，又于7日亲赴下关，授以训令三纸③：

其一，是训条。其内称："朝鲜凶徒所为，残暴已极。韩廷怠于镇压，我国本可兴师问罪，惟念朝鲜当开国之初，物议汹汹，因而酿成内乱，此实东方各国均所经历之事，不可责之太苛。故我国对此次事变，依照公法与情谊，责以相当赔偿谢罪，不致出于用兵之极端处分。但凶徒猖獗之势未测，韩廷是否愿顾邻谊而续交际，未可逆料，故特派陆军护卫入京，以备不虞。际此非常之变，使臣之责任在解除两国纷难，保全和平大局；但为雪我国旗之被辱起见，应获相当之处

---

① 藤村道生：《日清战争》，上海译文出版社，1981年，第11页。
② 苏峰德富猪一郎：《公爵山县有朋传》中卷，东京山县有朋纪念事业会，1933年，第896页。
③ 王信忠：《中日甲午战争之外交背景》，清华大学，1937年，第36~37页。

分,以满足我臣民不平之气。……当交涉进行时,凶徒若更逞乱侵犯,我军队虽可出于临机处分,充分发挥镇压之力,以示惩罚;但在未与韩廷宣战之前,使臣应保持和平地位,进退仅限于自卫而已。若朝鲜政府非因凶徒之障碍,不顾我之好意,不接待我使臣,或为不能忍受之无礼接待,或于开议后托言左右,故意庇护凶徒而不加处分,或竟拒绝谈判,明示破坏和平之意,使我政府不得不出于最后处分之一法。如遇此种情形时,使臣应致最后书简,声明彼国罪状,与海陆军共退仁川,据地暂行安顿。同时将交涉情形具禀政府,以待训令。万一中国或其他各国提议仲裁,使臣应告以政府曾训令不得允许外国从中干预,断然拒绝。"

其二,对朝鲜的要求:(一)朝鲜应负怠慢之责,以文书向我国谢罪。(二)自接受我要求之日起,以15日为期,朝鲜政府应拿捕凶徒党羽,执行使我政府满意之严重处分。(三)应使韩廷给与遭难者相当之赡恤。(四)应使韩廷赔偿违犯条约及出兵准备之费用,其数以我所耗之实费为标准。(五)为保证将来起见,朝鲜政府从今5年间,应备充分兵力,保卫我驻京使馆。(六)辟安边为市场,以供我商民贸易。(七)若朝鲜政府过失重大,应使将巨济岛及松岛(郁陵岛)让与我国,以表谢罪之意。(八)若发现朝鲜政府中有庇护凶徒之主谋者,韩廷应免黜之,并予以相当处分。(九)若情报全重,我可临机应变,而出于强偿之处分。最后之(七)(八)(九)三条系井上馨之口授训条。

其三,秘训状。于以上要求之外,应更向朝鲜政府要求下列诸事:(一)开放咸兴、大丘、杨华镇三市。(二)准许公使、领事馆员旅行内地。(三)处分元山、安边之事变。(四)决定通商条约之要领。

由上观之,日本政府虽然侵略胃口甚大,如口授训条中企图割取巨济岛等，但仍然准备由朝鲜政府保护日本使馆，并坚持在军事压力下进行谈判的原则，以最终达到满足其要求的目的。日本政府之所以放弃诉诸武力，与它当时的主客观条件是密切相关的。尽管当时日本的黩武主义分子剑拔弩张，但日本的军力未必能够压倒中国，万一开战，胜负尚难预料。对此，井上馨等人是看得很清楚的，他一再提醒花房义质"目前决无开战之意"。另外，西方国家也大都不支持日本使用武力。日本外务省法籍顾问巴桑纳（Gustave Emile Boissonade）曾提出警告说："现今日本最恐惧者为俄国。即或中日开战，亦不及俄国毒害之甚。何以言之？中国乃日本之天然同盟国，中国同日本是人种、文字、风俗、宗教相同之国。无论如何，面对欧洲实力向东亚之伸展，日中两国不能不相互协同……今日俄国未向朝鲜伸手，只是因为国内有虚无党之困难。若一朝内政得治，必立即伸手朝鲜，北取桦太岛，再夺取朝鲜国之一二港口。"① 英国驻中、日两国公使巴夏礼（Hary Smith Parkes），为了亚洲市场的安全和防止俄国侵入朝鲜，也奉命在中日之间进行斡旋。② 在美国驻华公使杨约翰（John Russell Young）的建议下，美国派遣军舰停泊仁川港，以牵制日本的行动。③ 所有这些，不能不使日本有所顾虑，不敢贸然发动"征韩"的战争。

  花房义质接受训令后，即于8月10日乘明治丸再赴朝鲜，陆军少将高岛鞆之助、海军少将仁礼景范随之，率金刚舰（以下简称金刚）、日进舰（以下简称日进）、比睿舰（以下简称比睿）、清辉舰（以下简称清辉）四艘军舰及和歌丸运船并步兵一大队800余人，以随行护卫，于12日抵仁川。此时，花房义质发现，中国所派之"超勇""扬威"两艘快船已先泊港内了。

---

① 戚其章主编：《中日战争》（中国近代史资料丛刊续编）第9册，中华书局，1994年，第2、8页。
② 远山茂树：《日本近现代史》第1卷，商务印书馆，1983年，第57页。
③ 中塚明：《日清战争の研究》，东京青本书店，1994年，第45页。

原来，早在7月31日，中国驻日公使黎庶昌从日本外务大辅吉田清成处获悉朝鲜之事后，即急电署理北洋大臣张树声报告。其后，又数次电北洋，建议派兵船前往观变。张树声决定派北洋水师统领丁汝昌、道员马建忠赴韩察看办法，总理衙门甚表同意。与此同时，张树声还派周馥找在天津的朝鲜领选使金允植和问议官鱼允中征询意见。金允植、鱼允中皆是反对大院君的闵党分子，一口咬定大院君为乱首。于是，张树声函总理衙门称："乱党实李昰应为首，即该国王本生之父，……势焰方张，谅非该国遽能自定。如犹在暗中主持布置，则朝鲜不去此人，后患终无底止，亦非该国王所能自了。即使乱党暂平，而日本一边，诚如来谕，必不免一番狡展，亦必须有兵力相当，始易调停就范。"①

8月9日，马建忠偕丁汝昌乘威远舰，率"超勇""扬威"两艘快舰，从烟台启碇东渡。鱼允中搭超勇舰随行。翌日夜10时，至仁川港济物浦月尾岛停泊。日舰"金钢"号已先一日抵达，马建忠立召鱼允中来，"嘱随从朝人至近岸花岛别将处，详探一切"。这正好给了鱼允中与日人暗通消息的机会。11日上午10时，日本参赞近藤真锄偕海军大佐相浦纪道来威远舰拜访，言及"遇变时事，与所闻近日情形，有可与允中书辞印证者，胥默识之"。近藤真锄究竟谈了些什么？据马建忠上张树声禀，可知近藤所言是："李昰应因兵作乱，往见王妃，进酖以弑之，现在大权独揽，极为猖獗。"鱼允中之"书辞"则略谓："彼大院君憾于失权，隐养无赖，期寻祸乱者久矣。……今日若不亟亟调处，日人必大发报复，生灵涂炭，宗袝将覆；彼大院君又必广招炮兵，决计扼守，而国内生灵不保，政何以存？乱何以熄乎？"② 看

---

① 《清光绪八年处理朝鲜大院君倡乱事件密档之一斑》，《人文月刊》第1卷，第6、7期合刊（1930年），第4页。
② 马建忠：《东行三录》，上海书店，1982年印本，第56~57页。

来，日本方面和闵党分子都想假中国之手以除大院君。而在中国方面，平时对于朝鲜政局不闻不问，又不真正了解兵变的真实情况，只能被日人和闵党分子所愚了。其实，虽然李昰应在兵变发生后有所插手，但并非兵变的主谋，何况除掉他也不可能从根本上解决朝鲜政局不稳定的问题。问题是当时没有人能够看到这一点。所以，局势必然要朝着有利于日本的方向发展了。

马建忠对兵变之原委既有定见，便商由丁汝昌于翌晨回津，向北洋面陈机宜。8月12日晨4时，丁汝昌携马建忠乘威远轮回天津。禀称："为今之计，莫如仰恳宪台，权衡独断，一面出奏，一面檄调陆军六营，即趁威远、湄云、泰安及招商局轮船之在津者，载以东来，乘迅雷之势，直取王京，掩执逆首，则该乱党等布置未定，防御未固，摧枯拉朽，当可逆计。"① 是时，薛福成正在直隶总督署幕，亦上书张树声称："此举以顺讨逆，以强制弱，必可迅速成功，所虑者日本兵船先到耳。……万一此次乘朝鲜内乱，逞其狡谋，以与中国为难，甚属可虞，不能不预为之防也。……王师既到韩后，宜先为书声明，专讨乱党违命启衅之罪，檄召李昰应赴兵船问状。彼如挺身前来，或归罪他人，或饰词巧辩，宜一概勿理，暂予羁留。先以威远一船载之来华，置之京师，听候朝命。其大队官兵暂住朝鲜，为之捕诛乱党，不数日而大事可立定。此善之善者也。"② 张树声甚以为是，多循此书之策而行。

8月14日，丁汝昌抵天津，将马建忠书呈北洋。当时，总理衙门已奏明着张树声续派帮办山东军务吴长庆率淮军6营前往朝鲜。18日，吴长庆、丁汝昌乘威远舰，率日新、泰安、镇东、拱北等轮并弁

---

① 马建忠：《东行三录》，第58页。
② 薛福成：《庸盫全集》，光绪二十四年无锡薛家刊本，《文编》卷二，第56页。

勇2000余人，由登州先发；另两营则拟乘南洋兵轮随后继发。20日上午8时，吴、丁抵达南阳府马山浦。马建忠来，共商进兵事宜。商定由马建忠先驰赴汉城观察动静，然后吴长庆率大队继后。

先是花房义质于8月12日抵仁川后，曾与马建忠晤面。马建忠亦致书花房义质，劝其缓赴汉城。花房义质复书应允。至16日，花房义质决意径赴汉城。行前命前日本驻天津领事竹添进一郎来访马建忠，告以："敝国之意，专在重交谊，非乘人之乱，以谋掠夺者；故所求于朝鲜者，不过惩小乱首，并设法以为善后之计。……至求偿损害，及兵备之费，则万国所同，不得不遵之；但敝国之出此，非敢贪财也，故欲从实算之，决不以过当处之也。"马建忠听后，觉得"惩办乱首"正合中方之意，自然不成问题，而最担心的是趁机勒索巨款，于是劝之曰："朝鲜贫瘠实甚，国帑空虚，民生匮乏，将来此事结局，优恤银两，亦情理之常；然索之过多，恐朝鲜亦不堪命至于兵备之费，弟则难赞一辞，缘朝鲜赋出无多，即使贵国实算以求，不知朝鲜何日偿了？"竹添进一郎答称："我国内人心甚嚣，故借此名以慰其心耳；朝鲜之贫窭，敝国知之熟矣，决无不堪之事。若使敝国果有贪利之意，则责彼凌辱我国人之罪，以求过当之价，或求割取岛屿，亦非难事；然而我政府之无此心，弟以百口保之。抑朝鲜之于我，常挟猜疑之心，以为今之日本，犹是昔日之日本，而必有夺我土地之心，又有取我财宝之心，故今日之事，我政府务以公平处之。"①竹添进一郎巧舌如簧，使马建忠误认为日人无非是斤斤计较于偿款问题，产生了一定的麻痹思想，以致后来在指导朝鲜对日交涉时造成了被动。

8月16日，花房义质不顾朝鲜官员的多次劝阻，率军队向汉城进发，于当晚进入城内，以前禁卫大将李锺承宅为行馆。他系秉承井上

---

① 马建忠：《东行三录》，第65~66页。

馨的指令："占中国之机先，利用军队作为交涉的后盾。"故强行带兵入京。20日，花房集合来京日军约1500人，编为一大队，屯驻于王宫前敦化门外广场，以进行恫吓，然后在高岛鞆之助、仁礼景范两少将的陪同下到昌德宫重熙堂觐见国王。花房义质不顾外交礼仪，当国王李熙之面责难"焚馆逐使"[①]，随之将日本政府对兵变善后的要求书呈上，限3天内答复。要求书开列7项："（一）自今15日内，捕获凶徒巨魁及其党羽，从重惩办事。（二）遭害者优礼瘗葬，以厚其终事。（三）拨支5万元，给与遭害者遗族并负伤者，以加体恤事。（四）凡因凶徒暴举，日本国所受损害，及准备出兵等一切需费，照数赔偿事。（五）扩元山、釜山、仁川各港间行里程，为方百里（朝鲜里法），新以杨花镇为开市场，咸兴、大丘等处为往来通商事。（六）任听日本国公使、领事及其随员、眷从等，游历内地各处事。（七）自今5年间，置日本陆军兵一大队，以护卫日本公使馆，但设置修缮兵营，朝鲜政府任之。"并警告李熙说："在两国邦交几乎断绝的今天，提出这个要求，是为了要维持旧好，永保和局，……贵朝廷对这一要求的答复，也就是邦交断绝与否的分水岭。"[②] 朝王告以一切均委领议政洪淳穆办理，花房义质也不收回要求书而退出。

花房义质的粗暴行径，完全践踏了国际外交公认的一般准则。德国曾任外交官多年的马尔顿（Martens）所著《星轺指掌》（Le Guid diplomatique）即指出：

> 使臣欲成其事，必先取信于人，虽交接各有心意，必推诚相与，不可参以欺诈，若彼此猜疑，实与公事大有妨碍。即两国遇有不甚浃洽，亦当备加谨慎，毋失仪于彼国君主。

[①]《世外井上公传》第3卷，东京内外书籍株式会社，1933—1934年，第471、481页。
[②]《中日战争》（二），第424~425页。

>头等公使觐见国君面谈公事者有之，各等使臣亦间有之。然遇有商办事件，仍须会同总理大臣办理，不能与国君面议了结；法虽迟缓，而使臣可以有思维之暇，而免仓卒之谬。国君虽与使臣畅谈，不便商议公事，诚恐一言既出，不克挽回。是以遇有公事，必由总理大臣办理，而国君观其动静，若有造次应允之处，即可密谕；如国君另有办法，临时再行传知。故国君与使臣面谈，虽于公务有益，而不能公议，仍由总理大臣详为商酌。①

可见，花房义质完全不顾国际公法，不仅陈兵于朝鲜王宫前以进行恐吓，而且在朝王面前大肆要挟必须接受日方的条件，开朝日外交史上另一次恶劣的先例。

之后，花房义质又谒大院君于别殿，所谈不得要领。此时，李熙着人退还日本政府的要求书。于是，花房义质会晤领议政洪淳穆，复将要求书交付，并限定23日正午为答复限期。朝鲜政府内部意见不一，或主张以日使违犯国际惯例之无礼行动为由，退还日本的要求书；或主张将日方要求书送马建忠以征询意见，并请其入京设法斡旋。于是，洪淳穆为拖延答复时间，致书花房义质曰："昨既奉晤，而今始承山陵看审后封标之命，晓方发往，可费数个天矣。事系慎重，不敢暑刻是缓。而邻国大丧，而贵下亦当有致念。谅之焉！"② 当时，皆以为闵妃遇害，而国丧之时看山陵封标，自是国家大典，亦属冠冕堂皇之理由。何况国际公法有此惯例："彼国有庆吊大事，宜情文兼至，至彼地教规，及各等礼节，亦宜慎重，以协舆情。"③ 以此律之，花房义质应不致强限答复日期。但花房义质察朝方有意拖延，也不顾朝鲜国有庆吊大事，即按原井上馨的布置，给朝王下最后通牒称："义质

---

① 联芳、庆常译：《星轺指掌》卷二，光绪二年同文馆聚珍版，第34~35、44~45页。
② 《中日战争》（二），第427页。
③ 《星轺指掌》卷二，第35页。

深怪殿下曩许义质以会同领相理事，而今又命以他事，使两国公干无由按期讲定。夫焚馆逐使，辱国之甚，非樽俎之所可结局。惟我主夙知殿下睦邻盛意犹在，故使义质先图雪冤持旧好，而殿下轻忽两国交际如此，则义质之望殆绝。当归奏事由，但以两国数百年交好，一朝将湮，不得不一言。"① 并于23日离京前往仁川，以示决绝。

　　大院君知事棘手，急遣使驰告马建忠，请入京代为筹策。马建忠早已胸有成竹，于8月24日傍晚至仁川晤花房义质，告以："国王甚欲与贵公使议事，大小臣工亦同此意，徒以有志未逮，致成此局。君谓朝鲜尚有政府乎？犹忆前在舟中语君以朝鲜其势，必以能使国王自主为先务，国王一日不能自主，他国即一日不可与之议事，以主政者非执政之人也。证之公法，则土耳其、埃及每有乱党，杀伤各国之人之事，各国必俟其君能自主，乃与计议；……今我此来，非为朝鲜居间调停，不过与君定明朝鲜事势，俾君免至错认题目耳。朝鲜国王现既不能自主，而贵公使贸贸然与之议事，无论所议不成，即令已有成议，他日国王复能自主，则所议者仍属空谈。且若于此时与之决裂，则将来恐不独朝鲜政府有所借口，吾国此次以兵前来，惟在惩办乱党，贵国政府想亦闻知，君倘不审可否，亟与乱党定议，吾恐日后自此多事矣！故吾不得不先为言之。"② 马建忠的一番话，使花房义质对中国的意图有了底。8月25日晚，马建忠进入汉城，即与吴长庆、丁汝昌密商诱捕大院君之方案。26日下午，终将大院君拘捕，于翌日拥之上登瀛洲船护送天津。于是，朝鲜政局为之一变。

　　8月27日，朝王命李裕元、金弘集为正、副全权大臣赴仁川与花房义质谈判，先遣户曹尚书金炳国持日使要求书商诸马建忠。马建忠

---

① 《中日战争》（二），第428页。
② 马建忠：《东行三录》，第72页。

认为，日方所开列各条，"其间有即可许者，有决不可许者，有须变通者"。他特别指出的有3条不可许：其一，"咸兴、大丘开市，则为陆地通商，决不可为日人开端"。其二，"京内长置大队，万不可许。至该公使为保身之计，随带若干兵弁，在馆内驻扎，尚无不可，惟不宜列入款内"。其三，至于兵备之费，"日本兵舰原有常费，陆兵亦有定饷，调集来此，不过稍加运费；若与恤银统自在内，不过十万元足矣"①。其实，马建忠原本心存麻痹，故对日本的野心自然估计不足了。

8月28日晚10时，李裕元、金弘集于仁川港日舰"比睿"号上与花房义质开始谈判。其间几经周折，李裕元终丁被迫接受日方条件。30日，双方在济物浦日本临时兵营内押印换约，是为《济物浦条约》。其中，规定朝鲜赔偿日本水陆兵费50万元，远远超过了马建忠的估计。至于日本驻兵汉城事，马建忠的变通办法，即允日使"随带若干兵弁在馆内驻扎"以应付之法，根本不灵，也基本上满足了日方的要求。

有人认为，此次事变日本所耗费用共达149万元，而要求赔款仅50万元，仅及所耗之三分之一，从经济上看根本不划算；因此，"客观言之，日韩《济物浦条约》之缔结，毋宁视为日本当局维持和平之结果"②。这样看，似乎有一定的道理。但问题是不能简单地光算这一笔经济账。从长远看，朝鲜在经济上被掠夺是难以用数目计算的。何况日本之所以未借此机会发动战争，其原因也是多方面的：当时日本的军力并不充足，尚未达到羽翼丰满的程度，并不具备发动战争的能力。此其一。西方列强的态度不表支持，也制约了日本发动战争的意图。此其二。虽然日本计划在朝鲜采取一定的军事行动，如占领仁川，

---

① 马建忠：《东行三录》，第75~76页。
② 王信忠：《中日甲午战争之外交背景》，第49页。

但又与中国入朝兵力相形见绌，也只好被迫放弃。此其三。可见，说《济物浦条约》体现了日本当局维持和平之意，是完全不恰当的。

《济物浦条约》的后果是严重的。对此，马建忠负有重要的责任。他对事件的经过并未进行认真的调查，反被日人及闵党分子玩弄于股掌之上。例如，日本使馆本是花房义质下令自焚的，他却将罪名反加在朝鲜方面，马建忠竟毫未察觉。尤需要指出的是，将大院君作为乱首加以惩处，是既不公平也无策略的一种做法。正如有论者指出："大院君绝非军变的始作俑者。真正军变的祸首是闵党的恶政、污吏和开国后日本资本经济无尽的榨取带来的民怨，故朝鲜壬午军变实兼有反对本国压迫者和外国剥削者的意义。军乱的过程，没有超出自发性的暴动范围，不是一次事先有组织、有目标的军变，大院君只不过是'因势利导'重掌政权罢了。"① 所以，清政府对壬午兵变的处理，从客观上说是大大地帮助了日人和朝鲜亲日势力。从此，日本取得了在朝鲜的驻兵权，为其两年后参与策动甲申政变创造了条件。

如果说《江华条约》是日本向大陆扩张的第一步的话，那么，《济物浦条约》可以说是日本大陆扩张进程中的一座里程碑。故有论者对其做出了这样的评价："中日之战，一以韩成为导火线，而光绪八年之旧党犯阙，为韩乱之初作，亦即中日战争之序幕。中国于此一幕，以敏捷之手腕，戡平韩乱，与日本未成正面冲突。然自此中日两国各驻军于朝鲜，成露刃对立之局。且以中国屯兵监政之故，使日人得以自主独立之说构煽朝鲜君臣，因有光绪十年甲申之变，因而演成甲午之战。论者咸以此役为中国之胜利，而不知其即马关结盟之种因也。"② 所议至为精当，可谓不易之论。

---

① 林子候：《甲午战争前之中日韩关系》，第80页。
② 王芸生：《六十年来中国与日本》第1卷，天津大公报社，1936年，第159页。

第三节 参与策动甲申政变与签订《汉城条约》

由于清政府在处理壬午兵变问题上的失误,为朝鲜亲日势力提供了前所未有的有利条件,于是日本朝野的海外扩张论者便因势利导,拉拢和扶植朝鲜的亲日分子,企图假韩人自己之手以实现日本海外扩张论者魂牵梦萦的"征韩"计划。其具体的做法是以鼓动朝鲜推进文明开化作为日本的对朝外交策略。这一政策的首倡者为花房义质,实行者为福泽谕吉。①

早在《江华条约》签订后,花房义质即准备以推进朝鲜文明开化为幌子,建议朝鲜政府从两班贵族子弟中挑选人员到日本留学。其目的是让这些留日学生了解日本近代化的成就,成为亲日者,从而在朝鲜发展亲日力量。1877年12月,花房义质致书朝鲜礼曹判书赵宁夏称:"今我邦于医术、汽器、军需、测量等术业,幸有一技之长,故贵国若要学之,则宣力授业,非敢所少顾虑。乃我国有报酬之名,贵国为御外侮之资,此我政府恳笃之意也。"并提出:"贵国若果欲施行之,……速精选少壮敏达缙绅子弟,督之任之,各据课其要讲究之目,附练熟通事,以来就学,则我政府为宣力,不必至多要耗费,使其达志成业矣。若夫航海术,在该舰且教且航,先会运用大意,亦可以为讲学捷路矣。"② 当时,赵宁夏复函表示,此事"不可遽议"。到1881年,花房义质又致书领议政李昰应劝告说:"时与岁徂,顾贵政府议熟计审,宜无复咨且(趑趄),而未见决行,义质甚惑焉。今夫各国

---

① 彭泽周:《明治初期日韩清关系の研究》,墈书房,1969年,第338~339页。
②《日本外交文书》第10卷,第307~308页。

骎骎相兢谋富强，雄视宇内，当是之时，后于人一日，即有日之悔，国从受其弊；弊端一开，则不独为贵国忧，即我东洋之忧也。"① 在花房义质的一再催促下，朝鲜政府组织了一个包括 30 多人的游览团，以对日本的政治、经济、教育、工业等进行全面的考察。游览团中的有些成员后来都成了著名的亲日开化党人。

朝鲜游览团在滞留日本期间，还同福泽谕吉建立了联系，并将俞吉浚、柳定秀介绍到他所创办的庆应义塾就读。这也是庆应义塾招收外国留学生的发端。与此同时，还让尹致昊进中村正直的同人社学习英语。福泽谕吉非常关心朝鲜问题。据统计，从 1882 年到 1884 年的 3 年间，他在其主编的《时事新报》上发表论述朝鲜问题的文章达 34 篇之多。其中，以 1882 年发表的文章最多，为 17 篇。② 其基本论点是，基于对远东国际形势的分析，被压迫国家必须建立近代国家体制，以与欧美先进国家相对抗，而日本乃亚洲后进诸国中的先进国家，应成为当然的指导者，负有指导亚洲后进国家文明开化的责任。具体的做法是：（一）以文明开化诱导朝鲜；（二）亚洲各国结成同盟，由日本充当盟主；（三）做朝鲜之后援亦即保障日本之安全。③ 俞吉浚等服膺福泽谕吉之说，成为其忠实信徒，遂为日本所用。其后，当壬午兵变发生时，俞吉浚、尹致昊二人曾上书日本太政官，请求日本出兵朝鲜讨伐大院君李昰应，并准备里应外合，以期必成。其书云："（李）昰应是敝邦人民所共仇也，而在贵国亦为可讨之敌也，故贵国应有问罪之兵，此事关于（李）昰应，非在敝国政府，则生等感戴义举，彻骨未忘。伏惟生等义之所在，宜缟素从之，以图报国家之仇。……阁下以其兵借敝邦之人，为复仇之举，则敝邦有义之士，亦当蜂起相应，

---

① 《日本外交文书》第 14 卷，第 300~301 页。
② 彭泽周：《明治初期日韩清关系的研究》，第 347 页。
③ 《福泽谕吉全集》第 8 卷，第 28~31 页。

可合为一，不至大举而事归万全。夫以问罪之举，兼复仇之义，则名正言顺，一举而两得者也。"① 他们把国家命运完全寄托在日本身上，这正是朝鲜亲日开化党人的悲剧所在。不过，此事也恰好表明，日本在朝鲜推进文明开化的外交策略是收到了预期效果的。

1882年春，金玉均奉朝王之命，偕徐光范同游日本。在此期间，金玉均、徐光范曾会见福泽谕吉，共同讨论朝鲜的改革问题。福泽谕吉对金玉均的改革计划甚表赞成，并表示给予支持，并在《时事新报》上撰文宣传金玉均其人，认为在日朝关系恶化的今天，"可以做我日本之友人者，除开化党之外别无可求"②。他还广泛介绍金玉均与日本朝野人士交往，使其顿时在日本成为新闻人物。同年8月9日，即金、徐返国的前夕，他们联合致函日本吉田清成外务大辅称："临别，盛海恳恳，如何可忘？区区私衷，自以谓他日再航到贵京，欢笑杯酒，决不在先生及我两人契心而已。玉均才至马关，见花房义质公使良贝（狼狈）返棹，始知敝国有大变故，其故正应关聆，而敝京所□，有浮于贵公所经历，痛哭之余，惶愧自切。日者获拜外务公大人，握手倾谈数刻，现在可行之事，稍稍有头绪，方拟同花房公使仍向仁津。"③ 从中可以清楚地看出他们之间的不寻常关系了。当然，日本当局极力拉拢金玉均是有不可告人的企图的。日本学者山边健太郎在论及甲申政变时，特别指出："甲申政变是日本策动金玉均，从朝鲜政府中排除中国势力，建立亲日政权的政变，与朝鲜的社会发展而进行的政治改革毫不相关。"④ 这真是一针见血之论。

---

① 《吉田家文书》第3147号，《俞吉浚尹致吴上书》。转见彭泽周：《明治初期日韩清关系の研究》，第229～230页。
② 彭泽周：《明治初期日韩清关系的研究》，第231页。
③ 《吉田家文书》第3540号。转见彭泽周：《明治初期日韩清关系的研究》，第232页。
④ 山边健太郎：《日韩併合小史》，东京岩波书店，1977年。转见林子候：《甲午战争前之中日韩关系》，第86页。

壬午兵变后，朝鲜政府为履行《济物浦条约》之规定，于1882年10月派锦陵尉朴泳孝为正使，副护军金晚植为副使，偕徐光范、洪英植、闵泳翊等，以金玉均为顾问，随花房义质赴日本谢罪。这个谢罪修信使团中多数为亲日开化分子，正给日本提供了"大事笼络、诱使摆脱中国独立的机会"①，金玉均在《甲申日记》里写道："时日本政府，方注意于朝鲜，待公（我）使颇殷殷，余察知其实心宴事，乃与朴君（泳孝）议，遂倾意依赖于日本。""时日本政府加烟草之税，锐意为扩张海陆军。一日余访外务卿，语次，井上言：今我国扩张军势，非独为我国固本而已，为贵国独立一事，亦有所注意云。"②特别值得一提的是，井上馨外务卿还专门安排金玉均谒见明治天皇。睦仁对其表示慰问曰："顷闻贵国变乱，何等惊忧，旋即整顿，无事航海，可幸可幸！"金玉均答称："如是慰念，不胜惶惊。"③这次会见虽然不过是礼仪性的，却表现了日本当局对金玉均的重视，也使金玉均为之感激涕零，更加死心塌地依赖日本。

不仅如此，日本当局还多方面地厚待朝鲜谢罪修信使团。先是使团启程之初，花房义质即致函外务大辅吉田清成云："今此朝鲜使节之性质，不但异于通常使节，且有特别意义。不管前例如何，在可能范围内，请给予亲切接待。彼方若有好感，对交往上将有不少裨益。"吉田上禀太政大臣三条实美，获得肯定的答复。于是，日本政府决定，朝鲜使团在日本的滞留费5 000元，由日本支付。另外，对赔偿金50万元的支付办法，也由条约原来规定的每年10万元于5年付清，改为每年5万元于10年内付清；至于第一年度的5万元，允由横滨正金银

---

① 王信忠：《甲申政变始末》，《清华学报》第12卷第1期（1937年）。
② 《中日战争》（二），第459页。
③ 彭泽周：《明治初期日韩清关系の研究》，第349页。

行贷给17万元。①

1883年1月，朝鲜使团一行随同日本新任驻朝公使竹添进一郎回国。金玉均、徐光范二人则在日本继续活动，一直停留到4月份。经福泽谕吉和日本自由党重要领袖后藤象二郎之斡旋，金玉均终同横滨正金银行签订借款17万元的合同，其中规定朝鲜以釜山海关关税及端川金矿为担保，借款之5万元作为支付《济物浦条约》第一次赔款之用，余款12万元除供使团之旅费外，皆作为派遣留日学生之用。于是，金玉均回国后，力劝朝王派遣徐载弼等40多名青年赴日，学习军事和各种实业。这批留日学生大半于1884年回国，参加甲申政变，成为亲日开化派的骨干力量。

是月7日，竹添进一郎进谒朝王，利用新任公使呈递国书之机，呈献明治天皇所赠村田铳425挺及弹药5万发，以为训练新军之用。其政治目的是显而易见的。

1883年夏，金玉均再次来到日本，寻求日本政府对开化党人的支持，但日本政府鉴于朝鲜局势一时捉摸不定，又怕金玉均、朴泳孝等轻举妄动而坏事，故对金玉均不但不似前番之热情，反而态度表现冷淡。于是，金玉均乃求助于福泽谕吉。福泽谕吉早就鼓动金玉均要排清独立："全世界的文明国，如日本具有完全的主权，朝鲜有二千年文化，甘愿屈居中国的属国，真不易理解。"② 而且，他一贯主张对朝鲜采取"文武并举"的政策，曾撰文说："今西洋各国以其威势进逼东洋，其势无异于大火的蔓延。故应当明白，我们日本以武力应援它们，不单是为了他人，而且也是为了自己。应以武力保护它们，以文化诱导它们，使它们赶快仿我之例，进入近时的文明。在万不得已时，

---

① 参见林子候：《甲午战争前之中日韩关系》，第87页。
② 石河干明：《福泽谕吉传》第3卷，东京岩波书店，1932年，第289页。

也可以强力迫使它们进步。"① 故他欣然接待金玉均,并介绍往见后藤象二郎。后藤象二郎刚同自由党总理板垣退助一起访欧回国,二人早年任参议时本是著名的"征韩论"者,遂毅然答应以财力及武力相助。他对金玉均说:"阁下如真信予,请即设法乞得宸翰。予必携百万资金及同志之士渡韩,一举扫荡丑类,而安八道民,置贵国于泰山之安。"②

中法战争的发生,使日本自由党内的老牌"征韩论"者受到莫大的鼓舞。1883年5月,法国成立了以茹费里(J. Ferry)为总理的战争内阁。6月13日,自由党机关报《自由新闻》刊文,大肆鼓吹日法结盟,认为:"如果法国占有越南,等于打破中国在越南的宗主权,这和日本对朝鲜的意图相似。中法战争若中国获胜,将对日本涉足朝鲜产生负面影响;反之,则给日本以主宰朝鲜之绝好机会。日法联合夹击中国,乃是彻底解决朝鲜问题之良策。"③ 此后,板垣退助和后藤象二郎便开始策划日法联合起来指使朝鲜开化党发动政变。④

策划日法联合,并不是日本自由党内某些国权扩张论者的一厢情愿之举。其实,法国驻华公使宝海(F. A. Bourée)早就对日本驻华公使榎本武扬鼓吹过日法联合的问题。当时,正在欧洲调查宪法问题的参议伊藤博文,也有此主张,认为不可错过这个大好机会,"应联法攻清"⑤。只是由于日本政府内部意见尚不统一,未能形成决策。

到1884年6月,中法之间的军事冲突演变为公开的战争。8月,法国舰队在马江全歼福建水师舰船。中国在战争中的失利,使日本朝

---

① 《福泽谕吉全集》第5卷,第187页。
② 大町桂月:《伯爵后藤象二郎传》,富山房1914年,第542页。
③ 《自由新闻》,1883年6月13日。
④ 信夫清三郎:《日本外交史》上册,第200页。
⑤ 同上书,第200页。

野的政治家们大为兴奋，也更加活跃起来。先是，自由党员、国权扩张论者中江兆民等发表题为《国家盛衰取决于外交策略》的意见书，认为要想合并朝鲜，就得设法夺取中国，因而在上海设立了"东洋学馆"。同时前往上海的日本人中，不仅有自由党党员，以及头山满、平冈浩太郎领导的玄洋社和熊本相爱社等国家主义团体的社员，还有现役军官和外交官，如参谋本部部员小泽豁朗中尉、代理芝罘领事东次郎等，总人数达到150多人。① 一时之间聚集这么多人到上海，其目的是想趁中国战败，在福州煽动变乱。②

后藤象二郎是上述活动的积极支持者。当自由党的杉田定一等人离日前去拜访他时，他身穿中国服装出现于客厅里，高视阔步，大有不可一世之慨，对杉田说："我们由此也应去占领朝鲜。……最重要的是钱，有了钱，就能大量购买武器弹药，随后制造一起事件，把支那兵赶到鸭绿江以北去。到那时候，只靠几支步枪是不行的。对此，大炮最有用。其实，我正在计划向法国订购大炮。你不是要去支那吗？这太好了。要努力干，可不能失败。我们准备把朝鲜弄到手，就立即去取支那。"③ 此后，后藤象二郎密访法国驻日公使西昂基厄维兹（J. A. Sienkiewicz），请求法国借贷100万日元的资金援助朝鲜，并提出了一个具体的计划：（一）用这笔资金购买武器，组建一支朝鲜人的军团，将长期驻扎汉城的清兵赶走；（二）将亲近中国的朝鲜大臣完全罢黜，在朝鲜建立"正规的行政组织"。④ 与此同时，后藤还致书法国驻远东舰队司令孤拔（Vice—Admiral Courbet）和避居上海的法国驻华公使巴德诺（Jules Patenotre），请求给予援助。不料此事为日

---

① 升味准之辅：《日本政治史》第1册，第187页；信夫清三郎：《日本外交史》上册，第201页。
② 东亚同文会编：《对支回顾录》下册，东京原书房1981年，第317页。
③ 杂贺博爱：《杉田鹑山翁》，鹑山会1928年，第567页。
④ 彭泽周·《费里内阁与日本》，《史林》第45卷第3号（1962年）。

本政府所知晓。井上馨说:"这决不可。如此大事岂能托付给在野之士!"① 后藤象二郎的计划虽然受阻,竹添进一郎却与他灵犀相通,按照他的图谋实地干起来了。

当时,日本政府的对朝方针面临着两种选择:或是暂时与中国维持友好的关系,或是乘中法战争之机积极援助朝鲜开化党。刚游欧回国的参议兼宫内卿伊藤博文态度变为消极,与外务大辅吉田清成皆主张尽量避免与中国冲突;井上馨虽制止了后藤象二郎纠集志士入朝的计划,但看到中国在中法战争中不断遭到失利,又被社会舆论趋向及自由党与法使的秘密计划所鼓舞,故态度趋于活跃,与竹添进一郎皆主张采取积极的政策,认为同中国发生某种程度的摩擦,总归是免不了的。最后,井上馨决定采取折中的方案,既以避免同中国冲突为原则,又要改变此前的消极对朝政策,积极支持朝鲜的亲日开化派。有论者称:"事实上,井上的对韩新政策,是自由党本来所计划的。"②此话是有道理的。

10月30日,竹添进一郎奉井上馨的秘示后返抵汉城。他此番回任,一反往日的态度,举动大为异常,不仅言语恣肆,而且行为乖张,与前判若两人。今据金玉均的《甲申日记》③所记,即可窥竹添进一郎表现之一斑:

10月30日,即竹添进一郎回任的当天,当朝鲜外务督办金弘集、协办金允植来访时,他纵论天下大势及中法关系,诋毁中国。并对金弘集言:"吾闻贵国外衙门内,亦为清国奴隶者数人,吾耻之同周旋!"又对金允植言:"君素能于汉学,又深有附清之意,何不入仕于

---

① 宇田友猪他:《自由党史》下卷,五车楼1910年,第349页。
② 林子候:《甲午战争前之中日韩关系》,第102页。
③ 《中日战争》(二),第463~466页。并参阅王信忠:《中日甲午战争之外交背景》,第64~65页。

清国?"

10月31日，金玉均召留朝的福泽谕吉学生井上角五郎，问："竹添新到后有何可闻?"井上角五郎言："昨日往见，别无说话，然其气色，大有活泼，实非前日竹添进一郎。"于是，金玉均往见竹添进一郎，直告朝鲜国内形势"日臻危亡"，竹添进一郎则表示"句句赞成，无阻止之意"。临别时，竹添进一郎乃暗示金玉均道："若有他国赞助贵国之改革，君等当以为如何?"其意盖试探金玉均对日本帮助开化派政变之态度。金玉均于归路见朴泳孝，告以："日本政府政略之大变，从可知也。若不乘此机而动，恐失机会。"又转访洪英植、徐光范，备述往见竹添进一郎之事。洪英植大喜过望道："吾辈以今日切迫之势，舍一身性命，期图一改革之志，天幸见怜，时运凑合，如水骤下。吾辈一举之志向已决之，为得日本勇士数十名，前日有送人日本之举，亦不足以有无余。"此夜，竹添进一郎怕金玉均不晓其意，又遣井上角三郎来告："公使言：此度我政府攻击支那之计已决。"可见，竹添进一郎返任的第二天，即决定策动亲日开化党人发动政变。

11月1日，外务协办尹泰骏往访竹添进一郎，竹添进一郎对其态度恶劣，又"恐喝殆甚"。尹泰骏甚觉难堪，归后即上疏辞外务协办之职。同日，朴泳孝亦来，竹添进一郎则扬言："清国之将亡，为贵国有志于改革之上，不可失此机。"对其大肆煽动。

11月2日，竹添进一郎觐见朝王，要求密对，不容多人侧侍。竹添进一郎称："前年偿金四十万弗还纳，此我皇上特为贵国养兵之费，以为独立之资，决不用之于他费。"继畅论天下大势，谓："中法之战，中国将有颠仆之势。"又言："朝鲜内政不可不改整，而依从欧美之公法，速图独立，此乃日本政府之所望。"竹添进一郎的激烈态度，使金玉均既高兴又惶恐，因问随同竹添进一郎进宫的日本公使馆书记岛村久："今见公使举动，颇有激而过之虑。将有大有为之时，岂可如此轻动，使人致疑也哉！"复以日本政府近况细细叩问。岛村久称："此不须疑虑，竹添本性柔弱，君所深知。如无建议之决定，岂可以己见有如此事也？"金玉均谓："吾固明知贵政府政略之顿变，然今见公使太过于激励，吾甚忧之。"岛村久言："此不须忧，惟速图着手可也。"

金玉均不再疑虑，发动政变之意遂决。

11月3日，为日本天皇之天长节，竹添进一郎设宴于新建公使馆，邀请朴泳孝、金玉均、洪英植、徐光范等亲日开化党人、朝鲜外务督办、中国驻韩商务委员陈树棠等，各国公使、领事亦来会。酒至半酣，日本公使馆馆员浅山显藏起立致辞，竟借题发挥，用朝鲜语骂中国人卑鄙无耻，气焰十分嚣张。他甚至频以目视陈树棠，口称"无骨海参"。种种恶劣表演，真是前所未有！

11月4日，竹添进一郎至外务衙门，交涉贸易章程均沾一事。及议毕，复大讲天下大势，痛论"今清国困难之状，如财政之窘、兵卒之无规则、政府之无政略等事"。然后，竹添进一郎乃向金允植曰："君素有中国党之称，且颇能文，不若迁居中国，而为其内臣，必可得高官厚禄。"继谓尹泰骏："君与袁世凯相亲，视中国人为君上，而忘己之君上，君忠于中国而不忠本国。"尹泰骏当与争辩，经诸人劝解始罢。

试观竹添进一郎返任后的5天间，其所作所为不仅违背国际公认的外交准则，而且连起码的外交礼仪也完全不顾了。按照国际公法，对一个国家的驻外使节是有严格要求的。故历来有国际法学家有专论使节职责及行事规范之书。如《星轺指掌》一书即其较著者。其书《凡例》称："邦国藉公使以相见，故通使之例为万国公法之一门也。

公法家无不论及，而此书论文特详。"且因此书作者马尔顿（Martens）"不但博考诸家，融合贯通，且身膺公使历有年所，故其撰述通使条例见重于世"。根据此书所论，一国之驻外使臣"当谨慎自守，远避嫌疑，盖存国体，忠国事，实使臣之要务"。当履行职务时，当注意外交礼节，"礼节不但见之于语言，并形之于笔墨"。"与人相处，贵乎无我，一举一动，小心谨慎，惟恐稍不合宜，尤当纯任自然，稳固不至撼动。遇事以和平沉静处之，不可任气。……言语之间，尤宜谨慎。""至于筵席之间，言贵巧而不贵多，……措词必须慎重，不可讥人之过，亦不得以利口伤人。""即两国遇有不甚浃洽，亦当备加谨慎，毋失仪于彼国君主。"当特别警惕的是，"倘彼国别有一党，其议政与朝廷不合，切不可与之同谋。如有人谤毁朝廷及抗拒上司等情，亦不当面从"①。而竹添进一郎作为驻外公使，一切行事皆与上述反其道而行，假推行文明开化为名，却视国际公法蔑如，可耻殊甚！

　　对朝鲜的亲日开化党人来说，竹添进一郎的乖激之举，却犹如给他们服了一颗定心丸。自11月4日竹添进一郎来外务衙门痛诋之后，当天"日清将交兵之说"即不胫而走。也即在当夜，朴泳孝、金玉均、洪英植、徐光范等共商，邀岛村久于朴宅，合议发动政变之计。金玉均提出三策，皆不外暗杀而已：第一策，利用不久即将落成的邮政局的庆祝晚宴，即席起事；第二策，利用夜幕掩护，令刺客化装为中国人，一举将闵泳穆、韩圭稷、李祖渊三人刺杀，嫁罪于闵台镐父子，处以死刑；第三策，买通京畿监司沈相薰，设宴于洪英植的别墅白鹿洞亭子，邀请以上诸人，即席而行事。②最后决定采取第一策。

　　发动政变的方针既定，准备工作便开始紧锣密鼓地进行起来。整

---

① 《星轺指掌》卷二，第3~4、22、35~37页。
② 金玉均：《甲申日记》，《中日战争》（二），第466页。

个政变过程，试分为以下3个阶段，以便加以探讨。

第一阶段，从11月5日到12月4日，为时一个月，是政变的准备及具体策划的阶段。在此期间，朝鲜亲日开化党人与日本驻朝公使馆相互配合，主要做了以下几件事：

其一，由金玉均出面游说西方国家驻朝外交官，以取得他们对政变的支持。金玉均曾试探英国领事阿斯敦（William George Aston）道："现竹添所为，大异前日。以此观之，日本将欲与清构衅者耶？"阿斯敦曰："不然。今日本海陆之兵，虽似精于清国，财政甚困，且与清从事，于日本无益，以吾观之，竹添进一郎似欲示强于朝鲜人也。"他认为，日本眼下尚不可能对中国开战，竹添进一郎貌似态度坚决，不过是做样子给亲日开化派看，给他们打气而已。他的分析是正确的。金玉均还不死心，又一次与阿斯敦谈中法关系及日清之未来，因问："因以朝鲜内政府之日濒危急，余欲乘清法打仗之际，图改革内政，未知如何？"阿斯敦答道："此非吾所能对也。然以吾察之，有一邻国为贵国图一变更，亦不可知。"所说"邻国"自然是暗指日本。继又婉劝曰："以吾观之，贵国之内，近必有变事。如公辈须自慎焉。"① 可见，开化党争取英国的工作并未起作用。因为当时英国默认中国对朝鲜的宗主权，且主张维持远东之现有格局，以维护其既得之利益，因此对日法结盟并挑衅中国保持相当的警惕。英国驻华公使巴夏礼（Harry Smith Parkes）给阿斯敦的电训称："不若出阁下思告日本，详陈其轻率与华开战之不利。盖清廷自中法战事抵抗法军著效后，已渐有矜其武力之风气，日本陈兵要挟，清国岂畏其胁迫乎？若使日本与法国同盟，我英、美对于日本此种措置，不能不表示不满。若日、法欲与清交战，自不能不宣布其理由，但对于我英国因此妄举而蒙之重

---

① 金玉均：《甲申日记》，《中日战争》（二），第466、473~474页。

第二章　"征韩"计划的逐步实施

大损失,当然不能不加以熟虑。"① 由此可知,金玉均为什么一再地在阿斯敦那里碰钉子了。

当然,金玉均也不能不去游说美国驻朝公使福脱(Lucius H. Foote)。福脱对金玉均表示同情,但不赞成中日两国军队留驻朝鲜。福脱对金玉均说:"公与我皆同见。竹添新来,其懦弱之态顿变,屯可喜也。然今为贵国,掇归清日之兵为最急务。"此后,金玉均又多次往访福脱,双方有所激论。最后,福脱恳言:"公辈如有时日难保之状,暂出游国内山川,又或如上海、长崎之间,数月后归来而图之,亦无不可。此是余吐出肠曲,公谅之。"② 此乃暗示亲日开化党之政变必败无疑。当时美国对朝鲜的外交政策,主要包括三点:(一)不承认中国对朝鲜的宗主权;(二)反对中、日军队在朝鲜对峙、甚至开战;(三)主张在排除中、日在朝鲜驻军的情况下,由美国帮助朝鲜"独立"。福脱对金玉均即曾坦言:"到贵国以来,承我政府之密嘱者,及吾一人心中之所怀果不能展其一矣。吾宜早归,犹此迟迟者,实为贵国之独立而有所望于公等也。惟以掇还清兵一事,公等之前后殷恳,吾亦有深思者存。向日竹添再来前,吾有商及于岛村久,使之转议于日本外务卿,此非吾一人所见,亦非无所见幸公等为国为身且为吾之忠告始静而少俟焉。"③ 美国不赞成朝鲜开化党人依靠日人发动政变,自然不能给予任何支持了。

另外,德国领事齐姆布兹(Zembusch)看到竹添进一郎的过激行动,又获悉日人鼓动开化党人发动政变的蛛丝马迹,亦往访竹添进一郎,要求给予解释。④

---

① 王信忠:《中日甲午战争之外交背景》,第74页。
② 金玉均:《甲申日记》,《中日战争》(二),第467、474页。
③ 金玉均:《甲申日记》,《中日战争》(二),第470页。
④ 田保桥洁:《近代日鲜关系的研究》上卷,京城朝鲜总督府中枢院1940年,第932页。

77

由此可见，朝鲜亲日开化派争取西方列强支持政变的活动，并没有取得任何结果。

其二，驻朝日军加紧了军事上的准备。从11月6日起，日军开始演练，并进行角力、击剑比赛。"分为两队，标为赤、白两旗：赤为日本，白指为支那。赤胜之时，竹添大悦，以为吉兆。"11日夜间，日兵又进行实弹演习，一时"炮声乱作"，引起朝王惊恐不安，朝王急召金玉均进宫，就"日本兵士夜间不时操练"事表示不满，问："今两国兵丁来驻，常虞有意外事端。且况竹添之来此后，对予而奏者，及诸人斟酌举动，隐然有清日交兵之势，因此而上下人心方觉汹汹。日本人何故初无报而猝行操练？"外务衙门也诘问于竹添进一郎，竹添进一郎狡辩称："当今天下之各国，以兵为名者皆以运动为操练之法。如有大射的（靶）、大操练等事，理当知照于贵衙门。然至于夜练者，诚不时行之之事，为视兵丁之勤慢，此则公使亦不知，惟将兵者意行之。支那、朝鲜人之惊恐，诚意外也。"语毕，"颇有得意之气色"。金玉均也经竹添进一郎授意觐见朝王，谎报曰："今日往问于竹添，则竹添答言，今当清法交兵之时，譬如邻家有贼火之警，在吾守备之举，不容少忽。如夜操等事，果不时行之之时在我国中，兵事之整理，顿异于平常之日。如出住外国之兵，亦与他时有别。向夜之事，实系吾所不知。追闻则清阵袁世凯及贵国右营等处，皆临夜戒严，兵不解带，有若战时者然。此国村上大尉以军机密探者也。兵者，即备不虞也。今两国之兵，住于一处，虽无敌视之举，既有一边戒严之事，在我亦岂独泯默块坐也。事状虽如此，大君主受惊，不胜悚叹为答。"朝王李熙本是毫无主意之人，听金玉均所传竹添进一郎之诡辞，反倒迁过于清军方面，竟然信之，为之嗟叹良久，"以清营及前左右营之无事戒严,以致日人之疑忌,颇有不满之意"①。竹添进一郎见其软弱可欺,更加肆无忌惮。

其三,开化派与日本使馆人员频繁往来,商量制订发动政变的具体方案。据金玉均《甲申日记》所记,重要的会商有三次:

第一次,是在11月7日。金玉均借口送汉城两名围棋高手到日本使馆,与日本棋手比赛,亲往日馆见竹添进一郎。"是日离时,与竹添话,于吾之所论,竹添无不犁然。大计之决,实在此日此会。其说不可尽记。"② 所谓"大计",即指政变之事。虽然11月4日金玉均等与岛村久见面时,对政变事已然商定,但还有待于日使竹添进一郎下最后的决心。故此日之会面才是最终决定政变之日。

第二次,是在11月25日。当天下午,金玉均独访竹添进一郎,开门见山地"明言除去诸闵及数三奸臣计,竹添无不赞成"。然后又就政变所涉及的几个具体问题进行密商。(一)关于政变开始后如何安置朝王李熙的问题。金玉均提出"迁驾江华",竹添进一郎以为不妥:"大君主一人则迁陪于江华固不难,然如嫔妃、诸官势不可同行,君落清人之手后事甚难。"又谓:"今临御之大阙,最合守卫。"金玉均则认为:"若非至于迁动,则日兵立来护,实属无名。"两人对此议而未决。(二)关于政变所需经费问题。金玉均为此甚担心。竹添进一郎说:"贵国虽无大金,可以致力,数三百万元之金,在我国绰有道理,殊勿虑。"金玉均又言:"数百万之金,小非当场可用,虽十数万元之金,欲作预备不虞之用,此则如何?"于是,竹添进一郎问在场的浅山显藏:"在朝鲜仁川、釜山、元山及京中日本商人中,收合金额,可成几数?"浅山显藏称:"十余万元可无虞。"竹添进一郎觉

---

① 金玉均:《甲申日记》,《中日战争》(二),第467~470页。
② 同上书,第467页。

得心里有了底,对金玉均说:"此等事,君须勿虑;惟在举事时方须十分用心。"(三)关于两人在政变中的分工问题。金玉均提出:"内政改革及谋除奸类之策,惟我任之;如事发,而发兵保护、防清发作一事,公使担当之。"竹添进一郎言:"公言畅快于此,吾亦安心。然至于变起,而国王招我来护之时,其策如何?"金玉均早已胸有成竹,谓:"有国王亲手所书,则可耶?"竹添进一郎曰:"书一字即可。"并夸言道:"假使支那之兵为一千,将我一中队之兵,先据北岳,则可支二周间;若据南山,则二日守备,断可无忧。"①

第三次,是在12月1日。当天晚上,洪英植、金玉均应竹添进一郎之邀,先后来到日本使馆,由岛村久代表竹添迎候,岛村久首先说明竹添进一郎"已矢决心","心坚如金石",继则与金玉均、洪英植反复斟酌,确定以12月4日为政变日期,"事发后暂迁驾于景祐宫"。②

为什么选择12月4日为政变日期呢?主要有两个原因:一是这天为邮政局落成开幕之日,可借此名目宴请亲清的大臣,以乘机诛杀之;二是金玉均担心日本政府之政策有变,因为12月7日为日本邮船千年丸来仁川之日,万一带来日本不赞成政变的指示,先前之种种准备将前功尽弃。所以,当研究政变日期时,金玉均曾对岛村久说:"日限则第以贵国邮船千年丸抵泊仁津前发事为要。"岛村久听后不解,问:"何以言之?"金玉均答道:"贵国政府庙议之变化,吾不能测。万一有所变卦,恐竹添公使今日已决之志,又有变动焉,所以期于邮船到着前下手。"其实,金玉均的话虽是经验之谈,此番却未免多虑了。早在11月12日,竹添进一郎即以甲、乙两案请示伊藤博文、井上馨

---

① 金玉均:《甲申日记》,《中日战争》(二),第475~476页。
② 金玉均:《甲申日记》,《中日战争》(二),第479页。

两参议。甲案："如庙议认为我日本与支那政府的政治方针不同，而无法达到亲睦的目的，不如同支那一战，消其虚傲之心，反而能达到真正的交往亦未可知，则于今日煽动日本党使朝鲜发生内乱，乃是上策。"乙案："如庙议认为今天以保持东洋的和局为主，不与支那生事，让朝鲜听其自然发展为上策，则鄙职只能止于设法照顾日本党，保护其不受大祸。"① 日本政府认为甲案不妥，以乙案为好，于28日回复竹添，到12月7日才送到仁川，而此时政变已经发生3天了。有人认为，如果竹添进一郎早几天收到这封政府的指示书，甲申政变就可能不会发生了，实则不然。因为日本政府只是顾虑采取甲案会同中国发生冲突，而同意乙案所说"让朝鲜听其自然发展"，也并未明确否定发动政变。可见，无论日本政府给竹添进一郎的回复信早到还是晚到，都不会改变朝鲜亲日开化派发动这次政变的决心。

12月1日，金玉均、洪英植既与岛村久约定好日期，离日本使馆后便往朴泳孝家，与早已等候在此的诸壮士会面，并布置任务，共10项，其中对政变时的诛杀对象及杀手分工、联络方法、各壮士的任务、赴义官兵的埋伏处所等，都做了明确的部署。特别值得注意的是，内有3项是关于日人的参与和配合的：

第一，"日人四名（皆着朝鲜服装）为殿后，若于火灾之场，如有失手者，日人埋伏于黑影里乘势卜手"。

第二，"别宫火起后，自日本馆发兵士三十人，于金虎门及景祐宫之间（即视岘）往来，以杜意外之事为盼"。

第三，"事发杂还之际，恐有自相践踏之虑，且以与日人互有粗龉之端，以暗号各授诸壮士。"②

---

① 升味准之辅：《日本政治史》第1册，第190页。
② 金玉均：《甲申日记》，《中日战争》（二），第481~482页。

第二阶段，从12月4日到6日，为时3天，是开化党人在日人支持下发动政变和建立政权的阶段。

12月4日夜，开化党人与日人联手，在井上角五郎的亲自指挥下，按原定计划发动政变。共杀亲清之大臣尹泰骏、韩圭稷、李祖渊、闵泳穆、闵台镐、赵宁夏等六人，闵泳翊重伤。至此，所谓"事大党"诸大臣被戮杀殆尽。国王李熙被迁入景祐宫。

12月5日，政变集团组成政府。当天又发布改革令，共14条。其中，第一条就是废止朝贡虚礼，实际上是中止中朝宗藩关系。其他各条，如废止门阀制度、改革地税之法、罢黜冗官、惩办贪官污吏等，确皆系应行之大政。所以，从字面上看，这些纲领对外主张民族独立，对内主张改革内政，是具有一定进步意义的。但是，对其进步性不宜估计过高。有人认为："它的历史意义是很大的，必须给予高度的评价。从政治方面看，它在外部则是试图清算与清朝的从属关系；在内部则是试图把朝鲜王朝的专制主义政治体制转变为君主立宪的政治改革。清算与清朝久已存在的从属关系，其内容反映在政纲的第一条中，曾受到人们的重视。"[①] 这一认识不能说没有一定道理，问题是它在强调事件的一个方面的同时，却完全忽略了事件的另一个方面。就是说，开化党人一面清算与清朝的从属关系，一面却又投入久怀"征韩"野心的日本的怀抱。依靠日本的武力来建立政权，这样的政权能够摆脱对日本的从属关系吗？对此，勿需多言，因为历史已经给出了答案。故有论者指出："这14条改革纲领，不管政变集团的本意如何，最后只能成为一场卖国政治阴谋的漂亮招牌！"[②]

第三阶段，从12月6日至翌年1月9日，历时34天，是政变失

[①] 姜万吉：《韩国近代史》，东方出版社，1993年，第194页。
[②] 王如绘：《近代中日关系与朝鲜问题》，人民出版社，1999年，第153页。

败和朝日《汉城条约》签订的阶段。

早在开化党人与日人密谋政变之时,驻朝清军防营即已有觉察,加以戒备。到12月4日,参加邮政局庆祝落成晚宴的陈树棠回署后,立即通知了驻朝防营总理营务处袁世凯,请派防营弹压。5日拂晓,袁世凯得知竹添进一郎已率日军进宫,六大臣被害,朝王又被移往李载元之私邸,乃与防营统领吴兆有、总兵张光前商讨救护之策,决定由吴兆有致书朝王,告知拟率队入宫保护之意。政变集团矫旨不许。

12月6日,政变消息不胫而走,传遍京城,一时人心汹汹。袁世凯考虑到朝王为政变集团所挟持,根本无法取得联系,乃致书右议政沈舜泽,望其移书前来,以便商酌一切。其意盖暗示沈舜泽以朝鲜政府名义,请求清军防营入卫,以保朝王安全,沈舜泽随即复照乞请火速派兵保护。随后,袁世凯又通过前京畿监司、汉城判尹沈相薰,将其书函呈交朝王,朝王阅后加以默许,但将袁书秘之,政变集团不知也。

吴兆有与袁世凯、张光前联名于12月6日上午10时左右致书竹添进一郎:"敝军与贵部驻此,同系保护国王,日昨乱民内变,杀害大臣八九人,现王城内外军民不服,举有入宫环攻贵部之说。弟等既恐国王复惊,又恐贵部受困,用敢率队进宫,一以保护国王,一以援护贵部,别无他意,务请放心。"[①]竹添进一郎究竟何时才收到此书,日后

袁世凯

————————
[①]《清光绪朝中日交涉史料》(280),附件三,第6卷,第28页。

成为中日双方责任问题争论的焦点。但有一点值得注意，就是吴兆有致竹添进一郎书发出后不久，竹添进一郎突然向洪英植等提出要将日本兵撤离。金玉均连连乞求道："若于此时公使掇兵，事必败矣。姑俟三日退掇贵兵，则吾党之事稍准，两而无虞。且虽退兵，必要士官十人定以教师，使之常任近卫而操练之意。"① 言之屡屡，竹添进一郎始从，但以"同意招聘军事顾问，成立300万元之借款，招聘财政顾问等"② 为条件。竹添进一郎乘机进行敲诈，开化党人只求能安稳地做傀儡，反而非常感激竹添进一郎和日本政府。金玉均在日记里写道："凡同党之诸人，皆有喜不自胜之势。竹添进一郎之勤勤用心，日本政府之可恃而为赖，依之为金石。"③ 以上情况表明，竹添进一郎应该在中午前后既已接到吴兆有等的书函，故才乘机勒索，因为他曾夸过海口，说"日本兵一人，与中国兵十人交战也会打胜，彼我都有这种认识"④，自以为有一中队300名日兵，根本没有把3营1 500名清军放在眼里，故才有他同金玉均的这场交易。

12月6日日午时已过，吴兆有见竹添进一郎迟迟未复，便决定一面由陈树棠照会各国驻汉城使节，一面断然以武力解救朝王。直到下午3时，竹添进一郎仍无回信来到。于是，约定韩军左右两营越后墙入宫保护国王，吴兆有率军入左门，袁世凯入前门，张光前殿后策应。日兵见清军逼近宫门，首先开枪射击。吴兆有率军两哨求见日使竹添，告以入宫原委，竹添进一郎不纳，发枪不绝。⑤ 吴兆有乃下令进攻，日军不敌，拟率兵暂退使馆。傍晚8时，竹添进一郎从后门出宫，金

---

① 金玉均：《甲申日记》，《中日战争》（二），第492页。
② 林子候：《甲午战争前之中日韩关系》，第137页。
③ 金玉均：《甲申日记》，《中日战争》（二），第493页。
④ 林子候：《甲午战争前之中日韩关系》，第123页。
⑤《清光绪朝中日交涉史料》(276)，附件一，第6卷，第16~21页。

玉均、朴泳孝、徐光范等亲日开化派随行，回到日本使馆。"日使回馆后，韩军民环绕狙击，竟夜严守，知难久持，次日自烧使馆，率兵列队径赴仁川。"①

12月8日晨，竹添进一郎一行在朝鲜军民的一路狙击下逃到济物浦日本领事馆，此时日舰"日进"号及邮船千岁丸正停泊于仁川，于是竹添进一郎登上"日进"号，金玉均、朴泳孝则改着日装，并改以日本姓名相称，杂混在日本侨民中上了千岁丸，前往日本。竹添进一郎所参与策划的开化党人政变，终以失败而告终。

这次政变虽然宣告失败，但政变的责任问题却为各方所关注。12月7日晨，朝鲜督办交涉通商事务金弘集曾照会竹添进一郎，责问道："外国公使无故率兵入宫，迁御国王于他处，并与逆贼杀戮大臣六人。而今民心汹汹，仇日情绪极昂。清兵依政府之邀赴阙靖难，日兵率尔抗拒，造成双方伤亡，究其责任，端在日方。朝鲜政府亦就此事的责任问题正在探询各国使节意见之中。"竹添进一郎复照则推卸责任称："日军入营系因国王遣使之要请，国王移驾景祐宫及杀六大臣则非所知。至于与清兵交火，系为保护国王而起。"②竹添进一郎逃至仁川后，又于10日复中方6日所致之函，略谓："率兵入宫，由韩所请。接书未及启视，贵军已闯入，不得已应发小枪以尽保卫之谊。"袁世凯复书驳之曰："韩乱臣劫君杀戮无辜，军民啸聚，愤将寻仇，恐犯王宫，波及贵部。韩内外署大臣请我军入卫，我军有保护之责，未便不理。辰刻致书贵使，日夕不报。事急难待，整队往候雅命。不图甫入门，枪炮并发犹以为乱党抗拒，接来函始知发枪炮者贵使为

---

① 沈祖宪、吴闿生：《容庵弟子记》，《中日战争》（二），第253页。
② 林子候：《甲午战争前之中日韩关系》，第139页。

之也。"①

　　竹添进一郎参与策划甲申政变的罪责，证据确凿，是不容抵赖的。但需要弄清楚的是，竹添进一郎参与策划这次政变是自行其是，还是奉命行事呢？从表面上看，竹添进一郎确实应负全部责任。如日本太政官大书记官伊东巳代治即指出，竹添进一郎公使不待朝鲜政府的照会，未得本国政府的训令，竟应国王的"私嘱"而轻率出兵，是超越了公使权限的。②岂止是"超越公使权限"？竹添进一郎之所为，简直是"谋为不轨"，"图害驻扎之国"！根据国际公法准则，"如使臣不知自爱，欺凌人民，任意横行，胆敢犯禁，搅扰官民，谋为不轨，以及干犯众怒等事，自当惩治"③。"古来国使弃其分内事，反行图害驻扎之国，不无其人，处置其人亦非一致，其法总归于不得已而自护焉。"以上诸条，竹添进一郎可以说基本上都具备了，按理应该受到惩处，但问题并不是这样简单。因为竹添进一郎作为日本政府派出的驻外公使，他只能"代国行事"，"但奉命行事"④而已，不可能也不敢自行其是，盖"躬膺公使之任应与本国执政大臣意见相同"⑤也。日本学者中塚明指出："壬午事变以后，日本政府积极支持朴泳孝、金玉均系不争之事实。及中法战争爆发，确信中国已发生危机，拟在朝鲜制造政变。按一国之驻外使节，不可能采取与本国政府根本相反的政策和行动。驻外使节采取冒险主义的行动，必有诱发采取冒险主义行动的本国政府的政策因素。"⑥此话是极有道理的。事实上，竹添进一郎

---

① 沈祖宪、吴闿生：《容庵弟子记》，《中日战争》（二），第254~255页。
② 信夫清三郎：《日本外交史》上册，第204页。
③《星轺指掌》卷二，第2页。
④《万国公法》卷三，第2~5页。
⑤《星轺指掌》卷二，第33页。
⑥ 中塚明：《日清战争の研究》，第50页。

本人早已不打自招，曾致书外务次官吉田清成道："余承井上外务卿之内训，与金玉均、朴泳孝诸氏谋改革朝鲜之内政，并详述其方法及顺序。"① 可见，竹添进一郎是秉承井上馨的意旨参与策划了这次政变，是确凿无疑的。

尽管如此，日本政府却决定采取死不认账的强硬方针。伊东巳代治向井上馨提出一份意见书。该意见书写道："虽然竹添进一郎公使的行为有违条约规定，并违背政府的训令，诚是事实。然竹添进一郎既为政府所委任的全权公使，其行动举措自当代表政府，就是对其所作所为严加谴责，也无法脱卸政府应负的责任。依目前情势判断，惟一的善策，即支持竹添进一郎。以实力干与朝鲜内政是日本政府的既定政策，故表明政府与公使之间行动一致，并无歧异为得计。若以稳健方式处理此事，则认错、谢罪等有辱国家之举终将难免，当非得计。"因此，他提出两点建议："一、速派全权办理大臣前往朝鲜周旋折冲；二、派遣陆海军赴韩，以武力为后盾，以完成竹添进一郎未能完成的目的。"② 伊东巳代治的这份意见书说了实话，明知错在日本方面，却坚持要回避日本的责任，真是狡黠之至！

于是，日本内阁会议决定由井上馨外务卿担任特派全权大臣赴朝，并确定了回避追究事变的责任、只议日本受害的善后处理的原则。12月30日，井上馨率熊本镇台步兵十四联队二大队及军舰7艘抵达仁川。翌年1月3日，又在朝鲜官员迎接下抵达汉城。当夜，井上馨召见竹添进一郎面询事变之详情，直至鸡鸣为止。井上馨对竹添进一郎所为已有所了解，但为掩饰其不轨行为，自拟四条理由："一、竹添进一郎和金玉均等在东京虽有亲密之来往，但从明治十五年以来交情

---

① 渡边修二郎：《东邦关系》，奉公会1894年发行，第135页。
② 晨亭会编：《伯爵伊东巳代治》卷上，第87~89页。

已变为冷淡。此次事变前一日，曾叱责金等的主张。二、竹添进一郎奉王命引兵入卫并看守宫门，金玉均利用此一情势，实非竹添进一郎所能预期者，因此竹添进一郎毫无责任。同时，各国公使亦曾奉命入阙，竹添进一郎只是最早入阙而已。三、竹添进一郎在王宫三日，均依王命。等韩王还宫，竹添进一郎退仁川，国王曾托英、美、德的交际官转达谢意。四、金玉均等变服潜逃仁川，是得助于与其有亲交之日人；而乘千岁丸赴日，非竹添进一郎之本意，竹添进一郎于混乱之际，一时亦无暇查明。"① 所拟之四条"理由"，挖空心思，谎话连篇，竟将竹添进一郎的罪责推卸得一干二净。

1月4日，朝鲜统理衙门督办赵秉镐来访井上馨，赵秉镐问："我政府与竹添进一郎公使往复公文，贵大使曾一见否？"井上馨答曰："然。惟该公使与贵政府往复公文，非得为余谈判之基础，盖贵政府专以想像与疑惑虚构事实，在性质上此非政府与政府之间往来应有之事。"② 他强词夺理，千方百计地避免触及竹添进一郎的责任问题，以免使日本方面陷于被动的尴尬地位。

1月7日下午，朝鲜政府派左议政金弘集为全权大臣，与井上馨会谈。井上馨以金弘集之委任状中有"京城不幸，有逆党之乱，以致日本公使误听其谋，进退失据，馆焚民戕，事起仓猝，均非逆料"之语，大为不悦，云："委任状中有此等文字，必不可不论其事由。以互相疑惑与想像之说为论据，徒资纷议琐屑，终必不能妥善完结。"金弘集好言解释道："此文字于我言之，乃对贵政府颇有深意。解说之：'误听其谋'四字，乃竹添进一郎公使误于逆党之意。'进退失据'，言该公使离京城赴仁川。其实，该公使帮助逆徒，兹用'误听'

---

① 林子候：《甲午战争前之中日韩关系》，第165页注（58）。
②《井上特派全权大使复命书》，《中日战争》（二），第510页。

二字，即回护该公使，而尊敬日本政府也。"井上馨理屈词穷，只好继续施展诡辩之计，并语带威胁曰："有此文字，是先涉其琐屑，不可不推究；然倘推究，则无证据。无证据，徒以贵政府之疑惑与想象而开争论之端，而我等亦有不少疑惑与想像，彼此争之，何日了结？终局惟有委之武力之一法。我圣上不欲事至于此，故派遣本使。贵政府倘终领悟，本使亦将不辞以贵政府所提出之论旨为基础开谈。然而与其以架空之纷议为事，毋宁就事实之明了者商议办法。"虽反复辩论数小时，井上馨始终坚持定见，并强调双方会谈"不得徒旷时日"①。有论者指出："日方行动正好暴露侵略者'做贼心虚'，不能不用强权拒绝谈论阴谋者竹添进一郎的责任问题的尴尬情状。它是一篇侵略者横暴无理的最好写照。"②

在日方的压力下，金弘集与井上馨于1月9日分别代表各自的政府签订了《汉城条约》，共五条：（一）朝鲜国修国书致日本国，表明谢意事。（二）恤给此次日本国遭害人民遗族并负伤者，暨填补商民货物毁损掠夺者，由朝鲜国拨支11万元事。（三）杀害矶林大尉之凶徒，查问捕拿，从重正刑事。（四）日本公馆要移新基建筑，当由朝鲜国交付地基房屋，足容公馆暨领事馆，至其修筑增建之处，朝鲜国更拨交2万元以充公费事。（五）日本护卫兵弁营舍，以公馆附近择定，照《壬午续约》第5款施行事。③

《汉城条约》的签订，是世界近代史上强权外交的一个突出典型。正如论者指出："《汉城条约》是一个非常屈辱的条约。日本干涉朝鲜内政，策动叛乱，以军队入主王宫，帮助政变分子挟持国王，杀戮大

---

① 《井上特派全权大使复命书》，《中日战争》（二），第512~513页。
② 《中日战争》（二），第508页"编者按"。
③ 王芸生：《六十年来中国与日本》第1卷，第261~262页。

臣，最后却要朝鲜向日本谢罪，赔费惩凶。这实在是欺人太甚。《济物浦条约》规定日本在汉城驻兵，还属于临时性质，而《汉城条约》则使之变成永久性的了。"[1] 这个条约再次给朝鲜带来了严重的灾难，使日本的"征韩"计划又向前大大地推进了一步。日本在甲午年就是依据这一条约的第5款出兵朝鲜的。

---

[1] 王如绘：《近代中日关系与朝鲜问题》，第169页。

第三章　发动大规模侵华战争的前奏

第一节　《中日修好条规》谈判和换约的背后

近代中日两国之正式有外交关系，是始于《中日修好条规》的谈判。这个条约名为"修好"，好似为一项友好条约，故中外论者大都予以肯定。如日本历史学家信夫清三郎指出，这是中日"首次自主缔结的平等条约"①。不少中国学者也持有类似的观点，如有论者说："这是近代中日关系史上的第一个条约，双方是在平等的基础上签订的。"② 甚至认为："显然，这个条约与当时欧美各国强迫中日两国签订的不平等条约不同，是一个平等的条约，如果能够贯彻执行，是有利于两国睦邻友好的。"③ 其实，这不是新鲜的看法，条约谈判的当事人李鸿章等便"自以为是一部平等条约"④。乍看起来，此说是有一定根据的，可谓持之有故。但是，主要的问题在于：李鸿章根本不了解，日本政府派官员来谈判"修好"条约，完全是一种手段，在其背后还

---

① 信夫清三郎:《日本外交史》上册，第137页。
② 张振声:《中日关系史》卷一，吉林文史出版社，1986年，第358页。
③ 吕万和:《简明日本近代史》，天津人民出版社，1984年，第68~69页。
④ 王芸生:《六十年来中国与日本》第1卷，第44页。

隐藏着不可告人的险恶目的。所谓"平等"云云，不过是皮相之见。

《中日修好条规》的签订，是日本方面主动促成的，无论从动机还是从效果看，都是不能给予肯定的。实际上，这是日本政府对外侵略扩张计划的一个组成部分，也是日本海外扩张论者"经略远图"的第一个步骤。①

本来，所谓"经略远图"的第一个步骤，起初指定是朝鲜。为此，日本政府内部曾展开了一场激烈的"征韩论"之争。但是，日本对朝鲜的直通车刚刚启动便受阻，被朝鲜所拒绝接纳。于是，日本政府决定改变外交策略，用绕道的办法以达到直通的目的。因此，日本外务省于1870年初制定了对朝三原则，其第3条称："先与清政府订约，日清平等后，朝鲜自然退居下位，从中国回来，路过朝鲜王城，再签订日朝条约。利用所谓远交近攻之策，使清廷无法援朝鲜。"并认为，在当时的情况下，此为最上之策，因为"同中国的交往虽不比同朝鲜的交往更急，但从怀柔的观点来说，也应该首先着手进行"②。同年6月，太政大臣三条实美决定派遣外务权大丞柳原前光和外务权少丞花房义质前往中国，进行建立邦交和通商的会谈，并调查贸易状况。

恰在此时，爆发了震惊中外的天津教案。法国驻华代理公使罗淑亚（Louis Jules Emilien de Rochechouart）联合俄、西、美、德、比、英等国公使，提出七国照会，指责清政府"责有攸归"，并以战争相威胁。③ 日本政府高兴不已，认为这是实行"远交近攻之策"的大好机会。大久保利通当时与岩仓具视商议，采取两项措施以拉拢欧美各国。其一，鉴于"各国交往本以亲睦"为主，速派外务卿或大辅前往

---

① 井上清：《日本军国主义》第2册，第32页。
② 《日本外交文书》第3卷，第144~145页。
③ 戚其章、王如绘：《晚清教案纪事》，东方出版社，1990年，第110页。

第三章　发动大规模侵华战争的前奏

横滨,慰问各国公使团,以表示日本"对外国遵守信义"。其二,"英、法如果出动军舰、陆军,必有确实报导。那时尽管英、法早有应变的全部准备,我方可向它们致意,愿在食粮、薪、水方面以及只要日本能做到的其他事情都尽力帮忙,请它们不客气地提出来"[①]。但是,当时欧美各国对日本的诡秘行动存有戒心,使其厚颜讨好之举未能得逞。由此可见,柳原前光来华谈判"修好"完全是日本政府的一种策略,切勿为其表面现象所蒙蔽。

从整个订约的过程也可看出,日本政府对这次与中国订约是多么重视,处心积虑地要达到其既定的目的。这是中日第一次订约,前后历时两年9个月,双方经过了四次交涉。

第一次,是清政府从拒绝日本订约要求到同意订约。先是柳原前光一行于1870年9月4日抵达上海,持日本长崎县知事信件往访苏松太道涂宗瀛,声称日本政府欲与中国缔结修好条约,其本人拟北上津京,进行交涉。涂宗瀛告以天津发生教案,地方不靖,劝其暂缓行程。[②] 柳原前光全然不顾,依然搭乘美国轮船北上,于9月27日抵津。他先后拜会了署三口通商大臣成林和直隶总督李鸿章,递交日本外务卿清原宣嘉致总理衙门的书信。该书信称:"方今文明之化大开,交际之道日盛,宇宙之间无有远迩矣。我邦近岁与泰西诸国互订盟约,共通有无,况邻近如中国,宜最先通情好,结和亲。而惟有商舶往来,未尝修交际之礼,不亦一大阙典乎?"继此甜蜜言词之后,提出"预前商议通信事宜,以为他日我公使与贵国定和亲条约之地"[③]。

成林将日本文书转致总理衙门后,李鸿章致书总理衙门陈述己见,称:"日本距苏、浙仅三日程,精通中华文字,其甲兵较东岛各国差

[①] 井上清:《日本军国主义》第2册,第33页。
[②] 东亚同文会编:《对华回忆录》,商务印书馆,1959年,第28页。
[③] 宝鋆等编:《筹办夷务始末》(同治朝),1929—1930年刊本,第77卷,第36~37页。

强现以英、法、美诸国，受其欺负，心怀不服而力难独抗，中国正可联为外援，勿使西人倚为外府，宜先通好，以冀同心协力。"只是主张"通好"，并不涉及订约。总理衙门大臣公同阅看日本文书后，认为其"大意专在通商"，但看到文内有他日定条约之地一语，引起警觉，断定"是该国亦欲与泰西各国一律办理"。于是，恭亲正奕䜣等决定婉言阻其立约，奏曰："该国之欲与中国通商，自必俯如所请，爰给与该国照会，允其将来可以奏请通商，但彼此相信，不必立约。……准其通商，以示怀柔之意；不允立约，可无要挟之强，将来能否阻其立约，原难预必，目前且以此为词，以杜其要求之渐。"对于日本之要求订立条约，并无长远考虑，抱着拖一天算一天的态度。10月3日，复照称：

> 中国与贵国久通和好，交际往来，已非一日。缘贵国系邻近之邦，自必愈加亲厚。贵国既常来上海通商，嗣后仍即照前办理，彼此相信，似不必更立条约，古所谓大信不约也。惟于贵国货物到上海时，先行通知上海道，验货纳税，两无欺蒙，自可行诸久远，似较之泰西立约各国尤为简便。此乃中国与贵国格外和好亲睦之意，该贵国必洞悉此情也。①

柳原前光细研总理衙门复照，发现清政府拒绝订约的态度并不坚定，行文关键处多用疑似之词，觉得争取完成使命有望。遂再三拜访成林和李鸿章，反复进行游说，软磨硬缠，"其意甚坚，其词极婉"。特别是柳原前光述及来华时，有"泰西各国复谓，西邦各小国向系邀我等大国同往，方得允准，如径前往，中国必不即允"之语，使清廷亲王大臣们不能不感到担心。李鸿章认为："第恐拒之已甚，致彼舍而之他。东土既不免生心，西族且因而傅翼，将来愈难收拾。"奕䜣等也

---

① 《筹办夷务始末》（同治朝）第77卷，第35~36、37页。

有同见,详陈拒绝订约之危害:"查西洋各小国来华定约,均由英、法为介绍,即以英、法为护符。此次日本径自派员前来,未必不视中国之允否,以定将来之向背。前泰西各国,均各允其所请,而惟于日本近在东洋,坚为拒绝,似非一视同仁之意。此时坚拒所请,异日该国复浼英、法为介绍,彼时不允则饶舌不休,允之则反为示弱,在彼转声势相联,在我反牢笼失策。与其将来必允,不如此时即明示允意,以安其心。"于是,总理衙门于10月31日再行照会,略云:

> 兹复据协办大学士直隶总督李、大理寺卿三口通商大臣成来函,均称贵国来员柳原等,坚以立约为请。本王大臣复思两国相交,固贵诚信之相孚,尤贵情意之各洽。今贵国来员既坚持来意,自应如其所请,以通交好之情。惟议立条约,事关重大,应特派使臣与中国大臣会同定议。贵国今欲与中国通商立约,应俟贵国有特派大臣到时,中国自当奏请钦派大臣,会议章程,明定条约,以垂久远而固邦交。①

柳原前光既接到清政府对订约的肯定答复,心满意足,"雀跃就道"②,乘轮船经上海回国。

第二次,是商订条约。总理衙门同意日本商订条约一事,引起了一些官员的反对。安徽巡抚英翰首先上奏,提出拒绝与日本进行缔约谈判。清廷将英翰奏折寄谕主要封疆大吏,征询意见。1871年1月21日,李鸿章首先复奏,主张"不如就其求好之时,推诚相待,俯允立约,以示羁縻",甚至认为"笼络之或为我用,拒绝之则必为我仇"。③其后,两江总督曾国藩于3月9日复奏,亦主张与日订约。认为:"日本国二百年来与我中国无纤芥之嫌,今见泰西各国皆与中国立约通商,

---

① 《筹办夷务始末》(同治朝)第78卷,第23~25、34~35页。
② 《对华回忆录》,第29页。
③ 《李鸿章全集》,奏稿,卷十七,海南出版社,1997年,第600页。

援例而来请，叩关而陈辞，其理甚顺，其意无他。若我拒之太甚，无论彼或转求泰西各国介绍固请，势难终却；即使外国前后参观，疑我中国交际之道，逆而胁之，则易于求成，顺而求之，则难于修好，亦殊非圣朝怀柔远方之本意。"并提出了两项建议：

其一，"仿照领事之例，中国派员驻扎日本，约束内地商民，并设会讯局，办华洋争讼案件。……中国犯者，即由中国驻洋之员惩办，或解回本省审办，免致受彼讥讽，相形见绌"。

其二，"其税则轻重，想亦必照泰西诸国之例。……若不以泰西诸国之例待之，彼将谓厚滕薄薛，积疑生衅。……悉仿泰西之例亦无不可，但条约中不可载明比照泰西各国总例办理等语，尤不可载后有恩渥利益施于各国者一体均沾等语"[1]。

从以上两件奏折看，李鸿章也好，曾国藩也好，其实对外情非常隔膜，对日本政局的基本动向更是知之甚少。正由于此，李鸿章才建议采取"羁縻"政策，加以"笼络"，以为我用。曾国藩才认为"日本国二百年来与我中国无纤芥之嫌"，要求订约"其意无他"。他甚至荒唐地提出，要在条约中加上"领事裁判权"和"协定关税率"的内容，只要不写上"比照泰西之例""一体均沾"等字样就可以无干无碍了。后来的实践证明，这种认识是十分错误的。而清廷竟特别欣赏曾奏，认为"所虑颇为周密，著李鸿章按照曾国藩等议各情，预行区画"[2]。在这种指导思想下，这次中日双方谈判缔约的结果也就不难预料了。

1871年6月11日，日本政府任命大藏卿伊达宗城为钦差大权大臣，外务大丞柳原前光为副使，派赴中国议结条约。伊达宗城一行于

---

[1]《筹办夷务始末》（同治朝）第80卷，第10~11页。
[2] 同上书，第12页。

7月5日乘美国轮船"金年"号由横滨出发,直航天津。清廷于7月9日特命李鸿章为全权大臣,办理日本国通商条约事务,江苏按察使应宝时、署直隶津海道陈钦随同帮办。

7月26日,中日使臣第一次会面,李鸿章将奉旨一切皆应在天津商办通知日方。此后,双方便进入交涉的阶段。据日方记述:"日本方面从上年非正式提出的十六条作为原案提出,经过反复审议,大致根据日本的提案,新约要在与欧美诸国同一条件下缔结为原则,而中国方面的提案,条款却极其错综,难于解释,所以会议不易达到结论,以至中断旬日。"① 其实,这话只说对了一半。会谈一度搁浅的主要原因,是日方"必欲准照西约成例,隐有挟制之意"②。对此,中方不能不严加驳斥。因此,日方"徘徊踌躇了十几天"③,才重新开议。

直到9月13日,双方才就所议各款取得共识,成《中日修好条规》十八条和《中日通商章程》二十二条,由李鸿章和伊达宗城签字。

在这次条约的谈判过程中,中方坚决顶回了日方提出的最惠国待遇的要求,这一点是应该肯定的。但正如论者指出,此条约"仍多援西方之例,如领事裁判权、协定关税等,应有尽有;只是没有'一体均沾'的条文而已"④。所以,这个条约从表面上看一切权利双方平等,事实上是不平等。即以领事裁判权而言,《中日修好条规》第八条规定:"两国指定各口,彼此均可设理事官,约束己国商民。凡交涉财产词讼案件,皆归审理,各按己国律例核办。"⑤ 中日双方都有领事裁判权,似乎是彼此平等的,但日方对此已有充分的估计:"实际

---

① 《对华回忆录》,第31页。
② 《李鸿章全集》,奏稿,卷十八,第42页。
③ 王芸生:《六十年来中国与日本》第1卷,第44页。
④ 王芸生:《六十年来中国与日本》第1卷,第44页。
⑤ 《筹办夷务始末》(同治朝)第82卷,第35页。

情况是，我国政府希望我方取得完全自主审判权，而为了取得这种审判权就必须同样也赋与中国以自主审判权，于是我方认为'其结果虽然彼此平等，但使我国国民处于彼方严酷法律之下是不适宜的'，便在预料中国领事不会来驻日本的情况下，企图事实上惟有我方可以确保治外法权，才订立了这样的条约。"① 再看协定关税率，《中日通商章程》第十款规定："两国商人完税，以净货实数为准，……估价抽收，每值百两收税银五两。" 又第十二款规定："两国货物如有税则未经赅载者，由海关按照市价估计，每价值百两收税银五两。"② 协定关税为百分之五，"这种税率无疑是有利外商的。其有利的程度，'竟比（外国）商人们本身所敢于提出的还要更加有利一些'"③。

由上述可知，《中日修好条规》及《中日通商章程》只是用平等的言辞掩盖了实际上的不平等，称之为平等条约是绝对不行的。

第三次，是日本企图改约。《中日修好条规》签字后，伊达宗城一行返国，但在日本政府内部，却对已经签订的条约产生了异议。之所以产生异议，主要是由于两个方面的原因：

第一，美、法等西方国家对《中日修好条规》非常敏感，怀疑中日两国订立攻守同盟。早在日本政府决定派遣伊达宗城来华议约之初，日本国内便出现了关于中日同盟的谣传。在横滨出版的法文《日本回声报》（L'echo du Japon）即曾发表这样的消息。日本外务省不得不进行辟谣，声明说："这是无稽谣言，决不可信。两国原是近邻，彼我人民互相往来通商，此次派遣伊达大藏卿为使节，目的在依据各国条约之例，修订通信通商贸易章程。"④ 及至《中日修好条规》签订之

---

① 井上清：《日本军国主义》第2册，第34~35页。
②《筹办夷务始末》（同治朝）第82卷，第41页。
③ 聂宝璋编：《中国近代航运史资料》第1辑，上海人民出版社，1983年，第3页。
④《日本外交文书》第4卷，第171~172页。

后，其第二条规定："两国既经通好，自必互相关切。若他国偶有不公及轻藐之事，一经知照，必须彼此相助，或从中善为调处，以敦友谊。"① 这立即在一些西方国家政府里引起反响，相信原来的谣传被证明是事实。1872年2月19日，美国驻日代理公使谢巴德（Charles O. Shepard）照会日本外务省，质询此事，称："如系事实，即是结成攻守同盟。"其后，德国驻日署理公使冯·布兰特（Von Brandt）往访日本外务卿副岛种臣，询问此事。副岛种臣予以否认，照复谢巴德称："查上述条款的汉文，乃与贵国与中国所订条约中所载相同。故来照所提关于攻守同盟问题，决无此意。"② 有论者指出："原来《中日修好条规》第二条的文字就是李鸿章从《中美大津条约》第一款移植过来的，并非什么攻守同盟。经日方如此解释，美国方面也就无话可说了。美国当时对这问题之所以如此敏感，因为它打算扶植日本作为它向中国进行侵略的助手；假使日本与中国结为同盟，远东的局面就大不同了。日本国内最初有此谣传，也可说明在日本曾有人作此想，其实明治政府所选择的，却是追随欧美资本主义的侵略道路。"③ 揆诸实际，所论极是。不过，西方国家的质询，倒正好给日本政府提供了一个修改条约的借口。

第二，也是最主要的，是日本政府内部对条约的某些条款十分不满。尽管这个条约的一些条款是用平等的言辞掩盖了实际的不平等，却远远不能满足日本政府的胃口。本来，日本政府企图通过派遣伊达宗城来华议约，获取多方面的利益，但所得不多，未能如愿以偿，自然批评条约之声会不绝于耳了。日本究竟想得到哪些好处呢？主要有以下几点：

---

① 《筹办夷务始末》（同治朝）第82卷，第33页。
② 《日本外交文书》第5卷，第247、251页。
③ 王芸生：《六十年来中国与日本》第1卷，第52页。

（一）在条约前文中写上"天皇陛下"的尊号。这样，可以使朝鲜接受日本国书的"皇""敕"等字样，从而显示朝鲜为日本之下国。① 所以，在议约的过程中，对此加以力争。李鸿章奏称："惟彼所力争而固执不化者，《条规》开首必欲我皇帝与该国天皇并称，章程内载两国国号必欲清国与日本并称。……依其说，则是中国约章刊列彼主非常之尊号，将来可以征信于史册，目前更可以陵轹东洋，夸耀西洋，而彼得获其名矣。"② 李鸿章觉察到日使力争在条约中写上"天皇陛下"的尊号，怀有"陵轹东洋"等卑劣目的，坚决予以顶住。及条约议定之后，日使又要花招，在条约稿本内加签，要求增加"以后来往国书，彼国称天皇；中国回称，或称天皇，或称皇帝，两从其便"等语。双方会晤时，日使"仍以此节将来中国如何回称为问"。李鸿章答曰："今日只议《条规》内事宜，至于以后有无国书，如何回称，临时当出自大皇帝圣裁，非我辈臣下所敢预拟。"③ 回答可算机敏得体，使日使无所施其伎俩，只好收回此议。

（二）虽然派遣使臣赴华议订"修好"条约，但约内不必写上"修好"条文，而比照"西人成例，一体定约，庶不致生嫌疑"。中方驳之曰："以《条规》须照西约，不欲别开生面，恐启西国猜疑，似于送去《条规》尚未逐细体会。试为执事略言之：贵国特派大臣前来，原为通两国之好，若以迹类连横，虑招西人之忌，则伊大臣不来中国，痕迹全无，更可周旋西人，岂非上策？何计不出此，乃于到津后始鳃鳃过虑耶？"④ 日方本来就是在"通好"的名义下来华议约的，所以"无言可驳，结果把第二条看作中美条约或日美条约中所有这类

---

① 井上清：《日本军国主义》第2册，第35页。
②《李鸿章全集》，奏稿，卷十八，第47~48页。
③《李鸿章全集》，译署函稿，卷一，第22页。
④《筹办夷务始末》（同治朝）第82卷，第3~4页。

条款一样,单纯解释为平时的细微纷争要以友国之谊加以调停之意而接受下来"。"企图对朝鲜和中国进行'经略之远图'的政府,当然对这个条约大为反对。首先反对第二条自不待言"①。

(三)取得最惠国待遇和内地贸易权,以期将来向中国进行经济扩张。② 李鸿章奏称:"所恳求而狡猾莫测者,则在于仿照西约一体均沾。……允其请,则援照西约事例,可以入我内地处处贸迁,我不能与之争,而彼得获其实矣。该副使柳原前光颇习华书,深悉中西和约利弊曲折,坚欲申其说。臣与应宝时、陈钦多方开喻,舌敝唇焦,至于无可抵赖之处。彼则不论东西洋情形各异,而专以伊国历来称谓办法不能改易为词,意颇翘然自负。臣乘其措词罅漏,偶厉声以折之谓:'若存牢不可破之见,此事只可罢议。'该使始俯首允遵。"可见当时双方争辩之激烈程度。辩论达3个时辰之久,始将各款粗定,而柳原前光忽又将议定"内地不准通商"条款重新翻悔。中方反问道:"华人既不能到彼内地贸易,日本人亦岂应入中国内地贸易?新章此条,两国从同,确乎公允,何得引西约以为例?西人亦断不相诋侮。"③ 柳原前光为之语塞。

第三次,是日本意欲改约。日本政府鉴于上述要求一一落空,有意修改条约,派遣柳原前光第三次来华,与李鸿章交涉。1872年5月6日,柳原前光抵达天津,致照会于李鸿章。经派员探知来意李鸿章"审其来意,殊为狡变,暂未与该使员接见,饬令原帮同议约之津海关道陈钦,并添派在津差委之江苏记名海关道孙士达,与该使员往复辩驳";同时确定对于日方的改约要求,"总当坚守前议,不稍松

---

① 井上清:《日本军国主义》第2册,第34~35页。
② 藤村道生:《明治维新外交对旧国际关系的对策》,《名古屋大学文学部研究论集》,第41号(1966年),第29~30页。
③ 《李鸿章全集》,奏稿,卷十八,第47~48页。

劲"。①

5月7日、8日两天，柳原前光连连求见陈钦和孙士达，陈钦、孙士达二人告以："向来两国议约，各派全权大臣定议，画押后不复更变。除再派大臣互换外，并无另有钦差大臣议改前约之事。尔等此来若系换约，中国当循例以礼接待。既非换约，何为又有钦差大臣？既非钦差大臣，何能径递照会自称本大臣，与中国钦差平行？且柳原于九年秋间来津充委员，十年夏间来津充随员，今无故忽称钦差，究竟差办何事？名不正则言不顺。"柳原前光乃云："为送信而来。"陈钦、孙士达谓："送信则仍委员之职。"②柳原前光无言答对，只得离去。

柳原前光在津徘徊多日，无计可施，自觉回国难以交差，乃派员赴督署，要求务必示期进见。5月15日上午，柳原前光经允许进署，面见李鸿章，呈递日本外务卿副岛种臣照会一件。该照会称条约"有应行酌改之处"，举其纲领有三：一、"他日我与欧西改定其约之后，则如国法讯断等事，必有须行更正者，是以应议俟后改正"；二、《条规》第二条"须议裁撤"；三、《条规》第十一条来华日人"刀械之禁"，亦"须议削除"。③副岛种臣照会先打下埋伏，如"则如国法讯断等事"一语即是，一旦中方有所动摇，则必重新提出订约时的一些要求，势将难以收场。好在李鸿章不为所动，正告曰："两国条约甫派全权大臣议定，所谓全权者，各有自主之权。伊达上年若不能做主，即不应与我定议；既经定议，断不能遽然改悔。伊达虽免职，我但知此约系日本全权大臣与我画押盖印。伊达去而日本朝廷尚在，岂有所派全权大臣与邻邦定约，而廷议欲毁之耶？尔系随同定议之人，当时

---

① 《李鸿章全集》，奏稿，卷十九，第24页。
② 《李鸿章全集》，译署函稿，卷一，第28~29页。
③ 《李鸿章全集》，奏稿，卷十九，第61页。

何不辩论，而事后欲改之耶？即使另派全权大臣，而各国议约只一全权，无两次全权也。该外务省与敝处照会，一则曰'故须裁撤'，一则曰'故议削除'，试问当日派全权文内何不预议及此？至今而议'裁撤'，议'削除'，我所不敢受也。原约内一再声明'彼此信守''用昭凭信''一体信守无渝'等字样。夫交邻所重者，信耳。失信为万国公法所最忌，尔国不应蹈此不韪，贻笑西人。"柳原前光理屈词穷，甚觉难堪，迭称："所言极是正理，自知惶愧，回国不能稍差，乞将照会暂存。"① 李鸿章坚执不允，柳原前光无奈又将照会带回。

柳原前光被李鸿章驳斥后，又多次向陈钦和孙士达求情，"乞略予转圜之路，俾得及早回国"②。于是，李鸿章收下照会，而复照驳之。略云：

> 两国初次定约，最要守信，不能旋允旋改。来文既称伊达大臣"旋国反命，殊惬朝廷嘉悦"，贵卿大臣"知之均深欣感之至"等语，是贵国应毫无异议。向来中国与各国交际通例，一经全权大臣公同议约，止有再行各派大臣换约，并无定议之后未换之先，另派大臣议改之事。贵卿大臣此次诠选柳原前来，据称为因拟改换正约事宜。业经议定，忽又遣员议改，显与上年全权大臣公同拟议者自相矛盾，本阁爵大臣实未敢奉教也。③

此次柳原前光来华改约，最后以失败而告终。这在日本外交史上留下了极不光彩的一页。

第四次，是副岛种臣来华换约。日本政府既知改约没有指望，便想另辟蹊径，寻找有利于日本侵略的借口。适在此时，发生了琉球船民遭台风遇险被中国台湾高山族居民杀害的事件。而在此时，同治皇

---

① 《李鸿章全集》，译署函稿，卷一，第29~30页。
② 《李鸿章全集》，译署函稿，卷一，第34页。
③ 《李鸿章全集》，奏稿，卷十九，第2页。

帝即将亲政。于是，日本政府觉得机不可失，便于1873年3月6日特命外务大臣副岛种臣亲自来华换约。副岛种臣偕随员柳原前光、美籍顾问李仙得（Charles William Le Gendre）、陆军少将井田让等，分乘龙骧舰、筑波舰两艘军舰，从横滨出发，经过上海、烟台，于4月20日抵达天津。就日本而言，"因所谓外交交涉，由外务卿亲自出马，并以军舰载赴海外，尚属创举，所以引起中外注目，固无待论"①。其实，副岛种臣来华虽以换约为名，却抱有另外的企图。有论者指出："副岛种臣来华的使命是交换《中日修好条规》的批准书，另外还附带两项任务：一为转向朝鲜敲门；二为进攻台湾作准备。"② 再看副岛种臣乘舰离开横滨后，曾到鹿儿岛稍泊，登陆会晤参议西乡隆盛，对诸事有所商谈③，更可证明这一点。

副岛种臣老谋深算，接受柳原前光改约碰壁的教训，不再哓哓不休，于4月30日正式换约。5月1日，副岛种臣访李鸿章于津署，进行长谈。通过谈话，副岛种臣就一些日本关注的问题试探李鸿章的口风。根据李鸿章致总理衙门函，这次谈话主要涉及以下三个问题：

一、日本拟派驻京公使事："（该使）谓该国主谕令到津后，酌派公使留驻，拟即派柳原前光为三等公使，料理租寓及交涉事件。鸿章答以派使驻京经费浩大，现甫开办事简，似暂不必派人。该使谓日本于西洋各国均已派有驻京公使，中国密迩，未可惜此小费。又答以柳原前光迭充议约随员，人固妥当，惟职小年轻，我总署王大臣均系头等钦差职分，必不愿与照会平行。换约之初，贵国诸宜审慎。鄙意暂可勿派，或酌留委员在京，筹租公馆，随时禀商要事，亦属两便。该使云极承指教，容当遵办。"对于派驻京公使事，副岛种臣认为李鸿

---

① 《对华问忆录》，第33页。
② 王芸生：《六十年来中国与日本》第1卷，第55页。
③ 《对华回忆录》，第33页。

104

章的建议可行，因为对日本有益无损，便表示赞成。

二、日本与朝鲜关系事："该使谓朝鲜世与本国对马岛诸侯通商。自国主临政，诸侯撤藩，朝鲜使问遂绝。屡次派人往说，该国置之不理，书词颇多傲慢。现仍遣使劝喻，冀得永好无嫌，实无侵陵用武之意。鸿章告以近邻尤要和睦。朝鲜能拒西洋，国小而完，法、美皆志不在此。贵国既与西洋通商，若有事于朝鲜，人将谓挟大欺小，殊非美名。况与中国约章不合。该使深以为然。"副岛种臣谈话中所涉及的日朝关系，多有歪曲，且尽系片面之词。李鸿章有所觉察，因向副岛种臣提出"若有事于朝鲜"的警告。此时，日本政府内部的"征韩论"之争正达到了白热化的程度。副岛种臣也是坚定的"征韩论"者，听了李鸿章的警告却默不作声。

三、副岛种臣进京觐见事："（该使）复将进呈国书稿译录送阅，并未提及是否面递，如何礼节。鸿章因副岛种臣熟悉外洋体例，此来换约是鸿章应办之事，觐奉国书则非鸿章应议之事。设纠以礼节而彼不能遵，即或勉应而西洋各使已先不能遵，转露轻藐伊国之意。是以仅于换约筵宴时泛论各国交涉公事，谓既欲请觐，则中国使臣在外国已行外国之礼，外国使臣在中国亦应行中国之礼，方为从宜从俗。该使沉吟许久，姑答曰'是'，而不复置辩一词，其隐衷亦窥见矣。"①副岛种臣听李鸿章一说，心里便有了底，知道在觐见礼节上必有一争。

副岛种臣见在天津已无事可做，于5月5日离津，7日到京。14日，遣柳原前光到总理衙门，面递日本国书副本，并接洽觐见时间。当时，在北京正因觐见问题引起一场交涉。"原来关于外国使臣觐见礼节问题，已争论数年，以至任何先进国的使臣，迄今还没有一个得到觐见的，质言之，由于清廷坚持行跪拜礼，而外使只允行鞠躬礼，

---

① 《李鸿章全集》，译署函稿，卷一，第33~34页。

两种形式争持不下。副岛种臣此来，恰好撞在这个漩涡中，更是加重了这种纷争。"① 副岛种臣先在美国顾问李仙得的活动下，在各国使团中取得了首席大使地位的承认，因为各国公使也乐观副岛种臣在觐见礼节问题上带头与总理衙门交涉。双方的主要争执点有二：一是副岛种臣主张行三鞠躬礼，总理衙门坚持各国公使所已承认的五鞠躬礼；二是副岛种臣主张优先单独觐见，总理衙门顾虑各国公使的意见，认为都是钦差，无头等、次等之别。双方争论达一个多月之久。

经过月余的往返交涉，副岛种臣了解到清廷的虚弱本性，决定施用威胁手段。6月20日，遣柳原前光至总理衙门，通知谢绝觐见，准备回国。21日，又遣柳原前光至总理衙门，声称"将讨伐台湾生蕃"。先是在此前一天，副岛种臣即曾遣柳原向总理衙门大臣董恂、毛昶熙等质询琉球船民在台湾被杀一事，据说当时彼此之间有这样的一段对话：

董恂、毛昶熙等云："蕃民之杀琉民，既闻其事，害贵国人则未之闻。夫二岛俱属我土，属土之人相杀，裁决固在于我。我恤琉人，自有措置，何预贵国事而烦为过问？"

柳原前光大争琉球属于日本版图，并说："贵国已知恤琉人，而不惩台蕃者何？"

董、毛答云："杀人者皆属生蕃，姑且置之化外，未便穷治。日本之虾夷，美国之红蕃，皆不服王化，此亦万国之所时有。"

柳原前光云："生蕃害人，贵国舍而不治，是以我邦将查办岛人，为盟好故，特先告之。"②

柳原前光又询及中国与朝鲜的关系，董恂、毛昶熙答云：

---

① 《对华回忆录》，第34页。
② 王芸生：《六十年来中国与日本》，第64~65页。

第三章　发动大规模侵华战争的前奏

"只要循守册封贡献例行礼节，此外更与国政无关。"[1]

以上问答并非正式谈话，故未形成正式文件，仅有日本单方面断章取义之"记录"，不具备法律效力，日本竟抓住其中之片言只语，以此为制造侵台的借口，其野心暴露无遗。此时，副岛种臣本人也故作决裂之态，命随员整理行装。到23日，又命武员桦山资纪等为前驱，先赴天津，等候回国。所有这些，都是做给总理衙门的亲王大臣看的。

果然，恭亲王奕䜣大惊，害怕日方决裂，重开交涉。6月24日，中方允许日使单独先见行三鞠躬礼。29日上午，觐见仪式正式举行。当天，副岛种臣兴奋地函报日本太政大臣三条实美云：

> 奉职以来，欣然之至。自到达当地后，专因觐见清帝、接见礼节等事，颇费论争，遂致稽延。结果，终如种臣所请，得清帝承诺，已于今晨九时谒见，捧呈国书，了无阻滞。以上经过，乞为奏闻。今晨谒见仪式，分成三班：第一，由种臣独见；第二，由普、美、法、英、荷各国公使共同进见；第三，由法国公使呈上答复清帝前年所赠国书之复书。关于觐见论，自来颇有纠葛，因遂得成功，致各国公使屡次表示以多赖出力相谢。又，关于台湾生番处理事件，本月二十日遣柳原大丞至总理各国事务衙门谈判。清朝大臣答称："土番之地，为政教禁令所不及，为化外之民。"彼此再无异词，顺利结束。又问清政府政权是否及于朝鲜，确答："只要循守册封贡献例行礼节，此外更于国政无关。"因上述奉命任务业已完成，将于来月四、五日从当地启程，由通州乘内河船至天津，再由天津尽速搭邮船至芝罘，改乘"龙骧"号径

---

[1]《对华回忆录》，第36页。

107

行归朝。关于谈判事，极尽繁杂，实地机变，笔难尽述，详细情节，当于复命之日上闻。特此奉告大要。①

副岛种臣行文之间，处处流露出得意之状。由于清政府屈服于副岛种臣的威胁，对他过于迁就，使他在外国使团中赢得了声望，从而提高了日本的国家地位。不仅如此，他还为获得制造出兵台湾借口的由头而大耍诡计。日本学者井上清指出："日本政府出兵台湾已成既定方针。副岛种臣对于他赴华主要目的的这件事没有亲自进行谈判而让柳原来办，对中国的声明以及柳原的发言都没有要求写成书面。这一点，一般人说是个'过失'。然而这绝非无意识的'过失'，而是副岛种臣有意识的策略。副岛种臣和柳原岂不知道口头声明不能成为充分证据，而作为顾问随行的李仙得更不会不知道这点，他们是明知而故意这样做的。从柳原的问答态度上就可看出，他巧妙地引诱中国方面无意中说出'化外之民'这句话，说完后，他对中国方面的其他发言便置之不理了。他深知把这个问题作为专题由彼此的全权代表进行正式谈判，会引起纠纷的。"② 这也就是副岛种臣本人所自诩的"实地机变"。无论如何，副岛种臣这次奉命来华，已经完成了内定的任务，取得了对中国台湾和朝鲜从事侵略的借口。这才是最重要的。

第一节　发兵入侵台湾

《中日修好条规》批准换约后不到一年，日本竟悍然发兵入侵台湾，充分暴露了它先前主动遣使来华谈判"修好"条约的虚伪和欺骗

---

① 《对华回忆录》，第36~37页。
② 井上清：《日本军国主义》第2册，第38~39页。

性。这也是近代史上日本第一次发动武力侵华的战争，故具有特殊的意义。

历史已经证明，日本每次发动对外的侵略战争，都要制造一个借口。这次的借口有两件事：

第一件，是1871年12月19日琉球国船民在台湾遇害一事。1872年4月2日，福州将军兼署闽浙总督文煜奏称："据难夷岛袋供：同船上下六十九人，伊是船主，琉球国太平山岛人，伊等坐驾小海船一只，装载方物，往中山府交纳，事竣，于十年十月二十九日（1871年12月11日）由该处开行。是夜陡遇飓风，漂出大洋，船只倾覆，淹毙同伴三人。伊等六十六人凫水登山，十一月初七日（12月18日）误入牡丹社生蕃乡内。初八日（12月19日），生蕃将伊等身上衣物剥去，生蕃探知，率众围住，上下被杀五十四人，只剩伊等十一（二）人，因躲在土民杨友旺家，始得保全。二十一日（1872年1月1日），将伊等送至凤山县衙门，转送台湾县安顿，均蒙给有衣食，由台护送来省，现在馆驿等供。由布政使潘霨造册，详情具奏。声明：牡丹社生蕃围杀球夷，应由台湾文武前往查办等情前来。"[①] 此奏将琉球国船民遇害经过、台湾居民杨友旺掩护救出12人、凤山和台湾二县及福建省官员如何妥为安置和护送、拟由"台湾文武前往查办"等情形，都做了清楚的说明。

第二件，是1873年3月8日日本备中州人佐藤利八等四人乘船遇风在台湾被救一事。据档案记载：1873年3月初，日本备中州人佐藤利八、兵吉、权吉、治介等四人"乘小船运盐，在洋遇风，船只沉没，凫水上岸"，进入凤山后山加那突地方，"当有土蕃头目陈安生往救，邀入伊家住宿，给予饭食，经商人李成忠查知，与该蕃目陈安生

---

① 中国第一历史档案馆编：《清代中疏关系档案选编》第1卷，中华书局，1993年，第1079~1080页。

协护日本人四名"前往凤山县，该县"遂即妥为安置，一面赏给该番目陈安生呢羽等件，并给还住宿用费，俱不敢受。……所有利八等四名，一面制给衣履服物，以示矜恤，即令海东云轮船送至上海，由局委员护送上海道衙门，就近查明附便转送回国"。中国官民对这4名日本难民的照顾可谓细致周到，而且完全是无偿提供。所以，当时日本驻上海领事品川忠道致谢函称："其所以垂怜而抚恤之者，至密且周，泽及邻民，曷胜感激！"其后，日本外务卿亦致函表示感谢："蒙贵国官民救护本国难民利八等四名，同获生全，厚德深仁，有加无已，感佩莫名！"还札令品川领事："查明救护利八等四名之贵国各官，备礼相酬，略申谢悃。"①

一般人很难想象，就是这样两件十分明白的事情，竟被日本对外扩张论者当作了发兵入侵中国台湾的借口。

事实上，在日本政府内部，对于发兵侵台的问题已经酝酿很久了。先是，柳原前光于1872年5月间奉命来华改约时，即从京城邸报上看到文煜关于琉球国船民在台湾遇害的奏报，便立即报告给日本外务省。其后，出使琉球的鹿儿岛县吏闻知此事，也向县厅做了报告。于是，县参事大山纲良于8月31日上书，"请求自己担任讨伐之责"。该上书称："伏愿仰赖皇威，兴问罪之师，使其畏服。故谨恳乞借给军舰，直指彼巢窟，歼其渠魁，上伸皇威于海外，下慰岛民之冤魂。"可见，止当"征韩论"尚在相持不下之际，"征台论"又冒出来了。但是，日本政府因"朝议未臻成熟，议论纷纭，以为确定生蕃是否属于清国版图，实为先决问题，所以没有允准"②。显而易见，日本当政者是想

---

① 《总理各国事务衙门、船政大臣沈葆桢、日使柳原、专使大久保等关于台湾问题奏折、咨、照会、问答节略、舆图》，中国第一历史档案馆藏，转见陈在正：《牡丹社事件所引起之中日交涉及其善后》，《近代史研究所集刊》（台北）第22期下（1993年）。

② 《对华回忆录》，第38页。

侵略台湾，但需要寻找一个出兵的借口。

恰好翌年3月又发生了日人佐藤利八等四人遇风被救的事情，日本政府竟然借此以怨报德，颠倒黑白，制造舆论，捏称这4名日人"漂流至台湾蕃地，发生衣服财物为蕃人剥夺劫取的事件"①。于是，在日本朝野，"征台"之议一时又甚嚣尘上。正是在这种背景下，日本政府特派外务卿副岛种臣来华换约的。

1873年3月，日本外务卿副岛种臣来华换约前，明治天皇特别向他授意："朕闻台湾岛生蕃，数次屠杀我国人民，若弃之不问，后患何极？今委尔种臣全权，尔种臣当前往伸理，以副朕之保民之意。"同日，睦仁又卜达"敕语"，宣布"委任要旨"云：

> 清国政府若以台岛全岛为其所属之地，接受这一谈判，并采取处置，则应责其为遭到残杀者采取充分伸冤处置。但上述处置应给犯人以相当处置，对遭到残死者的遗族，应付予若干扶助金，且应予以管束，坚决保证尔后不再发生此类暴逆事件。清国政府若以政权之不及，不以其为所属之地，不接受这一谈判时，则当任从朕作处置。清国政府若以台湾全岛为其属地，左右推托其事，不接受有关谈判时，应辩明清政府失政情况，且论责生蕃无道暴逆之罪，如其不服，此后处置则当依任朕意。②

可见，正如日方记载所坦承，副岛种臣之奉命使华，是"想在批准交换修好条约而外，更解决台湾问题，实为当时对华外交的初次考验"③。

及至副岛种臣在天津换约后，又以觐见为名进京。在此期间，他为贯彻明治天皇所交代的"委任要旨"，派柳原前光到总理衙门进行

---

① 《对华回忆录》，第38页。
② 转引《琉球漂民事件与日军入侵台湾（1871—1874）》，《历史研究》1999年第1期。
③ 《对华回忆录》，第33页。

111

纠缠，抓住董恂、毛昶熙的"生蕃姑且置之化外"一句话，正好与睦仁"敕语"中"清国政府若以政权之不及"相似，可引申为"不以其为所属之地"，便认为终于达到了此行的目的。随副岛种臣来华的外务少丞郑永宁事后承认："副岛种臣大使之适清，换约为名，谒帝也为名也。惟因筹划征伐生蕃而有此行。"① 可谓不打自招。

到1873年10月，在日本政府内部，"征韩论"之争以征韩派的失败而暂告结束，而因此造成的国内政局的极大动荡，却有愈演愈烈之势。

1874年1月，太政大臣三条实美和右大臣岩仓具视，默察国内情势，必须安抚已经下台的征韩派大臣和失势士族，将国内的不满转移到国外去，都认为此时"对生蕃兴问罪之师，实为必要的行动"②。于是，委托参议兼内务卿大久保利通和参议兼大藏卿大隈重信草拟《台湾蕃地征伐要略》。其主要内容有：

（一）"台湾土蕃部落，为清国政府政权所不及之地。……故视之为无主之地，具备充分理由。是以报复杀害我藩属琉球人民之罪，为日本帝国政府之义务，而征蕃之公理，亦可于此中获得主要根据。"

（二）"派遣公使至北京，设公使馆，承办交际之事。清国官吏如问及琉球属权问题，即参照去年使节口录，说明琉球自古为我帝国属地。""清国如以琉球曾对该国遣使纳贡为由，发挥两属之说，以遑顾不理，不应酬其议论为佳。盖控制琉球之实权，皆在我帝国，阻止琉球遣使纳贡之非礼，可列为征伐台湾以后之任务，目前不可与清政府徒事辩论。"

（三）"清政府方面如对征伐台湾有所议论，可确守去年之议，罗

---

① 下村富士男编：《明治文化资料丛书》第4卷，外交篇，日本风间书主房1962年，第44~45页。
②《对华回忆录》，第38页。

列蕃地为政权所不及之证据,屹然不为所动。如以境地毗连之故而生议论,可以和好辩解。万一事涉至难,可向本国政府请训。在空言推托、迁延时日之际,就完成其事,即是不失和好的机灵外交之一法。"①

从这份《台湾蕃地征伐要略》看,其中提出的出兵台湾的"主要根据",无非是一种借口,并不能真正站住脚跟,故特别强调要避开"琉球两属之说"的争论,必须运用机灵的外交策略,"在空言推托、迁延时日之际,就完成其事"。从中也可看出,日本政府之发兵入侵台湾,并不是以占领台湾为最后目的,而是有着长远的目标,就是为下一步吞并琉球作准备。在此以前,柳原前光向大久保利通报告,述及"清廷萎靡"情形,认为"清廷显然没有余力袭击我国,我则有恃无恐",不如趁此机会,迈出"在亚洲大变动中奠定霸业方略"的第一步。大久保深为所动,感到确实是机会难得,这就是"主张内治是当务之急的大久保突然计划外征的根本动机"。②

当然,"征台论"之所以在日本日益高涨,还有其国际方面的原因。先是副岛种臣任外务卿时,就与美国驻日公使德朗(C. E. Delong)沆瀣一气,共同策划"征台"事宜。1872年9月23日,副岛种臣与德朗会晤,重点讨论台湾问题。副岛种臣十分露骨地说:"台湾也是我国的渴望之地。"德朗不但不以为怪,反而明目张胆地鼓励说:"美国向不占有他国土地,但我友邦如占他国土地而有所扩张,则为我所好。"同时,他还将曾任美国驻厦门领事的李仙得介绍给副岛种臣。李仙得是个有名的"台湾通"。早在1867年,美国借口失事商船"罗佛"号(Rover)水手在台湾琅璚(今恒春)遇害,一度派

---

① 《对华回忆录》,第38~39页。
② 井上清:《日本军国主义》第2册,第116~117页。

军队从琅璚登陆进攻土著居民，结果遭到失败。于是，李仙得以谈判为名，多次进入牡丹社一带，搜集了大量资料。这就是德朗要将李仙得介绍给副岛种臣的原因。这时的李仙得已调任美国驻澳门领事，在归国途中路过横滨，可谓机缘凑巧。翌日，副岛种臣便与李仙得会见，问他出兵台湾前后同中国交涉的始末、中国统治台湾的实际情况及其军备等，并将李仙得所携带的台湾地图、海图、照片等全部借来使用。副岛种臣因得到李仙得而兴奋不已，特地为他举行了盛大的欢迎会。①大久保利通与副岛种臣一样，同为"征台论"的倡导者，也自以为有美国的支持，所以决定放心大胆地干下去。

1872年2月6日，在右大臣岩仓具视邸宅举行了大臣参议聚会，讨论"征台"问题。主张"征台"的主流派都赞同大久保利通和大隈重信所草拟的《台湾蕃地征伐要略》，认为极其得当，可大体照此方案部署进行。不过，参议兼文部卿木户孝允却极力表示反对。他提出意见书说："今若一旦举兵，则行军之资，滞阵之费，固难于筹措。战而速胜，则善后无策；战而不能速胜，则持久无力。故无论胜败，其弊皆不免贻害会计，其将以何赡养国力耶！……台湾未可征，亦犹朝鲜之未可征也。"②时任陆军大辅的"征台"急先锋西乡从道称："征讨费用五十万元就足够了，如果超过，愿意引咎切腹。"木户孝允反驳道："这样重大事件，竟以死为誓，言者野蛮，听者亦野蛮，非堂堂政府所为。"又说："大凡战争，首先应考虑本国人民之利害得失。"③ 木户孝允的意见不被"征台"主流派所接受，便辞去参议职务。还有与木户孝允同见者也一同引退。2月18日，前参议江滕新平等人以"奉锦旗以兴师，问朝鲜无礼之罪"为名而举兵，发动了佐贺

---

① 井上清：《日本军国主义》第2册，第37页。
② 《对华回忆录》，第40页。
③ 井上清：《日本军国主义》第2册，第117页。

之乱。此次战乱虽不久被平定，但日本政府为防止此类事件重演，更感到有必要加紧向台湾出兵的步骤。

4月4日，日本政府组织"台湾生蕃探险队"，设本部于东京太政官正院内，另设分部于长崎。并任命陆军中将西乡从道为台湾蕃地事务都督，陆军少将谷干城、海军少将赤松则良为参军，参议大隈重信为台湾蕃地事务局长，海军大佐林清廉为长崎支局长，组成侵台的军政领导班底。另外，李仙得在此以前已经辞去本国职务，而到日本外务省担任二等出仕（大辅）待遇的顾问，即任命为台湾蕃地事务局准二等出仕，辅佐西乡从道。翌日，三条实美奉敕以委任状授予西乡从道，"举陆海军务以至赏罚之事，皆委以全权"。并发下诏谕，略云：

> 明治四年（1871年）11月，我琉球人民漂流至台湾蕃地，为当地土人所劫杀者达五十四人；又明治六年（1873年）3月，我小田县下备中浅田郡居民佐藤利八等四名漂流其地，衣类财器亦为劫夺。其土人之凶暴，至于此极。且为满清政府管辖所不及，任其恣行化外，若弃而不问，后患将至何极！今实行膺惩，意在化彼野蛮，安我良民。①

日本的此次行动，除了已经筹划的军事一手外，还准备了外交的一手。4月8日，睦仁又敕书赐给原先已任命为驻华公使的柳原前光，传谕说："此次对生蕃之地实行膺惩，意在惩戒野蛮，安辑良民，非敢开衅邻国。"② 柳原前光奉谕后，即于5月19日离开东京，渡海赴华。此外，又任命陆军少佐福岛九成为驻厦门领事，以便为西乡从道向闽浙总督李鹤年递送照会。

一切部署既定，西乡从道便于4月9日率军舰5艘从东京出发，

---

① 《对华回忆录》，第41页。
② 同上书，第43页。

开赴长崎。随后，大隈重信亦奉命前往长崎。日本将出兵台湾的消息不胫而走，引起各国驻日公使的关注。英、意、俄、西、美等国公使纷纷往访外务省，质问此举。特别是《日本每日先驱报》4月17日的一则新闻，更引起接替德朗的新任美国公使平安（Bingham John Armor）的强烈不满。该报称："日本的目的，欲在台湾岛东部开辟居留地，永久占领。"又谓："雇佣美国船只，似获美国公使平安氏默许。是即美国政府，亦容许雇佣美国士兵，可谓终于承认日本征讨之举了。"本来，前驻日公使德朗支持日本侵略台湾，是在暗地里进行的，如今将美国对日本对外侵略的支持公诸舆论，是美国政府所不能容许的。所以，平安要求日本外务省给予解释。19日，平安又访问日本外务卿寺岛宗则，告以日军如在台湾登陆，日清两国之间必会引起极大纠葛。并说明禁止雇佣美国船只作为运输船及李仙得参与此役之意。此外，又以照会致送寺岛，正式表明美国政府的反对立场。[1]

大久保利通等人原先把希望完全寄托在美国身上，连运兵船都没有充分准备，今见外国公使皆有异议，信心为之动摇。朝议决定暂停出兵，先与清政府进行交涉。三条实美一面以政府名义电令泊长崎诸舰停止启碇，一面派遣权少内史金井之恭赴长崎，命大隈重信返京，并下令西乡从道延迟出发，以待后命。25日，金井之恭到达长崎，送来三条实

西乡从道

[1]《对华回忆录》，第46、48页。

美信件。但西乡从道态度十分强硬，声称："事至今日，纵使太政大臣亲来传达谕令，也不敢奉命。"27日，即命军舰"有功"号载兵士270余人，先向台湾进发。并命福岛九成携西乡从道致浙闽总督照会，乘同船赴厦门。三条实美又恐金井之恭不能完成使命，又决定加派大久保利通急至长崎，并用电报向长崎发出通知。西乡从道怕大久保利通到达后失去出兵时机，断然于5月2日令日进舰、孟春舰、明光舰、三邦舰四舰，在谷干成、赤松则良指挥下向台湾社寮港进发。西乡从道则等待大久保利通的到来。5月3日夜，大久保利通到达长崎，与大隈重信、西乡从道商议后，反而赞同出兵的意见。他们还共同商订一个文件，决定：致电东京，催促柳原公使急速赴任；西乡从道雇佣或购买船只即向台湾社寮进发；"如酿成困难时，大久保为首，负其责任"。①

随后，大隈重信为补充已经解雇的美、英船只，先买下美国商船"沙夫茨贝利"号（The Shaftsbury），改名社寮丸，继又买下英国商船"台尔泰"号（Delta），改名高砂丸。此次日本发兵入侵台湾，仅购买船只就花费了410万元，远远超过西乡从道所保证的"征讨费"50万元的数目了。这些船只后来全部借给三菱公司，"非但不收租金，而且还搭上了修理费"。② 可见，"征台"派的侵台决定纯属一意孤行，完全不顾木户孝允"贻害会计"的警告。这样，西乡从道便用这些商船满载兵器、粮食等军需物品，他自己则以高砂丸为旗舰，于5月17日开赴台湾社寮。出发前，西乡从道专门向全军发布谕告，宣称此次"征台"，"实则欲乘此皇运日兴月振之际，远继神功皇后之遗风，近承丰臣秀吉之余烈，行千载一遇之大快事"，"宜耀皇威于海外，以奉

---

① 《对华回忆录》，第48、50页。
② 井上清：《日本军国主义》第2册，第118页。

答万古不朽之皇恩"①，以此来鼓舞士气。

5月21日，西乡从道到达台湾社寮。先是在5月7日，第一批到达的日军已在琅璚登陆。18日，日军开始向土著居民发动进攻，却找不到攻击目标，而在归途中，却突然受到来自路旁茂林中的狙击，伍长北川直征当场毙命。22日，即西乡从道来到的第二天，日军沿四重溪前进，进攻石门。双方激战半个多小时，牡丹社首领阿禄父子等12人牺牲，日军在付出死伤24名官兵的代价后占领石门。然后，素以文明自诩的日军，却割下12具尸体的首级，"把他们的头发缚在青竹上，意气洋洋地挑着回来"。6月1日，日军决定发起总攻击，分三路进攻土著居民。据日方记载："三路发动进攻时，恰好连夜霖雨，凡可以称为溪沟的山溪，都水势滔滔，浊水泛滥。熟悉当地地理的生蕃，到处砍倒大树，把所有的要路都堵塞了。因此，我军前进，实极困难。尤其是弹药、粮食的输送，其艰苦更有不可名状者。……当我军正在备尝艰苦时，潜伏在岩石荆棘间的生蕃，又从各处窥伺我军接近时，巧妙地加以狙击。"所以，日军虽众，却无法给土著居民以严重杀伤，于是所到各社，凡遇村居，必采取"烧光"政策，"一齐放火，火势炎炎上升"，使之化为灰烬。面对此种情况，参军赤松则良认为："处此骑虎之势，如进袭击牡丹大社，剿灭也很容易，但可惜粮食补给之路杜断，士兵都饥饿不堪，枵腹之下，自难作战"②。此后，日军便改变策略，采取诱降的手段，"时以甘言财利说降各社"③。

日军发动这次总攻击，并未达到预定的军事目的，而且处境日益困难。首先，在军事上丧失主动，处于被动的境地。"总攻击后，各

---

① 《对华回忆录》，第73~74页。
② 《对华回忆录》，第79、81~82、83页。
③ 《筹办夷务始末》（同治朝）第94卷，第21页。

地还不安靖，尚有严加警戒的必要。因此，在牡丹、龟仔角、嚈唠啁、双溪口及枫港等地，都派兵驻守。其中枫港最当冲要，所以特别建筑临时性小屋，起初有一小队留守，后来终因感觉力量不够，又派二小队增援。这个地方距离车城五日里余，北面须防中国兵，东面须防不栗社蕃人。"① 对于侵台日军来说，真有草木皆兵、防不胜防之感。

其次，大量减员，病饿交加，士气异常低落。此次日本发兵入侵台湾，共动员兵员 3658 人，其中战死 12 人，负伤 17 人，病死 581 人，减员约六分之一。据日本随军的落合军医监回忆："参加这次生蕃讨伐之役的士兵，所尝到的艰难辛苦，究非笔墨所能详述。在这南海绝岛瘴疠之地，……粮食本不完备，又加上运输困难，常为泥路及险恶的斜坡所阻，战斗部队因此为饥渴所困，不知有多少次。有时，只能靠已经腐烂发着恶臭的饭团充饥。……加上地势炎热如灼，设备又极简陋，所谓帐营，也不过徒有其名，只是一块天幕，有二三个月在其间煎熬，以至全军都患虐疾，苦闷呻吟之声，惨不忍闻。""很多人精神忧郁，缺乏生气，只是怀念家乡的父母妻子，意志消沉。希望早日归国，几乎成了口头禅。"有几次职工运夫起来闹事，大骂："原来政府欺骗我们，送到这样的岛屿来。""到 9 月 10 日前后，都督府的所有官员以至勤务人员，已达到全部卧病呻吟床笫的惨境。在这时候，连勤务人员所服的药，也得由西乡从道都督亲自提着药瓶，到医院来取，这样的事也有过二三回。因为情形这样惨苦，以至阵中为了不胜病苦而自缢的有三人，投海的有二人。"② 可见，日军除病死近 600 人外，全军上下皆为疾病所困扰，士气低落到了极点，已经丧失了战斗力。

---

① 《对华回忆录》，第 85 页。
② 《对华回忆录》，第 87、94~95 页。

再次，日军此次"征台"用费浩繁，且国力未丰，骤兴不义之师，引起日本朝野不满，反对之声不绝于耳。据统计，日军是役所耗经费，所谓"讨蕃费"及办理大臣派遣费两项合计，为 3 618 000 元；购置兵器及购买船只等费为 5 932 000 元。共计 9 550 000 元。实际开支是西乡从道所估算的 500 000 元的近 20 倍，真应了木户孝允所说"贻害会计"的话。当西乡从道出发之际，木户派的报纸《东京日日新闻》登载过一首歌："夕阳下，远眺琼浦（长崎湾），不听君命，帆船已出。听！人民在哭。人民问：都城内名将有无？"对出兵之举进行讽刺。其后，西乡隆盛（西乡从道之兄）派的报纸也攻击"征台"失败。连右大臣岩仓具视也对这次出兵内心感到羞愧，假托局外人责难说："对清廷的关系既然知之不详，而竟茫然上奏，说交涉程序和规划已经完备，军队已抵国境，临到行将开往台湾，英、美两国公使提出抗议，又想骤然停止出师，上则陷圣断于轻率，下则毁损国威，内则引起物议纷纭，外则招致他国诽讥，可谓有失体统矣。"[1] 由此可见，日本这次悍然入侵台湾在国内是极不得人心的。

西乡从道鉴于侵台日军在军事上既难以开展，处境又极其困难，便只好寄希望于外交讹诈。于是，他一面派遣参军陆军少将谷干城回国探问政府对中国交涉进展的情况，一面下令将部队撤回至沿海一带，以龟山为基地，建立都督府，修建医院、营房和道路，实行屯田和植林，并从日本国内运来松杉等各种树苗，分植于驻地各处，佯作久据之态。

先是对于日本成立侵台机构一事，清政府竟然毫无所知。其后，总理衙门从英国驻华公使威妥玛（Thomas F. Wade）处始听到日本侵台的消息。5月14日，恭亲王奕䜣等上奏，认为："此时该国动兵与

---

[1] 井上清：《日本军国主义》第 2 册，第 117~118 页。

否,尚未明言,固未便操之过急,而事必期于有备,患当杜于方萌。应如何按约据理,相机辩阻,及如何先事筹备,固属责无旁贷,惟查督臣李鹤年兼署巡抚,公务较繁,且不能遽离省城,致旷职守,拟请钦派闻望素著、熟悉洋情之大员,带领轮船,前往台湾生蕃一带,察看情形,妥筹办理。至此次调用轮船,原为巡查洋面,易于驾驭,非因用兵起见,而酌调兵弁,以资缓急足恃。"奏上,上谕"著派沈葆桢带领轮船兵弁,以巡阅为名,前往台湾生蕃一带,不动声色,相机筹办"。同时,总理衙门致日本外务省照会称:"查台湾一隅,僻处海岛,其中生蕃人等向未绳以法律,故未设立郡县,即《礼记》所云'不易其俗,不易其宜'之意。而地上实系中国所属。中国边界地方,似此生蕃种类者,他省亦有,均在版图之内,中国亦听其从俗从宜而已。此次忽闻贵国欲兴师前往台湾,是否的确,本王大臣未敢深信。倘贵国真有是举,何以未据先行议及?其寄泊厦港兵船,究欲办理何事?希即见复,是所深盼。"[1] 奕䜣等主张对日本"按约据理",以常理而论,应该是十分正确的。"约"者,系指《中日修好条规》;"理"者,乃指国际公法。问题是他根本不了解日本另有野心所在,"按约据理"是不可奏效的。

在此前后,福建的地方官员,也确实是"按约据理"与日方进行交涉的。早在5月3日,即奕䜣上奏的11天前,福岛九成即在厦门向知府李钟霖递交了西乡从道致闽浙总督李鹤年的照会。该照会称:"本中将谨遵钦旨,即率亲兵,将由水路直进蕃地,全若船通贵境,固无他意,应毋阻拒。"福岛九成还有一个附件:"兹我政府独怪土蕃幸人之灾,肆行劫杀,若置之不问,安所底止。是以遣使往攻其心,庶使感发天良,知有人道而已。……倘有生蕃偶被我兵追赶,逃入台

---

[1]《筹办夷务始末》(同治朝) 第93卷,第28~30页。

湾府县潜匿者，烦该地方随即捕交我兵屯营是望。"① 正如论者指出："西乡从道的照会与福岛的附件，可谓首开近代中日关系史的恶例。明是非法侵入中国领土，却称'固无他意'；明是企图报复，却称'使有人道'。尤有甚者，竟传谕中国地方官员，有被迫逃难者，也要'捕交'日本兵营等等，自中全无中国主权。"②

早在4月28日，李鹤年即已接到台湾道的禀报及台湾税务司的来函，获悉日军登陆琅璠的消息，但并未及时电告总理衙门，而是用书函送达，迟至5月20日始到。等到5月8日，收到福岛九成转递的西乡从道照会，又是用函递的方式送京，及到总理衙门已是5月31日了。军情万急，李鹤年却仍按一般公案办理，不能不是严重的失职。5月11日，李鹤年"遵照条约，援公法，切实照复"西乡从道，"令其早日回兵"。复照云："和约第一条内称：'倍敦和谊，与天壤无穷，即两国所属邦土，亦各以礼相待，不可稍有侵越，俾获永久安全。'又第三条内称：'两国政事禁令，各有异同，其政事应听己国作主，彼此均不得代谋干预。'按照条约而论，是生番即迭逞悍暴，该国自应照会中国地方，实力严办，未便越俎兴兵，致违和约。"③

5月29日，总理衙门根据李鹤年的来函，奏准派船政大臣沈葆桢为钦差办理台湾等处海防兼理各国事务大臣。在此以前，清廷已降谕令福建布政使潘霨先行驰赴台湾，帮同沈葆桢筹划。6月6日，潘霨专程到上海与柳原前光会晤。双方"往复辩论"，柳原前光"始则一味推诿，继忽自陈追悔为西人所卖，商允退兵，有手书可据"④。于是，潘霨决定同台湾道夏献纶，及洋将法员日意格（Prosper Marie

---

① 岩仓公实迹保存会编：《岩仓公实记》下卷，日本原书房，1981年，第148~149页。
② 米庆余：《琉球漂民事件与日军入侵台湾（1871—1874）》，《历史研究》1999年第1期。
③ 《筹办夷务始末》（同治朝）第93卷，第41页。
④ 《筹办夷务始末》（同治朝）第94卷，第22页。

Giquel)和斯恭塞格（Emest Dunoyer de Segonzac），带柳原前光的手书，亲赴琅璚，与西乡从道当面理喻。6月21日，潘霨乘轮抵琅璚柴城，派人行传各蕃社头目，"皆谓日本欺凌，恳求保护，因谕令具结前来"，有15社"均呈不敢劫杀押状"，并请求"设官经理，永隶编氓"。25日，潘霨与西乡从道会晤，西乡从道"仍坚以生番非中国版图为词"，潘霨随即检出所带的《台湾府志》，"内载生番各社，岁输番饷之数，与各社所具切结，令其阅看"。西乡从道无言可答，又"断断以所用兵费无著为言"。据此，沈葆桢奏称："退兵不甘，因求贴费；贴费不允，必求通商。此皆万不可开之端，且有不可胜穷之弊。非益严警备，断难望转圜。"① 于是，清政府调武毅铭军提督唐定奎所部13营6500人，分批渡海，驻防凤山；又以扬武舰、飞云舰、安澜舰、靖远舰、镇威舰、伏波舰六艘兵轮常泊澎湖，福星兵轮则驻防台北。一时海峡形势趋于紧张，出现中日双方兵力在台对峙的局面。

此时，日本政府也正为"征台"的善后问题而煞费周章。美国驻日公使巴夏礼（Sir Harry Smith Parkes）曾劝告过大久保利通：万一中日两国发生战争，必为日本之祸。因为中国虽弱，究竟是大国，日本纵能获胜一时，终难求得速决，时日迁延，问题丛集，若再与他国发生枝节，日本必处于难境。② 巴夏礼的话自然是有道理的。但是，作为"征台论"主要倡导者的大久保利通，虽也感受到了处理"征台"善后问题的紧迫性，却不肯善罢甘休。他向三条实美建议，继续坚持采取军事与强权并用的手段，即在保持军事高压态势的同时，对清政府进行外交讹诈。

7月7日，三条实美主持内阁会议，决定如不已时当以武力对付

---

① 《筹办夷务始末》（同治朝）第95卷，第4、5页。
② 《大久保利通日记》下卷，东京大学出版会，1983年。转引吕万和：《简明日本近代史》，天津人民出版社，1984年，第71页。

中国。并为中日万一发生战争作准备，还通过《宣战发令次序条目》十六条。其中，有"宣战决定时，以诏书公布，明白解释其宗旨""以宣战宗旨正式通告各国公使""由天皇陛下亲任大元帅，统率六军，在大阪设大本营""在亲王、大臣中选任先锋大总督，径进军长崎""决定进军主要条例，授予陆海军大参谋""决定进军的海路、陆路及攻守地区""预拟筹集军费途径及其金额概算"等。① 可见，当时日本尚羽翼未丰，却已开始进行发动侵略中国大陆战争的预演了。

与此同时，日本政府派遣外务省四等出仕田边太一赴华，向柳原前光传达内阁的决议，以及对华谈判的"要领"和"须知"。"要领"的主要内容是，日本此次出兵台湾，是"以保我民为义务"，"故而不厌费财，竟从其事。今已剿抚得所，全番悉向我化。该地清国既视之化外而不理，则不得言其所属无疑。而今占领此地，教化此人之权，果当属谁耶？我日本政府不得不任之也"。不仅如此，"我日本政府所糜资财，所耗人命，也当由清国政府支付相当补偿"。"须知"是对谈判中一些具体问题的规定，其主要内容是：（一）关于"谈判番地处分"，要以"要领"的要求为准，即以占领"番地"为要挟，不能松口，"不得丝毫屈挠"。（二）此次谈判的目的，"在于获得偿金及让与攻取之地，但不可始有欲求偿金之色"，"谈判逐渐涉及偿金数额时，虽在要求所费之外，但不能由我提出"。（三）"当以此次机会，断绝琉球两属之渊源，开启朝鲜自新之门户。"② 此系内部机密文件，故将日本的侵略野心及手法毫无掩饰地和盘托出。

柳原前光奉命后，于7月24日到天津，与李鸿章会晤。李鸿章对日本的野心毫无洞察，还抱着一本老皇历，认为柳原前光还是两年前

①《对华回忆录》，第57~58页。
②《岩仓公实记》下卷，第179~182页。

来华改约的柳原前光，极力劝阻他进京，说："我说的都是直话，若不进京去，此事办得倒快些。"柳原前光回答得很干脆："中堂说的话我都领会了，四五日内仍须进京。国家叫我们进京，将来无论如何办法，可无责备，比在此间总要好一点。"① 30日，柳原前光到京，先开设日本驻华公使馆，然后便与总理衙门开始了长达一个多月的马拉松式谈判。

8月1日，日本政府任命大久保利通为全权办理大臣，差遣至中国。为配合大久保利通来华，又任命李仙得为特别办务使，先期到京，以便在外国使团中开展活动。李仙得的活动，首先得到英国公使威妥玛的响应。他从维护英国在远东的既得利益出发，希望清政府抱着暂时吃亏的态度，以息事宁人。他甘愿出面为日本做说客。1924年秋，上海交涉史署在整理清朝上海道所藏外交档案时，发现了威妥玛致英国驻上海领事麦华陀（Walter Henry Medhurst）的信。该信称："日本派兵赴台，实出大久保之意。现恐柳原在京职力浅薄，是以专来助彼，决定和战之意。若欲退兵，中国须补偿出兵费用。将来生番须由中国官认真管束，嗣后不准再有残害东人之事。并须言明此次出师赴台，实非日本之错。如能议此三者，写立笔据，便可息兵。"他实际上是帮日本人说话，露出日本的底牌，要清政府屈从，但不便在京对总理衙门直接讲，就绕着弯儿让麦华陀在上海进行活动。麦华陀既受公使委托，便与上海公共租界会审公廨委员同知陈福勋会晤，将威妥玛信的内容转告，并就中日交涉事发表议论说：

  日本心怀叵测，不似泰西诸国，仅在通商而已。日本自与泰西诸国通商后，无事不仿西法而行，练兵将及十年，枪炮皆已纯熟。且连年所购枪炮，不惜重价，皆选购新式极精者。铁甲本有

---

① 《李鸿章全集》，译署函稿，卷二，第39页。

两只,现又添置一号,并新买径寸口格林炮一百尊、后开门新枪数万杆,其药弹、火器不计其数。此次台湾之役,不过小试其技。若中国调停不善,彼即藉端失和,分兵窜扰各口,意图占地。即如宁波、上海等处,离长崎仅一千数百里,往来甚便,非比泰西各国,远隔重洋。中国内患虽平,然御外侮之策,未尝实力讲求。沿海一带,战守之具,皆未齐备。闽海所造轮船不多,且亦仅得外观,操练未精,枪炮非上等之器,又无铁甲船保护,万不能与外人接仗。水师兵弁未谙战法,若与日本对垒,必难获胜。目前为中国权宜之计,不如示以宽大,彼即有所要求,勉允一二,迅速了结。明虽吃亏,暗尚便宜。节省设防之费,以作自强之资。……此次大久保之来,先欲辩明前年换约时,中国究竟有无生番不隶版图之说。如中国坚执己见,不予转圜作一退步,彼必回国调集师船,立即侵扰各口,事必决裂,难再挽回。不数月间,中国通商各处华洋商民,势必纷纷迁避。贸易不通,每年千余万洋税,立即短绌,即各省厘捐,亦必难受。军需防费,将无所出。即以上海而论,泰西各国洋商生业不少,彼若兴师前来,先踞崇明、宝山,则咽喉之地为其所得,全省震动,中国兵力断难驱除。如果泰西各国帮助中国,与之决战,则违万国公法,惟有自护属民,袖手旁观而已。兹以中国与英国和好有年,际此大久保入都,战和未定,大局所系,不得不竭诚相告,以免目前决裂,将来不可收拾。此事全在总理衙门权衡轻重,措置得宜。①

上海道龚照瑗因威妥玛的书函和麦华陀的谈话事关重要,便立即禀报了总理衙门。清政府本无战争的决心,更不知彼知己,就怕日本真正决裂,出现麦华陀所说的局面,最后必然要按英国人所指的路

---

① 韩汉雏:《同治季年日本侵扰台湾记略》,《新亚细亚》第 10 卷第 6 期 (1935)。

走了。

　　大久保利通此次来华，带有随员 20 余名，其中有法国国际法学家巴桑纳（Gustave E. Boissonade），于 8 月 16 日自长崎出发，路经上海和天津，至 9 月 10 日到达北京。14 日，他开始同总理衙门亲王大臣会谈。在 40 天的时间内，双方共会谈 7 次。前 5 次会谈主要辩论台湾番地是否属于中国版图，双方各执己见，自然不会有任何结果。第 6 次会谈时，日方提出赔偿，开口提出 300 万元的数目。10 月 23 日，双方大臣在总理衙门会见，进行第 7 次会谈。中方认为可给予"抚恤"，而不承认"兵费赔偿"问题。大久保利通突然宣布："议无成绪，即欲回国；仍归到台番为无主野蛮，日本一意要办到底。"① 彼此不合而散。

　　10 月 24 日，大久保利通往访威妥玛，名为辞行，实求英使从中斡旋。柳原前光又来总理衙门，声称："不准请觐，为拒绝来使，即欲与大久保利通一同回国。"继续对总理衙门施加压力。大久保利通和柳原的态度使奕䜣等十分担心。特别是二人又送来照会，"皆作决裂之辞。其意由前之说，为日本永踞台番境地张本；由后之说，为日后称兵有名，扰我海口张本"②。

　　10 月 25 日，威妥玛既受大久保利通之托，正合己意，"尤于此事始终关说，意欲居间"，便到总理衙门进行调解。实际上，他是想劝说清政府接受日方提出的条件。关于威妥玛来访的经过，奕䜣奏称：

　　　　日本两使臣已悻悻然作登车之计，威妥玛来臣衙门，初示关切，继为恫喝之词。并谓日本所欲二百万两（合 300 万日元），数并不多，非此不能了局。臣等一以镇静处之。直至威妥玛辞去

---

① 《筹办夷务始末》（同治朝）第 98 卷，第 13 页。
② 《筹办夷务始末》（同治朝）第 98 卷，第 14 页。

时，坚欲问中国允给之数。臣等权衡利害轻重，揣其情势迫切，若不稍予转机，不独日本铤而走险，事在意中，在我武备未有把握，随在堪虞。且令威妥玛无颜而去，转足坚彼之援，益我之敌。遂告以中国既允抚恤，只能实办抚恤，即使加优，数不能逾十万两。该国于此事轻举妄动，现时无以回国，自亦实在苦情。中国不乘人之急，再允将该国在番社所有修道、造房等件，留为中国之用，给银四十万两。总共不得逾五十万两之数，愿否听之。①

当天，威妥玛离开总理衙门后，又至大久保利通寓所，告以中方应允可出50万两之数。大久保利通云："经过熟思，以为银额多少，勿再置论，中国政府所提五十万两即可。因此，第一，中国政府承认征番为义举；第二，消除从来有关征番一事的争论；第三，以十万两抚恤难民，四十万两作为斩荆锄棘、筑路修房之费，在撤兵前由中国政府支给。中国政府如能承诺此三条，余事皆以和好为重，对阁下亦可相让。"② 以大久保利通所提3条为基础，两人又反复商议，决定将"义举"一句改为"日本国此次所办，原为保民义举起见，中国不指以为不是"。威妥玛先将此句写成英文，由日方译成日文后，大久保利通表示认可。随后，双方又共同确定了议决方案的大略，并将之译成中文。③

10月31日，中日双方大臣即以大久保利通与威妥玛相互串通而拟订的三条底稿为基础，作为《北京专条》而签字。《北京专条》除第一条承认日本出兵台湾为"保民义举"外，还在前文里写上了"台湾生番曾将日本国属民等妄为加害"的字样。随后，双方又签订了《互换凭单》，规定中国先付给抚恤银10万两，俟日军于12月20日全

---

① 《筹办夷务始末》（同治朝）第98卷，第14~15页。
② 《对华回忆录》，第64页。
③ 米庆余：《琉球漂民事件与日军入侵台湾（1871—1874）》，《历史研究》1999年第1期。

行退出后，再付给日本在台修道、建房等费 40 万两。

《中日修好条规》正式生效刚刚一年，就发生了日军入侵台湾事件。这是近代中日关系史上头一件大事，所以特别值得注意。正如有论者指出："侵台之役是明治政府成立后第一次对外用兵，而它的第一个目标就是中国。这件事既是日本统治者蓄谋已久的扩张欲的表现，又一下子就点明了近代日本对华关系的主题：从台湾开始，打开武力征服的道路。以后半个多世纪的历史，基本上就是这个主题的逐渐开展。"[①] 日本当时实力并不充足，却发动军事冒险，并且军事威胁与外交讹诈双管齐下，迫使清政府签订了屈辱的中日《北京专条》和《互换凭单》。这个条约所造成的后果是极其严重的。

首先，日本出兵的主要借口，是台湾番地为"无主之地"，这是完全没有法理根据的。中国官员也曾以国际法与日人辩论。如李鹤年照复西乡从道称："查台湾全地久隶我国版图，虽有土著与生熟番之别，然同为食毛践土，已二百余年，犹之粤楚云贵边界瑶、僮、苗、黎之属，皆古所谓我中国荒服羁縻之地也。查《万国公法》：'凡疆内产业、植物、动物、居地，无论生斯土者，自外来者，按理皆当归地方律法管辖。'[②] 又载：'……各国自主其事，自任其责。'[③] 据此各条，则台湾为中国疆土，生番定归中国隶属，当以中国律法管辖，不得任听别国越俎代谋。……贵国政府并未与总理衙门商允作何办理，径行命将统兵前往，既与万国公法违背，亦与同治十年所换和约内第一、第三两条不合。……总之，台湾在中国，应由中国自办，毋庸贵国代谋。"[④] 其后，江苏布政司应宝时在上海与柳原前光会见时，亦指

[①] 中国社会科学院近代史研究所：《日本侵华七十年史》，中国社会科学出版社，1992 年，第 19 页。
[②] 此条见《万国公法》卷二，第 2 章第 2 节，第 11 页。
[③] 此条见《万国公法》卷二，第 1 章第 12 节，第 8 页。
[④] 《日本外交文书》第 7 卷，第 56 号文书。

出:"客年在北京虽就台湾之事略开论绪,但未明言举行之事。今者,不发照会而入台湾,乃是违背万国公法,侵犯他国主权,非缔结国之所为也。"① 中国官员指出日本之所为,既违背国际公法,又与两国刚刚签订而墨迹未干的中日《修好条规》不合,事实确凿,无可驳难。而日本方面理屈词穷,只好无理找理,胡搅蛮缠。总理衙门亲王大臣皆明知日本无理,却不敢理直气壮地谴责日本的侵略,既怕"日本铤而走险",又顾虑帮助日人说话的威妥玛"无颜而去",就是不怕损害国家、民族的利益,竟满足了侵略者的要求。正如后来曾任李鸿章顾问的英国人宓吉(Alexander Michie)所说,这无疑是中国"向全世界登出广告,说这里有个愿意付款但不愿意战争的富裕的帝国"②。此事的影响非同小可,从此列强竞相效尤,更加助长了他们侵略中国的野心。

其次,《北京专条》称日军侵台是"保民义举","中国不指以为不是",更是荒谬绝伦。日本保的是什么"民"?按照日方的说法:一是琉球被害的船民,一是日本备中州盐民。可是,琉球国民与日本国民是有严格区别的。7月22日,总理衙门致柳原前光照会即指出:"琉球曾受生蕃之害,应由琉球国请中国处治。"③ 实事求是地说,按当时琉球的国家地位,是处于中日"两属"的特殊情况。故王韬说:"据理而言,琉球自可为两属之国,既附本朝,又贡日本。"④ 日本也无法否认琉球为"两属"之国,故在《台湾蕃地征伐要略》中专列一条称:"清国如以琉球曾对该国遣使纳贡为由,发挥两属之说,以遑顾不理,不应酬其议论为佳。"⑤ 琉球船民不能称为日本国民,可谓明

---

① 《岩仓公实记》下卷,第175~176页。
② 井上清:《日本军国主义》第2册,第119~120页。
③ 《日本外交文书》第7卷,第161页。
④ 王韬:《弢园文录外编》卷五,《琉球向归日本辨》。
⑤ 《对华回忆录》,第39页。

矣。可见，日本欲保之"民"，只能是指备中州的盐民了。日本备中人民本是遇难为中国所救，睦仁诏谕却捏造其"衣类财器亦为劫夺"①，真是卑鄙无耻之至！总理衙门照复柳原前光时提出："若谓强夺备中难民衣物，则何年月日之事？何人被夺？何件衣物？应由贵国大臣照会本衙门办理。"② 沈葆桢致柳原照会进一步指出：

  贵中将（西乡从道）照会闽浙总督会文，有佐藤利八至卑南番地亦被劫掠之语。诚恐谣传未必无因。夫凫水逃生，何有余资可劫？天下有劫人之财，肯养其人数月不受值者耶？即谓地方官所报难民口供不足据，贵国谢函具在，并未涉及劫掠一言。贵国所赏之陈安生，即卑南社生番头目也。所赏之人，即所诛之人，贵国未必有此政体！③

揭露日人恩将仇报，编造侵略口实的无耻行径，可谓入木三分！可见，日本所提出的两条都是伪证，是不能成立的。何来"保民义举"之说？但是，总理衙门的亲王大臣们却只想息事宁人，图个眼前清静，完全不计后果，竟屈从日人的无理取闹，反过来对着大久保利通为日人辩解说："我们因贵国兵丁到台湾，本衙门并不较量此事，在中国已难以对天下人矣。幸而从前贵国有义举之说，此时作为贵国先不知番土系中国地方，故为复仇仗义而来。今日既知系中国地方，中国又允为自办，又为修好仗义而去。有此名目，在中国尚有说以解。"又指出："我们所以能对朝廷能对百姓者，就是日本是仗义而来，可算无不是处。"④ 说此自欺欺人的话，完全是为日本圆场，以把无理当成有理，这是十分可悲的。正是在亲王大臣们的这种心态下，才接受了

---

① 同上书，第41页。
② 《筹办夷务始末》（同治朝）第96卷，第39页。
③ 《筹办夷务始末》（同治朝）第94卷，第26~27页。
④ 《九月十一日面谈节略》，中国第一历史档案馆藏，外务部档，第2155号。

在条约中写下"台湾生番曾将日本国属民等妄为加害"的话。正是这句话，成为日本下一步吞并琉球的借口。大久保利通的法国法律顾问巴桑纳曾向他建议，可以用模糊暧昧的条文写在条约里，以便日后"解释成保民义举乃中国承认琉球属日，以便作为日本对琉球侵略的张本及所谓法理根据"①。事后，巴桑纳本人也洋洋得意地说，因为在条约的字面上把遇难琉球船民称为"日本国属民"，所以"1874年日清两国缔结的条约，最幸运的成果之一，就是使清帝国承认了日本对琉球岛的权力"②。

复次，明治政府建立后，虽然进行若干改革，但国力仍很有限，而且国内矛盾重重，危机四伏，故不惜进行军事冒险，将国人的注意力引向国外，以改变困难的处境。对日本当政者来说，似此穷兵黩武无异于孤注一掷，胜负难必，心里也是忐忑不已的。大久保利通在日记里写他在北京时的心态，便很好地说明了这一点。他写道：

> 经仔细考虑，此次奉命任务，实为极不易之重大事件。如谈判不得终结，就此归朝，则使命不完成，固不待论。而最可忧者，为国内人心，以事情迫切，有战争朝夕可至之势。如人心无法收拾，战端终于不得不开之期，可以立待。若然，不但胜败之数，固然可惧。且我无充分宣战之名义。柳原公使觐见虽遭拒，但仅此殊不足以言战。若然，势必至无理开战，届时不但人民有议论，且将受各外国之诽谤，蒙意外之损害，终而招致损及我独立主权之大祸，亦不能谓其必无。然则和好了事，原为使命之本分，故断然决行。③

可见，他真怕清政府始终坚持"按约据理"，屹然不动，势必无法收

---

① 陈在正：《牡丹社事件所引起之中日交涉及其善后》。
② 信夫清三郎：《日本外交史》上册，第154页。
③ 《对华回忆录》，第65~66页。

场，招致难以预料的"大祸"。但是，在日本军事威胁与外交讹诈两手并用的情况下，清政府竟然妥协屈从，使陷于内外交困的境地的日本得到解脱。所以，这个条约签订后，大久保利通不禁欢欣雀跃，真感到此为"古今稀有之事"①。当时英国驻日公使巴夏礼在一封信里评论此事说："日本即使一文不得，它也是喜欢和平解决的。日本人十分清楚，他们没有索取的权利。"② 然而，日本的军事威胁与外交讹诈并用，却达到了预期的侵略目的。此后，这便成为日本侵略中国的一种惯用伎俩。不仅如此，它还标志着以中国为中心的封贡体系开始崩溃，因为中国"轻易地就放弃了纳贡达五个世纪的琉球群岛——这是安南、朝鲜、满洲、蒙古和西藏等藩属或全部或局部地相继被蚕食的前奏"③。

第三节　吞并琉球与中日关于琉案的交涉

1874年日本决定发兵侵台之初，即将琉球作为下一步对外扩张的目标，在日本内阁会议所通过的《台湾蕃地征伐要略》里明确指出："盖控制琉球之实权皆在我帝国，阻止琉球遣使纳贡（中国）之非礼，可列为征伐台湾以后之任务。"④ 日本制造侵台事件后，外交讹诈又已得逞，自然要开始其既定的侵夺琉球的步骤了。

琉球群岛处于中日两国之间，分为36岛，北部9岛，中部11岛，南部16岛，是一个岛国。1372年（明洪武五年），明太祖朱元璋派行

---

① 大津淳一郎：《大日本宪政史》第1卷，东京原书房1964年，第733页。
② 升味准之辅：《日本政治史》第1册，第131页。
③ 马士、宓亨利著：《远东国际关系史》，上海书店出版社，1998年，第319页。
④ 《对华回忆录》，第39页。

人杨载"以即位建元诏告其国"。琉球王察度派遣其弟泰期来华,朝贡方物,上表称臣。朱元璋赏赐有差,并赐《大统历》。自是,琉球遵奉明朝正朔,每隔年遣使朝贡以为常例。至万历间,"日本方强,有吞灭之意。琉球外御强邻,内修贡不绝"。1591年,丰臣秀吉用兵朝鲜,派岛津家征至琉球征粮糒,为琉王尚宁所拒。1609年,则命岛津家久"以劲兵三千,掳其王,迁其宗器,大掠而去"①。日本强逼尚宁立誓文,岁输8000石粮于萨摩藩,以当纳款。② 时浙江总兵官杨宗业奏报明廷,朝命严饬海上兵备。两年后,日本释尚宁归。1646年(清顺治三年)后,琉球数次遣使来华求封,未许。至1672年,再遣贡使,并缴明朝敕印请封,允之,诏封琉球国中山王。此后,封贡相继,迄于清末。本来,"琉球国小而贫,逼近日本,惟恃中国为声援"③。而日本虽强将琉球置于萨摩藩属下,然也假借琉球而与中国交通获利,对琉球进贡中国未加阻难。此琉球"两属"说之由来也。

虽然如此,迄于19世纪中叶,琉球仍自成一国,内政、外交皆由自主。1855至1859年间,琉球曾与美、法、荷兰三国都签订过通商条约。1872年,日本政府以明治天皇亲政,示意琉球朝贺。琉球国王尚泰不敢违忤,遣王子尚健为正使,三目官向有恒为副使,赴日朝贺,贡献方物。不料日本政府趁此机会,由天皇睦仁下诏,以琉球为藩,封琉球国王为藩主。这是日本走向"吞并琉球的第一步"④。翌年,便将琉球置于日本府县同列,受内务省管辖,并向大藏省缴纳租税。

1874年,日本内务卿大久保利通从中国签约回国后,即向政府提出逐步实现吞并琉球的建议。略谓:"琉球两属状态,自中世纪以来,

---

① 《明史》卷三二三,《琉球传》。
② 萧一山:《清代通史》第3册,中华书局,1986年,第1033页。
③ 《清史稿》卷五二六,《属国传》。
④ 王芸生:《六十年来中国与日本》第1卷,第148页。

因袭已久，难于遽加改革，以致因循至于今日。今者中国承认我征蕃为义举，并抚恤难民，虽似足以表明琉球属于我国版图之实迹，但两国分界仍未判然。今以琉球难民之故，我曾费财巨万，丧亡多人，以事保护，其藩王理宜速自来朝，表明谢恩之诚，然至今尚未闻有其事，其故盖在畏惮中国。今如以朝命征召藩王，如其不至，势非加以切责不可。是以姑且缓图，可先召其重臣，谕以征蕃事由及出使中国始末，并使令藩王宜自奋发，来朝觐谢恩。且断绝其与中国之关系，在那霸设置镇台分营，自刑法、教育以下以至凡百制度，逐渐改革，以举其属我版图之实效。"此项建议，为内阁会议所采纳。同年3月，即召琉球三城司池城安规等到东京。大久保利通以上项办法相告，继称："维新以来，与外国交涉等事，统依国际公法，然而琉球藩尚成两属形式，今日若不改革，则将受中国干涉，又将成为异日纠纷之因素。是以，我政府思虑及此，在那霸设镇台分营，以保护琉球人民。"① 这里，大久保利通是以"统依国际公法"之名，妄行歪曲法理吞并他国之实。《万国公法》有云："公法出于常例。"并举例称："进贡之国并藩邦，公法求其所存主权多寡，而定其自主之分。即如欧罗巴滨海诸国，前进贡于巴巴里时，于其自立自主之权并无所碍。七百年来，那不勒斯土尚有屏藩罗马教皇之名，至四十年前始绝其进贡，然不因其屏藩罗马遂谓非自立自主之国也。"又称："戈拉吉虽先奥、普、俄二国之保护，犹依盟约，为自立自主，得谨守局外之国，犹可谓全然自主也。"② 琉球虽为中日"两属"，但依国际公法仍系自主之国，自无疑义。故池城安规拒绝了大久保利通的提议，要求仍照历史成规与旧例行事。

---

① 《对华回忆录》，第100~101页。
② 《万国公法》卷一，第3、17~18页。

于是，日本政府采取断然措施，祭起强权之剑压服琉球，遂发出如下之强制命令："（一）为对中国朝贡而派遣使节及庆贺清帝即位等惯例，一概废止。（二）撤销在福州的琉球馆，贸易业务概归设在厦门的日本领事馆管辖。（三）从来每当藩王更迭之际，由中国派来官船，受中国册封，著以为例，今后概予废止。（四）令藩王来朝，对政治厘革及兴建的方法，加以研究后决定。（五）琉球与中国今后交涉，概由日本外务省管辖处分。"① 随后，日本即在琉球设置了兵营。6月，又派内务大丞松田道之到琉球传达上述命令。

面对日本的强行统治，琉球君臣进行了抵制。摄政尚健表示难以奉命。三司官浦添朝昭等致书松田道之，历数与中国不可绝及藩政改革不可行的理由。时琉王尚泰卧病在床，松田欲亲晤尚泰，未许。于是，松田致书尚泰，表示欲归国，做出决裂的姿态。至是，举国骚然，摄政、三司官等琉球官员往见松田，表示愿相率赴东京，向日本政府陈述实情。9月，池城安规等会见大久保利通，面称："琉球藩久荷中国恩谊，今不能无故背弃。天朝若与中国交涉，如得中国承认，则当奉命。"② 大久保利通不许。到翌年9月5日，日本政府公然不顾琉球君臣的反对，在琉球实行新裁判制和警察制，特派内务少丞木梨精郎及警部巡查数名前往督办；更实施海外护照制度，凡琉球人民渡海到中国者，必须请发护照。这样，日本便对琉球进行了全面的控制，完全剥夺了其自主之权。事实上，琉球王国至此已名存实亡。

琉球国王尚泰对日本的强权侵凌行为无力反抗，只好向中国求援。1876年12月，特派紫巾官向德宏乘船，饰为遭风漂泊以避日人，于1877年4月12日到闽，面见闽浙总督何璟和福建巡抚丁日昌，呈递琉

---

① 《对华回忆录》，第101页。
② 《对华回忆录》，第102页。

王陈情书，乞求代纾其国之难。6月，何、丁上奏，建议朝廷饬知新任驻日公使侍讲何如璋，"于前往日本之便，将琉球向隶藩属，该国不应阻贡，与之判切理论；并邀集泰西驻倭诸使，按照万国公法与评曲直"。廷谕着总理衙门传知何如璋，"俟到日本后，相机妥筹办理"①。

1877年11月24日，何如璋抵东京赴任，于28日向睦仁呈递国书。他甫到日本，就多次有琉球官员求见，面陈危迫情况。到1878年5月，他先寄李鸿章一函，主张琉球之事不得不争。其函称：

> 以日人无情无理，如瘐狗之狂，如无赖之横。果尔，则中东和好，终不可恃。阻贡不已，必灭琉球，琉球既灭，行及朝鲜，否则，以我所难行，日事要求，听之，何以为国？拒之，是让一琉球，边衅究不能免，欲寻嫌隙，不患无端，日人苟横，奚必借此？又况琉球迫近台湾，我苟弃之，日人改为郡县，练民兵；琉人因我拒绝，甘心从敌。彼皆习劳苦耐风涛之人，他时日本一强，资以船炮，扰我边陲，台澎之间将求一夕之安不可得。是为台湾计，今日争之患犹纾，今日弃之患更深也。则虽谓因此生衅，尚不得不争，况揆之时势决未必然乎？

何如璋所言是正确的，并且颇有预见性。然而，李鸿章则颇不以为然，态度十分消极，甚至流露出放弃琉球之意。复函云：

> 今日日本阻贡之举，中国之不能不与力争者，理也，情也。然迩年以来，未曾认真议及者，盖亦有故：琉球以黑子弹丸之地，孤悬海外，远于中国而迩于日本。……中国受琉球朝贡，本无大利，若受其贡而不能保其国，固为诸国所轻；若专恃笔舌，与之理论，而近今日本举动，诚如来书所谓'无赖之横，瘐狗之狂'，

---

① 《清光绪朝中日交涉史料》卷一，第21~22页。

恐未必就我范围。若再以威力相角，争小国区区之贡，务虚名而勤远略，非惟不暇，亦且无谓。①

何如璋见得不到李鸿章的支持，复致函总理衙门，力陈日本并不可怕，并建议三策：

> 日本国势困敝，自改从西制以来，所费不赀，饷无所出，又甫经内乱，必不敢遽开边衅。琉球危急可悯，不能不为援手。……因筹拟三策：一为先遣兵船责问琉球，征其入贡，示日本以必争；一为据理与言，明约琉球，令其夹攻，示日本以必救；一为反复辩论，徐为开导，若不听命，或援万国公法以相纠责，或约各国使臣与之评理，要于必从而止。②

对此，李鸿章认为："所陈上、中、下三策，遣兵舶责问及约琉人以必救，似皆小题大作，转涉张皇。惟言之不听时复言之，日人自知理绌，或不敢遽废藩制改郡县，俾球人得保其土，亦不藉寇以兵。此虽似下策，实为今日一定办法。"③ 总理衙门亦以李鸿章为是，也主张采取第三策，"以据理诘问为正办"④。

事实证明，完全寄希望于国际公法，"以据理诘问为正办"，只是一厢情愿之举，到头来是要吃大亏的。正如海关总税务司赫德（Sir Robert Hart）后来所评论那样："我不信单靠正义可以成事，正像我相信单拿一只筷子不能吃饭一样，我们必须要有第二只筷子——实力。但是中国人却以为自己有允分的正义，并且希望能够以它来制服日本的铁拳，这想法未免太天真了。"⑤ 中日关于琉案交涉的结局，正好证明了这个道理。

---

① 《李鸿章全集》，译署函稿，卷八，第4~5页。
② 《清光绪朝中日交涉史料》卷一，第24页。
③ 《李鸿章全集》，译署函稿，卷八，第1页。
④ 《清光绪朝中日交涉史料》卷一，第24页。
⑤ 《中国海关与中日战争》，中华书局，1983年，第78页。

第三章 发动大规模侵华战争的前奏

1878年9月3日，何如璋根据总理衙门的指示，会见日本外务卿寺岛宗则，对日本阻止琉球进贡事提出口头抗议。10月7日，又致送日本外务省照会，措辞甚为强硬：

> 查琉球国为中国洋面一小岛，地势狭小，物产浇薄，贪之无可贪，并之无可并。孤悬海中，从古至今，自成一国。自明朝洪武五年，臣服中国，封王进贡，列为藩属，惟国中政令许其自治，至今不改。……定例二年一贡，从无间断。所有一切典礼，载在《大清会典》《礼部则例》及历届册封琉球使所著《中山传信录》等书，即球人所作《中山史略》《球阳志》，并贵国人近刊《琉球志》，皆明载之。又琉球国于我咸丰年间，曾与美利坚合众国、法兰西、荷兰国立约，约中皆用我年号、历朔、文字，是琉球为服属我朝之国，欧美各国无不知之。今忽闻贵国禁止琉球进贡我国，我政府闻之，以为日本堂堂大国，谅不肯背邻交，欺弱国，为此不信不义无情无理之事。……方今宇内交通，礼为先务，无端而废弃条约，压制小邦，则揆之情事，稽之公法，恐万国闻之，亦不愿贵国有此举动。

寺岛宗则接此照会后，无法否认其中所开列之桩桩事实，便抓住"日本堂堂大国，谅不肯背邻交，欺弱国，为此不信不义无情无理""废弃条约、压制小邦"等字句，声称此是"暴言"，"是即贵为不欲以后两国和好"①，反而倒打一耙，把错推给了中国。后来，寺岛宗则又要求何如璋"必须书面道歉"。何如璋提出日本先撤退琉球驻军，寺岛宗则坚称："驻军撤退绝对不可能，不如取消前次失礼之言。"②

日本政府鉴于琉案之争业已公开化，为避免夜长梦多，便于1879

---

① 《日本外交文书》第11卷，第271~272页。
② 《对华回忆录》，第105~106页。

年3月8日断然下令,将琉球废藩置县。并派松田道之率警部巡查160人,途经鹿儿岛时又由熊本镇台拨步兵半大队随行。松田道之一行于25日到达那霸,27日对琉王尚泰宣布日本政府的废藩置县令。到4月4日,又以太政大臣三条实美名义,布告废止琉球藩,设置冲绳县,并任命锡岛直彬为冲绳县令。其后,更强迫正在患病的琉王尚泰移居东京。至此,琉球土地正式被日本吞并,国家覆亡,"成为日本对外扩张的第一个牺牲品"[①]。

中日两国关于琉案的交涉既在东京形成僵局。日本政府明知态度强硬的何如璋没有强有力的后台,便决定绕过他,于1879年4月派宍户玑为新任驻华公使。于是,两国的交涉便移到了北京。这是一场照会战。5月10日,总理衙门照会宍户玑,指出中国及各国皆承认琉球为一国,"贵国无端灭人之国,绝人祭祀,是即蔑视中国及各国。琉球为一弱小之邦,故而屈从,其国与贵国最密迩,贵国应如何竭力保护,今乃无故灭绝之,此乃于贵国之声名无益,于各国之舆论亦不合"。7月16日,宍户玑复照总理衙门,既不承认琉球"两属"之说,也不承认琉球为"自治之一国",一口咬定琉球如何处置只是日本的"内政","不许他国干涉"。[②] 于是,交涉难有进展。

在此期间,琉王尚泰复命紫巾官向德宏自闽北上乞援。2月3日,向德宏抵天津,谒李鸿章面呈禀折,"吁请据情密奏,速赐拯援之策,立兴问罪之师"。23日,再谒李鸿章,复上一禀,称:"如得兴师问罪,即以敝国为向导,宏愿允先锋,使日本不敢逞其凶顽。宏于日国地图言语文字,诸颇详悉,甘愿效力军前,以泄不共戴天之愤。"[③] 李鸿章对琉案交涉本持消极态度,虽对向德宏"失国孤臣,号乞求救"

[①]《日本侵华七十年史》,第22页。
[②]《对华回忆录》,第106~109页。
[③]《李鸿章全集》,译署函稿,卷九,第21、23页。

颇抱同情，但对于兴师问罪不仅非他所能决，也是他所决不取的。正在此时，他获悉美国前总统格兰特（Ulysses Simpson Grant）偕夫人周游世界，将来中国，再至日本，于是兴起了请格兰特居间调停琉球问题的想法。

5月28日，格兰特到天津，拜会了李鸿章。数日后，格兰特由津抵京，与恭亲王奕䜣会晤。奕䜣请其借游日之便，居间调停琉案。6月12日，格兰特返津，与李鸿章商谈琉案，对李鸿章所言听之而已。7月4日，格兰特到达东京，受到了日本方面的隆重接待。在日本期间，格兰特偶尔触及琉球问题，称："自己是个旅行者，绝无干预他国之事的意图，如幸而能于中日两国间之争端，作出某种调处，便觉无上光荣。"① 此事经日方做出辩解后，格兰特对是非曲直并不感兴趣，只是劝中日和好，实际上是偏向日方。8月23日，格兰特从日本致李鸿章函云：

> 我到日本以后，将恭亲王与李中堂所托琉球之事妥商设法，使中日两国不至失和。看日人议论琉球事，与在北京、天津所闻，情节微有不符。虽然不甚符合，日本确未要与中国失和之意。在日人自谓琉球事系其应办，并非无理；但若中国肯让日人，日本亦愿报让中国。足见其本心不愿与中国失和。从前两国商办此事，有一件文书，措语太重，使其不能转弯，日人心颇不平。如此文不肯撤销，以后恐难商议；如肯先行撤回，则日人悦服，情愿特派大员与中国特派大员妥商办法。此两国特派之大员，必要商定万全之策，俾两国永远和睦。譬如两人行路，各让少许，便自过去，无须他人帮助。②

---

① 《对华回忆录》，第113页。
② 《李鸿章全集》，译署函稿，卷九，第39~41页。

显而易见，日本是想通过格兰特来实现劝清政府收回何如璋给日本外务省照会的目的。不出日本政府所料，到12月24日，为回应格兰特的建议，由总理衙门致日本外务卿井上馨一照会。该照会称："关于琉球事件，曾几次三番接获贵外务省回答，本王大臣经逐次详阅，本当逐一辩论，但此事既经美国前任大总统居中调停，本王大臣认为从前所论，可概置无论，——依照前任美国大总统来书办理。"①事实上，这等于撤销了何如璋指责日本无理的照会。可见，格兰特的居间调停，是有利于日本的。正如论者指出，格兰特"活动的结果是日本策划了一幕由霸占琉球到索取在华权利的阴谋"②。

格兰特调停一幕既已结束，日本政府经过缜密筹议后，对于中日关于琉案的交涉提出了新的处理方针，即所谓"分岛改约论"。其基本内容是："日本以增进中日两国间和好为目的，以琉球南部接近台湾之宫古、八重山两岛分让于中国，作为区划两国之国境线。而且与此同时，修改中日通商条约，增加利益均沾要款，使日本人能与西洋人相同，得入中国内地贸易"。③其根本目的是：以琉球南部最贫瘠的宫古、八重山两岛为代价，换取清政府对日本吞并琉球的正式承认，使其灭琉废王的侵略行为合法化；更有进者，促使清政府承认在中日谈判《修好条规》时所拒绝的日本内地通商及最惠国待遇条款。

但是，日本政府一时还摸不准清政府对"分岛改约论"的态度，便决定先进行试探。

1879年12月初，有自称"日本闲人"者，实即曾担任日本驻朝鲜公使的竹添进一郎，在日本外务省的授意下来华试探。他上书李鸿章论琉案，谓："天下无两婚之妇，岂亦有两属之邦乎？……西人举

---

① 《对华回忆录》，第115页。
② 《日本侵华七十年史》，第23页。
③ 《对华回忆录》，第115~116页。

事必藉口公法，而所谓公法有一君兼统两国，无一国属于二君。是西人亦不有两婚之妇也，明矣。"① 试图以此来否定原先日本政府的琉球"两属"之说，而将"两属"关系比诸男女婚姻关系，可谓不伦不类！3日，竹添进一郎谒李鸿章，彼此进行笔谈。竹添进一郎仍持琉球本属日本之论，李鸿章驳之曰："前日本与我定约时，第一条称'所属邦土'，实指中国所属之朝鲜、琉球而言。当时伊达大臣及嗣后换约之副岛种臣等，皆未向我声明琉球系日本属邦。今忽谓琉球专属日本，不属中国，强词夺理，深堪诧异。今若不必争辩琉球系属之谁邦，但讲两国宜倍敦和好，日本之意乃欲欺辱中国，吾虽欲和好其可得耶？"② 竹添进一郎已探悉中方的态度，便辞别归国。

到1880年3月26日，竹添进一郎复谒李鸿章，谓奉内阁大臣之意，以达于中国。双方笔谈甚久。竹添进一郎并上一说帖，提出日本的"分岛改约论"："中国大臣果以大局为念，须听我商民入中国内地，懋迁有无，一如西人，则我亦可以琉球之宫古岛、八重山岛定为中国管辖，以划两国疆域也。"③ 4月4日，双方再次进行笔谈。李鸿章云："中国之争琉球，原为兴灭继绝，护持弱小起见，毫无利人土地之心，乃贵国居之不疑，并分南岛与中国，中国必不敢受。"随后提起，上年8月11日何如璋来信，谓美国驻日公使平安曾与格兰特熟商，以"南岛归中国，北岛归日本，中岛归琉球，复国立君"。竹添进一郎极力否认有此事，谓："未见有此言，想敝政府不知前统领有此言也。"李鸿章继云："或背后有此议，而阁下未之闻耳。"④ 竹添进一郎一时无所措辞，急忙告退。看来，何如璋来信恐非空穴来风。此

---

① 《李鸿章全集》，译署函稿，卷一〇，第11页。
② 《李鸿章全集》，译署函稿，卷一〇，第14页。
③ 《李鸿章全集》，第32~33页。
④ 《李鸿章全集》，第37~38页。

议既出自平安公使之口，不会凭空编造，恐是格兰特提出此议后未被日方接受，故在致李鸿章函中也未能明提此议，但他一则讲"各让少许"，再则称"美国现有平安公使在此，人甚公正，我常与密商球事"①，已可窥见此中之消息了。

此时，日本政府颇急欲结束琉案之争。4月17日，内阁会议决定采取"分岛改约论"，并派内阁大书记官井上毅赴华，将决议传达于宍户玑。6月29日，日本政府任命宍户玑为全权办理委员。清政府则派总理衙门大臣沈桂芬、景廉、王文韶等与宍户玑会谈。恰在此时，中俄关系相当紧张，清政府内外臣工皆恐日俄勾结，故早结琉案的呼声甚高。总理衙门奏称："虽两岛地方荒瘠，要可借为存球根本。况揆诸现在事势，中国若拒日本太甚，必结俄日深。此举既可存球，并以防俄，未始非计。"②并附片称："臣等再四筹商，虽以南岛存球一线之祀，地小而瘠，将来亦不易办，而名义所在，与辩论初衷尚无不合。"③ 10月28日，双方草签了《琉球条约》和《酌加条款》。《琉球条约》规定："除冲绳岛以北属大日本国管理外，其宫古、八重山二岛属大清国管辖，以清两国疆界，各听自治，彼此永远不相干预。"《酌加条款》则规定："第一款：两国所有与各通商国已定条约内载予通商人民便益各事，两国人民亦莫不同获其美；嗣后两国与各国如有别项利益之处，两国人民亦均沾其惠，不得较各国有彼厚此薄之偏。但此国与他国立有如何施行专章，彼国若欲援他国之益，使其人民同沾，亦应于所议专章一体遵守。其后另有互惠条款施与特优者，两国如欲均沾，当遵守其互惠条约。第二款：辛未年（1871年）两国所定《修好条规》有《通商章程》各条款，与此次增加条项有相碍者，当

---

①《李鸿章全集》，译署函稿，卷一〇，第40~41页。
②《清光绪朝中日交涉史料》第2卷，第8页。
③《清光绪朝中日交涉史料》第2卷，第10页。

照此次增加条项施行。"① 这样，清政府一则考虑到国际形势，一则为存琉球之国，便决定对日本妥协了。

但是，总理衙门的对日妥协引起许多官员的不满，纷纷上书言事。其中，最具代表性的是直隶总督李鸿章和两广总督张树声。李鸿章于11月11日奏称：

> 闻日本公使宍户玑在总理衙门催结球案，明知中俄之约未定，意在乘此机会图占便宜。臣愚以为琉球被废之时，中国以体统攸关，不能不亟与理论；今则俄事方殷，中国之力暂难兼顾。且日人多所要求，允之则大受其损，拒之则多树一敌，惟有用延宕之一法最为相宜。盖此系彼曲我直之事，彼断不能以中国暂不诘问而转来寻衅；俟俄事既结，再理琉案，则力专而势自强。近接总理衙门函述日本所议，臣因传询在津之琉球官向德宏，始知中岛物产较多，南岛贫瘠僻隘，不能自立；而球王及其世子，日本又不肯释还。遂即函商总理衙门，谓此事可缓则缓，冀免后悔。此议结球案尚宜酌度之情形也。臣接奉寄谕，始知已成之局未便更动，……正筹思善全之策，适接出使大臣何如璋来书，并抄所寄总理衙门两函，力陈利益均沾及内地通商之弊，语多切实。复称询访球王，谓如宫古、八重山小岛另立王子，不止王家不愿，阖国臣民亦断断不服。南岛地瘠产微，向隶中山，政令由其上人自主。今欲举以畀球，而琉人反不敢受，我之办法亦穷等语。臣思中国以存琉球宗社为重，本非利其土地，今得南岛以封球，而球人不愿，势不能不派员管理，既蹈义始利终之嫌，不免为日人分谤；且以有用之兵饷，守此瓯脱不毛之土，劳费正自无穷；而道里

---

① 《清光绪朝中日交涉史料》第2卷，第9~10页；《对华回忆录》，第117~118页。

辽远，音问隔绝，实觉孤危可虑。若惮其劳费而弃之不守，适堕日人狡谋；且恐西人踞之，经营垒辟，扼我太平洋咽喉，亦非中国之利。是即使不议改约，而仅分我以南岛，犹恐进退两难，致贻后悔。今彼乃议改前约，倘能竟释球王，畀以中、南两岛，复为一国，其利害尚足相抵，或可勉强允许。如其不然，则彼享其利，而我受其害，且并失我内地之利，臣窃有所不取也。①

李鸿章此奏，先分析日本催结琉案的动机，指出与日使所议诸条，既对中国有害无利，又不可行，主张暂时采取拖延办法，能缓则缓。并针对日方的两分琉球办法，提出新的两分琉球办法，即以琉球北部归日本，中、南两部仍归琉球，使之复国。有些论者认为，李鸿章主张三分琉球的办法，将南部归中国管辖②，这是不符合李奏的原意的。

继之，张树声于1881年1月17日上奏，极力反对将琉案与通商挂钩的办法。他说："琉球一案，与中日通商如风马牛之不相及，彼既虏球君，县球土，因中国责言，始以无足轻重之两小岛来相搪塞。中国何负于倭，倭何德于中国，顾欲责偿于中国之改约耶？彼则鲸吞蚕食之不已，复欲乘我之危机；我则兴灭继绝之未能，转又予彼以利益，五洲万国盖不经见。此球案改约二事断不能牵连并议，其理又易明也。"③张奏对总理衙门的轻率做法婉转地提出了批评。

在众多大臣的反对下，总理衙门决定以不批准协议草案的办法，将琉案搁置起来。宍户玑十分恼怒，照会总理衙门，大意谓"此事迟搁不定，无复期于必成"，此"为中国自弃前议，今后琉球一案，理当永远无复异议"。又称已奉命回国，留其参赞田边太一暂署使臣，作出决绝的姿态。1881年年初，宍户玑遂悻悻回国。

---

① 《清光绪朝中日交涉史料》第2卷，第15~16页。
② 王芸生：《六十年来中国与日本》第1卷，第117页；张振声：《中日关系史》卷一，第72页。
③ 《清光绪朝中日交涉史料》第2卷，第23页。

中日关于琉案的交涉，历时4年，终于成为悬案。此后，琉案虽有时提及，如1882年竹添进一郎任驻天津领事期间，曾与李鸿章重议琉球问题；1887年总理衙门大臣曾纪泽还明告日本驻华公使盐田三郎，中国仍认为琉案尚未了结。① 然由于事过境迁，形势又在不断变化，中国外患频至，已根本无力顾及琉球问题，所以琉案终于成为不解之结。琉球之覆亡，是日本向海外扩张领土迈出的第一步。

第四节 甲午战争的"预先约定"
——中日《天津条约》的签订

日本在朝鲜策动甲申政变失败后，虽然强迫朝鲜签订了《汉城条约》，不但为日本公使竹添进一郎洗掉了对政变应负的责任，而且还迫使朝鲜政府承认日本有在朝鲜设兵营护卫之权，却并不以此为满足。因为在这次政变中，日本在军事上是居于下风的，何况在汉城还有清军驻扎，这必将成为日本日后向大陆扩张的障碍。不仅如此，《汉城条约》只是日朝之间的条约，对中国并无约束力，且亦不能改变中国对朝鲜拥有宗主权的现实，这又将限制日本今后对大陆的进一步侵略。正由于此，在日本国内，海外扩张论的激进分子情绪激昂，大肆鼓噪，主张乘中法战争中国无力兼顾之际，出兵朝鲜驱逐中国势力，以收拾时局。② 日本驻天津领事原敬甚至提出，对中国不惜一战。③ 于是，鼓吹"征清论"之声，一时甚嚣尘上。

---
① 《日本侵华七十年史》，第24~25页。
② 伊藤正德：《日本军阀兴亡史》，第44页。
③ 《日本外交文书》第18卷，第194~196页。

但是，参议兼宫内卿伊藤博文、外务卿井上馨为首的缓进派，盱衡日本当时国内外形势，深感羽翼尚未丰满，在军事上也尚未处于优势，不宜轻启战端。其理由主要有以下五点：（一）日本海军力量不及中国，财政每年出现1000万元左右的赤字，无法支持对中国的战争，应暂与中国妥协，积极扩充军备，以图他日。（二）日本国内处于不稳定状态，各地民众俱以税重难以谋生，有思乱之倾向，如与中国开战，将军队调往海外，恐给民权运动派以颠覆政府之机会。（三）对于朝鲜的国际地位，中日两国看法互异，日本依据1876年的朝日《江华条约》声称朝鲜国为自主之邦，保有与日本国平等之权，而中国依然以朝鲜为其属邦，需要通过另一条约来加以解决，不是靠武力就可立即消除的。（四）中朝关系源远流长，世所公认，而朝鲜大多数人士信赖中国的事大心理未可忽视，且俄国夹于其中，使情况益趋于复杂，若操之过急，有产生不良后果之可能。因此，要彻底解决朝鲜问题，尚须待以时日，而且对中俄宜分别对待，不妨先以中国为假想敌，决不可使中俄利益归于一致。（五）此时若听从激进派的观点，对中国采取强硬手段，甚至不惜对中国宣战，然就国际公法而言，是很难成立的。① 因此，日本政府决定采取与中国谈判的方针。

日本政府既决定对中国采取和谈的方针，便准备先试探一下中国方面的态度。1885年1月22日，井上馨与中国新任驻日公使徐承祖会见，首先提出："欲中日两国将驻朝兵丁全行撤回，以省将来事端。"但清政府正对日本的动向保持警惕，殊难同意日本的提议。24日，总理衙门致电李鸿章云："华兵驻朝，保护属藩，业已有年，又经朝王屡请留防，义难膜视。今该国乱党未靖，尤不能撤。著徐承祖据理辩

---

① 林子候：《甲午战前之中日韩关系》，第168~169页。

论,以释其疑。"此时,李鸿章也有同见,认为:"我兵驻朝,与日无干,彼必欲我全撤,以遂其煽惑把持之计。"①他确实担心日人在朝鲜导演的一幕政变再次上演。但是,在井上馨的一再说服下,徐承祖的态度有所改变,希望考虑日方的建议,谓:"驻兵朝鲜一事若不解决,恐日人乘法事正殷,勾结法人与我为难。目前不如姑与定议,俟法事定后再与理争。"②于是,李鸿章的看法亦为之一变。

2月7日,日本内阁会议对朝鲜善后问题进行长时间的讨论后,明治天皇发下了和平了结同中国争端之敕谕。其要点有二:"第一,我国政府之法律顾问断言,竹添公使应朝鲜国王之明确委托,为保护国王安全赴王宫之措施,乃依据国际公法之原则。清国将领率军队来王宫,以兵力对我公使横暴侵犯,公使不得已处于防御之地位。对此,日本政府有向清国政府提出要求之权利。根据上述原因,我政府要求清国政府对其将领应给以适当之处罚。第二,今后为维持同清国之和平与友谊,并避免一切冲突,我政府应提出撤退两国于朝鲜军队之建议。"9日,井上馨致电日本驻华公使榎本武扬,分析当前形势,认为"清国对日本之要求承诺之希望甚大,理由在于清国恐日本与法国结成同盟",希望能够抓紧时机"使清国迅速承诺我之要求"。③此电意欲榎本武扬揣清中国方面对和谈的态度。与此同时,日本方面还通过现任英国驻华公使巴夏礼做工作,希望中国接受在朝鲜共同撤退驻军的谈判。

其实,巴夏礼为了维护英国在远东的利益,对日本在朝鲜策动并参与政变一事,是十分不满的。他说:"看到这次阴谋的卑鄙性质和

---

① 《李鸿章全集》,电稿一,第395~396页。
② 《清季中日韩关系史料》第4卷,第1650~1651页。
③ 《中日战争》(续编)第9册,第24、26页。

实现这次阴谋所采用的残忍方式,是很可悲的;非常遗憾的是,日本公使竟容许自己同乱党及其罪恶行动如此密切相关。"英国历史学者季南(E. V. G. Kieman)还认为,巴夏礼的这段话,可以"适用于大部分的日本外交史",此言确实非常确切,并非言过其实。尽管如此,他作为伊藤博文、井上馨的"挚友",表示愿意在中日之间进行斡旋。于是,他一方面告诫日本政府:"中国由于受到与法国相争而引起的压力,正在迅速变成一个军事国;尽管它极其不愿同日本发生冲突,但因它目前成功地抵制了法国的要求,所以它不会在日本的威胁之下屈服。"① 意在警告日本切莫错误地估计形势而走得太远,而应适可而止。另一方面,他又不断地奔波于英馆与总署之间,费尽唇舌,劝说庆亲王奕劻接受与日本的会谈。这样,接下来始有伊藤博文来华一幕的演出。

日本政府任命伊藤博文为特派全权大使,以参议兼农商务卿陆军中将西乡从道为"辅佐",海军中将仁礼景范、陆军少将野津道贯等为随员。2月28日,伊藤博文一行从横滨出发,前往中国。在此前3天,井上馨对伊藤博文特派大使发出训令,提出对清政府的要求限于两点:第一,处分甲申政变指挥军队之将领,

伊藤博文

"其处分之轻重,虽不得不依彼之国法行事,但至少罢免其现职,并

---

① 季南:《英国对华外交(1880—1885)》,商务印书馆,1984年,第166~167页。

于照会文书中申明，此乃我必须要求者"。第二，撤退驻汉城的中日两国军队，"若与此相反，清国政府不顾长远良策，不采纳我之提案，我国不得已根据国各自卫的原则，不得不充分加强驻韩地之兵力"①。

在此之前，徐承祖曾致函李鸿章，报告他回拜伊藤博文时的谈话情况，称："伊恳承祖将伊平素力主中日须和主意及此次奉命仍未失其初心，函达台端，先须释疑，听其苕荛之献，俾中日如同一家，使西人不敢正视，方遂其素愿。又云：即如去年朝京彼此兵争一事虽小，然若彼此仍行留兵，同住朝鲜，将来必致多事。倘两国因此兴戎，殊为不值，且恐俄人收渔人之利。此次急急欲议，盖防此著耳。……伊云：伊并无中日成见，只欲中日连为一气，庶东方强胜为望。"继之，徐承祖又谈个人对伊藤博文的印象说："承祖抵此两月，平时询访各人评论，皆云此人向愿与我和好。"② 这表明伊藤博文的这番花言巧语对刚到日本不久的徐承祖来说，确实造成了一种假象。因此，李鸿章得报后，即致函总理衙门，以为可以乘机从朝鲜撤军。其函云："伊藤既已启行，应俟抵都时，由尊处相机筹商。庆军戍韩三年，将士苦累嗟怨，稍缓本应撤换。但隔海远役，诸多不便。朝城各国官商毕集，口舌繁多，日人又从中挑弄。统将刚柔操纵难尽合宜，得人实属不易。如果日兵允即尽撤，我军亦未尝不可暂撤。"③ 谈判尚未开始，他已预有撤兵之意了。

3月14日，伊藤博文一行到达天津。此前，清政府已任命李鸿章为全权大臣与日本使臣在天津商议朝鲜事宜，并命帮办北洋事宜吴大澂会办。但是，伊藤博文先到北京，不先与李鸿章会谈。21日，伊藤

---

① 《中日战争》（续编）第9册，第27~28页。
② 《清光绪朝中日交涉史料》第7卷，第18页。
③ 《李鸿章全集》，译署函稿，卷一六，第16页。

博文被榎本武扬迎至北京。他一到北京，便开始露出一副狡诈的嘴脸，通过榎本向总理衙门出难题："提出三点要求：一、他应由太后接见；二、谈判应在北京举行；三、李鸿章的受权应经过正式批准。第一点被拒绝了；第二点也被拒绝了，根据李鸿章不能离开天津这个正当的理由。连第三点也只是在压力下才让步。"此时，他将对徐承祖所信誓旦旦地主张"中日如同一家"等甜言蜜语完全置诸脑后了。先前多年帮助日本的巴夏礼，于伊藤博文到北京的第二天死去，临终前终于为时过晚地说了一句实在话："日本的威胁是严重的！"①

巴夏礼死后，欧格讷（Nicholas R. O'conor）以参赞被英国政府任命为驻华代办。他从防俄的需要出发，认为：日本应当看到，它同中国在制止"它们经常受到威胁的、来自俄国的侵略"时，是有共同利益的。② 所以，他特别希望中日两国握手言和。当然，他之所谈只是符合英国远东战略，尚不清楚日本早把中国视作它的假想敌了。在欧格讷的极力斡旋下，双方终于在北京举行了一次会谈。中国方面出席的总理衙门王大臣有庆亲王奕劻、工部尚书福鲲和鸿胪寺卿邓承修，日本方面则由伊藤博文和榎本武扬出面。会谈一开始，伊藤博文即提出日本的要求："两国共同撤兵；惩罚驻韩中国将官；赔偿被害的日本人。"奕劻对伊藤所言不置评论，只表示可到天津同李鸿章商谈。邓承修请伊藤博文勿纠缠往事，只论将来之事，引起一场辩论。最后，奕劻、邓承修强调："两国相交以信义，如此阋阅之争，使他国乘机渔利。现大陆北方有雄鹫，瞋目锐爪，睥睨朝鲜。朝鲜为我国藩属，幸贵大臣谅之。"伊藤博文表示难以同意中方之论。③ 伊藤博文见在北

---

① 季南：《英国对华外交（1880—1885）》，第169页。
② 季南：《英国对华外交（1880—1885）》，第169页。
③《明治文化全集》第11卷，外交篇，第241~247页。

京一无所获，翌日便离京东行。

4月2日，伊藤博文返回天津。从4月3日开始，迄于4月15日，在直隶总督衙门、日本领事馆及水师营务处等处，李鸿章与伊藤博文先后共谈判6次。历次谈判的重点有三：

第一，是惩办中国营官和赔偿日侨损失问题。惩办营官涉及两层意思：一是中日军队冲突的责任问题；一是谁先开火的问题。此事本来事实清楚，责任全在日方，无可抵赖。但日方耍尽无赖，纠缠不休。至于伤害日侨，谓系有中国士兵参加，亦无确证。主要的问题在于：对于日方的嫁责于人，李鸿章并未提出反提案。例如，日军占据地势而先启兵端，中国驻军伤亡远比日军惨重，朝鲜民众也遭撤馆日兵伤害多人，日方理应全任其咎，做出惩凶和抚恤之举；而李鸿章的一贯妥协性使他根本不敢对日方提出这样的要求。不仅如此，他还想适当地满足日方的要求。其致总理衙门函有云："揣度情形，议处营官、赔恤难民两层，纵不能悉如所请，须求酌允其一，俾得转场而固和局。但我军入宫保护，名正言顺，亦非得已，朝王及其官民感戴悉出至诚，断无再加惩处之理。彼所递难民口供，已用英文翻刻成书，蓄意取偿，概可想见。即如所供受害七人，是否尽系伤亡，尚多揣测之词；是否营兵所为，抑系游男、客民、朝人所为，均难臆度，亦无可追查。即使加恩优恤，谅不过数万元，应否相机议办，抑听其决裂自去之处，拟恳迅速转奏，请旨遵行。"总理衙门的答复是："朝鲜防营并无错误，日使所请惩处，断不可行。中日兵均有伤亡，两毋庸议。商民之被害者，谕令朝鲜酌加抚恤，毋任多索。该国频年多事，此项银两可由中国发给朝鲜转付。"[①] 这是变相地接受日方抚恤的要求。清政府的

[①]《清光绪朝中日交涉史料》第7卷，第31、35页。

典型妥协外交，在这里表现得可谓淋漓尽致。

第二，从朝鲜撤军问题。这本是一个水到渠成的事情，双方也都有这个意愿。此时的国际形势也是对中国有利的，中国军队对法作战在陆上取得了一连串的胜利。4月6日，中法言和，双方决定停战撤兵。这一消息对伊藤博文来说，无异于当头一棒。他回国后在《复命书》中说："臣受命之日，清法构兵，势甚紧急。当臣谈判未竟之际，局势顿变，而两国和矣。"① 但是，李鸿章并未能把握住这一有利形势，反而被胜利冲昏头脑，忘乎所以，在谈判中竟信口开河，突发怪论，对伊藤博文说："我有一大议论，预为言明。我知贵国现无侵占朝鲜之意，嗣后若日本有此事，中国必派兵争战；若中国有侵占朝鲜之事，日本亦可派兵争战；若他国有侵占朝鲜之事，中、日两国皆当派兵救护。缘朝鲜关系我两国紧要藩篱，不得不加顾虑。目前无事，姑议撤兵可耳。"这无疑等于将中日两国在朝鲜的地位置于平等之列，默认朝鲜为中日两属之国。一言之失，终成千古之恨！伊藤博文听后，精神为之一振，连忙答称："中堂所论，光明正大，极有远见，与我意相同。当谨识勿忘。"② 日后对朝鲜派兵的问题也由此引起，最后还是以中方妥协满足日本要求而告终。

至此，谈判似乎可以结束了。但是，伊藤博文贪心不足，锱铢必较，因为他既是有备而来，又摸透了中国谈判大员的脾气，临了又要起了新的花招。4月15日，双方举行第6次即最后一次会谈，对条约中的撤兵条款进行敲定。即在此时，伊藤博文突然提出惩办营官要求，并要美国出面"公断"。又编造鬼话说："我临行时，我大皇帝曾有面谕：如议不合，可请他国调处。派我全权，我能作主。"这一招儿果

---

① 《中日战争》（二），第520页。
② 《清光绪朝中日交涉史料》第7卷，第40页。

第三章　发动大规模侵华战争的前奏

然奏效。李鸿章对此毫无准备，慌中无计，既不敢公开说反对美国"公断"，又恐怕美国偏袒日本，连称："我国大皇帝并无此意，我无允请他国之权。"伊藤博文紧追不舍，问："营兵既俟查明，再办营官冒失，如何办理？"李鸿章急欲解脱困境，已经语无伦次，竟然答道："伊藤必谓营官不该与日官争斗，有伤和谊，该营官等皆我属员，我亦可行文申饬而已。"伊藤博文自然抓住不放，谓："望中堂将此意写一照会给我，我带回与国人阅看，稍平众人气氛，我即可以销差。"李鸿章无奈应允曰："可将申饬营官、查办兵丁并叙入照会内，就此完案。"① 在形势极为有利的情况下，李鸿章却办此屈辱外交，理应为之蒙羞，但他自有辩解云："该营官等究系鸿章所部，因保护朝王，遽与邻邦生衅，似不妨作为己意加以戒饬，犹之人家子弟与邻舍口角，其父兄出为转圜，亦情理之常。至查明兵勇如有借端滋事确据，本应严办，似尚无贬损于国体，亦不至贻忧于君父。"② 国事焉能比作民事？"己意"怎敢写进代表国家的照会文中？对此，他完全不去考虑，只能为此而自我解嘲而已。于是有以下李鸿章致伊藤博文的照会：

<blockquote>
上年十月朝鲜汉城之变，中国官兵与日本官兵在朝鲜王宫争斗一节，实出两国国家意料之外，本大臣殊为惋惜。惟念中日两国和好年久，中国兵官等是一时情急，不得已而争斗，究未能小心将事，应由本大臣行文戒饬。至贵大使送阅日本民人本多收之辅妻等供状，谓在汉城内有华兵入屋掠夺、戕毙人命情事，但中国并无的确证据，自应由本大臣派员访查，明确取具供证，如果当日实有某营某兵上街滋事、杀掠日民，确有见证，定照中国军
</blockquote>

---

① 《清光绪朝中日交涉史料》第8卷，第13~14页。
② 《李鸿章全集》，译署函稿，卷一七，第2页。

法从严拿办。①

这件照会没有提到竹添进一郎的责任问题。本来，按照国际公法，竹添进一郎作为驻外公使，其所为系代表国家。《公法会通》有云："邦国之自主者，他国不得假托公法，以干预其内政。"② 日本政府承认朝鲜为"自主之邦"，而其公使行事却与此相反，却要干预朝鲜内政。《星轺指掌》亦云："倘彼国别有一党，其议政与朝廷不合，切不可与之同谋。"③ 此条正似针对竹添进一郎而言。由于李鸿章的百般迁就，片面地追求中日和好，适入日人彀中，致使日本逃脱了罪责。故有论者气愤地指出：照会"无一字提及甲申政变始作俑者竹添公使之责任问题及中韩军民蒙受的伤害，等于向世界各国宣告甲申政变的罪魁祸首是中国，这种颠倒历史真相竟然付之于文，又一次暴露了中国外交官僚的愚蠢无能"④。

4月18日，中日《天津条约》正式签订。条约共3款，其中最为重要的是第3款："将来朝鲜若有变乱重大事件，中日两国或一国要派兵，应先互行文知照。及其事定，仍即撤回，不再留防。"⑤ 其实，此款只对中国有约束力，而对日本并无约束力。同年7月18日，日本政府训令驻朝代理公使高平小五郎，致照会于朝鲜政府，先引用《济物浦条约》第五条，通告"目下认为无需警备暂行撤回。至于将来若遇有事再应护卫时，仍可随时派兵护卫。不得因此次撤警备谓为前约废灭"。可见，日军之撤退朝鲜驻军，乃依据《济物浦条约》之第5条，取自动撤兵的方式，而非受《天津条约》之约束，保留如有必要不论

---

① 《清光绪朝中日交涉史料》第8卷，第15页。
② 《公法会通》卷六，第5页。
③ 《星轺指掌》卷二，第35页。
④ 林子候：《甲午战前之中日韩关系》，第186页。
⑤ 《清光绪朝中日交涉史料》第8卷，第15页。

何时出兵之权。对于日本来说，或用《济物浦条约》，或用《天津条约》，可以左右逢源，而李鸿章未能考虑并约束朝日《济物浦条约》，不能不是一大失误。① 尤有进者，此款"内容纯取相互原则，中国对朝鲜的宗属关系等于放弃"②。也就是说，这等于中国默认了日本"对朝鲜有同样的发言权"③。所以，有论者痛心地指出："甲午战争的情况已在这时约定了。"④

---

① 田保桥洁：《甲午战前日本挑战史》，南京书店，1932年，第11页。
② 王芸生：《六十年来中国与日本》第1卷，第277页。
③ 季南：《英国对华外交（1880—1885）》，第170页。
④ 王芸生：《六十年来中国与日本》第1卷，第277页。

第四章　扩充军备与进行大陆作战准备

第一节　大力扩充军备

中日《天津条约》的签订，无论从哪方面讲，都是日本外交的一大胜利。但是，从军事上说，日本在朝鲜策动参与的甲申政变却遭到了失败。这使日本当政者心有不甘，因为军备尚不充分，没有采取更为积极的对策。因此，大力扩充军备，便成为此后日本政府所面临的紧要课题。

自明治维新以来，日本政府推行"武国"方针，以海外扩张为目标，将军事发展置于优先地位。1869年，日本制定政府机构，设七省，以兵部省统辖陆海军务。其后，进行政府机构改革，始废兵部省，分设陆军省和海军省。1871年，抽调三藩的精锐士兵10 000人建立近卫军。为扩大兵源，日本政府决定实行全民皆兵，于1872年11月28日由天皇睦仁颁布《征兵告谕》，在全国

明治天皇睦仁

推行国民义务兵役制,要求"全国四民男子年达二十岁者,悉宜编入兵籍,以备缓急"①。1878年12月,又设立了参谋本部,以将官为首长,直属天皇,是与太政官并行的最高军令机关。根据军政分离的原则,内阁无权干预参谋本部的军事计划和作战方略。这便为日后日本军部左右政局开辟了道路。

日本参谋本部设立后,即着手全面引进德国军制。负责此项工作的是陆军少将桂太郎,曾赴欧洲考察过军制,又到德国学习军事两年。他的工作得到了陆军少将川上操六和陆军大佐儿玉源太郎的大力协助。儿玉源太郎也曾到欧洲进行过军制考察。他们三人与维新以来的军界元老山县有朋、西乡从道、大山岩等相比,要年轻10至15岁,成为陆军中的第二代,"在军制改革中起了核心作用"②。另外,还有一位人物也必须注意。他就是受聘为参谋本部顾问的德国陆军少校梅克尔(Klemens Wilhelm Jacob Meckel)。梅克尔曾进德国陆军大学学习,参加过普法战争,又先后任德国参谋本部部员和陆军大学军事学教官,并发表过多种军事学著作,是一位既富有军事理论素养又具有战争实践经验的军官。他于1885年3月受聘来日本三年,一面在日本陆军大学讲授军事学,一面向参谋本部提出军制改革建议,为日本确立德式军制起了重要作用。1885年5月,桂太郎、川上操六分别担任陆军省总务局长和参谋本部次长,军制改革工作开始具体化。1886年3月,儿玉源太郎就任新设的临时陆军制度审查委员长,军制改革工作全面推开。

军制改革工作有三个明确的目标:第一,改镇台编制为师团编制。以师团为单位,由步兵、骑兵、炮兵、工兵、辎重兵等全部兵种组成

---

① 《征兵令的诏书》(1872年11月28日)。
② 信夫清三郎:《日本政治史》第3卷,第177页。

师团。1888年5月，废除原来的镇台条例和旅团条例，颁有师团、旅团、大队区各级司令部条例，镇台的名称改为师团。第二，改组军事领导机构，将负责军政的陆军省与负责军令的参谋本部并列，并建立统管教育和人事的监军部。这三个机构的长官共同组成天皇的最高陆军参议官，成为最高司令机构。第三，改革兵役制度，修改征兵令，对原来规定的免役条件加以严格的限制，加强对逃避兵役的取缔，"彻底实行严格的全民皆兵主义和普遍服役主义"。并将志愿兵制度同时与地方自治制度结合起来，以使军事体制在国家体制中占有重要的地位。这样，军制改革便"首次在日本建立了能进行近代战争的军事体制"①。

中日《天津条约》签订的当年3月，参事院以"当前东方形势并非太平无事，今后形势变化莫测"，"如今若不注意着手本国防务，则将祸生不测"② 为由，设置了作为陆军联合审议作战计划机构的国防会议。5月，又设立了监军部，以保证在战争爆发时，能够立即派遣由两个师团编成的军团投入战争。同时，又将补充常备军战争消耗的预备队、常备军及预备队皆开赴海外后的第二线预备队等的设置，都定为条例。这样，就把日本陆军改编成为一支参加大陆作战的军队了。由于这一措施，日本陆军的实际兵力膨胀了一倍半。③ 到甲午战争前夕，日本陆军除先已建立的近卫师团外，又建成6个野战师团，平时兵力达到了70 000多人。

日本要进行大陆作战，发展海军为必不可少之事。天皇睦仁登基不久，即发布谕令："海军为当今第一急务，务必从速建立基础。"④

---

① 信夫清三郎：《日本政治史》第3卷，第178~179页。
② 松下芳男：《明治军制史论》下卷，日本有斐阁1956年，第22页。
③ 信夫清三郎：《日本外交史》上册，第208~209页。
④ 内田丈一郎：《海军辞典》，东京弘道馆1943年，第1页。

当时日本海军兵船不过 10 艘，皆渺乎小舰，无足道者，故有此谕令。到 1872 年，隶于海军省的军舰共 14 艘，总吨位不过 18 000 多吨。日本有了这样一支不大的军舰，就准备派出海外进行军事冒险。1874 年日军侵台失败，日本政府深感舰船之不足，便向英国订造了扶桑（3 000 吨级）、金刚（2 000 吨级）、比睿（2 000 吨级）三艘军舰，到 1877 年造成。"至是，日本军舰始稍有足观者。"①

1881 年，日本政府制订了一个为期 20 年的长期造舰计划，准备每年造新舰 3 艘，共造 60 艘。这样一个缓慢的造舰计划，显然满足不了日本急欲海外扩张的愿望。1882 年，朝鲜发生壬午兵变后，日本强迫朝鲜签订了《济物浦条约》，取得了在朝鲜的驻军权，从而第一次将军事力量扩张到大陆，但要进一步从事大陆作战，犹感海军力量尚有不足。右大臣岩仓具视在内阁会议上极力鼓吹扩大海军的迫切性，称："目前既已如此，待至他年清帝国舰队大体完备之日，我国如仍止于今日之状态，则将何以备缓急？"② 于是，日本政府改前此之议，决定以 8 年为期，每年造新舰 6 艘，共造 48 艘。同年 12 月，睦仁下谕扩充海军，每年拨出 300 万元，以为造舰经费。

1884 年，日本在朝鲜策动甲申政变后，又开始了长达 10 年的大陆作战准备。1885 年，决定改行新的 8 年造舰计划，议造铁甲舰 2 艘、巡洋舰 7 艘、炮舰 6 艘，以组成 4 支舰队。1886 年公布公债令，发行公债 1700 万元，作为第一期海军扩张经费。其中，除一部分用于设立镇守府，以及充海防和水雷等费用外，大部分用于购舰和造舰。根据这个计划，海军设立横须贺镇守府后，又开辟吴和佐世保两处为军港，并计划吴港为海外作战的后方基地，佐世保扩大到足供出师准备的规

---

① 戚其章：《晚清海军兴衰史》，人民出版社，1998 年，第 376 页。
② 《岩仓公实记》下卷，第 910 页。

模,以适应日后进行大陆作战的需要。

为使以上计划得以顺利完成,日本政府决定一面向英、法两国订造新式大型军舰,一面设法提高自身的造舰能力和水平。当时,日本最怕的是北洋海军两艘7000吨级的铁甲舰定远舰和镇远舰,因为日本最强的扶桑舰、金刚舰、比睿舰三舰都无法用主炮射穿定远舰、镇远舰的护甲,这不能不使日人耿耿于怀。为了对付定远舰和镇远舰,日本海军省用高薪从法国聘来了造舰专家白劳易(Iouis—Fmile Bertin)。白劳易在日本工作了4年,替日本海军共设计了6艘军舰,其中有专为击毁定远舰、镇远舰而设计的严岛舰、松岛舰、桥立舰三舰,号称为"三景舰"①。

1886年8月,北洋海军提督丁汝昌率定远舰、镇远舰等4舰进日本长崎船坞修理。此时,日本盛传北洋舰队是来交涉琉球问题。正值中国水手放假登岸,日本巡捕向前寻衅,双方发生冲突,引起骚乱,各有死伤。日本一时舆论沸腾,有中日断绝邦交、北洋舰队大举来袭等讹传。当时,日本还没有一支敌得住北洋海军的舰队,只能实行妥协。此案刚一结束,天皇睦仁便于1887年3月14日颁发敕令:"立国之务在海防,一日不可缓。"② 并拨出内帑30万元,以为充实海防之用。内阁总理大臣伊藤博文接受天皇的海防赐金后,在鹿鸣馆发表演说,呼吁一定要实现建设海国日本的理想,并要求有志之士慷慨解囊,为建设海防献金。半年之间所收集的海防献金有203万元。于是,在日本国内,海外扩张热达到了空前的高度。到1889年,除年度海军经费外,又增加107万元,使本年度的海军经费达到930余万元,占国

---

① 马幼垣:《法人白劳易与日本海军三景舰的建造》,载戚其章、王如绘主编《甲午战争与近代中国和世界》,人民出版社,1995年,第297~298页。
② 信夫清三郎:《日本外交史》上册,第212页。

家财政总支出的 11.7%。① 此后的 6 年间，睦仁每年都要省出内廷之费，每年拨下 30 万元。与此同时还要求文武官员纳其薪俸十分之一，以补造舰经费之不足。1892 年，日本在英国订造的吉野舰造成。于是，日本预定的海军扩张计划基本告成。到甲午战争前夕，日本海军已拥有各种舰只 33 艘，计 63 000 多吨。

日本政府在大力扩充军备的同时，还为其正梦寐以求的大陆作战炮制侵略"理论"。1889 年 12 月，前内务大臣山县有朋出来组阁。1890 年 3 月，他便起草了《外交政策论》。其中指出："将来东洋之事，纵横交错，有朝一日，不出数年，将使我国痛感和平地位之困难也。"鼓吹"国家独立自卫之长计"，就在于推行"保卫主权线，不容他人侵害"计划的同时，还必须推行"防护利益线，以不失自己之形势"的计划。并强调说："外交军备之要点，全在维护此两线之基础。"② 同年 12 月 9 日，山县有朋在议会以首相身份发表施行演说，进一步鼓吹他的"两线"说，称："国家独立自卫之道，其途有二：第一，是守卫主权线；第二，是保护利益线。何谓'主权线'？国家之疆域是也。何谓'利益线'？即与我主权线的安全紧密相关之区域是也。"③ 到 1893 年，时任枢密院议长的山县有朋，又抛出一份《军备意见书》，大力鼓吹应"在有机可乘时进而准备获取权益"，早日同北洋舰队决一雌雄。④ 他已经急不可待，跃跃欲试了。

对日本政府来说，对华作战的军备既已完成，又有所谓"利益线"的"理论"指导，那就只等挑起战端的时机了。

---

① 戚其章：《晚清海军兴衰史》，第 378 页。
② 信夫清三郎：《日本政治史》第 3 卷，第 236 页。
③ 日本近代研究会编：《近代日本人物政治史》上卷，日本东洋经济新报社 1955 年，第 174 页。
④ 升味准之辅：《日本政治史》第 2 册，第 282~283 页。

第二节　制订"征清"方策

最近几年，甲午战争偶然发生说在日本盛行起来。如称战争是因朝鲜东学党起义而引起，战争是由于日本国内发生政治危机而不得不把内部之争转向对外侵略，战争的爆发是由于阴差阳错的偶然性原因而促成等，皆属于此类。"偶发说"的要害，是回避问题的根本所在，而去侈谈问题的枝节和表象，从而否定日本早就制订了侵略朝鲜和中国的大陆政策。如日本学者高桥秀直为日本在甲午年出兵朝鲜辩解说："日本政府不是有意识要开战才出兵的，当时掌握日本政府主导权的伊藤博文……是试图保持和清国的协调的。"后来"伊藤的对朝政策发生变化，是在于日本的内政"①。大泽博明也认为："甲申事变以后，日本政府在外交、军事上对朝政策不是指向对清战争的，'六·二出兵'（1894 年 6 月 2 日日本政府做出出兵朝鲜的决定）及日清共同改革朝鲜内政案，也不是要对清国进行'挑衅'，实现日清共同改革朝鲜内政才是'六·二出兵'的真正意图。"② 所有这些，都是完全不顾最基本的客观历史事实之论。

其实，自日本参谋本部于 1878 年设立后，即明确地推行大陆政策，以中国为其主要的侵略目标。1879 年秋，即派将校 10 余名到中国来，多方调查军制、军备及地理情况，为日后发动战争预作准备。这时还是陆军中佐的桂太郎，先后到过天津、北京及华北各地，归国后将侦察所得的材料加以整理，起草了《对清作战策》。③ 这是近代日

---

① 高桥秀直：《走向日清战争的道路》，东京创元社 1995 年，第 514 页。
② 大泽博明：《日清共同改革朝鲜论和日清开战》，《熊本法学》第 73 号。
③ 德富苏峰：《公爵山县有朋传》，东京原书房 1969 年，中卷，第 798 页。

本制订的第一份"征清"方策。

1880年，日本参谋本部又派第二局局员小川又次等10余人来华，在各地进行秘密调查。根据小川又次等所得的材料，参谋本部第二局编纂了《邻邦兵备志》一书，并呈送天皇睦仁，以作为日本制订"征清"方策的依据和参考。1886年，升任陆军大佐并任第二局局长的小川又次，再次来华进行广泛调查，归国后于1887年春写出了著名的《清国征讨方略》。[1] 此文件不仅"可视为表明当时陆军构思的重要史料"[2]，而且也表明早在甲午战前的七八年日本已就发动大规模侵华战争进行了周密的策划。

《清国征讨方略》共分《趣旨》和《进攻方略》两个部分。《趣旨》谈起草此件之宗旨，称："此前，为研究谋清国之方略，又次两次秘密去清国，视察形势概况，并吸取驻清国之日本军官意见，以决希望之方略。谋清国，须先详知彼我政略与实力，做与之相应之准备。养成忠勇果敢精神，经常取进取之术略，定巍然不动之国是，实乃维持和平之根本，伸张国威之基础。"并针对日本有人认为"我国乃东洋一小国，财源不富裕，于今日以强邻为敌，取进取计划，乃危道；宜厚信义，避干戈，研究富国之道"的看法，提出："应详察邻邦形势，做与之相应之准备，有迅速进取计划，始能鼓舞士气，始能伸张国威，始能富国，而且，于此始能与强邻亲睦，维持和平。于今日优胜劣败、弱肉强食之时，方一不取进取计划，让一步，取单纯防御方略，外则日益招来觊觎，内则士气日益衰败。国家兴亡之所系，岂有甚于此者。何况邻邦清国正忍怨以待时机，欧洲强国之舰船出设于咫尺之间，欲使欲望得逞。此乃视察清国形势备感之所在。自今年起，

---

[1] 载《抗日战争研究》1995年第1期。以下引用此文件时不再注明出处。
[2] 山本四郎：《1887年日本小川又次〈清国征讨方略〉介绍》，《抗日战争研究》1995年第1期。

在未来五年即完成准备,若有时机到来,则攻击之。"这是小川又次两次奉命调查中国后形成的基本方略思想,即以5年为期,抓紧对华作战的军事准备,到1892年时便可伺机发动进攻了。

《进攻方略》包括三篇:第一,是《彼我形势》;第二,是《作战计划》;第三,是《善后》。

《彼我形势》主要分析当时中国政治腐败、财政困敝、军备薄弱、民心涣散等情况,指出:"近时清国虚张声势,又努力扩张军备,但于杜绝百弊渊源、铺设铁道、实施义务兵役法、实行军政一体之前,不能称为真正强国。"因为"观察清国势力,现今之清国同安南战争前之清国,绝无大差异。但于我国,动辄视清国为强国,自先以宽仁让步,不思进取。万一计从此出,只能徒增彼之觊觎,进一步招来外国蔑视,日益损害我国民秉性,并将至不可挽回之势。当今宜研究进取计划,乘机伸张国威,定巍然不动之国是,此乃最大急务"。况且,"清国终非唇齿相依之国,论战略者不可不十分注意于此,而现今又乃最需注意之时机。因此,乘彼尚幼稚,断其四肢,伤其身体,使之不能活动,我国始能保持安宁,亚洲大势始得以维持"。要之,"对如此国家,动辄以宽仁相让,实非国家之良策。且今日乃豺狼世界,完全不能以道理、信义交往。最紧要者,莫过于研究断然进取方略,谋求国运隆盛"。

《作战计划》提出日军总的作战目标是:"若欲使清国于阵头乞降,须先以我国海军击败清国海军,攻占北京,擒获清帝。"为达此目的,应派出8个师团,其中常备师团6个,后备师团2个。全部远征军应分北南两部:"北部6个师团,包括5个常备师团和1个后备师团,在海军掩护下运至直隶湾,从山海关到滦河口之间登陆。"然后以两个常备师团南下,进占通州,即"以通州为临时根据地,努力把地方物资集中于此，并立即围攻北京"。南部两个师团，包括1个常备师团和1个后备师团，同海军一起进入长江，并占领各沿江重镇南京等地。并强调指出："我军得南京后，立即拥立明朝后裔，建都于此。此后必有人来附，从而抗击清兵者大增。能抗我军者，不过北京附近六七万兵。克日制胜，使之结城下之盟，达我目的，绝非难事。"

《善后》是关于战后处置中国的计划，认为必须事先制定，因为"清国虽困敝衰败，但仍是亚洲大国。东洋命运关系清国兴亡者甚多。若万一清国成为他国蚕食对象，我国命运亦不可料。莫如为使欧洲不致侵入，我国先主动制定统辖清国之方略"。随后便提出了分割中国的"六块论"，即将中国本土分割为6块：（一）将山海关至西长城以南，直隶、山西两省之地，河南省之黄河北岸，山东全省（含登州府管辖之地），江苏省之黄河故道、宝应湖、镇江府、太湖，浙江省之杭州府、绍兴府、宁波府东北之地，盛京盖州以南之旅顺半岛，浙江舟山群岛，台湾全岛与澎湖群岛，及长江沿岸左右10里之地，皆划入日本版图。（二）东三省及内兴安岭山脉以东、长城以北之地分给清朝，使之"独立"于满洲。盖"分割清国，占有其一部，有并非无名暴举之理。清朝自满洲来，夺取明朝之中国，而今日立于世界却不努力把中国引向开明，故应使之退回其本土满洲"。（三）于中国本部割长江以南之地，迎明朝后裔，建立王国，"在中国使故主明朝再兴，统辖其土地。但将全部土地给予明朝，于东亚之权衡与安宁，绝非上策。因察其未来，等于又造出一个有实力之新清国"。照此办法，"使之成为我国的保护国，镇抚民心"。（四）长江以北，黄河以南，再建一王国，为日本之属国，"于属国拥立其民族被尊为武圣之关羽后裔，或寻求其他名人封之于王位"。（五）于西藏、青海、天山南麓，立达赖喇嘛。（六）于内蒙古、甘肃省、准噶尔，"选其酋长或人杰为各部之长，并由我国监视之"。文件的起草者认为，最后两者的安排实有必要，可以借此使日本改变侵略者的形象，因为"于西藏、内外蒙古、准噶尔封立之达赖喇嘛及各酋长施政中，给人民以幸福，或尽监视之责，权衡得平，安宁得保，谁能一味视我国为土地掠夺者？"

文件还设想必要时可以与西方国家共同分割中国，但只给西方国以少量土地："若白人欲乘机夺取清国部分土地，则应仔细审其地形，对于我无害之地，不闻不问。毕竟白人得寸地我得丈地，白人占小部我占大部。"

《清国征讨方略》是一个分割中国的计划，也是一个灭亡中国的计划。文件最后建议政府，对中国应采取先发制人的手段，切莫错过机会，云："现今，幸而欧洲各国相互戒备，尚非欧洲各国远征东洋之时机，欧洲各国亦无此实力。于此时，我国断然先发制人，制订进取计划，谋求国家他日之安宁与幸福，实今日之最大急务也。于清国之可乘之机，乃欧洲或中亚战乱之时，现在磨刀以待时机，最为重要。"

根据目前所掌握的资料，可以看出，日本参谋本部对小川又次的《清国征讨方略》是极感兴趣的，也完全符合参谋本部日后进行大陆作战的基本思路。因为进行大陆作战需要陆海军的协同，参谋本部又命海军部掌管海军出师的第二局和掌管外国谍报工作的第三局就此题组织讨论。日本学者中塚明从福岛县立图书馆"佐藤文库"发现了6份海军军官提出的"征清"方策：

1.《征清方策》（参谋本部海军部第二局第一科代理科长、海军少佐樱井规矩之左右，于1887年12月30日）；

2.《对策》（参谋本部海军部第二局第三科科长、海军少佐岛崎好忠，于1887年12月）；

3.《对策》（参谋本部海军部第二科科员、海军大尉三浦重乡，无日期）；

4.（无题）（参谋本部海军部第三局第一科科员、海军大尉日高正雄，于1887年12月30日）；

5.《陈述有关对策之意见》（参谋本部海军部第三局第一科科员、海军大尉佐佐木广胜，于1887年12月28日）；

6.《对策》（浪速舰长海军大佐矶边包义，于1888年4月20日）。①

以上6份"征清"方策，其中有5份是属于参谋本部海军部机构内部的，再与小川又次的《清国征讨方略》相联系，可以"说明在1887年，参谋本部预测到和中国的交战，并有组织地讨论过作战构想"②。

这6份"征清"方策，其总的作战目标与小川又次的《清国征讨方略》一样，都是以攻占北京为要，但从海军作战的角度考虑，必须要完成以下任务：

（一）打败北洋舰队，即"与北洋舰队决斗，将其击溃"。"北洋舰队之总队，跨越旅顺、大连湾向威海卫南阳派驻分遣队，侦知我舰队已在大东湾集合，彼不断往来，终于大举连结，其目的似在于将我舰队击溃于渤海之外，不得接近要港。我若不轰沉此舰队，则不能侵入渤海，以逞我意。而派往各处之侦察船已逐次归来，复命探索之状况。由此，我司令长官认为，要但彼等联合之前，将敌舰队诱至旅顺港以外，以一战决优劣。"击毁其"舰队四分之三以上，使之不能成编"。否则，"若不能取胜北洋（舰队），则不能护送我陆军去北洋"。

（二）谋取海军之前进根据地。文件中主要提出两种建议：第一，是先以前锋部队攻占旅顺。"察清国北部之地貌，山东省之突角与盛

---

① 见吕永和译：《日本预谋发动甲午战争的一组史料》，载《抗日战争研究》1997年第2期。以下引用此组史料时不再注明出处。

② 中塚明：《日清战争前的日本对清战争准备》，载《抗日战争研究》，1997年第2期。

京省之岬角相互突出，其间许多岛屿星罗棋布，似成天然之渤海门户。加之，旅顺、威海及芝罘三港成鼎足之势，且将坚舰巨船加以伪装，以防不备之变，岂非更严？故若欲令我舰船游之于渤海中，如不先击破此门户，则不能攻克。"如此，方可"开拓进攻北京之要道"。第二，占领威海卫势在必行。"北洋舰队如封锁、防守直隶湾之咽喉要港，而我甲、乙舰队则支援、协作，以对付北洋舰队，并将其击沉，进而先占领山东省之要地，而后掩护陆军部队登陆，最后将舰队根据地设在威海卫，侵入直隶湾、轰击沿岸炮台及其他要地，以援助陆军部队进攻北京。"

（三）选择进攻北京之上陆地点。从原则上说，确定进攻北京之部队时，应"尽可能接近主攻点（北京）之处"。但也要考虑到是否具备适于登陆的各种条件。文件认为："选定登陆点时，不可不选择直隶湾。例如，白河口最接近主攻点，但海岸既远又浅，泥泞深厚，加之防御颇严，显然无法克服，达不到目的。"比较能够被接受的意见是，"应渡海到直隶省抚宁县登陆，作为进攻北京之策源"。其具体的计划是，先"乘夜暗之机，搜索直隶省抚宁县沿海，以各运输船为先导，炮击摧毁沿海之炮台要塞，以支援陆军部队登陆，并防备敌炮舰或水雷船等来袭"。"在全军渡海完结后，应向北京逐步进军。"

由上述可知，日本之发动大规模的甲午侵华战争，决不能归结为偶然性的原因。这次战争之所以发生，是经过日本侵略者长期精心策划，完全是蓄谋已久的。正如中塚明指出："日本从政府到军队，预先就设想了和中国交战的时机并做了尽可能的准备，在这种情况下才断然出兵的。而且，日中间的交战，至少从1887年开始，具体的作战计划就已经被构想出来了。"①

---

① 中塚明：《日清战争前的日本对清战争准备》，载《抗日战争研究》1997年，第2期。

第四章　扩充军备与进行大陆作战准备

第三节　甲午战争前日谍的在华活动

日本在大力扩充军备的同时，开始向中国派遣军事间谍，从事搜集情报的工作，以为日后发动侵华战争预作准备。其所派遣间谍数量之多，活动范围之广泛，行动方式之诡秘，连一些西方人士也叹为观止。正由于此，日本在后来发动甲午侵华战争的过程中，谍报活动起了重大的作用，并为举世瞩目。

日本最初向中国派遣间谍，是始于1872年。同年夏，参议兼陆军元帅西乡隆盛对中国前途深有所见，与当时的外务卿副岛种臣、参议板垣退助等商议，决定派外务省十等出仕池上四郎、武市正干（熊吉）和外务中录彭城中平三人潜往中国。[1] 其中，池上四郎本是在近卫师团任职的陆军少佐，为了便于从事间谍活动，特由西乡隆盛安排将他调到外务省。他们的主要任务，是调查中国东北地区的地形、政治、军备、财政、风俗等。他们三人装扮成商人模样，先乘船到上海，经烟台、营口而达奉天。他们在奉天活动的时间最长，为时达半年多之久。回国后，池上四郎向政府报告说："以今日之状态，不出数年，清国将土崩瓦解。现今为我国解决韩事之最好机会。机不可失，时不再来。"[2]

此时，正值西乡隆盛与副岛种臣策划所谓"东亚经纶"之际，急欲了解中国华南及台湾的情况，又决定派陆军少佐福岛九成和海军秘书儿玉利国赴华。适在此时，日本画家安田老山来中国向著名画家胡

---

[1] 信夫清三郎：《日本政治史》第2卷，第353页。
[2] 黑龙会编：《东亚先觉志士记传》上卷，东京原书房1933年，第41页。

公寿学画，正游历闽浙一带的名山胜迹，他得知福岛九成的任务需要，答应给予帮助，便让福岛九成充做自己的弟子，一起进入台湾。福岛随安田老山进入台湾后，对台湾全岛进行了实地测量，并绘制了颇为详实的地图。同时，他还对台湾的政治、经济及风土人情也做了大量调查。他所绘制的台湾地图，在1874年日本发兵侵台过程中起了重要作用。① 及日军侵台后，他还同海军少将赤松则良密议，提出一份《对清国决战之策》的书面建议：再派后援精兵2大队到台湾，共计4个大队，另以铁甲舰一只碇泊于厦门，若在北京的谈判决裂，即以陆海军袭击台湾，铁甲舰则往来于福州，轰击其相近的岛屿，此为南部之战术；在中国北部，则以军舰数只及精兵10 000人，直趋直隶，陆军上陆后迅速西进，攻陷北京，穷追清帝，十八省必将一时瓦解。②

  19世纪70年代初期的两起派遣间谍活动，为日本后来向中国大规模派遣间谍和进一步展开谍报活动奠定了基础。以此为开端，派遣间谍搜集情报和向参谋本部提出谋略建议于一身，便成为惯例。

  19世纪80年代初，日本对中国侦察的重点从南方转向北方，并以渤海湾沿岸为侦察的重中之重。1882年，主张"尊王"说的熊本县人佐佐友房，成立了一所名称为济济簧的学校，自任校长。他承袭了大陆政策鼓吹者副岛种臣苍海的观点："日本四面环海，若以海军进攻，则易攻难守。若甘处海岛之境，则永远无法摆脱国防之危机，故在大陆获得领土实属必要。如欲在大陆获得领土，由于地理位置的关系，不能不首先染指中国与朝鲜。"并在其所撰《东亚经纬》中进一步强调："奠定皇室中心主义的国是，向钦定宪法迈进。"③ 这种天皇

---

① 王振坤、张颖：《日特祸华史——日本帝国主义侵华谋略谍报活动史实》，群众出版社，1988年，第10页。
② 《东亚先觉志士记传》下卷，第542页。
③ 绪方二三等：《我们的回忆录》，日本《九州日日新闻》，1934年9月连载。

第四章　扩充军备与进行大陆作战准备

至上主义与军事扩张主义相杂糅的一体论，是其教育思想的核心。这所学校特设中国语科，以专门培养侵华分子。后来成为著名间谍的宗方小太郎，就是他的得意门生。1884年，佐佐友房曾亲自将宗方小太郎带到上海后返回日本。从此宗方小太郎便开始了他在中国的间谍生涯。

改着华装的日本间谍宗方小太郎

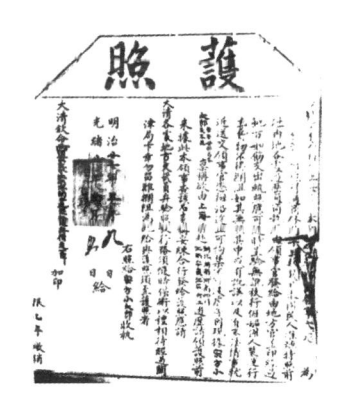

宗方小太郎在中国从事间谍活动时使用的合法护照

　　1885年，刚升陆军少将的川上操六被任为参谋本部次长，极为重视大陆情报工作，开始有计划地向中国派遣军事间谍。这些日本间谍皆能操华语，装扮成不同身份的"中国人"，如商人、游历者、游学先生、学生、劳动者等，渗透到中国的各个要害之地。1887年，宗方小太郎便以"学生"的合法身份周游中国北部各省，并且一直受到清政府的保护。至今从宗方小太郎的文书资料档案中，还可以看到光绪十三年五月二十二日总理衙门致北洋大臣李鸿章的件咨文，其内称："光绪十三年五月十六日准日本署公使钣山（鼎介）函称：'本国学生宗方小太郎禀称，拟于本月初十日，即中历二十日出都，经通州、三河、蓟州、玉田、永平、临榆、宁远、锦州、奉天、辽阳等处抵九连城，取道大姑（孤）山、金州、旅顺、复州、盖平、海城出牛庄，由水陆回天津，日程约三个月。函请发给护照，沿途放行。'等因前来。除由本衙门缮就护照，札行顺天府盖印发给收执外，相应咨行贵大臣查照，于该学生过境时，饬属照条约保护，并将入境、出境日期咨复本衙门备查可也。"①宗方小太郎这次所经之处都是北渤海湾沿岸的战略要地。而总理衙门既不问其游历之理由，又未觉出其中的蹊跷，轻易地便准给了护照。总理衙门的大臣毫无海防观念可言。

与宗方小太郎来华的同时，日本又派间谍东敬名，由北京前往天津，然后乘船出营口，到沈阳及宁古塔一带进行侦察。因东敬名行踪诡秘，引起当地驻军的注意，而将其逮捕，②这是清政府破获的头一起日本间谍案件。

1887年，日本参谋本部派陆军中佐山本清坚、陆军大尉藤井茂太等到中国，由山海关沿洋河、滦河、北塘河、白河至大沽口，在长达400多华里的海岸线进行调查。其主要任务就是准备日后日本对中国开战时，要在中国的直隶海岸选择最适宜的登陆地点、运兵方法及上岸后的进攻目标等。山本清坚等人的情报，后来成为甲午战争中日本陆军制订直隶平原作战计划的重要依据。③

1888年，日本海军大尉关文炳又奉上司的密令：由烟台出发，经宁海州至威海卫，由此赴胶州湾，视察兵备、地理及海岸形势。显而易见，这是为日本日后大陆作战在山东半岛登陆作准备的。先是在1885年，伊藤博文来华谈判《天津条约》时，关文炳曾作为随从来到

---

① 戚其章：《甲午战争前日谍在华活动述论》，载《晋阳学刊》1987年第4期。
②《中日战争》（续编）第5册，第397页。
③ 德富猪一郎：《陆军大将川上操六》，日本第一公论社1942年，第107页。

中国。翌年3月，他奉派来华潜伏，进行间谍活动。于是，便伪装成中国商人，化名积参助，在天津城外直隶总督衙门附近开设一间书店，以作为活动的据点。他此番接到密令后，依然以中国商人的身份为掩护，侦察正在施工中的威海炮台，并详细考察了威海卫通向荣成的道路及荣成湾的形势，历时两月有余。日人为其作传，称此行"肝胆俱碎，千辛万苦，终于写成重要报告"[①]。这就是有名的《关于威海卫及荣成湾之意见书》。关文炳在报告里建议3点：（一）进攻威海卫须以荣成湾为前进之基地："本湾位于直隶海峡外侧之偏僻海隅，一旦清国与外国发生海战，即成为军事重地。故欲攻占威海卫，必先取此湾以为基地。"（二）登陆地点应确定在龙须岛西侧海湾："东、西、北三面都是大陆环绕，惟南面向海，故在此季节，几乎不必担心风浪。……底系沙底，直至岸边，水深适宜，用舢板和汽艇可以靠岸。……因此，此处实为难得的适宜登陆地点。"（三）采取"拊威海卫之背"的进攻战术："先在荣成湾备好远征军，由陆军前进，拊威海卫之背，舰队由正面进逼，以击威海诸炮台，海陆配合，前后夹击，使彼腹背受敌，进退失据。此余设想攻战威海卫之最易方法也。"[②] 他的这些建议，在甲午战争中得到了完全的实现。

1892年，关文炳自朝鲜仁川港乘船回国途中遇海难身死。日本又派海军少佐井上敏夫到北京，担任日本驻华使馆武官，其任务是继续秘密调查渤海湾和黄海沿岸具备登陆条件的地段，以及北洋舰队之活动和动向。此后，井上敏夫便乘坐小火轮游历长山岛、庙岛、砣矶岛、城隍岛、小平岛，并"观看旅顺炮台"。随之，又往盛京游历貔子窝、大沽山等及朝鲜之大同江、平壤、仁川口，路过威海卫等处。"所走

[①]《东亚先觉志士记传》下卷，第741页。
[②] 戚其章：《甲午战争史》，人民出版社，1990年，第374、376页。

洋面均用千斤砣试水深浅,每处相距一百多里不等。"并专派日特长住烟台,"每日代看海关上悬灯挂旗,报知军船货船往来数目"①。

由此可知,日本对中国大陆的海防要地以及沿海港口、炮台、航海路线、岛屿等情况,经过反复侦察,完全了然于胸了。

除分别派遣军事间谍到中国进行活动外,日本为了全面掌握中国各省的政治、军事、经济、地理、风土人情等,决定在中国建立专门的间谍机构。这里,首先要提到的是,在日本被称为所谓"东方志士中之泰山北斗"的荒尾精。日本自"征韩论"兴起,佐田白茅提出,日本"不惟一举屠朝鲜,大练我兵制,又大辉皇威于海外"②,荒尾精深受影响,开始研究中国问

荒尾精

题并学习汉语。1882年,他从陆军士官学校步兵科毕业后,初授陆军少尉,后升任陆军中尉。有一次面谒陆军卿大山岩陈述自己要去中国的志向,大山问:"足下去中国的目的何在?"荒尾精答云:"去中国是为了取得中国,好好统治它,以便振兴亚洲。"③此时,他企图通过统治中国以称霸世界的思想已开始形成。其后,他曾撰写《兴亚政策》一文,鼓吹道:日本一旦掌握了中国,以其幅员之广、人口之多、物产之丰,可养120万以上之精兵,配备100艘以上之舰艇,"则东亚文明可辉煌于宇内,宣示亚洲雄风于四海"。在《宇内统一论》一文中更狂妄地宣称:"在宇内只有我国拥有万世一系之皇室,……完成一统六合、奄有四海的宏猷远谟,是为上天赋予我国之天职。"

---

① 《中日战争》(续编)第5册,第394~396页。
② 王芸生:《六十年来中国与日本》第1卷,第118页。
③ 井上雅二:《巨人荒尾精》,东京左久良书房1910年,第12页。

1885年，荒尾精调至参谋本部中国课任职。参谋次长川上操六对他的抱负极为赞赏。日本浪人组织玄洋社头目头山满后来亦盛称荒尾精为继西乡隆盛之后的"一大人杰"[①]。在川上操六的支持下，荒尾精很快地便实现了来华组织间谍机构的夙愿。

1886年春，荒尾精奉参谋本部之命来到上海，首先拜访了乐善堂主人岸田吟香。岸田吟香当年是"征韩论"的狂热支持者，曾任《东京日日新闻》总主笔，因1874年随日军侵台时所写的《台湾通信》"夸大地宣传了征伐台湾的成功"[②]而名噪一时。后弃文经商，开设乐善堂，主要贩卖"精锜水"（一种眼药水），兼营书籍及杂货生意，顿成巨富。1878年，他又在上海英租界开设乐善堂上海分店。岸田吟香对荒尾精来华的志向非常欣赏，表示倾力相助。在岸田吟香的资助下，荒尾精来到汉口，开办了乐善堂汉口支店，成为日本在华第一个组织庞大的间谍机构。他之所以选择汉口作为开设乐善堂的地点，是有其深谋远虑的。汉口地处中国中枢之地，九省之会。荒尾精认为，只要掌握湖南、湖北、四川、陕西等省，以其财富和人口即足以号令天下。[③]为了尽快开展汉口乐善堂的工作，他除招请了许多在华日本浪人外，还接纳了一批由玄洋社派来的志士。

汉口乐善堂规定了严格的制度和要求。荒尾精制订的《同志须知书》，包括《一般须知》《内员须知》和《外员探察须知》。《一般须知》共八条，其中第一条开宗明义地提出："我堂目标极大，任重道远，岂轻易所能致？其关系国家兴亡之处实多，亟宜深谋远虑，慎其行踪，重其举止，做到万无一失，以俟时机，然后采取迅雷不及掩耳之手段，务期达到目的。"《内员须知》也有八条，主要是对堂内成员

[①]《东亚先觉志士记传》上卷，第362~364、413页。
[②] 信夫清三郎：《日本政治史》第2卷，第452页。
[③]《东亚先觉志士记传》上卷，第343页。

的职责做出明确的规定。《外员探察须知》规定外员的侦察对象和范围有三：（一）人物，包括君子、豪族、长者、侠客和富者6种；（二）秘密结社或"匪类"，包括哥老会、九龙会、白莲会、马贼等；（三）凡与军事或经济有关各项。①

为了扩大在中国的侦察范围，荒尾精除在上海设立支部，由山内嵩负责外，又于1887年设立了长沙支部，先由高桥谦负责，后改派山内嵩主持。在荒尾精看来，湖南人杰地灵，人才荟萃，为清王朝"中兴"名臣曾国藩、左宗棠、胡林翼、彭玉麟等的生长之地，与中国的前途命运息息相关，故极有深入调查的价值。

1888年，继长沙支部之后，荒尾精又设立了重庆支部，将有经验的高桥谦由长沙调来主持工作。此时，他更重视重庆支部的活动。这一方面是由于湖南排外势力很强，开展活动不易；另一方面，是看到四川形势险要，东有三峡，北有秦岭山脉，形成天然的屏障，实为举事的理想之地。因此，遂将重庆支部作为汉口乐善堂的核心支部，派石川伍一、松田满雄、广冈安太等前去，以加强其工作。重庆支部的侦察范围包括四川、西康、贵州、云南、西藏等中国西南广大地区。石川伍一、松田满雄二人的足迹不仅踏遍了四川，而且深入到云、贵及西藏一带，考察山川形势和风俗人情，其记述内容之丰富，所绘地图之详细，为日本对华的谋略活动提供了极有价值的资料。广冈安太则潜伏于云贵山区的苗族之中，企图煽动叛乱。他伺机骗取苗族首领的赘婿地位，企图有朝一日以首领身份经略西南诸省。不过，为时不久，他终因伪装被揭穿而丧命。

1888年6月，荒尾精又决定设立北京支部，派宗方小太郎负责。他在给宗方小太郎的亲笔指示信中说："此次遽置该部之目的，在于

---

① 戚其章：《论荒尾精》，载《贵州社会科学》1986年第12期。

第四章　扩充军备与进行大陆作战准备

无论遇到任何时势之变迁，得以及早洞察其机于未显之先，以使我党不失其机也。"但是，为慎重起见，他先让北京支部的干部住在天津，并成立天津支部。此信附有一份《设置天津干部之目的》，规定天津干部之管辖区域，包括直隶、山东、山西、辽东、蒙古等地。并确定侦察工作的"五大目的"为："第一，探究朝野人物以及马贼和白莲教等的踪迹，掌握其实情，以求如何善收其心及他日能为我用之方法；第二，细查豪族之系统，同时访求他日足为妨害之朝野人物，并研究除去彼等之方法；第三，侦察兵器、弹药、粮饷、银钱等各种水陆军务上必要之器材物料；第四，侦察中国对内对外各种处置和计划；第五，侦察外国对中国之政策和计划。"其后，天津紫竹林的松昌洋行，便成为天津支部的活动据点。另外，他还指示宗方小太郎，天津支部设置之后，应"依次并视需要之缓急开设十二处店铺（支部）"。① 由此可以看出，荒尾精制订了一个野心勃勃而又周密详细的计划，就是要逐步地在中国建立起一个触角遍及全国各省的庞大间谍网。

汉口乐善堂的众多成员，皆"蓄辫发，着中国服，操华语，俨然中国人的样子，……表面上开杂货店，经营生意，却分散到各地进行冒险的旅行"。他们以"孤剑飘然、龙吟虎啸的志士"自诩，或绕四川一周到达西藏，进入苗族山寨，或从巴蜀进入贵州、云南，或由西安至兰州，穿越大漠到达伊犁，再攀越昆仑山而抵西藏。其足迹遍及18省的大部分地区。乐善堂骨干分子山崎羔三郎留下的一封家书，颇值得一读。内称："我认定第一个目标在于得到根据地。然而，得到根据地即割据地实在困难，中国的天地虽然广阔，而得之亦甚难，但若能周游其边境政化不开之地，注意调查，亦非没有便于利用的土地肥沃而风土良好的地方。若能得到这样的地方并加以占据，则在这里

---

① 《荒尾精亲笔给宗方小太郎的指示信》（原件）。

实行割据,广招天下的志士壮夫加以培训,再待时机举大事,岂有何难?方今经常思虑之事,是必须赶快压服腐败的清廷。……从此南下,云烟万里,涉湖南之水,越贵州之山,过云南之野,穿广西之森林,入虎狼豺豹之穴,游猺獞苗蛮之寨,彷徨于瘴疠毒雾之间,以期完成决心之志。"① 这虽是向家人畅叙心曲,却真实地反映这些间谍分子一心灭亡中国的阴险目的。

在荒尾精的主持下,汉口乐善堂经过3年的实地侦察,写出了大量的调查报告。后由他的挚友炮兵中尉根津一编辑成《清国通商综览》一书。此书虽从军事角度着眼,却是日本根据实际调查材料综合整理的有关中国社会、政治、经济等问题的最早大型文献。全书两编三册,共有2300余页,其中每一项记载都非常具体而详实。《清国通商综览》实际上是一部侵略中国必须参考的百科全书,因此它的出版对日本扩张主义分子是一个莫大的鼓舞,故称赞说:此书"问世之后,使世人因而了解老大帝国的实情,有识之士莫不感奋"②。

荒尾精通过开办汉口乐善堂,培养了一大批间谍骨干分子,并为日本在中国开办间谍学校以实现其就地培养情报人员的方针创造了条件。1899年4月,荒尾精回国,向参谋本部提出一份长达26 000余言的《复命书》,把所调查有关中国朝廷、内政、兵事及英、法、德、俄四大国的对华策略等作了详细的分析。他在结论中认为,目前对中国采取亲近政策固无效果,采取攻战政策亦非妥当,只有抓紧培养侵华人才,先扩张日本商权,以待时机,是为至计。③ 他在国内到处发表演说,鼓吹用商战以推动军备扩充:"如果为了扩充军备,至少需要花十年功夫专门从事调查和经营,才能奏功,而经费则需3 000万

---

① 《东亚先觉志士记传》上卷,第371~376页。
② 井上雅二:《巨人荒尾精》,第69页。
③ 沪友会编:《东亚同文书院大学史》,第6页。

元。以目前日本的情况,恐无法负担此一庞大的开销。因此,要想伸张我国威于海外,与西洋各国抗衡,惟有发展工商业以赚取外国的金钱之一途。"① 基于培养间谍和商业两用人才的构想,荒尾精提出一个在上海创办日清贸易研究所的计划。当时的内阁总理大臣黑田清隆、大藏大臣松方正义、农商务大臣岩村通俊等,都很支持荒尾精的这一计划。此时的荒尾精非常得意,赋诗一首以抒怀云:"萨海馆湾眼底穷,蜻蜓何处复伸雄?试从芙蓉峰头望,巴蜀山川指顾中。"② 他魂牵梦萦的是到中国谋求发展,为日后日本的大陆作战卖力。

1890年9月,以培养中日贸易人才为名的日本间谍训练机构——日清贸易研究所,终于在上海英租界大马路泥城桥畔开办起来。翌年,又将所址迁至跑马场前。上海日清贸易研究所成立后,荒尾精即命绪方二三负责汉口乐善堂的工作,将本部移到了上海。他自任该所所长。在他离开时,所务则由根津一代为主持。当时共招收学生150人,分3个班教授。每个班配备干事一人,分别由宗方小太郎、小山秋作和西村忠一担任。宗方小太郎还兼任学生监督。汉口乐善堂成员中西正树、山内嵓、高桥谦、田锅安之助、片山毓彦、井深彦三郎等,则担任顾问或中国问题教师。汉语由中国人沈文藻和桂林讲授,英语则由英国人阿斯脱讲授。修业年限规定为4年,其中3年学习课程,最后1年为实习或实地调查。日清贸易研究所名义上是为培养贸易人才而设,但其课程却是以汉语、英语及中国问题为主,基本上不设经济贸易方面的专业课程。可见,上海日清贸易研究所与汉口乐善堂实际上是一脉相承的。所不同的是,汉口乐善堂的主要任务是侦察,而上海日清贸易研究所的主要任务则是培养间谍。如此而已!

---

① 井上雅二:《巨人荒尾精》,第38~39页。
②《东亚先觉志士记传》上卷,第399页。

日清贸易研究所招收的学生成分相当复杂，有的是为寻找生活出路而来，有的甚至是为逃避兵役而来。荒尾精非常重视学生的精神教育，不断地向学生灌输军国主义思想，提出要与学生"共挽亚细亚之衰败"。他在一封致学生的公开信中说："凡人欲为非常之事，必有非常之决心。……燕雀安知鸿鹄之志哉？诸君今日为实业家之模范，扫除积弊之创业家，恢复亚洲之志士，开创日本富强之俊杰，岂肯与燕雀为伍乎？"① 还命擅长文笔的鸟居赫雄创作校歌，让学生朝夕朗读吟咏，以鼓舞人心。荒尾精的精神教育方法收到了一定的效果。

到甲午战争前夕，日清贸易研究所的学生还正在实习阶段，局势日趋紧张，战争有一触即发之势。根津一对学生动员说："日清两国之间的战争已迫在眉睫，此战乃以富强自诩的清帝国为对手，对日本来说不容乐观。所幸者，诸君通晓华语，又多少通晓中国之事。故希望诸君能够暗探敌军军情及其他内情，以为皇国效力。"② 当时，日清贸易研究所的一些学生早就蓄留发辫，改扮成中国人是极为方便的，他们立即响应根津的号召，乔装打扮起来，分赴各地进行侦察。当时，上海道曾获得情报："倭人向在沪设有日清研究所，约七八十人，五月以前陆续散去，闻多改作华装及僧服者，分赴北京、津、烟、江、浙、蜀、鄂、闽、台各处。"③ 基本上是属实的。

及至甲午战争爆发，荒尾精和根津一即向日本大本营建议，让上海日清贸易研究所的学生参加军队，为国效力。这个建议立即被大本营批准。当时参军的在华间谍，既有汉口乐善堂的骨干分子，也有上海日清贸易研究所的干部和学生。据统计，仅陆续到广岛大本营报到的日清贸易研究所学生，就达72人。他们之中，除少数充当翻译外，

---

① 《东亚先觉志士记传》上卷，第407~408页。
② 向野坚一：《明治二十七年战役余闻》（油印本），大连图书馆藏。
③ 《张文襄公全集》卷一三八，《电牍》十七，第22页。

多数分配于军队充当间谍,为日本发动这场侵略战争卖命。如潜伏天津紫竹林专门监视军械生产和运兵计划的石川伍一、往返于烟台与威海卫之间专门监视北洋舰队调动情况的宗方小太郎、"入金州城,察内外之虚实,取路于貔子窝,探石门子的军状"① 而为日军进攻金州提供了重要情报的向野坚一等,即其中广为人知者。

但是,对于日本的对华谍报工作来说,1893年是最关键的一年。到这时为止,日本的对华战争准备已经基本上就绪,陆海军都在为发动这场大规模的侵华战争而跃跃欲试。这场战争究竟能不能打赢?对此,日本政府并无确实的把握。对这个问题作出准确判断的任务,便落到了参谋本部次长陆军中将川上操六的肩上。同年4月,川上操六决定亲自到朝鲜和中国进行实地考察,以便掌握第一手情况。他先考察了朝鲜的釜山、仁川、汉城等地,其后又乘船经烟台转赴天津。川上操六在天津停留一个多月,竟然丝毫未引起清政府的注意。在此期间,他参观天津机器局,访问武备学堂,观看炮兵操演炮术和步兵操练步伐,并亲自登上北塘炮台目睹山炮演习。与此同时,他还在日本驻华使馆武官陆军少佐神尾光臣的陪同下,对天津周围的地理形势偷偷地进行了考察。通过这次中国之行,川上操六始"确信中国不足畏惧,增强了必胜信心"②。

正是在这种情况下,日本更加紧了发动对华侵略战争准备的步伐。川上操六密令驻华使馆武官在直隶海岸进一步寻找理想的登陆地点,探测渤海湾的航道,并详细侦察山东半岛、辽东半岛及朝鲜西海岸各处的设防情况。当时,由海军少佐井上敏夫和海军大尉泷川具和分工承担此项任务。井上敏夫曾经潜入旅顺口、大连湾、威海卫等海防要

---

① 丹山大岭:《向野坚一墓志铭》(油印本),大连图书馆藏。
② 德富猪一郎:《陆军大将川上操六》,第124页。

塞，调查北洋海防的部署情况。这次奉命后，他从中国人手里买下一艘小火轮，从烟台出发，调查山东、辽东及朝鲜西海岸各要地。现在还保存下来的一个随同井上敏夫活动的日特供词①说明，日谍侦察的重点是北洋的军事要地和日军计划中的主要攻击目标。泷川具和则长期潜伏于天津法租界，或装扮商人，或扮成苦力，市井码头随处侦察，对天津、塘沽一带的地形、布防等情况了如指掌。此次奉命后，他乘帆船从塘沽出发，沿渤海岸北行，一路探察，费时1月有

川上操六

余。对于沿岸各海口的水深、有无沙滩、海底为泥沙还是岩石、民船数目、运输辎重之难易程度等，都做了详细的调查。最后，他判定北戴河以南的洋河口为大部队登陆的最适宜地点。后来在战争进行过程中，日本陆军大将山县有朋提出《征清三策》，主张从直隶北部登陆，与清军主力决战，迫使清廷订立城下之盟②，正是依据泷川具和侦察的结果。

由上述看来，日本发动甲午侵华战争的决心，应该说在1893年就完全定下来了。

长期以来，日本间谍在中国窃取了大量的重要情报，使日本发动侵略战争的准备工作更具有明确的针对性和目的性。由于日本间谍在中国的活动达到了无孔不入的程度，因此日军侵华时对于所经之处的

① 《中日战争》（续编）第5册，第396页。
② 戚其章：《甲午战争史》，第264页。

地理形势、驻军情况及防御设施，无不了如指掌。清军曾在战争中缴获日军的一份"中国路单"，其中对中国"驻兵多寡、有无、处所，分列甚详"①。还有人亲眼看到日军进攻山东半岛时携带的一张地图，上面"疃（村）、路、炮台、营房、山、河、沟、井、树，样样都有，画得清清楚楚"②。这样的地图，也曾被欧洲人波纳尔（C. Pownall）得到一幅，他后来十分肯定地指出："这幅地图本身就是日本久已蓄意侵略中国的证据，它驳斥了日本当时是被迫作战的说法。相反地，那是一次有意图的、精心策划的侵略行动。"③ 由此可见，日本谍报工作与甲午战争的关系，是绝对不容忽视的。

首先，应该看到，谍报工作影响到日本政府发动这场侵略战争的决策。日本政府发动侵华战争的方针早就定下来了，并且为此而进行了长期的准备，但何时发动战争，则需要根据日本情报部门的建议才能做出最后的决断。日本外务大臣陆奥宗光即直言不讳地说："战之能成与否，悉听川上（操六）。"④ 确实如此。在当时日本统治集团内部主战论者与非主战论者相持不下的情况下，日本谍报部门的意见是起着决定性作用的。川上操六从中国实地考察回国后，玄洋社骨干分子的野半介问："（阁下）对于清国之易与，谅有十分信心。"⑤ 他深以为然。其后，上海发生金玉均被刺事件后，的野半介再访川上操六，建议应断然对中国宣战。川上操六对的野半介的主张办有同见，但认为仅此事尚不足以成为宣战的借口。于是，他向的野半介暗示道："君为玄洋社之一人，闻贵社为济济远征党之渊薮，岂无一放火之人

---

① 《中日战争》第1册，第59页。
② 《谢言允口述》（1959年记录稿）。
③ 丁名楠等：《帝国主义侵华史》，人民出版社，1987年，第331页。
④ 戚其章：《甲午战争国际关系史》，人民出版社，1994年，第7页。
⑤ 藤本尚则：《巨人头山满翁》，日本田口书店1932年，第338~341页。

乎？若能举火，则以后之事为余之任务，余当乐就之。"① 这实际上是向的野半介透露日本正在伺机制造战争借口的秘密。可见，问题是要找到一个挑起战端的借口，并使日本最高决策者确信发动一场大规模侵华战争的大好时机已经到来。日本派到中国的一些间谍很好地完成了此项使命。如泷川具和便将清廷内部的动向及时地报告国内："内廷正在举办万寿庆典，原本不好动用干戈。北京政府中不仅有反对和非难李（鸿章）之行为者，而且愈近开战之际，堪为名将之声望者愈乏。"并建议说："可乘之机就在今日，拖延时日使彼稳固基础，非为得策。"② 宗方小太郎则提出："根据鄙见，我日本人多数对中国过于重视，徒然在兵器、军舰、财力、兵数等之统计比较上断定成败，而不知在精神上早已制其全胜矣。"③ 日本间谍的这些报告，对于促成挑起战争并决心将战争坚持打下去，是起了决定性的影响的。

其次，对于日本确定指导这场战争的战略方针来说，日谍的报告也起了非常重要的作用。当时，在清政府内部，对这场战争之突来感到意外，并颇寄希望于列强按国际公法进行调停，并无一套成熟的对日战略方针。还发生过一场速战论与持久论的激烈争论。速战论者认为，日本是小国，人力财力有限，外强中干，且缺乏实战经验，故中国陆战必胜。针对盛行一时的速战论，南洋大臣刘坤一认为，对日作战"可以坚忍持之，日本国小民贫，并力一举，其势断难支久，将来待其困毙，自易就我范围"④。后更明确提出："'持久'二字，实为现在制倭要著。"⑤ 户部右侍郎长麟则提出："与倭抵死相持，百战不屈，

---

① 玄洋社社史编纂会：《玄洋社史》，1917年印本，第435~437页。
② 藤村道生：《日清战争》，上海译文出版社，1981年，第73页。
③《宗方小太郎报告》，第11号。
④《清光绪朝中日交涉史料》第17卷，第22页。
⑤《清光绪朝中日交涉史料》，第40卷，第28页。

百败不挠,决之以坚,持之以久。"① 海关总税务司赫德(Sir Robert Hart)对中日两国之间的这场战争中的战略方针也曾进行过预测。他说:"日本在这场新战争中,料将勇猛进攻,它有成功的可能。中国方面不免又用它的老战术,但是只要它能经得住失败,就可以慢慢利用其持久的力量和人数上的优势转移局面,取得最后胜利。"并且特别强调:"中国如能发挥持久的力量,在三四年内可以取胜。"② 但是,在朝野上下,还是速战论者的激越声调占了上风。这样,中国正好以己之短来对敌之长了。日本内阁总理大臣伊藤博文提出的对华作战方针,就是"速战速决"。他主张,当务之急就是抢在西方列强联合干涉之前,"迅速取得对清国的巨大胜利,居于任何时候均可对敌国提出我国要求的地位"③。其实,这也就是在华日本间谍的共同建议。他们当中许多人都提出"速战有利"的意见。有的甚至指出:"今日之事,惟有突击之一法。'突击'二字,虽颇似无谋之言,然不可不知无谋即有望也。"④ 他们的用语虽异,其含义则同,即都主张采取速战速决的作战方针。可见,日本在华间谍所提出的战略设想,直接影响到日本政府对作战方针的制订。

复次,谍报工作保证了日军在战争中登陆活动的顺利进行。在整个甲午战争中,日军多次进行登陆作战,如花园口登陆、龙须湾登陆、澳底登陆等,每一次都取得了成功。这些登陆地点及登陆方式的确定,主要是根据日本间谍所提供的情报。日本为在直隶海岸选择未来的登陆地点,也曾多次派间谍进行实地探察,只是后来未付诸实行而已。因为在日军占领大连湾和旅顺口之后,日本最高决策层在日军的主攻

---

① 《清光绪朝中日交涉史料》,第17卷,第39页。
② 《中国海关与甲午战争》,中华书局,1983年,第48~49页。
③ 藤村道生:《日清战争》,第93页。
④ 《宗方小太郎报告》,第11号。

方向问题上发生了严重的意见分歧：以陆军大将山县有朋为代表的一派意见，主张迅速进行直隶平原作战；以内阁总理大臣伊藤博文为代表的一派意见，则主张转为进行威海卫作战。这个分歧必然要涉及登陆作战地点的选择问题。日本大本营根据所派间谍多次实地勘察的结果，认为进行冬季直隶登陆作战有困难，决定放弃直隶平原作战计划，而确定进攻山东半岛的方针。在选择山东半岛登陆地点时，关文炳的调查报告特别受到重视。这个报告指出，荣成湾湾阔水深，沙底适于受锚，无论遇到何等强烈的西北风天气皆可安全锚泊；且此处为直隶海峡外侧的偏僻海隅，离山东半岛军事要镇威海卫较远，正好窥其瑕隙，以抌其背。经过复查，日本联合舰队司令官海军中将伊东祐亨认为，关文炳的调查报告极有价值，荣成湾所处地势对于进攻威海卫后路确实极为有利，于是选定为山东作战军的登陆地点。

最后，日军在进攻中国沿海军事重镇时，一贯采取包抄后路的战术，而这个战术的具体实施方案，也是根据日谍的情报来制订的。例如，日军进攻辽东半岛的战术计划，便是藤崎秀、宗方小太郎等十几个日本间谍共同商议提出的。他们建议："先取大连湾附近之大窑口，再进而攻略大和尚山、石门村，占领金州，以绝旅顺后路。"① 这个方案原则上被采纳，只是在登陆地点问题上作了改变。日军进攻威海卫战术计划的制订也是这样。日本为确定进攻威海卫的战术，曾先后派遣多批间谍到威海、荣成一带进行侦察，甚至潜入威海驻军防区和炮台重地，完成掌握了"威海、成山兵防状"，故采取"远势登陆，抄我炮台后路"② 的战术。因此，与其说日军进攻旅顺口和威海卫时所运用的战术正确，不如说谍报工作保证了日军战术计划的成功。

①《宗方小太郎日记》（抄本）。
②《中日战争》第 1 册，第 55 页。

由上述可知，谍报工作对于日本发动甲午侵华战争所起的作用是巨大的。正如时人指出："（日本）十年来孜孜侦探，其遣间谍至我国者，或察政务之设施，或考江山之形胜，无不了如指掌。"① "况敌散布奸谍于中国不知凡几，偶或漏泄，则尽知我军情，先发以制我，则倭着着争先，而我则处处落后。"② 怪不得日本情报人士洋洋得意地夸称，正是借助于谍报工作，日本才能"在二十七八年之役（甲午战争），运筹帷幄之中，决胜千里之外"③。

---

① 《中日战争》（续编）第12册，第307页。
② 张秉铨：《北洋海军失利情形》，见《普天忠愤集》卷七。
③ 德富猪一郎：《陆军大将川上操六》，第112页。

第五章　预谋战争的"陆奥外交"

第一节　日本"六·二出兵"的真实目的与假象

陆奥宗光作为日本外务大臣，以外交手段"狡狯"而闻名，对促成日本开战负有重大的责任。但在日本国内，历来对他的评价是很高的。如今，在日本外务省院里，历届外务大臣中只树了陆奥宗光的铜像，即足以说明这一点。不仅如此。长期以来，在日本史学界，陆奥宗光还被打扮成一位推行和平外交的代表人物来进行宣传。这种观点能否成立，是值得重新加以研究的。

日本的"六·二出兵"最可以表明"陆奥外交"的性质，故研究"陆奥外交"者多重视对"六·二出

陆奥宗光

兵"的研究。所谓"六·二出兵",就是 1894 年 6 月 2 日日本内阁总理大臣伊藤博文,召集内阁会议,决定向朝鲜派遣军队。陆奥宗光本人记述此事道:

> 适接杉村(濬)来电报告朝鲜政府已向中国政府请求援兵。这确是一项不可忽视的问题,如果默视不顾,就将使中日两国在朝鲜已经不平衡的权力更为悬殊,我国今后对朝鲜的问题就只有听凭中国为所欲为了。而且日朝条约的精神也有遭到破坏的危险。因此,我在当天的会议开始后,首先将杉村的电报给阁员们看过,同时提出我的意见:"如果中国确有向朝鲜派遣军队的事实,不问其用任何名义,我国也必须向朝鲜派遣相当的军队,以备不测,并维持中日两国在朝鲜的均势。"阁员们都赞成这个意见。伊藤内阁总理大臣立即派人请参谋总长炽仁亲王殿下及参谋本部次长川上陆军中将参加会议。二人到后,立即对今后派兵赴朝问题作出秘密决议;内阁总理大臣随即携带此项秘密决议……进宫,循例奏请天皇裁夺施行。[①]

在陆奥宗光的笔下,把关系国家前途命运的"六·二出兵"写得如此轻松,这就容易示人以假象,似乎"六·二出兵"并不意味着要同中国交战,而只是想维持中日两国在朝鲜的势力均衡而已。这就是有些人所谓的"维护势力均衡"政策。

正由于此,有不少论者断定,"陆奥外交就是这样的和平主义"。日本已故历史学家信夫清三郎即持有此观点。他认为,陆奥宗光的出发点是和平地解决朝鲜问题,出兵是出于无奈和被迫的。"陆奥外相必须为和平收拾时局而努力。但是,在清国已经出兵的情况下,外务大臣陆奥宗光已经不能厚着脸皮后退了。"即使出兵,他仍然主张

---

① 陆奥宗光:《蹇蹇录》,商务印书馆,1963 年,第 9 页。

"维护势力均衡"政策。至于后来走向战争,"这就不是陆奥外相的意志,而是其他人的意志了"①。

此说在日本为相当多的人所接受,而且直到现在在日本历史学界仍有相当大的影响。② 如京都大学的高桥秀直写了一部题曰《走向日清战争的道路》的书,进一步发挥了信夫清三郎的观点,认为:"日本政府的对朝政策,并非即使与清相争也要独霸朝鲜,对清朝一贯是避免战争的。……这一时期日本政府为对抗清朝进行了大规模的扩军,但这是出于对清朝海军较日本处于优势而产生的危机感,而并非是积极地图谋与清对战。它是准备对付万一发生的事态的,只要日清间的悬案未解决,就有可能发生不测。"所以,"日本政府不是有意识要开战才出兵的。……是试图保持和清朝的协调的"③。熊本大学的大泽博明也认为:"甲申事变以后,日本政府在外交、军事上的对朝政策不是指向对清战争的,'六·二出兵'以及日清共同改革朝鲜案的提出也不是要对清朝进行'挑衅';实现日清共同改革朝鲜,才是'六·二出兵'的真正意图。"并指出:"从全局看,对清开战是起初的政策目标失败的结果,是日本外交的失败。""并不存在从一开始就有意识地准备对清开战并克服种种障碍最终实现开战的过程。"④ 1995年夏,日本外务省外交史料馆专门组织了一次"陆奥宗光与日清战争特别展示史料"的展览,在所陈列史料的选择与布置上也着意地突显了"陆奥外交"的和平色彩。⑤ 由此可见,此说在日本的影响之广。

但是,种种事实表明,日本的"六·二出兵"既不是被动的,也

---

① 信夫清三郎:《甲午日本外交内幕》(即《陆奥外交》),中国国际广播出版社,1994年,第77~78、84页。
② 中塚明:《中日甲午战争之开战与"陆奥外交"》,见《甲午战争与近代中国和世界》,第312页。
③ 高桥秀直:《走向日清战争的道路》,东京创元社1995年,第305~306、514页。
④ 大泽博明:《日清共同改革朝鲜论和日清开战》,载《熊本法学》第73号(1993年)。
⑤ 戚其章:《中日甲午战争史研究的世纪回顾》,载《历史研究》2000年第1期。

第五章 预谋战争的"陆奥外交"

不是偶然的。且不说日本早就想伺机挑起战端,即从甲午战争前夕所发生的一些情况来看,即足以说明日本已在精心策划这场战争了。

首先,朝鲜爆发东学党起义后,日本报纸争相传布,大造舆论,甚至鼓吹"宣扬国威此其时,百年大计在一战"①。陆奥宗光与之心有灵犀,也认为此乃确立日本在朝鲜的势力之难得良机,切不可失之交臂。②但从外交的角度考虑,此时出兵未免过早,而出兵总须有所借口,故寄希望于中国派兵,然后伺机行事。于是,他密令日本驻朝代理公使杉村濬"密切注意东学党的动向,并仔细观察朝鲜政府对东学党采取何种措施,以及朝鲜政府与中国使节之间的关系"③。到5月29日,陆奥宗光早已急不可待,再次密令杉村濬探听朝鲜政府是否已向中国求援。6月1日,杉村濬探知朝鲜国王李熙决定向中国借兵,但不知中国态度如何,急派书记生郑永邦访清政府驻朝总理交涉通商事宜袁世凯,一面问"贵政府何不速代韩戡",露出急盼中国出兵的心情,一面又表示"我政府必无他意",用此虚伪的口头保证来麻痹袁世凯。翌日,杉村濬又亲访袁世凯,进一步表示"盼华速代戡"的迫切愿望,以诱袁世凯上钩。

袁世凯果然上当受骗,电禀李鸿章称:"杉与凯旧好,察其语意,重在商民,似无他意。"④就在当天,日本内阁就作出了出兵朝鲜的决定。其实,到6月3日,朝鲜政府才正式请求中国派兵。再到6日,清政府才派太原镇总兵聂士成率所部910人乘海轮赴朝,并于当天根据1885年中日《天津条约》第3款知照了日本政府。而在事实上,日本内阁做出出兵朝鲜的决定,是在朝鲜政府正式请求中国派兵的前一

---

① 《日清战争实记》第1编,东京博文馆1894~1896年,第102页。
② 山崎有信:《大鸟圭介传》,东京博文馆1915年,第250页。
③ 陆奥宗光:《蹇蹇录》,第8页。
④ 《李鸿章全集》,电稿,第15卷,第33~34页。

193

天，也是中国正式派兵赴朝的前4天，所以说日本被迫出兵纯属无稽之谈，是完全站不住脚的。

其次，从日本派兵的实际情况看，也可证实是早有预谋的。早在朝鲜东学党起义之时，日本参谋本部即着手进行出兵的准备。川上操六先派驻朝鲜使馆武官陆军炮兵大尉渡边铁太郎，赴接近变乱地方之釜山搜集情报。稍后，又以参谋总长的名义派陆军炮兵少佐伊知地幸介至釜山，继续进行调查。5月30日，伊知地幸介回日本汇报情况。川上操六遂以参谋总长的名义向政府建议："东学党匪势甚为猖，韩兵无力镇压，目下趋势必向清国请求援兵，清国政府亦必至允纳此种要求。如欲保护在韩臣民，维持帝国权势，我亦有出兵之必要。"① 同时秘密进行战争动员和准备。显而易见，此举与陆奥宗光的意思不谋而合。当天，陆奥宗光就同正在国内休假的驻朝公使大鸟圭介进行了会议。31日，他又就出兵规模及手续等问题进一步征求大鸟圭介的意见。大鸟圭介特别提醒说："若不早做充分准备，将有中国执先鞭之患。"② 可见，就陆奥宗光本人而言，早在内阁会议的前两天就决意出兵了。"六·二出兵"是出于被动还是先期预谋，不是一清二楚了吗？

复次，从日本出兵的规模和部署看，也不能说是为了维持中日在朝鲜的势力均衡。日本内阁作出"六·二出兵"决定的当天夜里，陆奥宗光和外务次官林董将川上操六请到外相官邸，共同讨论落实出兵朝鲜的计划。他们一致认为，日本出兵势必要与清兵发生对抗。估计中国所派军队不会超过5 000人，而日本要居于必胜地位，需要派6 000至7 000的兵力。他们的估计是正确的。迄于7月24日，即日本挑起丰岛海战的前一天，清政府总共才派了3 880名士兵到朝鲜牙山。

---

① 田保桥洁：《甲午战前日本挑战史》，南京书店1932年，第68页。
② 戚其章：《甲午战争史》，人民出版社，1990年，第24页。

为准备中国进一步增加兵力，日本应作派出一个师团的打算，而首先派出一个混成旅团。日本决心要在兵力上压倒中国，其用心可想而知。后来，林董回忆当晚三人的讨论情况说，当天的会议"不是议论怎么和平解决问题，而是讨论了怎样进行作战和如何取胜的问题"①。看来，陆奥宗光与军部的意见完全一致，在此问题上并无分歧可言。这也说明了"维持势力均衡"说之虚妄。

第四，6月5日，即中国正式派兵的前一天，日本即根据战时条例，成立了大本营。按照战时大本营条例，军事动员计划、出兵数量以及运输计划等等，完全归军事统帅掌管，而由大本营决定。当时，如果日本只限于派出一个混成旅团或顶多派出一个师团的话，那么，从军事指挥上说，有什么必要设立机构如此庞大的大本营？这更是"维持势力均衡"说所无法自圆其说的。对此，只能有一种可能可以解释，就是6月2日晚上陆奥宗光与川上操六已经达成共识，外务首脑与军事实权人物沆瀣一气，决心趁此机会将朝鲜问题引向对中国开战。后来事实的发展完全证明了这一点。

由上述可知，关于日本"六·二出兵"的目的诸说，如"出于被迫""和平目的""维持势力均衡"等，都是基于主观臆测而提出的，是难以令人信的。若真像以上所说那样的话，那东学党与朝鲜政府签订《全州和约》后为什么不肯撤兵？其后，清政府提出中日同时撤兵，日本政府又为什么仍令军队赖在朝鲜不走呢？这都是上述诸说所无法回答的。

对于上述诸说，也可以将其归结为"非战目的"说。因为这些说法尽管用语不同，提出的角度各异，但有一点是相同的，就是都认为日本的"六·二出兵"不是出于战争的目的。其根据有四：

---

① 藤村道生：《日清战争》，第55页。

第一，是日本假想敌的改变。信夫清三郎认为："19世纪80年代日本的假想敌国是中国。19世纪90年代日本的假想敌国已是竞相分割以前的假想敌国的西欧各国了。"① 他引用了山县有朋的两段话：一是1882年山县有朋关于扩充陆军的建议，其内称："现在，欧洲各国距我国遥远，痛痒之感并不紧迫。……而观察我国近邻形势，迅速勃兴，绝不可忽视。……我国欲与之角力者，并非痛痒之感不甚紧迫之国，而在日本之近邻。"这里的"近邻"乃指朝鲜和中国，自无问题。一是1893年山县关于扩充海军的建议，其内称："我们不能不想到，东洋祸机不出十年即将破裂。那时，我国的敌人，不是中国，不是朝鲜，而是英、法、俄等国。"② 对第二段话应该如何理解，颇值得研究。从这段话中，并不能得出19世纪90年代西欧各国已成为日本的假想敌的结论。因为山县有朋所讲的"东洋祸机破裂"不是指眼下，而是"不出十年"，应该是20世纪初的事了。据此认为19世纪90年代日本已不把中国视作假想敌了，理由是不充分的。其实，1890年山县有朋抛出了一份《外交政略论》，即明确宣称："国家独立自卫之道，其途有二：第一是守卫主权线；第二是保护利益线。何谓主权线？国家之疆域是也。何谓利益线？即与主权线的安全紧密相关之区域是也。"③ 这里的所谓"利益线"，指的仍然是朝鲜和中国。可是，对日本来说，从80年代初到90年代初，其主要

山县有朋

---

① 信夫清三郎：《日本政治史》第3卷，第260页。
② 信夫清三郎：《甲午日本外交内幕》，第62页，注①。
③ 日本近代研究会编：《近代日本人物政治史》，东京原书房新报社，1955年，第174页。

假想敌始终是中国，并不存在假想敌改变的问题。

第二，是日本军备不能独立，不足以支持一场大规模的侵略战争。信夫清三郎专门引用了海军大臣桦山资纪于1891年12月在议会上说的一句话："今日军备之不能独立，使本大臣痛苦不堪。"① 此外，还引用了其他一些类似的看法。如称："在日本有没有钢铁原料呢？除了正在使用的以外，当前还没有陆海军能够使用的原料。……当前仍然须从国外购买。本来此事的主要目标是确保兵器的独立性，并非主要为了发展经济。然而，为确保兵器的独立性而从国外购买原料，是不可能实现兵器的独立性的。"再如称："一旦有事，不幸与钢铁供应国开战，或者钢铁供应国保持局外中立，或者交通被敌舰切断，则现有的军舰、兵器就会立即出现不足，或者为维护军舰、兵器，在材料方面发生困难。若如此，怎样才能圆满地保卫国家社稷呢？实在不能不令人寒心。"② 以上所言，诚为事实，但这一点并不能证明日本会放弃其扩张野心而不去发动侵略战争。应该看到，明治维新以来，迄于甲午战争，日本每次发动对外侵略战争都含有很大的军事冒险主义成分。试看1874年日本发兵入侵台湾时，它的军备能够独立吗？显然不能够。尤其是当日本发动甲午侵华时，不仅在军备方面说不上完全独立，而且在政治、经济等方面也都存在着严重的问题。前德国驻华公使巴兰德（Max August Scipio Von Brandt）指出："日本国内的政治局势危机四伏，对于日本国家和当政的人们，不要说战败了，即使战事拖长下来，也是十分危险的。"③ 战争才打了两三个月，一些西方人士就认为"日本已筋疲力尽了"④。他们的看法不是没有根据的。1895年

---

① 《大日本帝国议会志》第1卷，大日本帝国议会志刊行会1926~1927年印，第1491页。
② 信夫清三郎：《甲午日本外交内幕》，第62~63页。
③ 《中国海关与中日战争》，第79页。
④ 同上书，第69页。

1月4日，英国驻日公使楚恩迟（P. de Poer Trench）曾就日本的财政形势向外交大臣金伯利（John Wedehouse Kimberley）提供了一份详细的报告：

> 尽管日本人强作乐观，但该国的财政形势正日益变得严峻，所有情况都证实今后几个月内这方面的压力将更加严重。问题不在于管理，而在于是否还能满足如此庞大的驻海外部队的巨额开支。去年12月29日，日本银行发行了总额为280万元的有息纸币，12月31日又发行了120万元。有些人认为，这种特殊纸币的发行将会加速货币流通，从而具有提高股票价格的作用，但是商业界对此表示怀疑。日本银行有在非常情况下发行这种钞票的特权，现在之所以运用这一特权，肯定是迫于存在强大的压力。除此之外，在今后的两个月内，人民还必须向政府交纳大约3 000万元的土地税和第二次战争贷款，如果中国不迅速接受条件，则完全可以预言，日本将在本年底前陷入严重的财政困难。①

这是一条弥足珍贵的史料，它证实了许多中外人士的预计，如果中国能将战争久持下去，日本必定支撑不下去，胜利就会转到中国方面。上述情况在说明，无论是日本在1874年发兵侵台，还是1894年发动甲午侵华战争，都是在军备不足、政局不稳、财政不敷等情况下靠军事冒险取得成功的。所以，用军备不足来证明日本"六·二出兵"的和平目的，是很难成立的。

第三，日本舆论倾向于和平解决朝鲜问题。这个理由是相当片面的。当时日本许多媒体鼓吹战争，甚至叫嚷要灭亡朝鲜，"冲其巢窟

---

① Bertish Documents on Foreign Affairs—Reports and Papers from the Foreign office Confidential Print, Part I, Series E, Vol. 5, Sino-Japanese War and Triple Intervention (1894—1895), University Publication of America (Bethesda), 1989.

第五章　预谋战争的"陆奥外交"

降其王"，"蹂躏八道意气扬"，并进而侵占中国，"何不蹂躏四百州"。① 这与和平解决朝鲜问题是完全背道而驰的。不过，信夫清三郎把这些战争叫嚣都视为非主流观点，他特地引证了能够"反映日本政府外交政策"和"具有权威的《东京日日新闻》发表的两篇关于出兵政策的社论"，其中第一篇是6月9日的社论：

　　政府最后决定向朝鲜派兵。若干支戎马不日将向汉江进发。而且，清国军队也已经进入朝鲜。我们希望我国的自我克制之师，不久将满载荣誉与和平凯旋。这次派兵，主要目的在于保护在朝鲜的侨民。日本对朝鲜绝无任何企求。因此，事平之后，按照《天津条约》，与清兵一起撤退，不复留防，此乃理所当然。其结果，我们只想使朝鲜恢复到发生叛乱前的状态。我们岂能以一种局势的变化而危及朝鲜的独立呢？我们只是依据历来的政策主张，努力保护朝鲜。……既然我国的派兵目的如此，我国的对韩政策如此，派遣将士，无论陆军和海军，都须以和平为目的进退运动。

第二篇是6月12日的社论：

　　向韩国派兵的目的，正如我国陆海军当局允许公开披露于报纸所言，主要在于保卫公使馆，保护在朝鲜的日本侨民。从明治15年（1882年）《济物浦条约》来说，这也是不容置疑的。最重要的目的在于实现和平护卫和保护的实际效果。……待其恢复和平以后，则要光荣地撤退。②

《东京日日新闻》作为日本政府的喉舌，反复发表社论大讲出兵的目的，只是基于对外宣传的需要，不可信以为真。何况对这两篇社论也要作全面的理解，就是它们在宣传日本出兵的和平目的同时，也偶尔

---

① 戚其章：《甲午战争国际关系史》，第189页。
② 信夫清三郎：《甲午日本外交内幕》，第79~80页。

199

透露出其潜藏的杀机。例如，6月9日社论称："关于朝鲜问题，日本应向天下表明处以仁义之地，努力使我国经常处于主动地位。……为此，无论以哪一国为敌，以我日本帝国一贯的侠义政策，断不可逃避之。"6月12日社论则称："当然不可为和平而损害荣誉。万一发生不测事件，我节制之师亦不得不为帝国荣誉而勃然大怒，不可不决然而断，猛然而行，以雷霆之势击之。"① 这两段看似附带的话，在社论中很不起眼，而且文字也比较婉转含蓄，其实正点出了日本出兵的真实目的：借此机会挑起战争。后来事实的发展完全证明了这一点。故靠引证日本政府喉舌《东京日日新闻》的两篇社论，取其一部分内容而加以片面理解，以此说明日本出兵的和平目的，也是经不起推敲的。

第四，当时的国际形势决定了日本的"六·二出兵"只能限定于和平的目的。信夫清三郎引用了刊载在英国《经济学家》杂志上的一段话：

> 对于垂涎满洲和印度的俄国，中国的利害关系正好同英国一致。而且，为不使法国向印度支那扩张其版图，中国注意的问题也与英国相同。另外，关于中国同缅甸的边境，或者在新加坡、婆罗洲和香港，不仅需要使中国人服从英国的规定，以维护和平，而且，只要同中国建立了和睦关系，关于移民的事件，中国才能给英国移民部以方便，这些地区与加拿大、澳大利亚等强大的殖民地一样，就不会出现危险的斗争了。②

这段话说明中英两国之间存在着紧密的利害关系。随后，信夫清三郎又分析了美国的远东政策。从而得出结论说："没有一个国家允许日本采取积极行动。"另外，《天津条约》对日本来说，也是一个限制。

---

① 信夫清三郎：《甲午日本外交内幕》，第79~81页。
② 《日清战争实记》第14编，第80页。

因为日本出兵朝鲜，若"超出维持均衡的范围"，世界列强就会起来反对，"而反对的法律依据就是《天津条约》"。因此，信夫清三郎认为，唯其如此，"日本的政策最终仍不得不停留在'维持权力均衡'上"①。这种分析，不能说没有道理，但主要的问题在于：对问题只见其一而不见其二，是绝对不行的。信夫清三郎对当时的国际形势采取静态的观察方法，解决不了任何问题。必须看到，国际关系风云变幻莫测，不是一成不变的。在日本"六·二出兵"的前后，西方列强为了各自的利益，正使远东国际势力处于一个复杂多变的时期。例如，俄国政府在甲午战前的对日政策一直在干涉与不干涉之间徘徊，直到战争后期才决定采取干涉政策；英国在朝鲜纠纷初起时和战争初期始终以调停者的面目出现，但不同意干涉。所以，日本政府既决意挑起衅端，是完全有隙可乘，以遂其志的。此其一。再就是日本需要一段时间摸清英国政府对中日政策的底线，对此，日本外务次官林董回忆说："在日清战争即将开始的时候，关于宣战问题，总理大臣仍因担心英清之间存在着相互援助的密约而犹豫，海军大臣因担心北洋舰队的形势而犹豫。然而，到7月末，英国看到日清间的和平不能维持，于是发出照会，要求上海及其通道附近不要成为战区，证实了英清之间没有任何盟约。朝鲜事件的发展终于到了除开战外别无他途的程度，于是宣战。"② 除开战外别无他途，真是如此吗？无非是已经弄清了英国对中日政策的底线，始拖到7月下旬才开始以兵戎相见了。此其二。由此可见，对于日本的战争政策来说，西方国家可能会起到限制的作用，但也可能起到支持的作用，一切皆以西方各国本身的利益为转移。甲午战争的整个过程充分地表明了这一点。

---

① 信夫清三郎：《甲午日本外交内幕》，第64~66页。
② 信夫清三郎：《甲午日本外交内幕》，第75~76页。

基于以上所述，可以清楚地看出，用来证明日本"六·二出兵"不具有战争目的的几条理由，无一是能够站得住脚的。明治维新初期曾担任海军大辅的胜海舟，即曾论及日本发动甲午战争为"无名之师"。① 可以断言，无论给"六·二出兵"堆砌上多少巧言饰词，都掩盖不住日本大兴"无名之师"的本来面目。

　　信夫清三郎认为，要确定"陆奥外交"的性质，必须根据陆奥宗光本人的言行来作出判断。这是正确的。然而，根据陆奥宗光本人的言行，信夫却得出了这样的结论："在'陆奥外交'中，'表里两层含义'最后统一于和平手段，是不允许有超越这个范围的其他'手段'存在的。"② 这也是很值得研究的。

　　所谓"陆奥外交"的"表里两层含义"，是指6月2日日本内阁决定出兵朝鲜后，陆奥宗光在发给大鸟圭介训令中对朝鲜局势发展的两种可能性提出的应对办法。据陆奥宗光本人的自述称：

　　　　我国政府的希望，苟能无损于国家名誉，仍愿竭尽和平手段解决这一事件。因此，当大鸟公使由东京出发时，我曾授与该公使最详细的几项训令，其中有："根据朝鲜今后形势，政府虽将派遣相当的军队赴朝，但非至万不得已时，仍应以和平手段解决事局为第一。"但是，由于当时的形势已告紧迫，所以在上述训令中又附加一项指示："倘局势紧急不及请示本国训令时，该公使得采取认为适当的便宜措施。"在这项训令中，似乎含有表里不一的两种方针，但在这种形势下，对派往外国的使节给予非常的权力，也是不得已的。③

这就是信夫清三郎所说的"表里两层含义"。照信夫清三郎看来，尽

---

① 藤村道生：《日清战争》，序言，第1页。
② 信夫清三郎：《甲午日本外交内幕》，第84页。
③ 陆奥宗光：《蹇蹇录》，第18~19页。

管陆奥宗光在训令中考虑到和与战的两种方针，但他却是偏重于采取和平方针的。

此说的根据是日本政府所商定的基本方针，其中主要有这样四条：（一）"中日两国既已各自派出军队，何时发生冲突虽然未可预料，如果发生战争，我国当然要倾注全力贯彻最初的目的"；（二）"在不破坏和平的情况下，应尽力保全国家荣誉，维持中日两国的势力均衡"；（三）"我国尽可能地居于被动地位，事事使中国居于主动地位"；（四）"除非事势万不得已外，必须把事态严格地局限在中日两国之间，应极力避免和第三国发生纠葛"。① 本来，这四条的意思是十分清楚的，但在第一条中用了一个含意模糊的词"最初的目的"，却很容易引起人们的误解。信夫清三郎将"最初的目的"与"维持权力均衡"等同起来②，显然是不妥的。因为这一条是讲如果发生战争怎么办？这里所说"要倾注全力贯彻最初的目的"，当然不会是要"维持权力均衡"，而是要坚决打败中国了。

事实上，陆奥宗光在口头上已经对大鸟圭介作了明确的交代：

> 我们虽然希望有一个尽可能平稳的最终结局，但是我国必须恢复前两次遭到损害的声誉。我们在韩国必须取得优势。这是我们不能等闲视之的最重要的着眼点我们有即使不得不诉诸干戈亦在所不辞的决心。因此，在向这个方向前进时，即使因阁下的措施而和平破裂，我将完全为之负责。阁下莫如有过激的思想，采取毫无顾忌的断然措施。③

另外，大鸟圭介本人对这次同陆奥宗光的会见也有所记述：

> 我询问陆奥的意向，不料他却与我等所见一致，想借此机会

---

① 陆奥宗光：《蹇蹇录》，第10页。
② 信夫清三郎：《甲午日本外交内幕》，第83页。
③ 《林董回忆录》，平凡社1970年，第257页。

把清国打败。我兴奋喜悦不已，立即搭乘"八重山"号军舰从横须贺出发。此时，我向送行的陆奥说，这次我不想生还了。陆奥挥洒着热泪说，你死了，我一定把你遗骨运回日本，好好干吧！①两相对照，可以看得很清楚，此番陆奥宗光令大鸟圭介回任，绝不是为了关心和平，或为了"维持势力均衡"，恰恰相反，而是要借此机会挑起战端，以打败中国。这也就是他"要倾注全力贯彻的最初目的"。

对于陆奥宗光来说，贯彻这个"最初的目的"是坚定不移的。大鸟圭介回任后，每当遇到实际困难而对其所受内命表现动摇时，总是陆奥宗光给予撑腰打气，鼓励他回到"最初的目的"上来。例如，大鸟圭介回到汉城任所以后，详察情况，朝鲜情势并不像国内所渲染的那样严重。据杉村濬记述当时情景说："综观京城的形势，甚为平静，当然用不着众多的警卫部队。不仅如此，就是先期入朝

大鸟圭介

的400多名水兵，也如平地风波一样，不仅使朝鲜政府感到为难，各国使节也都对我方的举动感到震惊而抱有异议。大鸟圭介公使见此形势，稍稍改变了原来的想法。"于是，他于6月11日和12日两天，连续两次致电陆奥宗光，提出建议："大量的士兵登陆，反而招致困难，因此希望在没有公使命令之前禁止其登陆。除保留适当数量的军队外，

---

① 《时事新闻》，1910年8月24日。

其余均暂返对州待命。"① 正是在这种情况下，大鸟圭介才同袁世凯谈判中日双方共同撤兵问题，并取得了一致的意见。但是，陆奥宗光坚决否定了大鸟圭介的建议。因为在他看来，"实难预料何时发生不测的变化，考虑到在千钧一发之际，成败的关键完全取决于兵力的优劣，所以决定仍按政府原定计划先将预定的混成旅团派往朝鲜为万全之策"②。13日，陆奥宗光复电大鸟圭介，对其建议颇不以为然，并含有批评之意，称：

  阁下欲求中止兵士入京之理由何在？清国及朝鲜方面发生多少恐骇，最初即无分预料及之，此为阁下所悉知者也。若大岛（义昌）部下之兵永留仁川，恐失入京之机会。若一事不为，亦一处不去，终于自该处空手回国，不仅极不体面，且非得策。

他深恐大鸟圭介仍下不了挑起战端的决心，于当天再次发电，授意以讨伐东学党为大岛混成旅团进入汉城的口实：

  6月13日晨所发之电，外交上虽或许少有纷议，但以大岛部下本队入京为得策。因极盼迅速恢复和平，故清兵如仍驻牙山不进时，阁下即要求以日兵镇定暴徒亦无不可。关于对朝鲜将来之政策，日本政府不得已或至采取强硬之处置。③

对于"采取强硬之处置"的含义，大鸟圭介当然是心领神会的。此时此刻，陆奥宗光再也不提"以和平手段解决事局为第一"的话了。

正是在这种情况下，大鸟圭介才下决心"采取强硬之处置"，向政府建议"派护卫兵固守汉城诸门，且守王宫诸门，以迄彼等承服为止"④。就是说，要不惜对朝鲜采取"擒王劫政"的暴力手段了。但

---

① 《中日战争》（续编）第7册，第7~8页。
② 陆奥宗光：《蹇蹇录》，第20页。
③ 田保桥洁：《甲午战前日本挑战史》，第88页。
④ 同上书，第124页。

是，大鸟圭介的建议却没有在内阁会议上得到通过。以伊藤博文为首的大多数阁僚，担心一旦实行大鸟圭介的建议，将会产生严重的后果："第一，实行这种高压外交政策时，不仅要引起第三者的欧美列强指责日本为故意发动无名战争的国家，且恐违背外务大臣曾对俄国政府所作的'不论中国采取任何行动，日本政府亦不先行挑战'的保证；第二，尚未接到中国确向朝鲜增派大军的情报，同时驻牙山的中国军队也没有进入汉城的迹象，如果日本使用较多的军队先行进攻，不仅曲归我国，且有表现我方胆怯之嫌；第三，即使我军企图进攻驻牙山的中国军队，亦应等待朝鲜政府的委托。而使朝鲜政府提出此项委托之前，我国不能不以武力强迫朝鲜屈从我方的意图。进一层说，我们必须先把朝鲜国王掌握在手中。如果采取这样过激的行动，就要违背我国一向承认朝鲜为自主独立国家的宗旨，也决不能博得世人的同情。"陆奥宗光决定不顾伊藤博文及人多数阁僚的意见，一意孤行，认为："桌上议论不必多费唇舌，除从实际出发，根据朝鲜局势的演变，采取临变的措施以外，已经没有再处理其他问题的时间。"于是，他于7月12日先电令大鸟圭介："日前有采取断然措施的必要，不妨利用任何借口，立即开始实际行动。"① 翌日，他又命从汉城派回征询开战意见②的参事宫本野一郎立即返回朝鲜，临行前又令其将密令传达于大鸟圭介："促成中日冲突，实为当前急务。为实行此事，可以采取任何手段。一切责任由我负之，该公使丝毫不必有内顾之虑。"③可见，他要不顾一切地挑起战争了。

从以上陆奥宗光的自述材料看，他不否认自己是发动甲午侵华战争的最主要的罪魁祸首。信夫清三郎认为开战"不是陆奥外相的意

---

① 陆奥宗光：《蹇蹇录》，第68~69页。
② 戚其章：《甲午战争国际关系史》，第35~36页。
③ 陆奥宗光：《蹇蹇录》，第69页。

志，而是其他人的意志"①，虽不无为陆奥宗光开脱之嫌，但陆奥宗光若真的泉下有知的话，他也是不会领情的。因为陆奥宗光是以挑起甲午战争手段"狡狯"②而自诩的，怎么能容忍别人否定他的"杰作"和"功绩"呢？由此可知，"陆奥外交"究竟是"和平主义"外交，还是预谋战争的外交，不是一清二楚了吗？

第二节 英俄对峙与陆奥宗光的"狡狯手段"

日本为发动甲午侵华战争借口朝鲜问题而准备挑起衅端时，面对的是一种异常复杂的国际形势。特别是由于英俄对峙成为远东国际形势的基本格局，日本既要实施其既定的战争方针，又要周旋于英俄两大强国之间，折冲樽俎并非易事。而陆奥宗光施尽"狡狯手段"，左右逢源，终于实现了开战的目的。

日俄两国之间，由于在根本利益上存在着严重的冲突，其关系是相当微妙的。早在1893年10月，日本枢密院议长山县有朋即上奏明治天皇说：

> 如今默察东洋大势，实有令人不堪忧虑之处。盖论及东洋形势，不可不察与东洋关系极大之欧洲诸国，即俄、法、英三国之政略与国势。试就俄国而言，是以侵略为对外政策。……而俄国之所以尚未下手者，是因为运输道路尚未具备，缺乏交通之便。果然如此，则自今十年以后，……如现今之朝鲜，很难预料何日将发生事端。从任何一点观察，东洋终究不会长久保持和平。这

---

① 信夫清三郎：《甲午日本外交内幕》，第84页。
② 陆奥宗光著、中塚明校注：《新订蹇蹇录》，东京岩波书店1991年，第133页。

样，可料定东洋之祸机将不会出今后十年，预先做好应付的准备，岂非国家之百年大计？①

可见，从长远看，日本早就把俄国视为最大的假想敌，准备有朝一日与之较量一番。但是，日本当时的战略是先避开强手而打击弱手。因此，它的主要侵略矛头是指向中国，而对俄国则采取暂时稳住的方针。大体说来，从日本的"六·二出兵"开始，迄于战争爆发，日本在几次关键时刻都是靠"狡狯手段"而稳住了俄国。

第一次：1894年6月初旬日本开始向朝鲜派兵，俄国觉得事态严重，急于得到日本政府的解释。俄国驻日公使希特罗渥（Mikhail Hitrovo）往见陆奥宗光，陆奥宗光信誓旦旦地保证：日本派兵"是纯为保护侨居朝鲜的日本居民及日本公使馆与领事馆人员的生命和财产"。并企图使俄国的视线转向中国，声称："日本政府耽心朝鲜暴动者可能与中国军队发生冲突，因为中国军队无论如何不会满足于对暴动的镇压与平定，而可能企图留驻朝鲜，并控制朝鲜。"说到此处，陆奥宗光装出满腹忧虑的样子，向希特罗渥表白："鉴于此，我们能不派兵至朝鲜监视中国的行动吗？"希特罗渥感到满意，便向外交大臣吉尔斯（N. K. de Giers）报告说："将以上事实呈请阁下审查，暂时我将不作任何阐释。"②

以后，日本却陆续增派大军进入朝鲜，引起各国的关注，尤其使俄国感到不安。希特罗渥颇为不满地对陆奥宗光说："帝国政府为朝鲜事件感到忧虑。帝国政府怀着和平的目的，希望此事不致发展为战争，并希望中日两国在撤兵问题上速即达成协议。同时，我不能不向陆奥先生表示遗憾，因为帝国政府已屡次证明其不自私的好意，而日

---

① 德富苏峰：《山县有朋公爵传》，第99~104页。
② 《中日战争》第7册，第224~226页

本政府在采取重要决定时，却并不预先通知帝国政府。"陆奥宗光在回答中却转移话题，首先埋怨中国"背信弃义"，指责"中国政府迄今仍想强调它在朝鲜夺得的宗主权"。对于俄国来说，他这些话是很容易引起共鸣的。然后，他向希特罗渥作了"最肯定的保证"："日本绝不想占有朝鲜，日本并准备随时与中国同时撤兵，……但除非中国直接挑衅，日本在任何情况下不首先采取军事行动。"这番花言巧语竟使这位俄国公使信以为真，急忙向外交大臣报告说："我本人相信：现内阁对于在日本认为非常迫切的朝鲜问题上已做得太过分，所以如果没有任何漂亮的借口，或表面的成功，它已骑虎难下。但看来谁也不要战争，即使没有第三方面的调停，战争或者也可避免。"①

就这样，在日本出兵和留兵朝鲜的问题上，陆奥宗光靠谎言暂时稳住了俄国。

第二次：到6月底，由于日本拒绝与中国同时从朝鲜撤兵，各国群相猜疑，俄国尤不放心，特照会日本提出"忠告"："如果日本有意阻碍而不与中国同时自朝鲜撤军，则日本应负严重责任。"陆奥宗光一面坚决认为朝鲜"骚乱并未平息"，一面声称："如骚乱确已平息，则当然无须再有军队留驻。"两天后，伊藤博文又以内阁总理大臣的身份向希特罗渥明确宣布："日本毫无夺取朝鲜内政的意图，其目的系在真正保卫朝鲜实际脱离中国而独立，只要获得朝鲜政府能实施必要改革以避免重新发生暴乱与中国再度干涉的某些保证，则日本准备与中国同时撤退军队。"陆奥宗光和伊藤博文在这里上演了一出双簧戏，并借此正式向俄国打出了"朝鲜独立"牌。这一手还真管用，正中俄国的下怀。希特罗渥听后，立即电告吉尔斯："我自外务大臣狄

---

① 《中日战争》第7册，第233页。

悉的一切，业经伊藤伯爵证实。"① 他再次相信了陆奥宗光的弥天大谎。

所谓"保卫"朝鲜"独立"，本是日本投给俄国的钓饵。俄国早就想插足朝鲜，但遇到了中国"宗主权"的障碍，如果日本留兵朝鲜的目的是要拆除这道障碍，即当然是俄国求之不得的了。俄国驻朝鲜代理公使韦贝（Carl Waeber）认为："在我看来，中国人过分夸大了有关朝鲜骚动的消息，他们以朝鲜政府的危急无援为借口，出兵行使其假定的宗主权。……他们宣称骚动业已平定。我相信，由于日本采取了严重措施，中国行将退却。"② 韦贝本人就是一个朝鲜"独立"论者，早就同日本驻朝公使的杉村濬等人沆瀣一气。他的以上言论是向外交大臣暗示，日本留兵朝鲜有其必要性，而且有助于朝鲜的"独立"，对俄国是大有好处的。

随后，对于俄国政府的照会，陆奥宗光复照重申："一俟日本政府确信朝鲜的和平业已恢复，新的骚动和混乱已无再起危险时，日本军队即可撤离朝鲜。"对此，吉尔斯十分满意，致电希特罗渥称："请以友好态度告知日本政府，我们很高兴从其照会中获悉日本并无侵略目的。"此时，俄国驻华公使喀西尼（Arthur P. Cassini）头脑稍微清醒，向吉尔斯建议："努力坚持日本撤兵一事，极为重要。中国也将同时撤出其派遣军。日本若一旦取得某种初步的胜利，则决难与之取得决议。"又称："从显然有惹事企图的日本政策以及许多其他政治原因上看，日本无疑是我们在大陆上的怨邻。"他还主张俄国政府接受李鸿章请求调停的建议。但是，吉尔斯宁肯相信希特罗渥，却对喀西尼的话不感兴趣，反而告诫说："我们完全珍视李鸿章对我们的信任，

---

① 《中日战争》第 7 册，第 238~239 页。
② 《中日战争》第 7 册，第 243 页。

然而我们认为不便直接干涉朝鲜的改革,因为在这建议的背后,显然隐藏着一个愿望,即把我们卷入朝鲜纠纷,从而取得我们的帮助。"①

俄国政府从民族利己主义的立场出发,心甘情愿地吞下了陆奥宗光投下的钓饵。这样,陆奥宗光再次靠谎言暂时稳住了俄国。

第三次：7月中旬,日本驻朝公使大鸟圭介向朝鲜政府提出限期改革内政案以后,俄国政府开始觉得日本的所谓"朝鲜独立"似乎是一纸空头支票,这才真正着急起来。据韦贝电告吉尔斯："大鸟先生规定于3日内讨论如何完成下列改革：于10日内着手改组行政机关,修建铁路与电讯；于6个月内整理财政及海关；于两年内重新组织司法、军队、警察与国民教育事业。"吉尔斯发现,日本人在朝鲜犹如太上皇,任意发号施令,完全排除了俄国在朝鲜存在的可能。于是,他致电希特罗渥："请探询日本向朝鲜人要求什么让与,并使日本政府注意：任何让与,如果违背独立的朝鲜政府所签订的条约,均为无效。我们为了想避免日后发生重大纠纷起见,希望日本能了解我们的善意。"对于俄国政府的警告,陆奥宗光还得靠谎言应付。陆奥宗光又对希特罗渥作出口头保证："日本并无理由将它向朝鲜所提各项要求保守秘密,因为这些要求并不违背朝鲜的独立。"②吉尔斯念念不忘的是朝鲜的"独立",日本既声明"并不违背朝鲜的独立",一时也就难有置喙的余地了。

3天之后,日本海军便在丰岛海域袭击中国军舰,挑起了战争。日本对俄国所采取的暂时稳住的"狡狯手段",终于达到了既定的目的。

再从英国方面看,英国的远东政策是十分明确的,就是为了维护

---

① 《中日战争》第7册,第245、249、237、246、245页。
② 《中日战争》第7册,第257、259、263页。

英国在远东的既得利益。英国不愿破坏远东国际关系的现有格局，相反地还要极力推持这一格局。但是，野心勃勃的沙皇俄国却使英国不得不格外警惕。英国唯恐俄国南下，在远东与英国争雄，从而使英国的既得利益和地位受到强烈的冲击与挑战。因此，从防俄的需要出发，英国政府对中日冲突曾尽力调停，先后采取了3个步骤。对于英国的这一"调停三部曲"，陆奥宗光则想方设法予以搅乱。

英国政府所采取的3个调停步骤是：

第一步，劝说日本避免同中国冲突。起初，英国过分地相信自己对日本的影响力，并完全未料想到朝鲜局势会失去控制，日本会真的不顾一切地发动对中国的战争。6月13日，英国外交大臣金伯利（Wedehouse John Kimberley）约见日本驻英公使青木周藏，向他出示英国驻华公使欧格讷（Sir Nicholas R. O'Conor）的电报："朝鲜乱民业已溃散，清国欲撤其兵，日本亦应同时撤兵。望阁下为之斡旋。"并借此向青木周藏表示了英国政府对日军长驻朝鲜易生纠葛的忧虑。陆奥宗光则通过青木周藏向英国政府表示："朝鲜变乱情况至不需驻兵时，日本当即撤回其兵员。然而，迄今未收到贼军溃散之确报，却有扰乱不止的情况。日本政府已将为避免纠纷而加以充分注意。"[①] 日本政府所采取的两面手法，确实在一个时期内很好地掩盖了其出兵朝鲜的真实意图，从而使金伯利及英国外交当局受到蒙骗。

陆奥宗光的谎言很快便被戳穿。各方面的报告纷至沓来，都表明日本正在走向战争。英国驻华公使欧格讷报告："日本拒绝与中国同时从朝鲜撤军，并继续增兵，还多方购置煤炭，并租借或购买轮船尽管变乱已经结束，但日本仍在进行上述不友好的、威胁性的准备工作。"英国远东舰队司令斐里曼特（Freemantle）也报告："日军继续

---

① 《中日战争》（续编）第9册，第286~287页。

第五章 预谋战争的"陆奥外交"

行动,朝鲜局势严峻,……变乱无足轻重,不过是个借口而已。"对此,金伯利感到束手无策,再次劝说青木周藏道:"不管日本期望以什么新的方式治理朝鲜,向中国宣战都不是解决问题的有效办法。当务之急是防止中日发生冲突,因为这两个邻国的根本利益是一致的。希望向日本政府转达我真诚的建议:避免冲突。"并指示驻日代理公使巴健特(R. S. Paget)向日本政府提出"善意的警告":"坚持目前的态度可能会导致严重的后果,引起与中国的激烈冲突,只能使俄国从中渔利。……战争一旦爆发,东亚将出现各种严重问题,而这将有损于日本的利益。"而陆奥宗光约见巴健特时,却假惺惺地说:"由于中国拒绝了日本的建议,日本无法再做任何努力了。但是,如果中国政府提出在朝鲜独立的基础上进行谈判,保证朝鲜的政治安定,日本也愿意予以考虑。"谎言果然奏效。于是,英国反过来劝说中国"有必要持调和态度,以防止与日本发生冲突,从而危及全面和平"[①]。

随后传来了俄国插手调停的消息,英国政府不得不放弃单纯劝说中日避免冲突的办法,而采取新的调停步骤了。

第二步,倡议"五强联合调停"。6月底,俄国驻华公使喀西尼向李鸿章提出了三国会议之说,即中、日、俄三国派员到天津会议,以商谈朝鲜善后问题。喀西尼的建议将英国排斥在外,英国当然要竭力反对。于是,针对俄国的三国会议说,英国提出了"五强联合调停"的建议。起初,英国看得很清楚,朝鲜危机的根本原因在于日本坚持不肯撤军。所以,从防俄的大局出发,英国竭力劝说日本避免冲突,企图恢复朝鲜的和平,以不使俄国有乘虚而入之机。后来,英国看到俄国跃跃欲试,其公使力倡三国会议之说,而日本又不会一无所得而

[①] British Documents on Foreign Affair-Reports and Papers from the Foreign office Confidential, Part I, Series E, Vol. 4, Sino-Japanese War (1894), University Publications of America (Bethesda), 1989, pp. 27-33. 以下引用此书时简称 Sino-Japanese Publications of War (1894)。

撤军，英国为了防止俄国趁机单独插手，只有联合德、法、美等列强与俄国共同迫使中国妥协，以满足日本的侵略要求，从而换取远东的时稳定。金伯利跟青木周藏有一句私房话："此为防御俄国单独干涉之手段。"① 一语道破了此中的内情。

为了使英国的远东政策向日本方面倾斜，陆奥宗光进行了大量的活动，也搞了不少的小动作。

其一，极力渲染俄国的干涉势头，以激起英国的恐俄心理。日本有意地散布有关俄国试图插手中日纠纷以从中渔利的谣言。朝鲜即传出消息说："俄国驻日公使在怂恿日本达成一项相当优惠俄国的秘密协定。"这显然是日本所为，明眼人一看便可知道纯属无稽之谈。然后，青木周藏却不惜添枝加叶，对英国外交部煞有介事地说："俄国公使希特罗渥曾劝日本与其签订政治协议，说作为交换条件，俄国可以根据日本的意愿签订经济条约或修改条约。在朝鲜问题上，中国比日本更有可能与俄国达成某种协议。"他不仅言之凿凿地给俄国的侵略野心曝光，而且巧妙地将话锋转向中国，以加重英国对中国的疑心。这一下，英国政府沉不住气了，急忙由外交部发表备忘录，声称："如果中俄之间或中、俄与日本之间签订任何协议而置英国政府于不顾，英国就将考虑并采取必要的措施来保护自己的利益。"并拟指示让巴健特向日本政府重申："在朝鲜问题上，日俄、中俄或中日俄三方无论签订什么协议，英国都不会视而不见。"英国首相罗斯伯里（Lord Roseberg）立即在备忘录上签字并批示："同意。发电指示。"② 日本从外务大臣到驻外公使，个个都是谎话专家，而其谎话往往奏效：谎话制造者暗地窃笑，相信谎话者却被搞得晕头转向，入其彀中。这

---

① 《中日战争》（续编）第9册，第311页。
② Sino-Japanese War (1894), pp. 35~40。

样，英国的"五强联合调停"计划一提出，就被重重地覆盖上一层不祥的阴影，预示了它的失败。

其二，在外交上施展各种"狡狯手段"争取英国对日本的同情，甚至不惜采取卑劣的贿赂办法来收买英国官员和报纸，以制造有利于日本的氛围和舆论。在这段时间内，日本的驻外公使馆人员十分活跃，或在政界游说，或套取情报，或向外务省提出建议。日本驻英公使馆表现尤为突出，并有计划地展开了收买的活动。早在6月间，青木周藏向陆奥宗光报告说，"我以前就与《泰晤士报》建立了关系"，请外务省继续拨款，以"供政治上和私人之用的额外经费"。所谓"额外经费"，就是用于贿赂的费用。到7月间，青木周藏又报告说："英国大多数有影响的报纸都发表了社论，其观点与我们的一致。即《天津条约》也表达了日本在保护和要求朝鲜改革及保护朝鲜领土完整上的权力。公众舆论使英国政府倾向我方。"[①]陆奥宗光的釜底抽薪之法使英国舆论倒向了日本，从而动摇了英国政府调停的决心，最后不得不宣告"五强联合调停"计划失败。

第三步，提出中日两国军队在朝鲜划区占领的建议。"五强联合调停"计划失败后，英国的远东政策一度似乎要明确地向日本倾斜，即完全满足日本的侵略要求，并迫使中国屈从。这时，巴健特从东京向英国发来电报说："中国似乎希望通过俄国，迫使日本从朝鲜撤军。"欧格讷也从北京来电称："中国很有可能全力求助于俄国。"这两封电报及时地提醒了金伯利，他怕真的一下子把中国推向了俄国的怀抱，于是便提出在朝鲜建立一个中间地带。这就是中日划区占领的建议。他分别指示英国驻中、日两国公使："作为防止两国冲突，为谈判争取时间的应急措施，两国可以都不撤军，但双方须分开各占一

---

① 《中日战争》（续编）第9册，第295、306页。

方，从而避免冲突。"① 金伯利特别热衷于这个方案，感到这可能是防止中日冲突的最后一张王牌。用他的话来说，这是一个"最有希望避免冲突"的方案。因为在他看来，这将使中日两国军队隔离开来，就不容易发生军事冲突了。此外，与此有关的直接结果是，由于中日两国军队分别占领了朝鲜的北部和南部，俄国也就不可能乘虚而入并从中渔利了。

但是，日本政府对英国的中日在朝鲜划区占领的建议一直拖延不答。巴健特前去询问陆奥宗光，陆奥宗光竟装糊涂，好像对英国的建议毫无所知似的。他借口线路有问题，尚未接到驻英公使的电报，因而不能作出答复。直到7月21日，陆奥宗光才想好把责任推给中国，声称："现在达成协议的时机已经过去。我曾通过英国驻华公使向中国提出修改提议，并要求5天内给予最终答复。现在5天已过，我们不会再接受其他方案了。"② 所谓"修改提议"，是指7月19日日本提出的包括"若遇韩大典，日与中平行"③ 等条在内的修正案。当时声言限中国5日内答复。可是，从7月19日到21日，才不过两天的时间，陆奥宗光却硬说"5天已过"。可见其拒绝英国划区占领建议以尽速对中国开战之心情，是多么迫切！

陆奥宗光大施"狡狯手段"，搅乱了英国的"调停三部曲"，竟然步步得手。之所以如此，主要是因为陆奥宗光看准了英国的根本利害关系所在。青木周藏称："我还采取了一些审慎的办法，向英国政府指出，有俄国的威胁，中国对朝鲜的保护是靠不住的。而中国能够保护朝鲜以反对俄国，恰是英国对中国态度友好的主要目的。（以此）

---

① Sino-Japanese War (1894). pp. 49~50。
② Sino-Japanese War (1894), p. 65。
③《清光绪朝中日交涉史料》第15卷，第14页。

把英国政府拉向我们一边。"① 正由于此，陆奥宗光才能够将金伯利等人玩弄于股掌之上。

"将英国政府拉向我们一边"这句话，是作为日本驻英公使青木周藏经常挂在嘴边的口头禅。他在给外务大臣陆奥宗光的报告中多次强调地提到它。这句话实际上反映了日本外交策略思想的基本方面。

在日英俄三角关系中，由于各自的利害关系不同，日英之间与日俄之间并不是等距离的。日俄之间存在着根本利害的冲突，它们的关系是比较疏远以至敌视的。相反，日英之间却有着共同的利益，它们的关系是比较接近的。但是，日本为了发起这场侵略战争，认为仅仅同英国保持接近的关系还是远远不够的，还必须把英国拉到自己一边才行。为达此目的，陆奥宗光采取了"打俄国牌"的外交策略。

当时，英国政界普遍患着一种"恐俄症"，几乎是谈俄色变。6月8日，英国外交部在得知日本决定派兵入朝的消息后，曾用备忘录的形式追述占领朝鲜巨文岛事件："1885年，考虑到可能与俄国发生冲突，我们占领了巨文岛。……最后，中英互换了照会。中国照会载有俄国作出许诺，即我们撤离巨文岛后，俄国在任何情况下都不侵占朝鲜领土。有中国担保俄国的这一许诺，我们便撤离了巨文岛。"② 这反映出日本出兵朝鲜伊始，英国最担心的问题是俄国将会趁机派兵。③

陆奥宗光是深知英国当局的惧俄心理的，便在防俄问题上大作文章。在他的授意下，青木周藏亲自到英国外交部游说，大讲"阻止俄国人南犯"的问题。青木周藏称："中国是无力与俄国抗衡的。如果

---

① 《中日战争》（续编）第9册，第295页。
② Sino-Japanese War (1894), p. 24.
③ 英国政府的担心并非过虑。俄国外交部亚洲司司长克卜尼斯特确曾建议：（一）将一支军队派驻汉城，以保护俄国公使馆为名留驻该地；（二）暂时占领永兴湾。只是他的建议未被采纳罢了。当时，英国舰队也曾泊巨文岛以防之。（见《中日战争》第7卷，第260、266页。）

朝鲜要落入俄国手中，日本将不惜代价地保卫朝鲜。"除了口头游说之外，日本还以担任驻英使馆秘书的德国人西博尔德（Baron Von Siebold）名义提出一份备忘录，进一步对英国政府进行劝诱。备忘录首先引用已故巴夏礼爵士（Sir Harry Parkes）的预言："东方问题最终要通过战争来解决。不是在欧洲，也不是在印度，而是在东亚，在中俄之间。"继之攻击中国出兵"是为了寻找借口干涉朝鲜内政"，而日本根据条约也派出了军队，"结果阻止了中国占领朝鲜港口的计划"。在胡说一通之后，备忘录详细地剖析俄国的南下政策：

> 鉴于目前的政局，朝鲜绝对无力抵抗俄国的进攻，而且如果不确立俄国保卫国的地位，它只要向朝鲜施加压力，就能夺取部分领土。现在之所以尚未出现这种局面，只是因为俄国忙于建设西伯利亚大铁路，还腾不出手来实施它的东亚政策。……一旦这条铁路开始通车，俄国将在漫长的国境线上向中国全面推进，在中国殖民系统人造防线或是战略防线上打开突破口。……

> "还有一个问题：当中国自顾不暇之际，还能顾及俄国人进入朝鲜吗？譬如永兴湾，俄国早就觊觎多年。对俄国来说，占领该港是一项巨大的收获。它常年不冻，因而俄国舰队冬季也可寄泊该港，而海参崴一年却有好几个月是封冻的。……俄国在日本海夺得一个良港，将给它开辟怎样的军事和商业前景是不言而喻的。

然后将笔锋一转，诋毁中国说：

> 无疑，中国会把永兴湾，甚至更多的朝鲜领土让给俄国，而不会拿大清帝国的江山去冒险。中国对交趾支那和安南事件的处理以及坐视暹罗受侵略的事实，都证明它会这样做。但对日本来说，俄国占领却是个至关重要的问题。……在这一点上，英国和

日本的利益可以说是一致的。……而众所担忧的是，俄国已决意攻占中国本土、台湾和朝鲜，而且可能还有法国的支持。且不说中国在物质上是否有力量抵挡，单就外交上说又是否靠得住呢？

最后鼓吹只有让日本参加保护朝鲜，凭借其军事实力足以挡住俄国的南犯：

> 如果日本参与保护朝鲜，问题就完全不同了。从日本对马的外围军事哨所到朝鲜南部港口，轮船数小时便可到达，由英国人帮助建起来的日本海军，等装备上威力巨大的维多利亚型战舰建成（尚在英国建造），将在太平洋上独霸一方。①

这篇洋洋洒洒数千言的备忘录，可谓极尽劝诱之能事了。

西博尔德备忘录中所谈的一些问题，确实是抓住了英国当局的心理，有很强的说服力。金伯利基于英国自身利益的考虑，联系到东亚的现状，不能不接受其中的主要论点。所以，在一段时间里，他一会儿劝日本避免同中国冲突，以不使俄国"有机会插手朝鲜事务"并"从中渔利"，一会儿劝中国"有必要持调和态度"，"以防止与日本冲突"而"可能会给俄国提供某种机会"。在英国看来，防俄是主要问题，其他都是次要问题，都要服从于防俄这个大局的需要。在这一点上，日本和英国的利益确实是一致的。其后，英国倡议"五强联合调停"和中日在朝鲜划区占领，也都是针对俄国的。所以，是日英在根本利益上的共同性，才使日本的"将英国政府拉向我们一边"计划有了实现的基础。

与日本的日英俄三角关系相联系，在中国面前则摆着一个中英俄三角关系问题。如何处理好这个问题，关系到当时清政府外交的成败。但是，对于这个问题，清政府内部还没有一位官员能够从战略的高度

---

① Sino-Japanese War（1894），pp. 26~33.

发现并加以认识，当然更谈不上像日本那样应付自如了。清政府是有病乱投医，在外交政策上根本没有统一而周密的计划，一会儿由总理衙门求英，一会儿由李鸿章求俄。这只能引起英国对中国的猜疑，以致发出警告："给第三国（俄国）以干涉的机会实属下策！"① 正由于清朝当局昧于世界大势，因此反而无意地将英国向日本推去，为日本实现其"将英国政府拉向我们一边"计划创造了有利的条件。

但是，日本"将英国政府拉向我们一边"计划之能否实现，其关键还在于中日英三角关系如何发展。在中日英三角关系中，无论中英之间还是日英之间，就防俄这一点来说，本来利益都有着共同的一面。尽管日本拼力地拉英国，但英国考虑防俄的大局，也并不会轻易地舍中而就日的。

在一个相当长的时间内，从英国的防俄战略来看，它和中国有着广泛的一致利益。譬如说，"对于垂涎满洲和印度的俄国，中国的利害关系正好同英国是一致的。而且，为了不使法国向印度支那扩张其版图，中国所关注的问题亦与英国相同"②。何况按照英国殖民主义者的观点，中国与它的殖民地加拿大、澳大利亚一样，可对它提供任何方面的方便；更不用说中国的存在是它防俄战略计划的一个重要组成部分，它自然要与中国保持一定时期内的和睦稳定关系了。因为英国既要防俄国自北方南下，又要防法国自南方北上，只有维持中国的存在，才能够在介于远东俄、法两大侵略势力之间有一个巨大的缓冲地带。此外，首当其冲的是朝鲜，而英国产业资本在朝鲜的活动，又主要是通过中国的商业资本进行的。所以，连陆奥宗光也认为，英国"因从来的历史关系，不能不产生重视中国的倾向"，"始终总是希望

---

① Sino-Japanese War (1894), p. 43
②《日清战争实记》第14编，第80页。

东亚和平不致破坏"。①

由于上述中英关系的历史情况,历来就有关于订立中英同盟的倡议。1885年,当英国占领朝鲜的巨文岛而遭到俄国抗议时,英国曾向当时的清朝驻英公使曾纪泽暗示与中国结盟的意向。此后,英国倡议缔结英中同盟者不乏其人。他们的共同观点是:"俄国是所有政治家的噩梦,将来更是如此。另外,俄国又是当前在满洲排不掉的烦恼。清国将会热心地欢迎同英国结成同盟,以对付俄国。"② 直到甲午战争期间,英国传教士李提摩太(Timothy Richard)还向李鸿章建议缔结中英同盟密约,并草拟了一份详细的《中英同盟密约草稿》。③ 这说明长期以来有不少英国人士对于订立中英同盟是颇感兴趣的。怪不得日本发动甲午侵华战争之前,无论是伊藤博文还是陆奥宗光,还为中英之间是否缔结过某种密约而一直忐忑不安。

甚至对于中国在朝鲜的宗主权,英国从防俄的前提出发,也是持肯定态度的。中国海关总税务司英国人赫德(Sir Robert Hart)说过:"关于朝鲜的全部事务,可以成为其前提的一点,就是朝鲜是清国的属国。"④ 曾经先后担任过印度总督和英国外交大臣的寇松(George Nathaniel Curzon)写道:"我确信,朝鲜作为一个国家继续存在的希望,就在于维持与清国的关系,这是历史、政策与自然的共同要求。而且,惟有如此,才能为维护和平提供保障。"⑤ 赫德和寇松的话,也反映了英国政府主流派的观点。所以,当7月间英国试图促成中日谈判时,就劝说日本不提"宗主权"问题,"不要把中国放弃在朝鲜的

---

① 陆奥宗光:《蹇蹇录》,第41页。
② 信夫清三郎:《甲午日本外交内幕》,第71页。
③ 戚其章:《甲午战争国际关系史》,第348页。
④ 信夫清三郎:《甲午日本外交内幕》,第71页。
⑤ Lond Curzon, Problems of the Far East, Japan-Korea-China, 1894. pp. 231~232.

特殊地位作为谈判的先决条件"。同时，英国还反对日本关于"朝鲜独立"的提法，认为这"必会削弱中日两国对朝鲜的控制和保护的权限，只能为别的国家（俄国）的干涉提供更多的机会"，坚决主张把"朝鲜独立"改为"中日共同保证朝鲜领土完整"。①

从上述情况看，在中、日、英的三角关系中，中英之间与日英之间起初似乎是接近于等距离的。当中日争端初起时，金伯利曾多次对青木周藏说："当务之急是防止中日发生冲突，这两个邻国的根本利益是一致的。"② 针对英国政府的这种态度，日本一方面继续打"俄国牌"，对英宣传中国决抵挡不住俄国的南犯；另一方面，故意不断地向中国提出一些明知难以接受的条件，使中日谈判陷入僵局，然后将谈判失败的责任推给中国，以向英国证明调停难以奏效。在这种情况下，英国又反过来劝说中国对日本让步和妥协。到了这时，英国也确实觉得清政府是一堆立不起来的烂泥巴，完全无力抵御俄国的南犯；为了防俄的战略需要，只有用牺牲中国的办法来满足日本的侵略欲望，于是便开始将其远东政策的重点逐渐移向日本。这样，中、日、英三角关系中，日英之间的距离拉近了；与之相反，中英之间的距离推远了。

到7月22日，金伯利一面通知青木周藏，对日本政府的"不妥协态度"表示"十分遗憾"，一面命巴健特转告日本政府："英国希望日本政府作出保证，与中国开战时不对上海及其通道采取军事行动，因为通讯中断会大大影响英国的经济利益。"③ 这实际上是公开表明中英之间不存在任何盟约，也等于默许了日本发动这场大规模的侵华战争。于是，到第二天，日本政府便密令日本常备舰队从佐世保军港出发，

---

① Sino-Japanese War (1894), pp. 35~36.
② Sino-Japanese War (1894), p. 28.
③ Sino-Japanese War (1894), pp. 65~66.

伺机袭击北洋舰队；与此同时，日本驻汉城的大岛混成旅团也按既定计划演出了举世震惊的"擒王劫政"武剧。

总之，面临英俄对峙的远东国际形势，陆奥宗光指导下的日本外交，靠的是善于玩弄"狡狯手段"，终于实现了近代日本扩张论者多年梦寐以求的目的：实行大陆作战。陆奥宗光后来说："与其说英国政府有坚决采取一切手段维护东亚和平的决心，毋宁说是英国政府认为中日两国的战争已经不可避免，而抱着无从制止的看法。"① 日本"将英国政府拉向我们一边"的意图，终于如愿以偿。

第三节 撕毁撤军协议的背景

检验"陆奥外交"的性质，最好的方法有二：一是看谁是"六·二出兵"的主倡者；一是看陆奥宗光本人对待中日共同从朝鲜撤军的态度。

在日本国内，曾有一种流行的说法，当时包括陆奥宗光在内的日本内阁成员都是和平主义者，只是参谋本部次长陆军中将川上操六才是坚决的主战者。如日本驻上海总领事林权助回忆说，1893年川上操六考察朝鲜、中国后抵达上海，即已下定对华作战的决心，密告林权助："你可以放心，一旦同中国发生事端，就打算把它干掉。"② 1894年朝鲜爆发东学党起义后，早就摩拳擦掌的川上操六感到机会终于来了。铃木荣太郎所著《川上将军》称："将军是主战论者，政府是和平论者。在将军要把形势引导到作战的方向上去的时候，政府却要把

---

① 陆奥宗光：《蹇蹇录》，第46页。
② 朝日新闻社编：《日本外交秘录》，东京1934年，第48页。

形势尽可能地引导到和平的方向上去。因此,当清国出兵的消息不断传来,战意已不可抑制的时候,我国政府仍然把希望寄托于和平,阻碍军事行动的发展。……是时,排除混乱,不失公节,立于穷地,善决大体者,只有将军。"不仅如此。在铃木的笔下,陆军大将山县有朋也成了和平论者。山县反对派兵赴朝,认为:"对于清军,我军获胜的可能甚微,因此我军不应主动出兵。"川上操六与之激烈争论,山县有朋拂袖而去。川上操六从后追上,请山县有朋留步,恳言劝道:"方今之急务,有待于阁下者甚多。阁下离去,谁能做出决定。况且,吾辈讨论军国大事,应舍小故从大节。"山县有朋不得不返回,于是共同做出了出兵决议。① 作者称川上操六为积极的主战论者,自然毫无疑问,但为了突出川上操六,硬把日本政府、甚至山县有朋都说成是和平论者,则未免离历史事实太远了。

其实,日本"六·二出兵"的主倡者,不是别的什么人,而是外务大臣陆奥宗光。有记载称:

> 日本下定作战决心是比较靠后的事情。起初,看到中国自1885年以来在朝鲜为所欲为地扩张势力,日本似冬眠的蛇一样,深深潜入地下,一点也不想伸展自己的势力,在接到已经发生的突然事变(指朝鲜东学党起义——引者)的消息以后,也不想立即改变态度。此时,只有外务大臣陆奥宗光已做尺蠖之屈,准备进取。他认为现在正是跃进的最好时机。陆奥宗光秘密地把自己的意图透露给陆军参谋次长川上操六。川上操六见陆奥胜负在此一举的气概,答曰:"好,你若有这样的决心,就不要再搞姑息外交了。下决心去实行干脆利落的政策吧!军事方面的事情,我心中自有数。"他对陆奥的意图深表赞同。随后,陆奥宗光又与

---

① 信夫清三郎:《甲午日本外交内幕》,第113、116页。

第五章 预谋战争的"陆奥外交"

海军大臣西乡从道商量,西乡从道也慨然应允。西乡从道说:"只要我能做得到的事情,一切按照你的希望去做。"陆奥终于下定了决心。①

这里所揭示的内幕材料充分说明,派兵计划的始作俑者是陆奥宗光,川上操六只是其同谋而已。有论者认为,川上操六"在内阁会议做出决定之前,似已在派出混成旅团的问题上取得了外务大臣陆奥的谅解"②。这一推断,虽用了疑似之词,却是完全可以成立的。

这样,在陆奥宗光与川上操六的共同策划下,在有关军事行动的两个重要问题上达成了共识。

其一,是如何争取内阁通过派兵的决定。因为当时内阁总理大臣伊藤博文顾虑列强的干涉,且没有获胜的绝对把握,一时尚下不了对华开战的决心,所以当川上操六向陆奥宗光提出至少派出一个混成旅团时,陆奥宗光觉得这在内阁会议上恐难通过,便对川上操六说:"若一开始就派出七八千军队,恐伊藤总理大臣不会同意。"川上操六想出了一个瞒天过海之计,就是名义上提派一个"旅团",实际上派一个"混成旅团"。他对陆奥宗光说:"可先派出一个旅团,总理大臣知一个旅团的兵力约两千人左右,大概不会有异议。然而,派出混成旅团,实际有七八千人。"以上所述,系根据外务次官林董《回忆录》中的记述,应该是有根据的。此计果然奏效。次日,这个方案提交给内阁会议,很顺利地形成决议。"这样,军部就能够进行他们所希望的出兵了。"③ 结果,派第五师团第九旅团长陆军少将大岛义昌率领混成旅团入朝。大岛混成旅团由司令部、步兵两联队、骑兵1中队、山炮1大队、工兵1中队、辎重兵队、卫生队、野战病院、兵站监部、

---

① 卯井九马三:《最近日本外交史》下卷,东京1982年,第490~491页。
② 信夫清三郎:《甲午日本外交内幕》,第115页。
③ 信夫清三郎:《甲午日本外交内幕》,第107页。

225

宪兵、兵站司令部等组成；将官1人，校官16人，尉官187人，下士584人，步兵5822人，合从卒、输卒、马卒等，总计8007人。[1] 派出这样一支庞大的军队，谁也不会相信它是出于和平的目的，或者仅仅是用来保护使馆的安全的。

其二，必使派出的军队走上交战之路。当陆奥宗光与川上操六密谈时，将军事方面的运作完全托付给川上操六，川上操六也满口答应，让陆奥放心："军事方面的事情，我心中有数。"正是在陆奥宗光的支持和川上操六的具体操作

日本大本营御前会议

下，日本正式成立了战时大本营。根据1893年5月22日天皇睦仁颁布的《战时大本营条例》，战时设置大本营，是由天皇直接领导和统辖的最高统帅部，以作为领导指挥战时陆海军的最高军令机关。军事动员计划、出兵数量及运输计划等等都完全归军事统帅掌管，而由大本营决定，内阁大臣在法制上也无权进行干预。大本营的陆军参谋则由川上操六担任，掌握实权。陆奥宗光之所以将军事方面的运作托付于川上操六，盖亦为此。本来，当时日本仅派出一个混成旅团，从指挥上说，完全没有必要设立如此庞大的大本营。其所以如此，乃由于陆奥宗光与川上操六已取得必战的共识，而伊藤博文在外交上尚颇有顾虑，一时举棋不定，正可利用军部收取内阁"对清、韩大方针决定之权，而极力以导引开战为有利之阴谋"[2]。

从以上日本派兵的情况看，在朝鲜开启战端已成不可阻挡之势。

---

[1]《中日战争》第1册，第220~221页。
[2] 田保桥洁：《近代日支鲜关系之研究》，朝鲜京城帝国大学1930年印本，第98页。

第五章 预谋战争的"陆奥外交"

首先派出一个混成旅团和设置大本营两项重大措施，便决定了开战是必然的发展趋势，要求日本一无所得而从朝鲜撤军已是不可能了。因此，从中日一开始派兵，双方的立场就是根本对立的。

首先，中国是应朝鲜政府之请而派兵，而日本的派兵则是不请而强行。朝鲜政府正式要求中国派兵是在6月3日。翌日，李鸿章即将此照会转电总理衙门，并建议派兵入朝。其实，在此以前，日本早就为出兵预作准备，而且巴不得中国派兵，以便作为出兵的借口。就在同一天，陆奥宗光命大鸟圭介即到外务省，授以训令，迅即回任。次日午后，大鸟圭介偕外务省参事官本野一郎、海军军令部第二局局员海军少佐安原金次，并随带警视厅警部巡察20名为卫护，搭乘八重山舰自横须贺起程赴朝。10日，由日本松岛舰副舰长海军少佐向山慎吉为联合陆战队总指挥官兼大队长，率官佐26名，士兵405名，护卫大鸟圭介公使，徒步自仁川进发，于当晚到达汉城。另有炮队带野炮4门，乘汽船溯汉江而上，先于是日下午抵达龙山。先是在6月6日，即当大鸟圭介已在回任途中时，杉村濬根据陆奥宗光的指示，向朝鲜外务督办赵秉稷和袁世凯通报大鸟圭介公使，"同时透露了作为护卫率来警察20名，但对水兵同来一事秘而不宣。因此，开始时朝鲜政府中任何人也不知道派遣军队之事"[1]。袁世凯亦为日人所愚，认为："大鸟不喜多事，伊带巡捕二十名来，自无动兵意。"[2] 到7日，日本始将出兵决定正式照会中国。李鸿章也未将此事看得很重，只是劝告日本驻天津领事荒川己次说："如已派保护官商，断不可多，且非韩请派，断不可入内地，致华日兵相遇生衅。"[3] 11日，赵秉稷亲访大鸟圭介，对日本派兵强行入京一事提出抗议，并要求日本撤兵。日本挑

---

[1]《中日战争》（续编）第7册，第5页。
[2]《清光绪朝中日交涉史料》第13卷，第9页。
[3]《李鸿章全集》卷十五，第35页。

衅之心已定，当然要一意孤行到底了。

其次，从中日两国的派兵照会看，双方所依据的条约也是不尽相同的。无论朝鲜乞兵还是中国派兵，除两国具有宗藩关系外，还都依照中日《天津条约》第三款的精神而行。此款之原文称："将来朝鲜国若有变乱重大事件，中日两国或一国要派兵，应先互行文知照。及其事定仍即撤回，不再留防。"朝鲜政府的乞兵照会有"一俟悍匪挫衄，即请撤回，自不敢续请留防，致天兵久劳于外也"之语，自"系据《天津条约》第三条之趣旨"。① 清政府通过驻日公使汪凤藻行文知照日本外务省，亦开宗明义地引据《天津条约》第三款称："查光绪十一年中日议定专条云：将来朝鲜若有变乱事件，中国要派兵，应先行文知照，事定仍即撤回，不再留防等语。"继引朝鲜政府乞兵照会后，声明："本大臣（案指李鸿章——引者）览其情词迫切，派兵援助，乃我朝保护属邦旧例，用是奏奉谕旨，派令直隶总督叶选带劲旅，星驰往朝鲜全罗、忠清一带，相机堵剿，克期捕灭，务使属境入安，各国在韩境通商者皆得各安生业。一俟事竣，仍即撤回，不再留防。合亟照约行文知照。"② 这充分表明，清政府派兵也好，事竣后撤兵也好，是完全按中日《天津条约》办理的。反观日本则不然。试看6月4日陆奥宗光所授大鸟圭介之机密训令九条，其主要内容如下：

一、"目下朝鲜国内所起变乱，如认为其范围更形扩大而有危及帝国公使馆、领事馆及侨居之帝国臣民之虞时，应即时拍电报告。"

二、"不拘变乱之情形何如，若认为清国政府确有派遣兵员至朝鲜国之情形时，应即时拍电报告。"

---

① 田保桥洁：《甲午战前日本挑战史》，第62页。
② 《清光绪朝中日交涉史料》第13卷，第9页。

"如遇上述二项情形,帝国政府应立即派遣兵员。尤应注意:日韩关系则根据明治十五年(1882年)《济物浦条约》第五款……日清关系则经过明治十八年(1885年)《天津条约》第三款之手续而出兵。"

三、"帝国出兵之目的,虽为护卫帝国公使馆、领事馆及保护侨居之帝国臣民之故,但朝鲜国政府如为镇定变乱起见,乞帝国兵力援助时,可与亲临该地之帝国总指挥官协议之后,承诺朝鲜国政府之请求。"

四、"若清国官吏质问我出兵之理由时,可答以遵照《天津条约》第三款,因朝鲜国内有变乱,有危及帝国公使馆、领事馆及侨居之帝国臣民生命财产之虞而出兵者,依照该条约所定,业已知照清国政府矣。"

五、"若驻京城之外国官吏有问我出兵之理由者,则可向之保证,谓帝国政府依据《济物浦条约》第五款及《天津条约》第三款而出兵者,决无他意。"①

其后,日本驻华临时代理公使小村寿太郎致总理衙门照会即称:

此次,我国派兵朝鲜是凭《济物浦条约》,而于为之遵照《天津条约》办理在案。其应几多调派,我政府不得不自行定夺。其应如何行动,非所掣肘。②

可见,日本政府对出兵的解释是自相矛盾的,也是十分片面的。它口口声声派兵是根据《济物浦条约》第五款,而此款称:"日本公使馆置兵员若干备警事。……若朝鲜国兵民守律一年之后,日本公使视作不要警备,不妨撤兵。""置兵员若干",决不能解释为派大兵压境,

---

① 田保桥洁:《甲午战前日本挑战史》,第70~71页。
② 《中日战争》(续编)第9册,第218页。

这是不言而喻的。再者,《济物浦条约》第五款也好,《天津条约》第三款也好,皆有事定撤兵不再留防之明文,而日本政府的照会却对此避而不提,其居心叵测已可见矣。最为重要的是,依据条约派兵必须有一个前提,即朝鲜发生变乱重大事件。正由于此,朝鲜政府由外务督办赵秉稷几次照会杉村濬,对日本之派兵提出抗议。其6月8日照会称:

> 查前时南道教匪猖獗,都下稍起谣疑。近日该匪回守全州,迭经创挫,气势渐迫。我都下因以人心甚安,毫无惊扰,早为各国人所共亮。如贵国兵丁当此甚安无警之时,忽而调来护馆,讵非于已安之地而故扰之?于无警之际而故骚之?且汉京为我国辇毂重地,又为各国玉帛会所,固应各求安堵,毋涉险虑。今贵兵丁无故调来,都下人心必至大骚,各国人民均生疑虑。万一有奸人借端生事,是因贵兵丁之来,置我都城于险地,非我政府及本督办之所望也。

> 贵政府素明时局,向敦友睦,应不愿置我都城于险地。况乙酉(1885年)夏间,贵护馆兵丁撤回后,本衙门曾会同各国驻京使员商订章程,各公馆保护之事,宜由本衙门主之。该章第二条如遇有事加派四十人严密护卫,久经允照各在案。纵或汉城有所危险,亦应由本衙门派兵护卫。况值此京内毫无危险,本无所用其护卫了?如贵兵来护,反使人心惊疑,至一城涉于危险之境,其得失利害了然可判。即望贵代理公使速电达贵政府以各项详细情形,即施还兵之举,以敦友睦免生枝节。至切盼祷![①]

6月10日照会又称:

> 本督办查壬午两国全权在济物浦互订条约,系指为乱时所用,

[①]《中日战争》(续编)第9册,第215页。

第五章 预谋战争的"陆奥外交"

未可用于无事之时。都下极甚平静,只可遵行乙酉所订本衙门章程各款。乃贵公使同念约旨,不计时宜,遽欲以多兵入我都内,大疑人心。以本督办所见,实置我京于险地,殊不知其意何居也!因此,照请贵署理公使将各项详细情形,一面电达贵政府;一面派员中途详问大鸟公使,将所带护卫水师立施撤〈还〉,以敦友睦而免惊骚,实合公允。相应备文照会贵署公使,请烦查照施行可也。①

这些照会只要求日本撤回"护卫水师",而不提20名警察的事,可算是有理有节了。但是,杉村濬复照却一味胡搅蛮缠,一方面诡称"根据明治十五年八月三十日于济物浦贵我两国所签订条约第五款,为警备而派驻兵员之事,本无他意";一方面又抓住赵秉稷照会中"是因贵兵丁之来,置我都城于险地"的话,大加攻击,说什么"完全出于本代理公使想像之外,毫无如此之道理",并表示坚不撤兵:"关于来文中'即施还兵之举'一节,我政府已有训令,本代理公使难从尊意,憾甚!"② 日本为实现其开启战端的目的,不仅拒绝撤还已抵汉城之兵,而且还在国内继续动员增兵朝鲜,又苦无正当的理由,只好对条约加以阉割并肆意解释了。

复次,日本反对"属邦"论,并以维持朝鲜"独立"为名伺机挑起衅端。中日之间对于"属邦"问题的争论,由来已久。1876年初,日本特命全权公使森有礼来华后,即曾就此问题挑起争论。中方的观点是:"查朝鲜虽隶中国藩服,其本处一切政教禁令,向由该国自行专主,中国从不与闻。今日本国欲与朝鲜修好,亦当由朝鲜自行主持。"③ 而日方的观点是:"朝鲜是一独立之国,而贵国谓之属国者,

---

① 《中日战争》(续编) 第9册, 第221页。
② 《中日战争》(续编) 第9册, 第216页。
③ 《清季中日韩关系史料》卷二, 第272页。

徒空名耳。"① 双方观点尖锐对立。为此，总理衙门专门就朝鲜为中国之属国问题对森有礼作出说明：

> 查朝鲜为中国所属之邦，与中国所属之土有异，而其合于《修好条规》"两国邦土不可稍有侵越"之言者则一。盖修其贡献，奉我正朔，朝鲜之于中国应尽之分也；收其钱粮，齐其政令，朝鲜之所自为也。此属邦之实也。纾其难，解其纷，期其安全，中国之于朝鲜自任之事也。此待属邦之实也。不肯强以所难，不忍漠视其急，不独今日中国如是，伊古以来所以待属国皆如是也。②

这一说明是否符合当时的国际法规定呢？根据《万国公法》所述："公法有二源，即理与例焉。凡此辩论，千言万语，总归一致，乃诸国情理所当行者，并交际往来所惯行者，合成公法，此外别无所谓公法也。"故此有"公法出于常例"之说。"属邦"是历史上长期存在的，迄于近代亦然。"属邦"与"自主之邦"，并不是互不相容的两个概念，往往二者是集于一身的。《万国公法》特别指出："进贡之国并藩邦，公法求其所存主权多寡，而定其自主之分。"并举出不少既是"进贡之国"或"藩邦"又是"自立自主之国"之例。③ 当时的朝鲜正是这样的国家。日本否定"属邦"之说，自是别有用心，而且为其一贯的对朝方针。1882年，当日朝谈判《济物浦条约》时，右大臣岩仓具视即提出："清国必彻底主张朝鲜为其属邦。对此，为我方进行谈判时计，应尽力避免与清国争论。譬如托辞称，前年我国与朝鲜缔约时，朝鲜业已自称为独立国矣。今贵国若明言其为属邦，即朝鲜实

---

① 《清光绪朝中日交涉史料》第1卷，第4页。
② 《清光绪朝中日交涉史料》，第6页。
③ 《万国公法》卷一，第3、17~18页。

为欺罔我国，故我国须先就此事诘问朝鲜，然后始能与贵国议论是否为属邦。"① 到日本"六·二出兵"后，当然会继续置国际公法于不顾，用所谓"独立"论来反对"属邦"论了。

于是，陆奥宗光抓住清政府派兵照会中的"派兵援助乃我朝保护属邦旧例"一句话，表示坚决不能接受此种说法，复照称："见贵简中'保护属邦'一语，因帝国政府未曾以朝鲜国为贵国之属邦而加以承认，故明确答复之。"② 对此，陆奥宗光认为："现在不是在文句上争论的时候，由此立即复照中国政府并附抗议。""当此和平尚未破裂、战争尚未开始之际，已在公文之中显示彼此意见不一、双方剑拔弩张之势。眼见乌云密布，难免雷电交加，形势已甚明显。"③ 可见，日本抓住"属邦"问题大作文章，无非是要借此挑起衅端。

日本反对"属邦"的主要办法，是祭起"独立"论这件法宝。当时日本驻汉城领事内田定槌曾上书陆奥宗光，大谈"独立"论之妙用，很能说明日本的所谓"独立"论究竟是怎样的货色。内田定槌的上书认为，"帝国政府所以执行承认朝鲜国为独立国家之策略"，"一为我国建立屏障，一为繁荣与我国贸易之意图"。那么，怎样执行这一政策呢？他讲得很干脆：

> 今后对于该国，帝国政府所执行之政策，不应止于如从来只是承认朝鲜为一独立国家。如不进一步维护其独立，将使该国之势力日益丧失，他日必将悔之不及。而维护其独立，不仅势必干预该国之外政，拒绝清国及他国之干涉与侵略，且亦必干预其内政，此乃不可不谋求之进步改良之计。④

---

① 多田好问编：《岩仓公实记》下卷，东京1923年，第897~899页。
② 《中日战争》（续编）第9册，第197页。
③ 陆奥宗光：《蹇蹇录》，第16~17页。
④ 《中日战争》（续编）第9册，第42~43页。

在内田定槌看来，既干涉朝鲜的外政，又干涉朝鲜的内政，即将朝鲜完全置于日本的掌握之中，这就是维护朝鲜的"独立"。《万国公法》规定："凡自主之国，就其内政，自执全权，而不依傍于他国，其君主、官长可以自行。其拣择国法，可以自为议定。"① 1876年日朝订立的《修好条规》（即《江华条约》）亦称："朝鲜国系自主之邦，保有同日本国平等之权。"可见，日本所抛出的"朝鲜独立"论，与国际公法和日朝两国所签订的条约都是完全相违背的。但是，要将朝鲜掌握在日本手中，不仅要排除中国这个障碍，还要避免西方列强的干预。内田定槌分析道：

> 我帝国政府为达到上述目的，今后于该地必有试图与清政府决战之决心。因此，我国有可能与其他诸外国开启兵端。据称对于该国发展感到最有利害者，除日、清两国外，即英、俄两国。若英国欲应援清国，俄国可进行抵抗之尝试。又俄国或以借口欲出兵该国，英国亦必抵抗之。尽管如此，考虑目前两国之状态及其关系，于该地尚未发生此种冲突，因而可互不出兵。故此两国不足介意。又，美、德、法三国假令因一时为保护侨民，其水兵自仁川登陆，相信其不能采取激起同我国冲突之愚策。而我国与清国交战一事，最重要者不仅为缔结使朝鲜为我保护国条约排除障碍，……趁此良机痛击清兵，使该国人亲睹我帝国之威风，并知清国将来之不足恃，实为目前之必要。②

大鸟圭介致函陆奥宗光，也发表了类似的论调：

> 我国此举，对于朝鲜，日清两国之胜败乃决定其独立或藩属问题之关键时刻。此次之结果将决定我之势力凌驾于中国之上而

---

① 《万国公法》卷二，第8~9页。
② 《中日战争》（续编）第9册，第46页。

得以充分伸张，或反而遭到不幸？如幸而获得有利于我方之结果时，今后不能不由我国代而保护朝鲜，为了使我国必得之权利亦相应得以充分扩张，即使有少许之强迫亦无不可。①

在他们看来，所谓"维护朝鲜独立"就是借此题目强迫朝鲜成为日本的保护国，而要做到这一点，首先就要与中国兵戎相见，决一胜负。这与陆奥宗光的观点是完全吻合的。他复电大鸟圭介称："不管外交上稍有纷议，使大岛部下之主力部队进入汉城，乃为上策。"又谓："对于朝鲜将来之政策，日本政府不得已将采取强硬措施。"② 对大鸟圭介等的主张表示完全赞同。

于是，日本政府一面加快走向战争的步伐，一面采取麻痹清政府的手段。当日本派兵之初，袁世凯派译员访杉村濬，询问日本"派兵何事"，杉村濬答以"照壬午约调护使馆，无他意"。袁世凯致电李鸿章称："倭署使杉村近颇惊惶自扰，故各国均疑之，谣议颇多，鸟来或稍镇静。"③ 李鸿章信之不疑。他们都对日本的侵略野心缺乏清醒的认识。不仅如此，杉村濬还特派公使馆书记生郑永邦访袁世凯进行密谈，以进一步施展麻痹之术。根据郑永邦的笔记，可知其密谈的主要内容如下：

袁曰："此人以吾已之形语，为倾吐心腹之谈话，请您亦坦率相谈。据昨日俄国代理公使言，由于我国此次出兵，日本政府亦出动军队。若与贵国之兵相抵抗，一方面讨伐贼兵；一方面则不得不防御日军。请您注意此事。"

郑大笑曰："目前日清之间为何有交战之必要？如有，亦未必于此国干戈相见。"

---

① 《中日战争》（续编）第9册，第47页。
② 《中日战争》（续编）第9册，第217页。
③ 《清光绪朝中日交涉史料》卷十三，第10页。

袁曰："<余>与大鸟公使前此有极其亲密之交往，相信其为深明大局之人。以该氏之来观之，亦可知日本政府并无他意。此外，于北京各国公使中，亦有向我总理衙门告以种种挑拨离间之事。近来，引起该衙门之注意，但我断然不信有如此之事……早年，伊藤伯爵与我李中堂之间，曾对该国利害相关之点进行研究，亦曾有应保持日清和平之恳谈，贵我两国希望不因该国之事破坏和平，亦绝不破坏关系。今幸与大鸟公使不日得以相见，吾将迄今之事全部说明，以表明我之毫无贰心。如因相信他人离间之说，致使双方发生隔阂，因琐碎小事以至于在该国丧失贵我之和平，此即被他人之计所欺骗，恐亦因此而使双方甚为不利者。如杉村先生闻他人闲言而有疑我之处，无论何事，请无避讳加以询问。如我回答与他日之事实相背，即无颜面相对。请君回去以此转告杉村先生。"①

面对日本的暗藏杀机，袁世凯却懵然不觉，反而再三自我剖白，发誓要维护中日友好关系。当然，这只能是他的一厢情愿。正是在这种情况下，袁世凯与大鸟圭介开始了中日共同撤军的谈判。其结局将会如何，也就不难预料了。

先是6月10日大鸟圭介回到汉城后，发现该处非常平静，清军则远屯于牙山，以保护使馆和侨民的名义骤派大军，颇难自圆其说。杉村濬追述说："综观京城的形势，甚为平静，当然用不着很多的警卫部队。不仅如此，就是先期入京的400多名水兵，也如平地起风波一样，不仅朝鲜政府感到为难，各国使节也都对我方的举动感到震惊而持有异议。大鸟圭介公使见此形势，稍稍改变了原来的想法。"② 这

---

① 《中日战争》（续编）第9册，第199~200页。
② 《中日战争》（续编）第7册，第7~8页。

时，汉城又有俄国派兵入朝的传说，更使大鸟圭介异常焦急。其后，他致电陆奥宗光称：

> 全罗道暴徒败北，清兵未派至汉城。处此境遇，为保护我使馆及人民，不仅无派遣多数士兵之必要，且清国、俄国及其他各国亦怀疑日本之意图，以至有向朝鲜国派出士兵之虞。故日前事变变化之所以愈益使我陷于危险境地者，乃 4 000 士兵无理入京之事。日本政府实行如斯措施，必有害于我外交关系。①

大鸟圭介深知派大军入朝之举为"无理"，感到理屈心虚，便送信给正在仁川的大岛义昌说："目前京城的形势平静，如果大量部队入京，反而有害于安定。"② 大鸟圭介作为公使，主要从外交方面考虑，不希望大岛混成旅团立即进驻汉城，以免在外交上陷入困境。

怎样才能摆脱目前的困境，是当时大鸟圭介所面临的主要问题。为此，大鸟圭介于 6 月 12 日拜访袁世凯，就双方不再继续增兵一事初步交换了意见。大鸟圭介表示："本使到京以来，该地之形势虽极其稳定，但不能说目前民乱已全部平定。"随即提出："拟以护兵 800 名替换海军入京。但如已不需多数士兵，将致电我外务大臣，使未发之后队暂停。但上述电报未到前已出发或接到陆续发船之电报而后至之兵，正尽力不使其登陆而令其归国中。"③ 以上所引皆见诸日方的记载。而据袁世凯给李鸿章的电报所述，他曾对大鸟圭介多方规劝云："韩事已渐平，我兵拟早撤，以免暑雨。如闻日遣大兵，自将加兵前来。因相防，必生嫌。倘驻韩西人伺隙播弄，或西人亦多来兵，候收渔利，不但韩危，在华日亦必有损。华日睦，亚局可保；倘生嫌，徒自害。我辈奉使，应统筹全局以利国，岂可效武夫幸多事？我深知必

---

① 《中日战争》（续编）第 9 册，第 222 页。
② 《中日战争》（续编）第 7 册，第 8 页。
③ 《中日战争》（续编）第 9 册，第 224 页。

无利,故尚未调一兵来汉。"大鸟圭介答:"甚是,适有同见。我年逾六旬,讵愿生事?即电阻后来各船兵。"又谓:"接津电,闻华兵两千将来汉。如然,恐彼此撤去又须时。"袁世凯答:"我廷闻尔遣大兵,或将加兵来汉,果汝能阻续来兵,我亦可电止加派。"大鸟圭介云:"我二人即约定:我除八百外尽阻之,尔亦电止华加兵。我二人在此,必可推诚商办。"① 由于当时大鸟圭介自觉在汉城处境孤立,得不到各外国使团的同情和支持,故尚能以和缓的态度与袁世凯商谈。

6月13日,袁世凯回拜大鸟圭介,云:"据我驻仁川领事报告,俄国兵1000名搭乘轮船自海参崴出发,5日内可达仁川。"大鸟圭介云:"本使亦早闻俄兵有出海参崴来元山自陆路入京之说,却丝毫未信。贵说虽为初次所闻,但此决非谣言。"袁世凯趁机提出:"若此说当真,实为严重之事。贵我两国虽已派兵但又无事,故应撤兵。"大鸟圭介始觉事态严重,不禁脱口而问:"为贵国欲再派2 000士兵,我国亦云派兵八千之说所震惊,或为俄国主张出兵之起因者乎?"于是,袁世凯正式提出中日共同撤兵的建议:"请双方共同迅速撤兵,勿使他国有可乘之机。"大鸟圭介也感到无法反对,答称:"对此实有同感。"②

是日下午6时,俄国驻朝临时代理公使韦贝亲访大鸟圭介,提出质问:"据今所见,果如所闻,贵国到达数百兵丁,究竟以何种目的而来者?据本官数日前自杉村临时代理公使处闻知,虽为护卫贵公使馆之事,但如阁下所见,该地再无危险情形。今据外务督办来函称:督办业已申明,匪徒败走,官军已入全州,事实已不必派入众多兵卒为好。如稍有危险,可派朝鲜兵数十名护卫使馆。如尚感不足,使海

---

① 《清光绪朝中日交涉史料》第13卷,第14~15页。
② 《中日战争》(续编)第9册,第227~228页。

238

军登陆亦足用。但今竟使陆军入京,恐并非稳妥,愿闻详细说明。"虽然大鸟圭介再三解释,说:"我政府于护卫公使馆之外并无他意。"①但他自己也明白这完全是自欺欺人之谈。由于韦贝的质问,大鸟圭介颇觉进退维谷,一时不知如何措手为好。他曾对杉村濬说:"此时如登陆的士兵太多而惹起麻烦,绝不是政府的本意,而且也不是本官所应做的事。"② 看来,他一时之间思想上对"最初的目的"有所动摇了。

6月15日,袁世凯趁热打铁,再次亲到日本公使馆,与大鸟圭介商谈共同撤兵问题。双方就下列各项取得了一致的意见:

一、日本撤回在朝鲜兵力的3/4,并撤离汉城,留下250名士兵在仁川暂住。

二、中国军队撤回4/5,留下400名士兵。

三、待民乱平静后,两国同时撤回全部兵力。③

这份中日双方共同撤军的协议,应该说是比较好的。若真能照此办理的话,必然会使开启战端成为不可能的事

但是,在日本驻朝公使馆内部,共同撤军协议遭到了普遍的反对。反对最力者为外务省所派参事官本野一郎和曾任代理公使的杉村濬,他们二人秘密议定:"放弃同时撤兵的决议,即使由此而引起与清国之间的战端,也应决定朝鲜的独立问题。"于是,便由杉村濬出面劝说大鸟圭介,要他"否定同时撤兵论,如清国不从,便抛出朝鲜独立论,或诉诸武力"。大鸟圭介受他们的影响,又准备抛弃同时撤军协议,倾向于激进的政策。但究竟如何办理,尚需等到外务大臣的裁定。这样,他在致陆奥宗光的电报中,一面报告与袁世凯商谈两国同时撤

---

① 《中日战争》(续编)第9册,第228~229页。
② 《中日战争》(续编)第7册,第8页。
③ 戚其章:《甲午战争国际关系史》,第20页。

兵方案之事；一面提出要求先撤走清军的建议，其内称："可乘此机会向朝鲜政府和清使提出要求，必须在日军撤走之前撤走清兵。如拒绝我国的这一要求，我将把这一拒绝视为清国要在朝鲜维持君主权，否认我国的朝鲜独立论，从而损害了我国在朝鲜的利益，便使用武力将清兵逐出朝鲜境外。"①

陆奥宗光对于贯彻预定的开战方针则坚定不移，他发给大鸟圭介《应尽力留兵于朝鲜之训令》称：

> 贵电中陈述之理由已尽知。然而，即使现今已平暴徒，恢复和平，但今后日清间亦将发生纷议，并有不可避免之变故。因此，内阁会议〈决议〉应采取断然措施，……即使以任何借口，亦使我军留驻京城乃极为重要之事。其原因为李鸿章苦心于日本兵之撤退，似乎纵令使清兵退去亦欲遂其目的。作为拖延我军撤回之理由，阁下最公开表现之方法，可将公使馆员或领事馆员派至暴动地方进行实况调查。然而，上述调查尽可能使其缓慢，其报告书故意含有尽力反对和平状态之模样，此为切望之事。如需保护，可以巡查随行。就俄国出兵朝鲜之事，据本大臣与俄国公使之谈话及驻英日本国公使之电报观察，目前似乎无需担心。若声称由朝鲜政府恢复和平秩序，请求我军撤回时，为使日本政府以及阁下自身所满意，不得不俟特派调查实况之官吏报告后答复之。②

陆奥宗光既探知目前俄国不会出兵，英国也不至于干涉，便挖空心思要使日本军队赖在朝鲜不走，并拖住清军，以便进一步寻找挑起战端的借口，所以决心撕毁中日共同撤军协议也就不足为怪了。

---

① 《中日战争》（续编）第7册，第10~11页。
② 《中日战争》（续编）第9册，第232页。

第四节 "改革朝鲜内政"提案
——陆奥宗光精心设计的"好题目"

日本政府既决心要留兵朝鲜，不惜撕毁大鸟圭介与袁世凯达成的共同撤军协议，但要进一步挑起衅端，还须采取比较稳妥的步骤。针对当时的局面，陆奥宗光有一段值得注意的独白：

> 我国政府的政策，在外交上虽然居于被动的地位，但在军事上却要先发制人。因此，在此间不容发的时刻，为了在外交及军事关系上取得协同一致的步调，各当局莫不潜心策划，煞费苦心，至今思之，犹不禁悚然。当时中日两国军队虽同驻朝鲜国内，但驻地相隔甚远，一时似无发生冲突之患；而东学党在表面上也似乎趋于平静，但中日两国的军队毕竟还在睥睨对峙，互相还有不同的猜疑和企图，如果想通过谈判以清除双方隔阂，并从朝鲜撤退军队，这恐怕是不可能的。情况虽然如此，但目前既无迫切的原因，又无表面上的适当借口，双方还不可能开战。因此，要想使这种内外形势发生变化，除去实施一种外交策略使局势改观以外，实在没有其他办法。

陆奥宗光的独白表明，日本决意要挑起战端，而一时又苦无借口，唯一的办法就是"实施一种外交策略使局势改观"了。所谓"外交策略"，不过是推出明知清政府不可能接受的"朝鲜内政改革"提案。按照陆奥宗光的说法，当时的局势犹如"密云不雨的天气"，只有"借此好题目，或把一度恶化的中日关系重加协调；或终于不能协调，索性促其彻底决裂。总之，想利用这一问题使阴霾笼罩的天气，或者一变为暴风骤雨，或者成为明朗晴天，像风雨表那样表现出来"①。可见，"朝鲜内政改革"案的提出，是日本促成中日决裂的一种阴谋和狡猾手段。

于是，日本便抓住"朝鲜内政改革"这个"好题目"大做起文章来。此文章分为上下两篇：上篇是"中日共同改革朝鲜内政"；下篇是"日本独立迫使朝鲜改革内政"。上篇的题目是伊藤博文经过多日的苦思而想出来的。他在内阁会议上首先提出了上篇题目的要旨：

> 朝鲜内乱，应由中日两国军队共同尽力迅速镇压；乱民平定后，为改革朝鲜内政起见，由中日两国向朝鲜派出若干名常设委员，调查该国财政概况，淘汰中央及地方官吏，设置必要的警备兵，以维护国内安宁；整顿该国财政，尽可能地募集公债，以便用于兴办公益事业。

陆奥宗光虽然赞同伊藤博文的方案，却又对此方案感到不太满意。因为若仅到此为止，等于只做了半篇文章，下边将很难继续做下去的。他不禁自问："预料在目前情势下，中国政府尚不能轻易同意我国的提案；同时也曾想到如果中国政府不同意时，将来应如何继续进行我国外交策略？"他认为，日本在外交上已经骑虎难下，到了毫无转圜的余地，"如果没有单独担当改革朝鲜内政的决心，则他日彼此意见或有粗语，势必阻碍我国外交上的开展"。因此，他对伊藤博文的方案提出了两项附加条件：

> 第一，"不问与中国的商议能否成功，在获得结果以前，我国决不撤回目前在朝鲜的军队"；

> 第二，"若中国政府不赞同日本提案时，帝国政府当独立使

---

① 陆奥宗光：《蹇蹇录》，第21、22、29页。

朝鲜政府实现上述之改革"。①

陆奥宗光断定，伊藤博文的方案只是文章的上篇，很难继续做下去，因而为其补上了下篇不可或缺之要旨，使之成为全篇，由此正可看出他的特别狡狯之处。

日本提出"改革朝鲜内政"方案，标志着日本在外交上向战争方针转变。正如陆奥宗光本人所供认："现在我国的外交显然是百尺竿头更进一步了。今后的一线希望，只系于中国政府能否同意我国的提案。如果中国政府拒绝我国提案，不问其理由如何，我政府皆不能漠视，并由此可断定中日两国的冲突终将不可避免，不得不实行最后之决心。这个决心，帝国政府在最初向朝鲜出兵时业已决定，事到如今就更无丝毫犹豫之理。"② 事实上，他早已估计到中国不会接受日本的这种提案，所以提出"朝鲜内政改革"案只是名，实行对中国开战才是实。

6月16日晚间8时，陆奥宗光邀见中国公使汪凤藻，正式向中国提出共同改革朝鲜内政案。此事突如其来，使汪凤藻大感意外，答称："在商议朝鲜善后办法以前，中日两国军队应先从朝鲜撤出，然后再从长商议将来问题。"陆奥宗光则不厌其烦地说明改革朝鲜内政之必要，略谓："观察目前朝鲜的形势，深信祸乱潜伏的根源很深，若不从根本上改革其秕政，就决不可能求得永远的安宁。目下若只采取各种姑息的办法，以弥缝一时，那我国政府在领土接近的邻邦情谊上，实在一天也不能安心。帝国政府非至真正获得此种安全，不论发生如何情况，也不能撤退目前驻在朝鲜的军队。"③ 最后，表示希望汪凤藻

---

① 陆奥宗光：《蹇蹇录》，第22~23页。
② 陆奥宗光：《蹇蹇录》，第23页。
③ 陆奥宗光：《蹇蹇录》，第24页。

务必将此提案转报中国政府，以早对此提案表明态度。

以此为契机，陆奥宗光决定在外交上采取主动，就在6月17日这天，连发3封函电，迫使中国方面作出反应：

其一，照会汪凤藻，称："兹因朝鲜有变，日清两国互相戮力以速戡定变乱。一经变乱平定后，为厘革朝鲜国内政，特由日清两国选派常设委员若干，令其查核以下所开各事：一、查核财政；二、淘汰京官及地方官吏；三、使朝鲜政府设置所需兵备以保持国内安宁。"

其二，向驻华公使小村寿太郎寄发电训，令其口头通知总理衙门："日本政府不仅希望迅速有效地平息目前在朝鲜的骚乱，而且希望在坚实、长久的基础上，建立起朝鲜未来的和平与秩序，以防止危害日本、中国和朝鲜之睦邻关系的骚乱屡次发生。日本外务大臣在本月16日，已通过在东京的中国公使向中国政府建议。日本为达到目的，将与中国采取联合行动：第一，尽快地平息目前的叛乱，以恢复和平与秩序；第二，双方政府指定一个联合委员会，以便研究朝鲜政府及商业改革之方法；第三，为朝鲜自卫组织一支战斗力强的军队。"最后还命其强调提出："日本政府渴望中国政府同意这一建议，并通过中国公使予以答复。"

其三，向驻天津领事荒川己次发出会见李鸿章之训令，命其告知李鸿章："我方还没有收到有关朝鲜恢复和平与秩序的确切的报告。这一报告不仅希望朝鲜目前尽快地恢复和平，而且确保将来永远避免在朝鲜发生骚乱。我已通过我的上封电报向中国政府建议过了。你应详细告诉李鸿章此电内容，并要求他通过在日本的中国公使尽快做出回答。如果他要求你向我转达对此问题的答复，你应答复，如能通过合适的渠道，即通过在日本的中国公使转达是比较理想的。"[①]

---

① 《中日战争》（续编）第9册，第237~238页。

第五章 预谋战争的"陆奥外交"

从以上3件函电看，无论总理衙门也好，还是李鸿章也好，日本政府都要求将其答复通过汪凤藻转达，对中国驻日公使如此重视，岂不令人感到奇怪？原来，不是别的，而是此时日本外务省已经破译了清朝驻日使馆的密码。通过汪凤藻转达，则可使日本先期获悉清廷的态度，以完全掌握外交的主动权。不过，日本口口声声称朝鲜是独立自主之国，而所提出的"朝鲜内政改革"案，却是要对包括财政、行政、军事等方面在内的朝鲜内政进行全面的干预，这当然是中国方面万难接受的。6月18日，李鸿章即就日本所提出的"朝鲜内政改革三条"电复汪凤藻："韩乱已平，我军不必进剿，日军更无会剿之理。乙酉伊藤与我订约（指1885年中日《天津条约》——引者），事定撤回。又倭韩条约（指1876年《江华条约》——引者）认韩自主，尤无干预内政之权。均难于约外另商办法，请直接回复。"[1] 并将此复电内容通知了总理衙门。

6月19日，小村寿太郎造访总理衙门，要求对日本政府所提出的"朝鲜内政改革三条"作出答复。总理衙门大臣已接李鸿章电，即据其意对日本所提三条逐一进行驳斥：

贵政府提出之第一条，虽为必须镇压朝鲜之叛徒，但接该国政府致袁世凯通知之报告云：该叛徒之主力已散乱，仅于各地有小股出没，以朝鲜自国之兵力不难扑服，故已不仰赖天兵之应援，因此清兵已暂停进入内地，可见施行此种办法已无必要。贵国兵员到达汉城，使人心动摇，且不无激起事端之患。

第二条、第三条虽云改革朝鲜国之内政，整理财政，整顿军务，但我政府断难表示同意。朝鲜有自主之权，即使其为属邦，亦不得对其内政滥加干涉。清韩两国关系尚且如此，何况日本仅

---

[1]《清光绪朝中日交涉史料》第13卷，第17页。

有邻邦之谊？又对于此种干涉，诸外国之意见各异，遂有激起意外事端，且有导致两国间麻烦之忧。对于此点，应加以注意。①

总理衙门大臣的答复，完全按前此所订立的中日、朝日条约，且符合国际公法，故说起话来理直气壮。而小村寿太郎奉命而来，自知无理，只好唯唯而退。

就在当天下午4时半，荒村己次亦拜访李鸿章，口称奉外务大臣之命，有极秘之事相谈，并请命仆从退下。其实，荒村己次谈的仍是日本所提出的三个问题。李鸿章对日本的三条予以坚决拒绝，并申明己见说：

> 国际事务，本皆依条约及国际公法之规定外无他。日本与朝鲜国缔约时，视朝鲜国为独立国家，但此次陆奥氏提出之有关议案，认为难以理解其有丝毫道理。伊藤伯爵岂非忘去《天津条约》之宗旨乎？据迄今所闻，日本广求欧美法理，尤长于外交。孰料陆奥氏之提案，不仅不能令人表示钦佩，且皆出于国际定规之外，殆不足以采纳。本大臣尊重日清条约，此次应韩廷之请而出兵时，基于《天津条约》第三条，当即通告日本政府。并认为无驻兵之必要，希与日本政府共同迅速撤兵。朝鲜之条约国不止日清两国，而俄、英、法、德、美等皆是。如各对朝鲜国要求干涉时，何不思其为害之匪浅？朝鲜国既贫且弱，为人所共知，可借驻汉城公使之力，以适当之行政、财政、军事建议劝说国王，以尽邻邦之谊。如由两国派委员干涉其国事，此为公法所不允。若无视公法，国际交往无论如何亦不能继续。欲强逐之，除诉诸武力外无他。②

---

① 《中日战争》（续编）第9册，第253页。
② 《中日战争》（续编）第9册，第243~244页。

日本所提三条，既违反条约，又与国际公法背道而驰，这本是人所共知的。但日本是醉翁之意不在酒，欲借此题目大作文章，故尽管李鸿章的这段关于国际法的议论讲得确实头头是道，谈锋亦极犀利，也只能是言者谆谆听者藐藐了。

到6月21日，汪凤藻奉命照复日本政府，对日本提出的三条正式做出答复：

一、韩乱告平，已不烦中国兵代剿，两国会剿之说，自无庸议。

二、善后办法用意虽美，止可由朝鲜自行厘革。中国尚不干预其内政，日本素认朝鲜自主，尤无干预其内政主权。

三、乱定撤兵，乙酉年两国所定条约具在，此时无可更议。①中国对日本三条的拒绝，已是陆奥宗光意料中的事，因为他本人也不相信中国真能接受这三条，不过借此作为挑起战端的手段之一罢了。

至此，陆奥宗光所谓的"好题目"算是做完了上篇，现在就要开始做下篇了。6月22日，陆奥宗光照会汪凤藻，措辞极为强硬，大讲日本定要干涉朝鲜内政的歪理，将朝日往年条约和国际公法完全抛到一边不论。其照会称：

贵政府不容我剿定朝鲜变乱及办理善后，我政府不能同见，其为以憾。惟朝鲜朋党相争，内变踵起，究其事变，必于全其自主之道有所阙如。我国与朝鲜利害关系尤重，终不能将该国惨状付之漠视，各推而不顾，不啻有乖交邻之道，亦悖我国自卫之道。所以百方措划，以求朝鲜国安。今而迟疑，则该国变乱弥久弥亟，故非设法办理，期保将来邦安而政得宜，竟不能撤兵。我之不轻撤兵，非止遵照天津约旨，亦善后预防之计。本大臣披沥意衷如

———————
① 《中日战争》（续编）第9册，第256页。

是，设与贵政府所见相违，我断不能撤现驻朝鲜之兵。①这也就是陆奥宗光所称对中国政府的"第一次绝交书"。因为按照陆奥宗光本人的说法，"这段措词，就是表明我国政府已经不能同中国政府采取同一步调，以后不论中国政府采取任何步骤，我国也要独行其是。这是表示我国已经抱有决心不再期望中日两国互相提携"②。

就在致送"第一次绝交书"的当天，日本举行御前会议，作出决议："日清两国相互提携之事，今已不应由我期望。"③ 随后，日政府下令将延期出发的第二批部队增派到朝鲜，使大岛义昌少将的混成旅团达到7600人的满员编制。这样，日本在朝鲜的兵力既可具备打败牙山清军的力量，又可凭借优势的兵力胁迫朝鲜就范。6月23日，陆奥宗光根据御前会议所制定的方针，给大鸟圭介发出了如下电训：

由于和清国政府的谈判未能成功，即使将东学党平定，日清两国之间的冲突已不可避免，不能单以清兵撤退为理由，使我军从朝鲜撤退。正如我政府向清国政府提议那样，不得不单独采取措施（单独对朝鲜内政改革提出劝告之意）。④

大鸟圭介开始露出狰狞的嘴脸，也不再同袁世凯进行任何接触，独自就改革内政问题威逼朝鲜政府。7月3日，大鸟圭介亲至外务衙门访问督办赵秉稷，向朝鲜政府提交其改革意见书，并要求朝王委派所信任之大臣数名为委员，与之共同商讨细目及实行方案。

与此同时，日本政府为麻痹中国，还电令小村寿太郎在北京与总理衙门王大臣们不断接触，虚与委蛇。7月7日，双方会谈时，小村寿太郎先设下诱饵，称："此次事件如贵我两国不速开协商之端绪，

---

① 《清光绪朝中日交涉史料》第13卷，第22页。
② 陆奥宗光：《蹇蹇录》第26页。
③ 藤村道生：《日清战争》，第65页。
④ 杉村濬：《明治二十七八年在韩苦心录》，第19页。

恐日益受他国之干涉，此应为特别注意之事。"又谓："目前，自朝鲜撤回两国兵员，乃谈判开始之第一着应议定之事项，即对于撤回方法与时期进行必要之协商。"①奕劻、孙毓汶等听到小村寿太郎主动提出高谈撤军问题，以为是列强调停起了作用，十分高兴，答应将于明后日必有答复。

7月9日，小村寿太郎再访总理衙门。由于前天小村寿太郎提出撤军的问题，总理衙门王大臣以为撤军有望，想趁热打铁，谈成此事，因有以下之谈话：

奕劻："日清两国本为同文之邻邦，友谊敦厚，未曾有不和之事。孰料引起如此事件，实乃本王大臣等所最遗憾者。故望就此事件，贵我两国进行协商，迅速结束此事。然而，目前两国派出众多兵员，第一，使诸外国产生种种疑惑，且难免来自他国之多方干涉；第二，由于两国军队意外之冲突，遂有将破坏两国友好之悬念。故于贵我两国谈判前，互将其兵员撤回，乃日前之急务。"

孙毓汶："此时，已接朝鲜贼乱平定之报道，故两国兵员业已无驻扎之必要。谈判前，同时将两国之兵撤回，然后贵我两国再协商善后之策。盖两国兵员之撤回，乃遵照《天津条约》之明文而实行者。"

又称："如目前两国派兵朝鲜，引起诸外国种种想像，以至欧洲诸国试图干涉之。故为消除此患，只有速撤两国之兵。再者，使贵国撤兵，并非主张不开关于此事件之谈判。首先，第一步实行撤兵；然后，贵我两国就劝告朝鲜国王使其改良内政等事进行协商。"

---

①《中日战争》（续编）第9册，第275页。

总理衙门王大臣强调的两点：一是欧洲列强的干涉，对日本已丝毫不起作用；一是俟两国同时撤军后再商劝告朝王改革内政事，则是日本绝对不能接受的。这表明奕劻等人对日本的包藏祸心始终不能清醒对待，只有被日本人牵着鼻子走了。于是，小村寿太郎问：

"如此，为免于误解，本官可将所了解贵王大臣意见之要点重复如下：'现今朝鲜内乱已平定，日清两国所派之兵员，根据《天津条约》之明文，不仅要立即撤回，而且，两国兵员驻在朝鲜，亦有他国出兵之虑。因此，谈判非于撤兵之后则难以进行。"

徐用仪答："如是，无误。"

奕劻对于中日两国之进一步交涉，尚存在不切实际的幻想，因在会谈结束时特别提醒小村一句："接到贵政府对今日所陈我政府意见之回电后，望速报道之。"①

日本一面与总理衙门王大臣周旋，以等待决裂的时机，一面借改革内政为名对朝鲜政府施压。7月10日，大鸟圭介向朝鲜政府提出"厘治纲目"二十六条，并注明限定各条之施行时间，其时间长者限定半年或两年，短者限定3天或10天。所谓"厘治纲目"包含着一个巨大的阴谋，其目的是借此在朝鲜成立在日人控制下的傀儡政府，任用亲日派以排斥打击不同日人合作的朝鲜官员，使朝鲜接受日本的全面控制。② 其用心之险恶昭然若揭。

此时，日本政府也正在研究采取何等走向战争的步骤。从事情报工作的驻天津海军武官泷川具和大尉的报告，则促成了日本早日开战的决心。该报告称，清廷正忙于为慈禧太后60岁生日筹办万寿庆典，不愿意发生战事，且名将凋谢，难成劲旅，未能稳操胜算，故一味依

---

① 《中日战争》（续编）第9册，第276~279页。
② 戚其章：《甲午战争国际关系史》，第42页。

赖列强之调停。"我国不变最初之决心，断然行动，终将开战。"其结论称："可乘之机就在今日，拖延时日使彼稳固基础，非谓得策。故谓速战有利。"当时对日本政府决策具有很大影响的枢密院议长山县有朋大将也认为："将来形势如何变化，难以预测，当趁此欧洲大国尚未干涉之机，精心研究开战手段。"① 可见，进入7月以后，日本方面已在为动武而摩拳擦掌，跃跃欲试了。

日本政府将7月9日小村寿太郎与总理衙门王大臣之无结果会谈，视作中日两国谈判的决裂。12日，日本内阁举行会议，决定向中国发表严正声明，表示今后若有不测之变，日本对此不能负责。当天，陆奥宗光对大鸟圭介发出了电训，其内称："英国在北京的调停已经失败，今有采取断然措施之必要。故望阁下更加注意，在世界各国借口指责最少的情况下，开始积极行动。"第二天，他又委托回汉城返任的外务参事官本野一郎和驻朝武官陆军中佐福岛安正，给大鸟圭介带回一件更为露骨的书面训令："促使日清冲突，乃今日之急务，为断然行事，可采取任何手段。一切责任由我承担，大鸟公使无需对内有何顾虑。"② 这样，开战只是一个时间问题了。

7月14日，小村寿太郎便向总理衙门致送了一份表示决绝的照会：

> 查朝鲜屡有变乱之事，从其内治纷乱而来。我政府因念今俾该国能更正内治，绝变乱于未萌，莫善于两国勠力同心者，缘两国之与该国所有关系原常吃紧也。乃将此意提出清国政府，讵料清国政府定然不依，惟望撤兵，我政府实深诧异。近闻驻京英国大臣顾念睦谊，甚愿日清两国言归于好，出力调停等语。但清国

---

① 藤村道生：《日清战争》，第72~73页。
② 同上书，第74~75页。

政府仍惟主撤兵之言，其于我政府之意毫无可依之情形。推以上所开，总而言之，清国政府有意滋事也。则非好事而何乎？嗣后因此即有不测之变，我政府不任其责！①

这就是所谓对中国政府的"第二次绝交书"。明明是日本伺机寻衅，恃强干涉朝鲜内政，断然拒绝了中国提出的双方共同撤兵的合理要求，反而倒打一耙，指责中国的正当之举为"有意滋事"，预将挑起战端的责任推给中国，手段真可谓阴险毒辣之至！

事实上，对于朝鲜政府来说，也很难接受在日本刺刀下的所谓内政改革。朝鲜谈判委员申正熙对大鸟圭介申明朝鲜政府的立场说："关于改革内政问题，本政府数年来已感有此必要，决无异议。但日本政府现以大军集结于汉城，并严限实行改革的日期，不免有干涉内政之嫌。"② 并指出："朝鲜政府若接受日本国公使之请求，则其余缔盟诸国必希图均沾，提出有利于其本国之条件。果如是，则有损害朝鲜国自主体面之虞。加之，外国军大部队驻屯于京城之间，民心汹汹，难期改革之实行。故希望日本国公使撤退公使馆护卫兵，且撤回附有期限之改革案。"③ 到7月16日，朝鲜政府以谈判委员申正熙等的名义致函大鸟圭介，正式表明朝鲜政府的立场：

查该纲目各条与本国宪章，既无异同，内或若干条虽创行，亦我通商后拟议事件也。今我政府自有南扰以来，方图更张。奉有大君主陛下敕旨，修举旧典，讲求新式，务合时措之宜，期有改观之效。此际，贵公使带兵久驻，将此拟办各节，立限相强，不能无碍于体面。况丙子立约以自主平等之礼相待，有不可毫有

---

① 《清光绪朝中日交涉史料》第14卷，第32页。
② 陆奥宗光：《蹇蹇录》，第34页。
③ 田保桥洁：《甲午战前日本挑战史》，第136页。

侵越猜嫌等语。今此各节，得无与立约本旨不符乎？且贵国相劝，固知出于善邻之谊。我若依准，有约各国皆愿均沾，我政府恐无以自立，而难保无后弊也。请贵公使深谅本国今日事势，亟行撤兵，并将开示二册邀回，以昭明信而全大体。则我国保自主之权而得行更张之政，贵国有劝勉之实而免受干预之嫌，此岂非两国之大幸也哉？贵公使谅无异见，而贵政府亦无不允从也。

当天，外务督办赵秉稷亦致函大鸟圭介称：

今我政府奉有大君主陛下敕旨，申明修举务合时宜，改良实效指日可期。此际，贵公使以大军驻守都下，条陈相强，虽出劝勉厚谊，有欠和平本旨。倘贵公使先撤留兵以表信睦，则我政府自可尽力讲求，取次措办，并存我大君主陛下自有之权宜，以见贵公使诚心相劝之至意，窃谓贵公使亦当以为然也。①

两封复函，措辞得宜，有理有节，拒绝了日本的违反国际公法的行径。

7月17日，大鸟圭介照复朝鲜外务衙门称：

我兵入京之事，早如前述，系根据明治十五年《济物浦条约》的规定，我方认为在有必要的期间内不能撤兵。内政改革是为整理政务，安定民心，不能因民心如何而踌躇不予实行，而且现在也看不出民心不安的迹象。主要是贵政府以民心不安为借口，延误改革的实行。其实是不同意我方提案，可以认为是对我方劝告的排斥。我政府向贵国提出内政改革的劝告，除顾全东亚大局，和贵国一同维护和平外，别无他意。然而贵国对此既不同意，便已失去互相提携之道，今后我政府将只根据我方利益，单独采取必要的手段。②

---

① 《中日战争》（续编）第9册，第75~76页。
② 《中日战争》（续编）第7册，第24页。

至此，朝日关于改革内政的谈判完全破裂。陆奥宗光的"好题目"终于做完，这也正是他所期望的最后结果。从此，日本便可以放开手脚"单独采取必要的手段"，即施行所谓"断然措施"了。

通过上述种种事实，可以清楚地看出，所谓"陆奥外交"究竟是什么样的货色了。"陆奥外交"绝不是什么和平性质的外交，恰恰相反，它是预谋战争的侵略外交和强权外交。日本现役外交官冈崎久彦出版了两卷本的《陆奥宗光》[1] 一书，对"陆奥外交"给予了高度的评价。他赞扬"陆奥外交"是用"冷静、现实"的方式实现弱肉强食的目的，正是"帝国主义外交"的"艺术"，并且认为当代日本的外交也应以"陆奥外交"为榜样。[2] 日本奈良女子大学教授中塚明批评了上述看法，认为所谓"陆奥外交"，是指导"近代日本一边同欧美帝国主义国家，特别是英国、美国帝国主义协调，一边对朝鲜、中国进行侵略"。"把'陆奥外交'仅仅评价为'帝国主义外交艺术'，这是不愿从历史上接受任何教训的人的主张。"[3] 中塚明的批评揭示出"陆奥外交"的实质。确实如此。在当时英俄在东亚相互对峙的情况下，陆奥宗光一方面施展传统的"以夷制夷"外交策略，如对俄国打"朝鲜独立"牌，用连篇谎话稳住俄国，而对英国则打"俄国"牌，以俄国势力将东进和南下吓唬英国，以将"英国拉到日本一边"，作为自己恃强凌弱的靠山；另一方面，采取各种"狡狯手段"，要尽无赖，甚至公然践踏国际公法并撕毁条约和协议，制造开战的口实，以实现其蓄谋已久的侵略计划。显而易见，这与"和平外交"是完全背道而驰的。至于冈崎久彦的主张，因提出一种曾催生了一个经济、政

---

[1] 冈崎久彦：《陆奥宗光》，日本PHD研究所1987—1989年版。
[2] 冈崎久彦：《所谓战略思考是什么》，日本中央公论社1983年，第90~91页。
[3] 中塚明：《中日甲午战争之开战与"陆奥外交"》，见《甲午战争与近代中国和世界》，第312、319页。

治及军事大国化的当代日本的"陆奥外交"新说而格外令人注目。①看来,冈崎久彦的新说并非一时心血来潮,其主张亦非无所依凭。今天,人们从在日本国内外引起广泛争议的新日美防卫合作指针相关法案中,不是依然可以看到当年"陆奥外交"似隐似现的影子吗?

---

① 《甲午战争与近代中国和世界》,第212页。

第六章　甲午开战的国际背景与战争责任

第一节　日本采取"断然措施"与英国远东政策的偏移

对于英国来说，中日在朝鲜的冲突来得太突然，起初并没有思想准备，未预见到日本会真的挑起战端。为了维护英国在远东的既得利益，英国希望极力维持远东形势的现有格局。英国不愿意看到中日两国兵戎相见，以免给俄国以可乘之机，这是英国远东政策的根本原则所在。

6月2日，日本内阁会议决定出兵朝鲜。5日，日本又根据战时条例，成立了包括参谋总长、参谋次长、海军军令部部长、陆军大臣、海军大臣等在内的参谋本部，以作为指挥对外侵略战争的最高领导机构。并经睦仁天皇批准，向朝鲜派出一个混成旅团。中日两国军队同驻朝鲜，形成对峙的局面。朝鲜局势的这一变化，与英国在远东的利益息息相关，不能不引起它的严重关注。英国开始感到，朝鲜国内的局势一旦陷于混乱，必然要引起中日之间的矛盾和冲突，而俄国很可能会趁机插手，获得巨大利益。这才是英国政府所最为担心的。6月8日，英国外交部发表了由副大臣柏提（F. Bertie）签署的备忘录，便反映出英国政府的这种心态。① 不过，起初英国还摸不准日本出兵朝鲜的真实动机所在。直到 6 月 12 日，英国外交大臣金伯利（John Wedehouse Kimberley）接到驻华公使欧格讷（Sir Nicholas R. O'Conor）的电报，说他从与李鸿章的会见中已经看到了中日关系破裂的可能，建议政府采取切实可行的防止办法。② 从此时起，英国政府不再犹豫和观望，决定就朝鲜问题对中日两国施加影响。迄于甲午战争爆发，英国的介入过程大致可划分为四个阶段：

第一阶段，从 6 月 14 日到 7 月 3 日，是英国劝说日本避免同中国冲突的阶段。

当时，英国过分地相信自己对日本具有决定性的影响，并未料到朝鲜局势会完全失控，也并未料到日本会不顾一切地挑起战端，认为单纯对日本的劝告即可奏效。先是 4 月 10 日，金伯利秘密约见日本驻英公使青木周藏，在谈话中向其透露："英国政府希望将来关于朝鲜国问题，日清两国不做出不利于英国之决定。与此同时，实际上此次日本之措施，苟直接或间接出于防备俄国之侵入者则可。东方两大国避免战争之事，诚为英国政府之所望。"及收到欧格讷的电报后，金伯利于 6 月 14 日，再次约见青木周藏，始正式提出劝告："朝鲜乱民业已溃散，清国欲撤其兵，日本亦应同时撤回其兵。"③ 并表示了英国政府对日军长驻朝鲜易生纠葛的忧点。

陆奥宗光根据对各方面情况的分析，断定俄国目前不会出兵朝鲜，不必为此而担心。他采取两面手法，一方面向大鸟圭介发出电令："即使现今已平定暴徒，恢复和平，但今后日清间亦将发生纷议，并有不可避免之变故。因此，内阁会议〈决议〉应采取断然措施。"并

---

① Sino-Japanese War（1894），p. 24.
② Sino-Japanese War（1894），p. 25.
③ 《中日战争》（续编）第 9 册，第 286 页。

特别强调:"即使以任何借口,亦使我军留驻京城乃极为重要之事。"明告大鸟圭介政府欲挑起战端的决心。另一方面,则通过青木周藏向英国政府谎称:"朝鲜因变乱情况已至不需驻兵时,日本当即撤回其兵员。然而,迄今未接贼军散乱之确报,却犹有扰乱不止之情况。日本政府已将为避免纠纷而加以充分注意。"① 陆奥宗光的欺骗手法,掩盖了出兵朝鲜的真实目的,对英国政府也起了一定的麻痹作用。试看英国外交部于6月16日发表的备忘录,便认为日本内阁总理大臣伊藤博文"一贯主张在外交事务中要尽量持审慎态度","在这次新的危机中,会再度采取稳健政策,尽力避免与中国关系破裂"。不仅如此,备忘录还同情日本,将朝鲜出现紧张局势归咎于中国,指责中国做得太过分,竟"把日本对朝鲜事务的任何干涉看成是对其宗主权的非难",甚至认为"日本参与迫使朝鲜对外开放,应对由此发生的一切复杂情况负主要责任"②。但是,英国始终以防俄为大局,绝不愿意看到中日两国关系走向决裂,以免俄国从中渔利。金伯利一再提醒日本勿忘此点:"防止中日冲突是至关重要的,两国在一切对朝事务中都应当尽可能地协调行动。"日本则继续对英国采取蒙混和欺瞒手段,于6月20日煞有介事地正式通报英国政府:

>一旦朝鲜的事态发展允许,日本将随时撤军。但迄今为止,我们尚未接到起义军被击溃的确切报告。相反,骚乱看来还在继续。请英国政府相信,为防止事态的恶化,我们采取了各种预防措施。另外,即使目前朝鲜的骚乱得到和平解决,仍需要维持和平和治安,因而我们正设法就此同中国达成协议。③

暗地里剑拔弩张,杀气腾腾,表面上又装作若无其事,而且一心要在

---

① 《中日战争》(续编)第9册,第232、287页。
② Sino-Japanese War (1894), pp. 25~26.
③ Sino-Japanese War (1894), pp. 25~26.

朝鲜维护和平的样子。

纸里终究包不住火，谎言是难以持久的。各方面的情报纷至沓来，都表明日本正在挑起战争。特别是英国远东舰队司令海军中将斐里曼特（Freemantle）的电报指出："日军继续行动，朝鲜局势严峻。日本大约派出了5000人的军队，并将继续增兵。还调集了2 500人的远征军。全罗道的变乱无足轻重，不过是个借口而已。"在6月23日这天，金伯利与青木周藏会见时，有如下的谈话：

> 金伯利："中日两国军队发生冲突将是最不幸的。我担心这会导致战争。在我看来，诉诸武力对两国都没有什么好处，俄国可能会从中调停。"
>
> 青木："为了保证朝鲜不受来自北方的威胁，急需全面改革政治，统治朝鲜半岛，日本必须有份。不能默许中国在那里称霸，中国是无力与俄国抗衡的。如果朝鲜要落入俄国手中，日本将不惜代价来保卫朝鲜。"
>
> 金伯利："不管日本期望以什么新的方式治理朝鲜，向中国宣战都不是解决问题的有效办法。当务之急是防止中日发生冲突，因为这两个邻国的根本利益是一致的。希望向日本政府转达我真诚的建议：避免冲突。"①

到了6月底，金伯利所最担心的俄国插手，竟然成为事实，这才真正着急起来。他一面指示驻日临时代理公使巴健特（R. S. Paget）与日本政府进行交涉，并提出警告："他们坚持目前的态度可能会导致严重的后果，……战争一旦爆发，东亚将出现各种严重问题，而这是有损于日本利益的。"一面约见青木周藏，进一步提出劝告：

> 我必须提醒，日本因同中国冲突而可能会遇到危险。英国政

---

① Sino-Japanese War（1894），pp. 27~28.

府担心日本会在似乎妥协的态度的掩护下，突然向中国军队开火。中日战争带来的问题不仅影响到朝鲜，而且影响到整个东亚的局势，对中日双方都不利。同时，还会干扰通商口岸的贸易往来。欧洲列强经济受到影响，自然不会无动于衷。[1]

其实，陆奥宗光早已了解了英、俄两国的底牌，就是俄国既不会出兵朝鲜，英国也不会真的进行干预。当巴健特代表英国政府同他进行交涉时，他言之凿凿地保证说："请〈转告〉外交大臣阁下放心，日本政府会尽一切努力友好地解决这个问题，并无任何交战的意图。"但语气一转，却给英国出了一道难题，说什么"进行谈判的主要阻力在于中国对朝鲜的宗主权问题"。7月3日，针对陆奥宗光所提出的谈判条件，金伯利发了电训给巴健特，要他多做日本方面的工作。该电训称：

> 来电说中国抓住对朝鲜的宗主权不放是谈判的主要障碍。你当秘密地向日本政府说明，日本最好不要作为先决条件要求中国放弃在朝的特殊地位，因为中国在宗主权以外的一些更重要的问题上反而更容易做出让步。当然，双方都克制而不提这些问题更好。让朝鲜独立，必定会削弱中日两国对朝鲜的控制和保护的权限，只能为别国干涉提供更多的机会。在中日共同保证朝鲜领土完整、重建朝鲜政治的前提下开始和平谈判，刻不容缓。两国同时从朝鲜撤军是谈判的先决条件，但如有必要，撤军可逐步进行。[2]

陆奥宗光提出中日谈判的先决条件是所谓"朝鲜独立"，金伯利不予同意，提出中日谈判的先决条件应是两国同时从朝鲜撤军，与中国方面的观点相同，这等于要日本放弃其既定的将朝鲜问题引向中日开战的方针，他当然说什么也不肯接受了在此阶段中，英国虽对日本抱有

---

[1] Sino-Japanese War (1894), p. 30.
[2] Sino-Japanese War (1894), pp. 35~36.

一定的同情，但从防止俄国东进和南下的大局出发，反复劝说日本不要同中国冲突，更不要挑起战争，尤其是反对日本抛出所谓"朝鲜独立"论，支持中国提出的以两国同时从朝鲜撤军作为中日会谈的先决条件，其立场还是基本上客观公正的。

第二阶段，从7月3日到12日，是英国倡议五强联合调停中日纠纷的阶段。

先是在6月底，俄国驻华公使喀西尼（Arthur P. Cassini）向李鸿章提出了三国会议的建议，即由中、日、俄三国各派代表到天津会议，共同商谈朝鲜的善后问题。喀西尼的建议，完全将英国排除在外，引起了英国的高度警惕。7月3日，欧格讷致电金伯利，估计俄国还会采取进一步的行动。其后，又致电金伯利，建议用"五强联合调停"来替代俄国的三国会议说。所谓"五强联合调停"，即由英、德、法、美、俄五国联合调停中日争端，以促使其达成和平协议。对此，金伯利是非常赞同的。

从英国劝说日本避免同中国冲突到倡议"五强联合调停"，表明英国政府关于调处中日争端的方针开始发生了微妙的变化。起初，英国看得十分清楚，朝鲜局势紧张的根本原因在于日本坚持不肯撤军，因而从防俄的大局出发，劝说日本避免冲突，恢复朝鲜的和平，以不使俄国有乘虚而入之机。后来，又看到朝鲜局势的发展更加复杂化了，俄国似在跃跃欲试，其公使力倡三国会议之说，日本又不会一无所得而撤军，而要防止俄国趁机单独插手，只有联合列强迫使中国对日妥协，以满足日本的侵略要求，从而换取朝鲜的和平。可见，英国之所以倡议"五强联合调停"，既是要防俄国单独插手，又带有英日交易的性质。①

---

① 戚其章：《甲午战争国际关系史》，第109页。

为什么这样说呢？因为"五强联合调停"计划的出台，事实上是日英共同策划的结果。先是日本为继续敷衍英国，故意装作愿意同中国谈判的样子，却又提出清政府所难以接受的先决条件："在朝鲜境内，政治上以及通商上与清国立于均等地位。"① 在金伯利看来，"中国最好接受这些建议，因为这些建议似乎也合乎道理"②。陆奥宗光表面上迎合英国，欢迎英国从中斡旋，劝中国尽快地提出所谓"合理的提案"。③ 可见，"五强联合调停"计划出笼之前，英日两国不但早已互通声气，而且是早已磋商过的，这有7月12日青木周藏给陆奥宗光的电报为证：

> 英国外交大臣今再以对我友谊之情，密告本使曰，该大臣于星期六（本月7日）接受贵大臣之提议，欲要求俄、法、德、美各国与英国共同劝诱清国。……又曰：此为防御俄国单独干涉之手段。④

陆奥宗光所用的正是古人所说的"连鸡不飞"之法。他确信，列强利害不同，各怀鬼胎，彼此钩心斗角，是不可能联合起来一致行动的。而"五强联合调停"计划难以获得成功，正可打消英国继续调停的念头。

事情的发展确如陆奥宗光所料：俄国对英国的倡议迟迟不作答复，法国一开始就对倡议采取回避的态度，德国宁愿暂时采取观望的政策，美国则明确地表示不会参加列强联合调停。7月11日，金伯利向欧格讷致电通报各国对联合调停建议的答复时，不得不承认"五强联合调停"计划宣告失败。

---

① 田保桥洁:《甲午战前日本挑战史》，第170页。
② Sino-Japanese War（1894）.p.38.
③ 同上书，p.41.
④《中日战争》（续编）第9册，第311页。

在此阶段中，英国虽然为避免中日冲突而表现出很高的调停积极性，但其倾向日本的趋势已很明显，转而单方面地劝说中国对日妥协和让步，以满足日本的要求，终于被日本人牵着鼻子走，结果在联合调停问题上反倒成了孤家寡人，只能草草地收场。

第三阶段，从7月12日到16日，是英国一面与日本商谈修改现行条约，一面提出中日在朝划区占领的建议的阶段。

"五强联合调停"计划失败后，英国政府基于自身的利益，其远东政策准备大幅度地向日本倾斜，即迫使中国屈从于日本，以满足日本的侵略野心。7月12日，英国外交部发表了由柏提签署并经金伯利批阅过的一件备忘录。该备忘录称：

> 即使日本政府同意从朝鲜撤军，公众舆论也不会答应，何况他们也不会这样做。根据1885年的中日条约（指中日《天津条约》——引者），日本已经出兵朝鲜，中国也同样派出了军队。日本希望同中国达成协议，共同维护各自在朝鲜的利益，抵制俄国的计划。在达成这样的协议之前，日本要保留驻朝军队，并有可能继续增兵，除非遇到中国和其他国家的抵制。看来，两国都不会诉诸武力。中国恐怕没有力量把日军赶出朝鲜，因而最好根据日本提出的条件与日本达成协议。①

这份备忘录充满了奇谈怪论，需要特别了以注意。

首先，备忘录有意地不真实说明日本出兵朝鲜的依据。日本政府多次强调指出："日本国所派之兵员乃基于《济物浦条约》。"② 而备忘录却称："根据1885年中日条约，日本已经出兵朝鲜。""1885年的中日条约"，即《天津条约》。这当不是偶然的疏忽。《济物浦条约》第

---

① Sino-Japanse War（1894），p. 46.
②《中日战争》（续编）第9册，第208页。

五款规定："日本公使馆置兵员若干备警事。"这就很清楚，根据《济物浦条约》，日本可以派若干兵员担任公使馆的警卫。《仪礼·乡射礼》疏云："若干者，数不定之辞，凡数法，一二已上得称若干。""若干"虽为数不定之辞，3以上之数皆可称若干，但在此处只限于担任公使馆警卫之用，其数不能过多，这是显而易见的。日本派大军入朝，兵力达到7 000多人，是违背《济物浦条约》的。正由于此，日本在援引《济物浦条约》时，对于派兵的数量总是采取打马虎眼的办法。如陆奥宗光向日本驻朝鲜临时代理公使杉村濬发出的电训，即特地指示："会见〈朝鲜〉督办交涉通商事务，告诉他根据明治十五年条约（即《济物浦条约》——引者），我方向汉城派军队之事实，但不要告诉他派军之数量。"[1] 为什么要采取这种不正大光明的做法？不是别的，而是派一个混成旅团进驻朝鲜乃条约所不能允许之事。至于日本方面辩解称："派兵多少，日本政府当自行定夺。关于日本士兵于韩地之行动，条约上根本无任何限制。"[2] 这纯属对《济物浦条约》第五款的歪曲！此款明明规定，日兵系专为公使馆"备警事"而设，怎么能说"无任何限制"？英国明知日本派大军入朝，既不符合《济物浦条约》第五款的规定，又是对国际公法的践踏，故在备忘录中舍《济物浦条约》不提，而谎称日本是依据《天津条约》出兵朝鲜，其用心可谓良苦！

其次，备忘录说中国同样根据《天津条约》派出了军队，也是不符合历史事实的。《天津条约》第三款规定："将来朝鲜国若有变乱重大事件，中日两国或一国要派兵，应先互行文知照，及其事定，仍即撤回，不再留防。"此款条文有两点是明确的：第一，中日两国要向

---

[1]《中日战争》（续编）第9册，第193页。
[2] 同上书，第208页。

朝鲜派兵，必须先互行文知照；第二，事定之后即撤回军队，不再滞留朝鲜。至于出兵的具体依据是什么，虽条约并无明文规定，但理应经朝鲜政府正式行文请援才可。当时，清政府派兵便是照此办理的。试看6月3日朝鲜政府请袁世凯代转的求援公文：

> 案照敝邦全罗道所辖之泰仁、古阜等县，民习凶悍，性情险谲，素称难治。近月来附串东学教匪，聚众万余人，攻陷县邑十数处。今又北窜，陷全州省治，前经练军前往剿抚，该匪竟敢拼死拒战，致练军败挫，失去炮械多件。似此凶顽久扰，殊为可虑。况距汉城仅四百数十里，如任其再为北窜，恐畿辅骚动，所损匪细。而敝邦新练各军，现数仅可护卫都会，且未经战阵，殊难用以殄除凶寇。倘滋蔓日久，其所以贻忧于中朝者实多。查壬午、甲申敝邦两次内乱，咸赖中朝兵士代为戡定。兹拟援案请烦贵总理迅即电恳北洋大臣，酌遣数队速筹代剿，并可使敝邦各兵将随习军务，为将来捍卫之计。一俟悍匪挫殄，即请撤回，自不敢续请留防，致天兵久劳于外也。并请总理妥速筹助，以济急迫。至切盼待！[1]

清政府正是依据朝鲜政府的请援公文才派兵入朝的。日本既于1876年与朝鲜签订《江华条约》，承认"朝鲜国系自主之邦，保有同日本国平等之权"，理应尊重朝鲜的主权，由朝鲜政府正式备文邀请才能派兵，怎能不请自来？于此可知，中日两国派兵入朝都与《天津条约》无关，只不过是按《天津条约》的规定履行"先互行文知照"罢了。中国派兵是经朝鲜政府的正式邀请；日本派兵则不是经朝鲜政府的邀请，而是在朝鲜政府强烈反对的情况下强行进驻汉城等处，是没有任何条约和法律根据的。备忘录硬说中日都是根据《天津条约》出兵朝

---

[1] 《清光绪朝中日交涉史料》第13卷，第7~8页。

鲜，不仅混淆了两国派兵的不同情况，而且有为日本遣大军入朝之不正当性和非法性进行掩盖之嫌。

复次，备忘录闭口不提中国对朝鲜的宗主权问题，且不再反对"日本要保留驻朝军队，并有可能继续增兵"，尤为异乎寻常。在不到10天之前，英国政府还劝说日本不要反对中国对朝鲜的宗主权，将所谓"朝鲜独立"作为中日谈判的前提条件，并主张两国同时从朝鲜撤军，如今竟突然来了个180度的大转弯，开始完全站在日本方面为其侵略行径张目，表明英国政府的立场向日本大大靠拢了。

正在此时，日英两国关于新的《日英通商航海条约》的谈判，进行得也相当顺利。本来，两国谈判修改条约已经是一个老问题了。应该说，这也是明治政府维新以来一件未了的夙愿。从1880年开始，当时的外务大臣井上馨草拟一项修改条约的方案，与西方缔约各国进行谈判，虽经过长期努力多方策划，终于未成。其后，日本历届外交当局也都以井上馨的方案为基础，加以相当的修改，提出新的方案，与各国会谈。其中尤以大隈重信，于1888年任伊藤博文内阁的外务大臣时，"曾力图以他的纵横权变之才，抵抗当时舆论的逆流，以遂其志愿，但结局也归失败"。所以，对于日本政府来说，"修改条约的历史，几成失败的历史"①。陆奥宗光任外务大臣后，按照纯粹全面性的对等方针，另起炉灶，重拟一份新的通商航海条约草案。1893年7月5日，此草案提出由阁议通过。又经睦仁裁可后，先提交给英国政府，并任命当时的驻德公使青木周藏兼任驻英公使，亲往伦敦任所，以负起此折冲樽俎的重任。但谈判一直进展不大。直到1894年7月，英国政府已决定将远东政策的重点移向日本，才使新的《日英通商航海条约》的谈判有了突破性的进展。

---

① 陆奥宗光：《蹇蹇录》，第59页。

第六章　甲午开战的国际背景与战争责任

正当英国政府为调整对中日冲突的方针而急转弯时，却突然刹了一下车。因为7月14日这天，金伯利收到巴健特从东京发来的电报："中国似乎希望通过俄国，迫使日本从朝鲜撤军。"同时，欧格讷也从北京发来了电报："中国很有可能全力求助于俄国。"① 巴健特和欧格讷的来电，及时地提醒了金伯利。他担心真的一下子把中国推向俄国的怀抱。这时，他想起此前李鸿章通过驻英公使龚照瑗向他提出的一项建议：中日两国军队为避免冲突起见，都不进驻汉城，清军撤往平壤，日军撤往釜山。当时，金伯利对此建议并不满意，认为："李鸿章关于双方兵力分布的建议并不公平，因为指定给日本方面的釜山，较平壤离朝鲜首都远得多。"② 如今却感到将其加以修正，未必不是一个防止中日冲突的办法。这就是中日在朝划区占领的建议。

7月14日当天，金伯利即将此建议急电告欧格讷：

　　从目前看来，中日两国从朝鲜撤军是没有希望了。请你向中国建议：作为防止两国冲突，为谈判争取时间的应急措施，两国可以都不撤军，但双方须分开，各占一方，从而避免冲突。③

并同时向青木周藏提出了此项建议，请其立即转告日本政府。

就在同一天，英国外交部接到驻汉城代理总领事嘉托玛（Christopher Thomos Gradner）的报告，其中提到日本公使大鸟圭介要求朝鲜政府辞退英国海军教官考威尔（W. H. Callwell）上尉，日军还在仁川的外侨居留地架设军用电线等，引起金伯利的极大不满。本来，14日这天，青木周藏是怀着无比欣喜的心情前往英国外交部的，以便签订期待已久的修改后的日英条约。在此前一天，他曾高兴地电告陆奥宗光："本使将于明日签订新条约。"陆奥宗光接电后也非常激动，他自

---

① Sino-Japanese War（1894），p. 49.
②《中日战争》（七），第235~236页。
③ Sino-Japanese War（1894），p. 50.

己回忆说:"这期间也是我苦心擘划而忙碌得实在难以形容的时期,今接到这个喜讯后,使我顿时忘记了连日的辛劳。"① 不料嘉托玛的电报引起新的问题,金伯利要求青木周藏转致日本政府立即对此做出解释。

青木周藏顿时心急如焚,来不及请示外务省,便于当天去拜访金伯利,询问签订新约的事,以便窥探英方的动静。他一走进英国外交部,便发现空气异常凝重。金伯利开门见山地对青木周藏说明英国政府的态度:

> 刚收到英国驻华公使来电,说日本驻朝公使要求辞退英国海军教官考威尔上尉,我对此感到惊讶。我很不解,这一显然不友好的举动,究竟缘何而来?尽管我知道日本方面会作出充分的解释,但在此之前,签订之事还是推迟一些为好。请立即将此意见电告东京。

青木周藏答应照办,但解释说:

> 我相信,日本不可能作出这样的举动,因为日本政府无意同英国唱对台戏。

从谈话中,青木周藏觉察到金伯利特别热衷于推行那个中日划区占领的方案,便转变话锋,投其所好,假意地用十分赞同的口吻提议:

> 鉴于中日两国已不可能达成从朝鲜撤军的提议,最好的方案是两国商定继续共同占领,但必须分头驻扎,间隔一段距离。双方军队全部撤出汉城和仁川,日军占领朝鲜半岛南部,中国占领其北部。这样,不但完全可以避免双方冲突的危险,还可以逐步实现改革朝鲜内政的谈判。

青木周藏的这一招儿真灵。金伯利一听大喜,气氛马上缓和起来。他

---

① 陆奥宗光:《蹇蹇录》,第61页。

立即表示赞成，对青木周藏说：

> 鉴于中日两国不可能达成立即撤军的协议，我认为贵公使的提议最有希望避免冲突。为此，我要马上致电欧格讷先生，要他询问中国政府是否愿意考虑此项建议。①

在金伯利看来，这个方案可能是防止中日发生冲突的最后一张王牌了。用他自己的话来说，这是一个"最有希望避免冲突"的方案。因为实施这个方案，可将中日两国军队隔离开来，就不容易发生军事冲突了。同时，与此相关的直接结果是，由于中日两国军队分别占领朝鲜的北部和南部，俄国也就不可能乘虚而入并从中渔利了。此乃一举两得，何乐而不为？

在此关键时刻，陆奥宗光担心修约之事将功亏一篑，立即电令青木周藏向英国政府进行解释。其电称：

> 帝国政府从未向朝鲜政府提出解雇英人的不智要求。……我怀疑英国外交大臣接到的电报可能有很多是虚构的传闻。据闻目下汉城谣言四起，多有故意虚构事实，散布浮言流语者。……由汉城向伦敦发出之电报多系真伪混淆。希贵公使向英国政府解释，日本政府对于其他事件，均可如英国之意妥善处理，故条约之签字，希望作为另外问题迅速完成。②

既然日本政府作了这样的表态，英国也就不再进一步追究了。

7月16日，新的《日英通商航海条约》终于得以重新签订。对此，日本学者多归功于陆奥宗光，认为"陆奥外相的辩解发生了效力"③。此说虽不能说没有一定道理，但并不是问题的根本所在。主要的问题在于，此时英国政府已经将远东政策的重心移到了日本，它虽

---

① Sino-Japanese War（1894），pp.50~51.
② 陆奥宗光：《蹇蹇录》，第62页。
③ 藤村道生：《日清战争》，第77页。

然不希望中日之间发生冲突，但它偏向日本这一点却是毫不含糊的。据英国首相罗斯伯里（Lord Rosebery）的备忘录（1894年7月30日），朝鲜问题发生后，驻华公使欧格讷主张力阻中日之间爆发战争，曾提出过和俄国联合进行武装示威的建议。对此建议，罗斯伯里表示反对，认为英国不应该参与和其他任何国家联合进行的公开干涉。他自问："如果我们采取行动的话，那么这实际上就等于是针对日本，而对于我们来说，这样做是否明智的政策呢？"最后，他得出结论说："这是不合时宜的。我们不能削弱在东亚的海洋上具有能够成为防范俄国屏障的伟大力量的强国（日本），不应该与之不和。"[1] 英国政府之所以仍然同日本签订《日英通商航海条约》，主要由于这是表示对英国视为能够有效地成为俄国南下屏障的日本的重视和支持。故条约签字后，金伯利发表祝词称："此约之性质，对日本来说，远胜于打败清帝国之大军。"[2] 至此，日本原先所担心的欧洲大国会干涉日清开战的顾虑，完全被打消了。

其实，从根本上说来，日本政府决不会接受中日在朝划区占领的建议，因为这同日本既定的开战方针是相违背的。青木周藏在金伯利面前就此事所发表的一番高论，只不过为了讨好对方而缓和场面的尴尬而已，是算不了数的。其后，日本政府对金伯利则一直采取拖延的办法。当巴健特拜访陆奥宗光，提到此建议时，后者竟装糊涂，好像对此建议毫无所知似的，声称日本政府尚未接到驻英公使来电，无法即时作出答复。就这样婉转地拒绝了金伯利提出的中日在朝划区占领的建议。

在此阶段中，尽管英国政府从主观上说不希望中日之间爆发战争，

---

[1] 藤村道生：《日清战争》，第81页注①。
[2]《日本外交文书》第27卷，第113页。

因此提出了中日在朝划区占领的建议，但它的根本立场是偏袒日本的，甚至用签订新约的办法加强日本的国际地位，并给予最大的支持，而日本也完全掌握了英国政府的真实态度，当然就不去理会英国的此项建议了。

第四阶段，从7月16日到23日，是英国政府要求日本保证一旦中日开战"不在上海及其通路为战时之运动"的阶段。

英国政府鉴于中日在朝划区占领的建议不为日本所接受，而且知道日本政府已经下定了开战的决心，一时处于两难之中，因为它难以预测：两国真打起来的话，将会谁胜谁负，而且将会引起何等后果？这是英国政府不能不特别关心的。金伯利为此心中直忐忑不安。数日前，他命外交部情报官员怀尔德（Mr. Wylde）致函海军部情报处负责人埃弗雷特（Everett）上校，索要有关中日军事力量对比情况的情报。7月16日，海军部复函外交部，并附有一份题曰《中日军事力量对比备忘录》的机密文件。海军部所提供的情报主要集中于以下三点：

第一，海军方面：

> 一些关于舰只、装备、人员的数字……反映不出中日两国海军的实力对比。在很大程度上，中国的舰队编制还很简陋，日本海军才是真正的帝国海军，其舰队编制完全是模仿西方海军的编制。日本军舰的所有水兵和大部分军官，都是用西方的训练方式培养出来的。日本军舰屡屡远距离出海，军官都能实施有效的指挥。外国海军普遍认为，自从西方顾问离去以来，中国舰队的效能大大降低。尽管从吨位和大炮门数上说中国胜于日本，但在编制、纪律和训练上日本要大大优于中国，因而可以认为，日本海军力量较强。

第二，陆军方面：

中国军队："武器装备：中国拥有大量不同型号的步枪，购自西欧和美国，已有些过时，……在弹药方面，由于种类繁多，很难区分清楚。一般说来，随枪一起购买的弹药，时过多年都已报废了。尽管从国外购买了这么多军火，现今大部分中国军队的装备，仍是古旧的火绳枪。从国外购进的武器，一般都是在仓库储存不善的，官方似乎也不愿把它们配给部队。"

"中国军队显然缺乏有组织的运输系统，也很难说有什么医疗服务。中国军人知道自己一旦害病、受伤将是什么命运，无论害病抑或受伤都会被抛弃，因而不可能有多大的战斗热情。战争时期尤其是这样。"

日本军队："引用一位不无权威性的军界作家的一段话：'我原以为，日本的军队也不过就相当于欧洲三流军队的水平。而我来到日本后却发现，这支军队竟有着如此完善的组织、精良的装备和全面的训练。更令人惊奇的是，作为一个东方民族，他们竟能这样轻松自如、有条不紊地指挥着自己的军队。'"

"和平时期，日本军队的战斗兵力总共约有75 000人，但战争时期可以激增到250 000人。每个师、旅、团都有各自的征兵范围，在地方上都设有固定的指挥部。

"武器装备：步兵已装备机动连发步枪。该枪系东京兵工厂制造，据说可以与欧洲的任何枪支媲美。大阪兵工厂制造大炮和炮弹。野战军拥有240门大炮，属克虏伯系列炮类，略作了些改进。

"大多数军官都毕业于帝国军校。"

第六章 甲午开战的国际背景与战争责任

第三，中日军事力量对比：

"不管从哪个角度讲，中国军队都是前途未卜的。尽管有一部分中国军人不像上面描述的那样散漫之徒，但总的说来，他们都是缺乏训练，没有组织，没有合格的指挥人员。因此，在现有条件下，中日如果交战，只能有一种结果。"

"另外，日本军队战时可以增加到 200 000 人以上，而且装备精良，组织完善，随时能战。他们行动迅速，服从命令，民族热情高。他们的运输、医疗措施组织得力，行之有效，他们武器精良而且操作熟练。从这些方面看，日本军队之与中国军队，就像19世纪的文明军队之与中世纪军队一样：中国要想取胜日本，只能通过大幅度拖延时间，譬如说两年或者三年，同时抓紧按照欧洲模式重新组织军队。不过，就算是日本能给中国时间的话，中国也不一定会这样做。"①

揆诸实际，英国海军部所提供的情报及其分析，基本上是客观和准确的。据此，英国政府已经预料到即将爆发的中日战争的结果了。出于防俄的需要，它宁愿让日本放手去干，发展得更为强大，成为俄国势力南下的真正屏障。因为中国眼看是扶不起来了，不如牺牲中国，以满足日本的侵略要求。但考虑到维护自身在远东的商业利益，它对日本的支持也不是无条件的，其条件就是要求日本在开战后对上海中立区的安全作出保证。

早在6月下旬，欧格讷即担心日本会对中国开战，几次致电金伯利建议，应向日本暗示，英国将阻止对任何通商口岸的骚扰。② 但并未引起金伯利的真正重视。直到7月22日，英国驻上海总领事韩能

---
① Sino-Japunese War（1894），pp. 54~55.
② Sino-Japanese War（1894），p. 29.

（Nicholas John Hannen）得知中国有一旦开战便封锁吴淞口的计划，于是致电金伯利建议："中国当局计划，一旦宣战就封锁吴淞口，以防止日军进攻。我担心这会给经济贸易活动带来严重干扰。可否征得日本政府允诺，不对上海及其通道采取军事活动？"这就把欧格讷的建议具体化了。金伯利认为此建议切实可行，也确有必要，便当即给巴健特发出训令：

> 现命你转告日本政府，英国希望他们做出保证，与中国开战时不对上海及其通道采取军事行动，因为通讯中断会大大影响英国的经济利益。并请日本政府迅速答复。①

陆奥宗光已经看清了英国政府的意图，认为："与其说是英国政府有坚决采取一切手段维护东亚和平的决心，毋宁说是英国政府认为中日两国的战争已经不可避免，而且抱着无从制止的看法。"从而得出这样的结论："既要求上海之中立，又提出暧昧的分别占领的提议，就可知道英国即使在不得已时也没有断然采取最后手段的决心。"② 他喜不自胜，立即允诺。7月23日，巴健特向金伯利报告："日本政府已经做出保证，不对上海港或其通道采取军事行动。"③

在此阶段中，英国政府看到日本对中国开战的决心已定，而从双方的军事力量对比看，日胜中败则已无疑问，故对日本的侵略行为给予支持，就防俄大局而言，对英国是有利无害的。它唯一担心的是商业利益受损，故向日本政府提出了上海中立区问题。这既是对日本发动甲午侵华战争的默许，也是向日本政府提出的必须允诺的交换条件。

通过以上所述，可以清楚地看出，日本之所以敢于在走向战争的道路上最终采取"断然措施"，是与英国政府远东政策向日本偏移是

---

① Sino-Japanese War（1894），p. 65.
② 陆奥宗光：《蹇蹇录》，第46~47页。
③ Sino-Japanese War（1894），p. 69.

分不开的。如果没有英国的支持和默许，日本虽有发动侵略战争之心，也是很难得逞的。不过，最为可悲的是，当英日正在为开战进行交易之际，清政府仍然处于和平的幻想之中，相信"万国公例，谁先开战，谁即理诎"①。中国当政者的这种"天真"，其实是对国际情势幼稚无知的表现，赫德即对此有所评论，认为正义和力量二者，犹如中国人吃饭用的一双筷子，缺一不可。他的话道出了近代以来历史的现实情况。仅有公理，而无实力的支撑，对违反公理者是无能为力的。英日两国在开战问题上所达成的这笔幕后交易，更进一步证明了这个看起来似乎极其简单的真理。

第二节　从高倡"维护朝鲜独立"到"擒王劫政"

陆奥宗光曾经自鸣得意地声称："追本溯源，即使说中日两国的战争，毕竟起因于中朝宗属关系的外交问题为先驱，终以炮火展开最后的悲剧，也决不是失当之言。"② 从日本长期的挑战历史看，此话并不为假。多年以来，日本打着"维护朝鲜独立"的幌子，以反对中朝宗属关系为口实，屡屡制造事端，并最终以此为撒手锏，发动了大规模的甲午侵华战争。这是陆奥宗光临终以前一直沾沾自喜的得意之笔。

中朝宗属关系，本是长期历史上形成的。这种宗属关系，或称封贡关系，其特点是："朝鲜虽隶中国藩服，其本处一切政教禁令，向由该国自行专主，中国从不与闻。"③ 就是说，两国之间的名分上的不平等，并不影响朝鲜的自主之权。《明史》将朝鲜列入《外国传》也

---

① 《李鸿章全集》，电稿，卷十六，第25页。
② 陆奥宗光：《蹇蹇录》，第68页。
③ 《清季中日韩关系史料》第2卷，第272页。

好,《清史稿》将朝鲜列入《属国传》也好,反映的都是这样一种历史事实。进入近代以后,宗属关系存在是否符合国际公法,曾经成为一个有争议的问题。争论的焦点是,作为清朝属国的朝鲜,能否称为自主之国。我们认为,历史地看问题,回答应该是肯定的。根据《万国公法》,"进贡之国并藩邦,公法求其所存主权多寡而定其自主之分"①。可见,同为属国,也是有自主与不自主之分的。"凡自主之国,就其内政,自执全权,而不依傍于他国,其君主、官长可以自行。""各国自主其事,自任其责,均可随意行其主权。"② 朝鲜内政外交皆由自主,按诸《万国公法》之成例,称之为自主之国是绝无问题的。

近代以来,否定中朝宗属关系并挑战最力者,不是西方列强,而是东邻日本。为了对大陆侵略扩张的需要,日本始终咬住中朝宗属关系问题不放,不达到目的誓不罢休。早在1876年年初,日本特命全权公使森有礼来华时,即企图否认中朝宗属关系的事实。当他同奕訢会见时,谈及中朝关系问题,奕訢告以:朝鲜虽为属国,"中国曾无干预内政,其与外国交涉,亦听彼自主"。森有礼自觉有空子可钻,反驳说:"由是观之,朝鲜是一独立之国,而贵国谓之属国者,徒空名耳。"③ 此后,他就"空名"一说反复纠缠不已。针对森有礼的无赖之举,总理衙门始不得不就中朝宗属关系作出了郑重的答复:

> 查朝鲜为中国所属之邦,与中国所属之土有异,而其合于《修好条规》"两国邦土不可稍有侵越"之言则 。盖修其贡献,奉我正朔,朝鲜之于中国应尽之分也;收其钱粮,齐其政令,朝鲜之所自为也。此属邦之实也。纾其难,解其纷,期其安全,中国之于朝鲜自任之事也此待属邦之实也。不肯强以所难,不忍漠

---

① 《万国公法》卷一,第17页。
② 《万国公法》卷二,第8~9页。
③ 《清光绪朝中日交涉史料》第1卷,第4页。

视其急，不独今日中国如是，伊古以来所以待属国者皆如是也。①从而结束了两国之间这场关于中朝宗属关系问题的争论。

此后不久，朝日签订《江华条约》，其中有"朝鲜国系自主之邦，保有同日本国平等之权"一款。后来，朝鲜曾相继与欧美各国缔结条约，均向各缔约国政府发出一件解释性的照会。该照会称：

> 朝鲜素为中国属邦，而内治外交，向来均由大朝鲜国主自主。今大朝鲜国与某国彼此立约，俱属平行相待。大朝鲜国主明允将约内各款必按自主公例认真照办。至大朝鲜国为中国属邦，其分内一切应行各节，均与某国毫无干涉。除派员议立条约外，相应备文照会，须至照会者。

在朝鲜政府看来，它作为中国的属邦，又是自主之邦，二者是集于一身的。在当时来说，这既是国际惯例，又是符合国际法的规定的。所以，朝鲜各缔约国接到此照会后，也"既未提出任何抗议，也没有退还"②，采取承认的态度。只有日本是唯一的例外。故李鸿章后来有这样一段著名的话：

> 我朝"保护属邦旧例"，前事历历可证，天下各国皆知。日本即不认朝鲜为中属，而我行我法，未便自乱其例故不问日之认否，碍难酌改。③

他的这番言论是其来自有的。所谓"我行我法"之"法"，虽属"旧例"，然而已成为"天下各国皆知"的国际惯例，这就是他为什么要坚持不能通融的主要原因所在。连陆奥宗光也不得不承认："李鸿章认为世界各国莫不承认朝鲜为中国的属邦，亦不无理由。"④

---

① 《清光绪朝中日交涉史料》第1卷，第6页。
② 陆奥宗光：《蹇蹇录》，第66页。
③ 《清光绪朝中日交涉史料》第13卷，第10页。
④ 陆奥宗光：《蹇蹇录》，第66页。

1885年发生的英国占领巨文岛事件，是对中朝宗属关系的又一次考验。中日《天津条约》刚刚签订，俄国企图以毗邻大国的资格，也想保有对朝鲜的出兵权，竟将军舰聚泊海参崴。英国担心俄国舰队南侵，派军舰将朝鲜南海的巨文岛加以占领。"英国此举，目的在以巨文岛为海军根据地，以遮断俄国远东舰队的要路。"① 英国占领巨文岛后，其驻华公使欧格讷照会朝鲜政府，声明暂借该岛，"暂行居守"。朝鲜外务衙门接此照会后，致函驻朝英国领事称："此岛系我国地方，他国不应占有，于万国公法原无此理。"同时复致欧格讷一电称："查此岛系我国紧要地方，非徒贵国之不敢许，即各国有请，断无可准之理。"② 与此同时，中国驻英公使曾纪泽也照会英国政府："巨文岛乃朝鲜之属地，而朝鲜为大清国之属邦，若外人占领巨文岛，则中国政府不能默视。"③ 在中国的多方交涉下，英方始表示，中国若保证他国不占领该岛，则英国可安心撤兵；俄国也声明决不侵占朝鲜领土。于是，英方应允，并由英国公使华尔身（Sir John Walsham）代拟一件总理衙门致英使照会稿，总理衙门据以缮正，照会英使：

> 案查前贵国据守巨文岛时，以该国系中国藩属，疆地毗连，本王大臣即向欧署大臣申明，此举在中国不能不视为关系可虑，并由驻扎伦敦曾大臣转询贵国外部大臣。旋准贵国外部切复，谓据守该岛系属暂时之举，并无图损中国及属国体制权利之意，英廷亦不欲久占此岛，但愿中朝能保无人来占，则英廷可以放心云云。本王大臣深盼贵国不日退出，庶免中国与各国局外交谊致生枝节。惟迄今为时已久，贵国水师仍在该岛据住，由此局外遂生为难之事。即如近日朝鲜传言，有俄国干预我藩邦之举，中国因

---

① 王芸生：《六十年来中国与日本》第1卷，第291页。
②《李鸿章全集》，译署函稿，卷十七，第19~20页。
③ 王芸生：《六十年来中国与日本》第1卷，第294页。

问俄国有无此事,俄外部向我刘大臣言,俄国毫无此意。驻京俄署公使复赴津与李中堂悉心申论,又将前答刘大臣之语重为剖白。并云:俄廷诚心允许,如英国将巨文岛退出,无论如何情形,俄国决不取朝鲜土地等语。李中堂谓:英国恐兵退之后,该岛为别国续占,如中国可保该岛不为别国夺取,必先索俄国不取朝鲜土地之实据。该署使又重申所奉俄廷之言,已与李中堂定议。中国尽可切实声明,贵国兵船退后,可保俄国不再来占。本王大臣为此照会贵大臣,务祈迅速转达贵国家。缘中、英两国夙敦和好,谅不再为延宕,致中国从中为难。惟期早日饬令兵船退出巨文岛,以显友谊,是所厚望。①

英军不久从巨文岛撤退,此段公案遂告了结。

在历时近两年的英占巨文岛事件的处理过程中,中国始终居于中心的地位,一方面借俄国之抗议为理由,要求英军撤退;另一方面,又使俄国誓言不占朝鲜领土。最后,由中国为此做出保证,使英、俄事实上承认了朝鲜为中国之属邦。对此,陆奥宗光也得出这样的认识:

> 1885年,英国政府曾占领过朝鲜领内的巨文岛。当时在英、俄、中、朝四国之间发生种种复杂关系,因彼此之猜疑,纠纷长期未能解决,但后来英、俄两国分别从中国取得其所要求的保证条件,暂时得到和平解决。在此重要的外交问题进行谈判时,英、俄两国的眼中好像没有朝鲜,常常仅以中国为对手,使中国处于一方责任者的地位。……所以,当时英、俄两国都默认中朝宗属关系,因而关于与朝鲜的交涉事项,均以中国为重,这也是无可争辩的事实。②

---

① 《李鸿章全集》,译署函稿,卷十八,第46~47页。
② 陆奥宗光:《蹇蹇录》,第66~67页。

尽管如此，日本为推行其以"征韩"为先行步骤的大陆政策，对中朝宗属关系始终耿耿于怀，仍然伺机借此挑起事端。日本"六·二出兵"后，清政府应朝鲜政府的请求，决定派兵赴朝，便根据中日《天津条约》的有关条款，由驻日公使汪凤藻于6月6日知照日本外务省。因中国照会中有"派兵援助乃我朝保护属邦旧例"①之语，又触动了日本方面的神经。在日本的内阁会议上，陆奥宗光抓住中国照会中有"保护属邦"字句，想作为一种争议提出来，从而制造外交事件。但多数内阁成员认为，此时以宗属问题作为中日两国外交上的争议，似难成立："中朝宗属问题由来已久，如现在重新以此作为外交争议的根据，实属陈词滥调，不足以耸动世人的视听；而且在目前如果决定实行，不外乎促进向中国政府以干戈相见之机，如果这样挑起争端，第三者的欧美各国见此情况，不免以日本政府并非为了当前不得已的现实问题与中国发生争议，而是故意挖寻旧疮，撒播争论的种子而已。"②陆奥宗光的提议在内阁会议上未获通过，只能在6月7日答复汪凤藻的照会中略表抗议："贵简中'保护属邦'一语，因帝国政府未曾以朝鲜国为贵国之属邦加以承认，故明确答复之。"③他还要求汪凤藻将中方照会的文字加以"酌改"，却被"正词拒之"。④陆奥宗光不得不作罢。

其后，清军前敌营务处太原镇总兵聂士成为晓谕东学党起义军解散，命弁兵持告示前往全州。告示有数种：其一有"尔国王发电告急，我中朝爱恤属国，不忍坐视不救"⑤等语；其一有"奉宪檄饬，

---

① 《清光绪朝中日交涉史料》第13卷，第9页。
② 陆奥宗光：《蹇蹇录》，第65页。
③ 《中日战争》（续编）第9册，第197页。
④ 《清光绪朝中日交涉史料》第13卷，第10页。
⑤ 《中日战争》（六），第2页。

防营远征，保护藩属，护卫商民"① 等语。日本公使馆派往全州的间谍发现这些告示后，送往汉城。本来，在中朝宗藩关系问题上，大鸟圭介与陆奥宗光是心有灵犀一点通的，他看到聂士成告示后，觉得借此发难，正其时矣。6月26日，大鸟圭介先上朝王一书，提出朝鲜的独立自主问题。其书有云：

> 南乱本属内民，其祸不大。至于清国派兵援之，则祸延及东洋大局，其有事也大矣。故日兵之保护该民，亦事势之不得已也。次如清国既闻乱民平定，犹屹然不撤其兵，则不啻使其事更大，其意实不可测也。且夫初认朝鲜为自主之国，使与各国订结平等抗礼之条约者，谁耶？盖莫非日本之功矣。然则，日本何有敌视朝鲜之理哉？故若有认朝鲜为藩属，或趁机设乱，欲郡县之者，则拒之斥之，以全朝鲜之自主独立，盖我日本所宜任之也。②

这封上书犹如一面镜子，活生生地照出了一切侵略者的真实嘴脸，并洞其肺腑，都是嘴甜心辣，口是心非：明明是日本拒不撤军，却反咬中国"屹然不撤其兵"；明明是屡次侵压朝鲜，却觍颜自夸"日本之功"；明明是早想完全控制朝鲜，却以朝鲜"独立"的维护者自居。真是不知天下有羞耻事！

随后，大鸟圭介又详细制订了一个所谓"独立属邦案"，作为新的挑衅手段。其内容如下：

> 第一步，本月6日，驻东京清国公使呈送贵大臣阁下之公文抄件与朝鲜政府，该政府是否承认其为"保护属邦"四字应查明。

> 第二步，如朝鲜政府做出我国独立自主并非清国属国之答复

---

① 《日清战争实记》第1编，第63页。
② 王炳耀辑：《甲午中日战辑》卷一，第32页。见阿英编《近代外祸史》，上海潮锋出版社，1947年。

时，我（对朝鲜政府）则以清军声称为"保护属国"进入贵境，此乃侵害贵国之独立权，维护日朝条约之条文乃贵政府之义务，应迅速将其驱逐。如贵政府无能为力时，我将以兵相助，将其驱逐之。（对清国公使）贵国以"保护属国"名义派兵朝鲜之事，我政府始终表示反对。我政府既然自始即承认其独立，便有保护其独立之义务。且朝鲜政府亦明言，并非贵国属国之意，既如此，贵国应速将派来之不义之师撤走。如踌躇，我只好以兵力驱逐之。可将此意通知对方。

再者，如朝鲜政府作出其为清国属国之答复时，我应姑且面会督办，说明利害，撤回公文。若彼置若罔闻时，可公开指责朝鲜政府违背《修好条约》第一款以及订约以来十七年间欺我之罪。应以兵力促其谢罪，以取得令我满足之补偿。

又，如朝鲜政府作出自称自古以来即为清国之属国，并规定内政、外交之自主，与自主之国相同之答复时，我应对朝鲜政府以平定内乱纯属内政，然而清国借"保护属国"名义派兵前来，乃干涉内政，行属国之实者为理由言之。其他，可按第一项之手续逼迫韩廷及清使。①

大鸟圭介的这个挑衅计划称得上挖空心思，滴水不漏，真可谓机关算尽了。连陆奥宗光也不禁对他称赞有加："该公使为了避免正面违背我昔日之训令，并没有直接向中国使节提出：'中国是否为朝鲜的宗主国？'却采取向朝鲜政府质问'朝鲜是否为中国的属邦'的狡猾手段。"②

6月28日，大鸟圭介按预定计划照会朝鲜政府，质问对中国所称

---

① 《中日战争》（续编）第9册，第52页。
② 陆奥宗光：《蹇蹇录》，第67页。

"保护属邦"是否承认,并限定于29日前作出答复。外务衙门督办赵秉稷明知此系日本恃强寻衅,无论怎样答复,皆将以为口实,故惊惶不知所措。30日上午,大鸟圭介见限期已过,派杉村濬前来催问,赵秉稷犹豫片刻后答称:

> 朝鲜政府从来就是自主的国家,清国对我作何称呼,这是清国自己决定的,与我无关。清兵驻在我国内,是应当时我国的邀请而来,故不能予以驱逐。

这个答复回避了日方提出的两个难题的锋芒,当然不会使杉村濬得到满足。杉村濬便质问道:

> 国家的主权如果是一纸空文,那就不能称之为自主的国家,必须事实上在国内行使自主权。如果他国的主权侵入其国,又在某种程度上被他们的主权所支配,那就不是自主的国家。如今,清国以'保护属邦'的名义派兵,其指挥官随意命令所在国人民而毫无忌惮,这不是清国侵犯了贵国的主权是什么?①

杉村濬言毕拂袖而去。

随后,赵秉稷经过与袁世凯商议,拟订了正式答复大鸟圭介的照会:

> 查丙子《修好条规》(指1876年日朝《江华条约》——引者)第一款内载朝鲜自主之国,保有与日本国平等之权一节。本国自立约以来,所有两国交涉事件,均按自主平等之权办理。此次请援中国,亦系我国自用之权利也,与朝日条约毫无违碍。本国但知遵守朝日订立条约,认真实行。且我国内治外交,向由自主,亦为中国之素知。至中国汪大臣照会径庭与否,应与本国无

---

① 《中日战争》(续编) 第7册,第17~18页。

涉。本国与贵国交际之道，只可认照两国条规办理为妥。①

该照会完全回避了"属邦"问题，已在大鸟圭介的预料之中。他正准备按预定计划采取进一步的行动，突接陆奥宗光的电训，命其立即着手迫使朝鲜政府实行内政改革。

陆奥宗光的训令打乱了大鸟圭介的原定计划，使大鸟圭介以下的公使馆同人皆不以为然。于是，决定派本野一郎、福岛安正携意见书于7月3日离汉城回国，以说明情况。该意见书略云：

> 今日的形势是日清冲突已不可避免，早日开战对我有利。而开战的口实除朝鲜的自主问题外，别无其他借口，自主问题光明正大，对各国也充分显示了我国的义举。②

10日，本野一郎、福岛安正二人回到东京，向陆奥宗光及川上操六详细地汇报了朝鲜局势，并反复申说："此时如不设何种口实，以兵力威吓朝鲜国政府，并驱逐清国军队于朝鲜国外，则朝鲜国内政改革无望，因而政府所希望获得之利权亦殆近于不可能者。"③

7月10日当天，大鸟圭介亦致电陆奥宗光，报告朝鲜内政改革实行之可能性极小，认为："我如以寻常手段当之，恐必陷彼等术中，故此际出于断然处置，注意不留后患，颇为紧要。"甚至提出不惜采取"用兵威迫之法"，即"派护卫兵固守汉城诸门，且守王宫诸门，以迄彼等承服为止"。④大鸟圭介的建议在日本政府内部引起了严重的意见分歧。军部对建议不但积极支持，而且主张立即开始行动；以伊藤博文为首的多数内阁成员虽也想挑起战端，但以何作为开战理由则举棋不定，倾向于慎重从事。他们担心，若采纳大鸟圭介建议，对朝

---

① 《清光绪朝中日交涉史料》第14卷，第2页。
② 《中日战争》（续编）第7册，第18页。
③ 山崎有信：《大鸟圭介传》，第330~333页。
④ 田保桥洁：《甲午战前日本挑战史》，第124页。

鲜实行高压外交政策，就会产生下列后果：

第一，实行这种高压外交政策时，不仅要引起第三者的欧美列强指责日本为故意发动无名战争的国家，且恐违背外务大臣曾对俄国政府所作的"不论中国采取任何行动，日本政府亦不先行挑战"的保证。

第二，尚未接到中国确向朝鲜增派大军的情报，同时驻牙山的中国军队也没有进入汉城的迹象，如果日本使用较多的军队先行进攻，不仅曲归我国，且有表现我方胆怯之嫌。

第三，即使我军企图进攻驻牙山的中国军队，亦应等待朝鲜政府的委托。而使朝鲜政府提出此项委托以前，我国不能不以武力强迫朝鲜，屈从我方的意图。进一层说，我国必须先把朝鲜国王掌握在手中。如果采取这样过激的行动，就要违背我国一向承认朝鲜为自主独立国家的宗旨，也决不能博得世人的同情。

伊藤博文等的担心，是从国际法和日朝条约方面考虑，自然是有道理的，所以陆奥宗光也难以提出任何异议，只是主张："桌上议论不必多费唇舌，除从实际出发，根据朝鲜局势的演变，采取随机应变的措施以外，已经没有再处理其他问题的时间。"① 于是，他依然我行我素，将挑衅之权完全交付大鸟圭介。

7月17日，即新的《英日通商航海条约》签订的第二天，在日本军部的推动下，举行了第一次大本营御前会议，做出开战的决定，并制订了相应的作战计划。19日，本野一郎和福岛安正回到汉城，向大鸟圭介传达了陆奥宗光的机密训令和口训，于是大鸟圭介更无顾虑，决定断然对朝鲜政府施以激烈手段，以开启战端。

7月20日，大鸟圭介照会朝鲜政府，实是发出最后通牒。该照

---

① 陆奥宗光：《蹇蹇录》，第68~69页。

会称：

> 贵政府容此名义失正之清军久留境内，是则非但贵国自主独立之权为所侵损，且将日朝条约所载"朝鲜自主之邦，保有与日本国平等之权"一节视同具文，殊属不成体统。应由贵政府亟令清军退出境外，以全守约之责，是本公使切望于贵政府者也。但事关紧急，务须迅速施行，是为切要！并将贵政府如何议定之处，限于明后日、即我历 22 日内见复确音。倘或贵政府延不示复，本公使自有所决意从事。①

同时，还另交一照会，指出："在审阅清韩两国间的各条约及规定时，明确认定贵国是清国属国，清国对贵国有君主权一事，亦应根据前条理由，迅速予以废除。"② 所要求废除的中朝间的各条约及规定，即《中朝商民水陆贸易章程》《中江通商章程》《吉林贸易章程》三个章程。

朝鲜外务衙门接此通牒后，不知所措，又不敢逾日方所限之期，乃于 22 日午夜复照日使：

> 我国为自主之邦，保有与贵国平等之权，已载朝日条约，及我国内治外交向由自主，亦为中国所知各节，我历本年五月二十七日业经照复在案。此次聂军门告示一节，本督办所未及闻知。贵公使既照会袁总理质询真伪，则仍向袁总理辩论可也。至清军久在境内，实因我国请援而来，南匪稍平之后，已屡请其撤回，而未即退，亦如贵兵之尚驻留也。方更要唐代办转请中国政府从速退兵。为此，合行照复贵公使，请烦查照可也。③

其实，无论朝鲜政府怎样答复，都改变不了日本既定的挑战计划。据

---

① 田保桥洁：《甲午战前日本挑战史》，第 139 页。
② 《中日战争》（续编）第 7 册，第 27 页。
③ 田保桥洁：《甲午战前日本挑战史》，第 144~145 页。

杉村濬供称："当时我方已经预料到，朝鲜政府不能做出使我满意的回答。不管他们如何回答或者是否逾期不回答，也都要举事。"①

果然，到7月23日凌晨，在日本驻朝公使大鸟圭介的导演下，幕令人触目惊心的"擒王劫政武剧"开始在汉城上演了。

对于这段历史，一些日本官方记载大都闪烁其词，使人读后摸不着头脑，有扑朔迷离之感。如称：

> 大鸟公使……于〈7月〉19日清晨到外务府，……根据明治十五年的《济物浦条约》要求为戍兵建设兵营，并且要求断然废弃现行的朝鲜和中国间的条约，撤退牙山的清兵，以三日为限，要其确答。朝鲜政府优柔不断，到决答的当日，即7月21［22］日，还不作任何通知。公使认为，如今只有直接谒见国王上奏，该夜乃穿礼服，坐以待旦。23日早晨，公使率兵欲入王城，路过景福宫兴［光］化门时，朝鲜兵开枪射击公使，我兵乃应击，使其溃走，……②

这段记述，完全歪曲了事实的真相，好像这纯属偶然事件，而且责任是在朝方。其实根本不是这么一回事。

日本学者田保桥洁是研究这段历史的专家，曾经慨叹道："关于以上之战斗，并未见大鸟圭介公使之详报，而参谋本部所编纂《日清战史》之记事，务求从简，即死伤者数亦不传，欲知真相，颇感困难。"③ 确实如此。当时日本当局之所以对这段历史讳莫如深，无非是企图掩盖其真相而已。但是，随着一些重要的官方及私家档案文书的解密和公布，这段历史的真相已可大白于天下了。

首先，这绝不是一起偶然事件，而是日方早有预谋并精心策划的

---

① 《中日战争》（续编）第7册，第28~29页。
② 《中日战争》（一），第223页。
③ 田保桥洁：《甲午战前日本挑战史》，第147页。

军事行动。大鸟圭介早就向日本政府建议："以兵力包围王宫，强迫朝鲜政府接受我国的要求。"① 7月19日，又限定朝鲜政府在22日以前作出满意的答复。大鸟圭介本人的报告称："至22日，即答复日期夜间，寄来……含混其词之照复。于是本官决定采取断然措施，一面……照会朝鲜政府；一面在与大岛旅团长协商后，翌23日午前4时，使龙山我联队及炮、工兵若干，进入汉城，包围王宫。并朝王宫方面前进时，对方发炮，我兵起而应战，遂将彼击退，打开城门，进入宫内，并使其四门坚固。"② 日军混成旅团长大岛义昌陆军少将于7月22日午夜发给参谋总长炽仁亲王的电报称："因公使之求，当于明晨包围王宫，战斗恐难避免。"③ 可见，此事件的主角是大鸟圭介，乃是他同大岛义昌共同密谋策划了这次包围朝鲜王宫的军事行动。④

其次，日方记载关于大鸟圭介入宫目的的说法也是捏造的，所谓"朝鲜兵开枪射击公使"更是子虚乌有之事。据杉村濬《明治二十七八年在韩苦心录》所记，原先制订的包围王宫的计划是："23日午前3时左右，待城门打开后，我混成旅团之中的一个联队从西门进来，行军直到王宫门前。其一部从后门进入，以显示我方之威风，窥视宫内动静，拥大院君入宫以图实现政府的变革。"⑤ 这个计划包括两项内容：一是以混成旅团的兵力包围并占领朝鲜王宫，由大岛义昌负责指挥；一是以大院君李昰应的名义成立一个由日本控制的傀儡政权，由大鸟圭介负责安排。因此，大岛义昌必然行动在先；大鸟圭介诱使大院君出山须费周折，自然在后，他不可能亲自率兵进入王城的。

1994年春天，日本学者中塚明在福岛县立图书馆"佐藤文库"里

---

① 陆奥宗光：《蹇蹇录》，第68页。
②《中日战争》（续编）第9册，第85页。
③《甲午战争与近代中国和世界》，第315页。
④ 戚其章：《甲午战争国际关系史》，第55～56页。
⑤《中日战争》（续编）第7册，第29页。

288

发现了旧日本陆军参谋本部编纂《日清战史》的原始草稿，其中保存有当年日本占领朝鲜王宫景福宫的详细计划。这个计划表明，此次占领朝鲜王宫事件，是大鸟圭介与大岛义昌事前秘密商订，并由步兵第二十一联队长武田秀山中佐起草计划而后执行的周密准备的作战行动。

日军占领朝鲜王宫计划的主要内容是：

一、旅团司令部移至京城公使馆内。

二、步兵第十一联队（联队长西岛助义中佐）：

第一大队第二中队（中队长河南环大尉），从守备的居留地于凌晨4时到和城台集合，担任从钟楼到市街一线的警戒，其中一个小队（小队长乃万义人郎少尉）于凌晨2时向南大门出发，另一个小队（小队长今井建中尉）于同时出发，至大西门打开城门，在必要时不妨破坏之（京城各门有日没锁门日出开门之规定），以使城外各部队开进城内；第三中队（中队长桑木崇台大尉）于凌晨2时半出发，负责占领东大门及南小门；第四中队（中队长下枝观一郎大尉）于凌晨2时出发，负责占领东小门。

第二大队第七中队（中队长福田半一大尉）于凌晨3时半出发，进入京城钟楼附近，担任市街东部及北部的警戒；第六中队（中队长田上觉大尉）于凌晨3时半出发，至大院君府，负责护卫李昰应。

第三大队第十一中队（中队长小原文平大尉）担任堂岘东方高地南端至阿岘洞一线的警戒；第十中队（中队长静间浩辅大尉）于凌晨3时半出发，重点占领西小门，并以一个小队将南大门占领。

三、步兵第二十一联队（联队长武田秀山中佐）：

第二大队（大队长山口圭藏少佐）及士兵一个小队于凌晨3时出发，担任王宫的守备。第一大队第四中队（中队长小笠原松熊大尉）于凌晨3时半出发，进入京亲军壮卫营并占领之，且负责切断光化门前的交通；第一中队（中队长服部尚大尉）于凌晨3时半出发，将阿岘山占领，并负责王宫守备队与第十一联队营地之间的联络；第三中队（中队长河村武友大尉）于凌晨3时半出发，入城后负责王宫东北高地的占领。

四、骑兵第五大队第一中队（中队长丰边新作大尉）：负责保卫旅团长。

五、野战炮兵第五联队第三大队（大队长永田龟少佐）：在阿岘洞北方高地布置炮兵阵地，放列野炮，以显示威力。①

这个计划的基本精神，是以混成旅团的兵力对汉城及其要地实行全面的控制，并由第二十一联队长武田秀山中佐亲自率领联队第二大队及工兵一个小队，猝起不意占领王宫，"擒国王"。（《蹇蹇余录草稿缀》）② 可见，日军各部早在凌晨已先后行动起来，是要以占王宫"擒国王"的手段完全控制朝鲜政府，说这时大鸟圭介"穿礼服坐以待旦"等待上奏朝王岂不荒唐可笑？再说大鸟圭介既在公使馆内"坐以待口"，朝鲜兵又怎能够"开枪射击公使"呢？惟其是凭空编造的谎言，自然会破绽百出了。

复次，日方记载在大鸟圭介入宫的时间问题上也打了马虎眼，意在回避大鸟圭介入宫的真实意图。如前所述，在大鸟圭介的策动下，一方面是用武兵占领王宫"擒国王"，一方面是成立一个名义上以大院君为首的傀儡政权。大鸟圭介给陆奥宗光的报告称："如于此时不断然绝裂清韩间之主从关系，相信难于巩固该国之独立与实行内政之改革，故坚决实行之。前者仅为运动之表面现象，对其内幕则曾使用种种侦察手段。一般人皆心向大院君，该君亦并非全无凌云之志。如

---

① 中塚明：《伪造历史的修正》，东京高文研株式会社1997年，第43~51页。
②《甲午战争与近代中国和世界》，第315页。

早已陈述,利用金嘉镇、安驷寿、冈本小川等,首先尽力使大院君入阁。"① 冈本小川,当即冈本柳之助,是一个出身日本藩士家庭的侵略分子,曾鼓吹"征韩论",后以志士名义赴朝援助开化党人,受大鸟圭介之委托物色亲日分子,得金嘉镇、安驷寿等十余人。此时,大鸟圭介又嘱他竭力拉拢大院君,以诱他出山。此夜,大鸟圭介之"坐以待旦",不是为了入宫谒王上奏,而是等待解决大院君的入宫问题。直到拂晓时分,守卫大院君府的日警来问:"大院君非常固执,不听从我方的劝告。是否需要把大院君强行诱入宫内?望指示。"杉村濬征得大鸟圭介的准许后下令:"此时大院君的入宫,是紧急形势的需要,因此,即使稍有失礼,也要及早达到目的。"日朝军队宫外交火的时间,约在凌晨4时许,持续近半个小时,"天亮之后,枪声停止"。大鸟圭介是何时进宫的?杉村濬说:"公使出门时已经是10时之后。11时左右,公使从光化门、大院君从正〔迎〕秋门先后入宫。"② 大鸟圭介自称:"至11时,始出馆进宫。此时,大院君亦进入宫内。"③ 二人所记基本一致。由此可知,大鸟圭介是在23日上午10时以后听说大院君答应进宫后,才出馆入宫的,而此前5个多小时日韩两军早就停火了,怎么可能有"23日早晨,公使率兵欲入王城"等事呢?

对于此次日军占领朝鲜王宫的京城事变,日本记载通称之为"七月二十三日京城小变",这是有意识地让世人忽视这次"擒王劫政"武剧的严重性质。经此事变,朝王李熙已失去自由,形同囚徒。试看杉村濬的记述:"事变后,王宫内萧条冷寂,惨不忍睹。国王、王妃

---

① 《中日战争》(续编)第9册,第35~36页。
② 《中日战争》(续编)第7册,第31、33~34页。
③ 《中日战争》(续编)第9册,第86页。

及王太子移居宫内东边的一座宫殿内,……过去,在宫中奉职的男女仆役有千余人,一朝散尽,只留有十之一二,所以宫中空房很多。宫内外一切均由我军负责警卫,庆会楼下作为本部,其他的空屋作为宿舍和厨房等。"① 朝人视为神圣的王宫竟成为日兵的屯驻之所!这就是日本对待"自主之邦,保有同日本国平等之权"之缔约国朝鲜的"修好"之举:始则口口声声"维护朝鲜独立",继则以兵戎相见,占领朝鲜王宫,以至"擒王劫政",这能仅仅视为"小变"吗?

大鸟圭介拼凑傀儡政权之目的既达,便要求贯彻7月20日向朝鲜政府提出的要求。25日,大鸟圭介向大院君重提废除中朝商约、驱逐中国军队二事。大院君处于兵威之下,一切唯命是从,只得请朝王降旨宣布"从此朝为自主之国"②。又命赵秉稷照会唐绍仪,废除《中朝商民水陆贸易章程》《中江通商章程》及《吉林贸易章程》。并交给大鸟圭介一份委托书,授日本以驱逐中国军队之权。这样,日本终于得到了向中国开战的所谓依据。

应该说,在7月23日的朝鲜京城事变中,虽然大鸟圭介与陆奥宗光沆瀣一气,内外配合,但后者只是站在后台,前者却在前台扮演主要的角色。作为一国的驻外公使,自应按国际法受驻在国的保护和优待,但这绝不意味着公使可以恣意妄行。如德国"身膺公使历有年所"的马尔顿(Martens)在所著《星轺指掌》(Le Guide Diplomatique)中指出:"使臣亦当谨慎自守,远避嫌疑。"又告诫使臣不可"不知自爱,欺凌人民,任意横行,胆敢犯禁,搅扰官民,谋为不轨,以及干犯众怒等事",并特别强调不得"恃其权利,谋害驻扎之国"。③《公法会通》也认为,违犯国际公法之案有多种,"暴虐自主

---

① 《中日战争》(续编)第7册,第34页。
② 《李鸿章全集》,电稿,卷十六,第40页。
③ 《星轺指掌》卷二,同文馆光绪二年刻本,第3、2、8页。

之国"即其一也。还专门指出："邦国之自主者，他国不得假托公法，以干预其内政，即遭内变，亦不得过问。"① 对于上述公法诸条，包括大鸟圭介在内的历届日本驻朝公使不但无一人遵守，而且却都反其道而行之。

不过，甲午战争以后，在日本国内一直有一种论调，说日本在战争期间是努力严格遵守国际法的。此次战争中，在日本第二军从军的国际法学者有贺长雄著有《日清战役国际法论》一书，他在此书的绪言中公然宣称，战争中"尽管中国不遵守国际法，而日本出于对人类的义务而单方遵守了国际法"②。后来这一声调越唱越响，迄于今日。可喜的是，近年来日本也出现了对此提出质疑的国际法学者。如田中忠认为，日清战争中日本"对朝鲜和中国则谈不上遵守战争法，倒不如可以断定地说日本是利用了国际法来作为扩大自己支配的手段"。③针对7月23日大鸟圭介导演的"擒王劫政"武剧，中塚明则更旗帜鲜明地指出：

> 这一武力行使，从日本和朝鲜签订的各项条约以及当时的国际法上来看，都含有很大的疑义。第一，用武力占领并未宣战的朝鲜国的、且是国家权力中枢的王宫，这是对国际法的初步原则"领域主权"的明显侵犯，也是对"朝鲜国为自主之邦……"这一自己约定的日朝《修好条规》第一款的践踏行为。
>
> 第二，1882年壬午军乱后签订的《济物浦条约》第五款规定，"日本公使馆置兵员若干备警事"，这是日本在朝鲜驻兵权的法律依据。陆奥宗光外相也说，日清战争中日军出兵朝鲜的法律

---

① 《公法会通》卷六，第4~5页。
② 有贺长雄：《日清战役国际法论》，东京陆军大学校1896年，绪言。
③ 田中忠：《我国对战争法的接受与实践》，见大沼保昭编《国际法、国际联盟和日本》（高野雄一先生古稀纪念论文集），东京弘文堂1987年。

依据，是在《济物浦条约》。可是从字面上即可清楚地知道，这一条约规定的是：为公使馆的护卫而置若干兵员。向朝鲜派送数达8000人的混成旅团，这本身是缺乏日朝间的法律依据的。何况靠军队武力占领王宫，更是没有任何法律根据的。①

这正所谓：公理不容践踏，是非自有公论！混淆黑白者之蒙骗世人，即或得意于一时，但终究是不会长久的。

第三节 "高升"号事件与英国政府的态度

1894年7月25日，在朝鲜西海岸附近的丰岛海域，日本海军突然对中国军舰"济远"号等发动进攻，这就是著名的甲午丰岛海战。日舰在袭击"济远"号之后，又击沉了载有中国士兵的英国商船"高升"号。于是，此次日本舰队的海上突袭，一时成为举世瞩目的国际重大事件。

这次海战是日本蓄意挑起的。先是在7月23日上午，日本吉野舰（以下简称吉野）、秋津洲舰（以下简称秋津洲）、浪速舰（以下简称浪速）三舰奉派到牙山湾侦察，即"赋与内命，谓牙山湾附近如有优势的清国军舰驻泊，可由我方进而攻击"②。再据浪速舰长海军大佐东乡平八郎当天的日记："午前7点20分，在丰岛海上远远望见清国军舰'济远'号和'广乙'号，即时下战斗命令。"③ 但是，海战发生后，陆奥宗光在致各国驻日公使的照会中竟然声称："中国军舰在牙

---

① 中塚明：《关于日本海军的〈二十七八年海战秘史〉》，见戚俊杰、刘玉明主编《北洋海军研究》，天津古籍出版社，1999年。
② 田保桥洁：《甲午战前日本挑战史》，第186~187页。
③《中日战争》（六），第32页。

山附近轰击日军。"① 企图将挑起战争的责任归于中国。日本的官方著作更是绘声绘色，把挑战者说成是正当防卫者。如日本海军军令部所编《二十七八年海战史》即称："7时52分，彼我相距3 000公尺左右距离时，济远首先向我发炮。旗舰吉野立即应战，以左舷炮向济远轰击。"②《日清战争实记》走得更远，甚至把日本说成是受害的一方：

  当时我舰尚不知朝鲜汉城发生事变，对清国虽暗中敌视，表面仍作为友好邻邦，因此决定做海军的普通的敬礼，我军一舰升起将旗，以为靠近对方军舰时，对方必定做相应的敬礼。然而，他们非但不敬礼，反而进行战斗准备，对我军表示敌意。……须臾间，彼我距离接近，双方突然开炮。既然对方已挑起战事，我舰岂能迟疑，立即开炮应战。③

日本方面之所以精心编造这种瞎话，其目的有二：一是贼喊捉贼，把挑起战争的罪责反推到中国身上；二是与此相联系，对日本来说最重要的，尽力摆脱击沉英国"高升"号后所处的困境，以重获英国的谅解和支持。

"高升"号（The Kow—shing）是一艘英国籍商轮，登记吨位为1355吨，马力为250匹，最大航速为14节，于1883年建于巴罗（Barrow）。该船属于伦敦印度支那轮船航海公司（Indo—Chinese Steamship Navigation Co.），其代理商为上海贾丁—马西森公司（Jardine, Matheson and Co.），其中国名为怡和洋行。此船是由李鸿章手下罗丰禄经手，租来运兵的，并于7月17日与怡和洋行签有《租船合同》。合同共27条，其中主要有以下内容：

---

① 《中日战争》（七），第271页。
② 日本海军军令部：《二十七八年海战史》上卷，第88页。
③ 《中日战争》（续编）第8册，第1~2页。

一、"该船于 1894 年 7 月 17 日，即本租约生效之日在上海交用，否则租用者有权取消合同。"（合同第 23 条）

二、"租用者每月支付 9 000 墨西哥元的租用金，于租期月底付与天津的贾丁—马西森公司。"（合同第 12 条）

三、"如遇战争或中国的港口被封锁，致使该船航行受阻，由此而造成的滞留不计入本租约，租方也可撤销合同。"（合同第 1 条）

四、"如中日之间发生战争，双方一致完全同意该船立即驶往上海，并在上海终止该合同；其条件是租用者还可以 190 000 墨西哥元买下该船，并在终止合同后一个月内于天津或上海付清。"（合同第 25 条）[①]

"高升"号于 7 月 23 日早晨从塘沽出海时，装有北塘防军官兵 1116 人。其中，有通永练军左营，营官为副将骆佩德；义胜前营 3 哨，营官为副将吴炳文，亲兵前卫 2 哨，哨官为许天才；北塘水雷营营兵 30 余人，哨长为张砚田。营务处亦在船上，帮办高善继同行。25 日上午 8 时许，当"高升"号驶至丰岛附近海域时，恰与日舰"浪速"号相遇，遭到来自浪速的猛烈轰击，因而发生了船毁人亡的惨剧。"高升"号上的中国官兵，除 245 人遇救获生外，其余 871 名官兵全部殉难。据印度支那轮船公司提供的《英轮"高升"号索赔清单》，该船共有 79 名工作人员。其中，船长高惠悌（Thomas Ryder Galsworthy）、大副田泼林（Lewis Henry Tamplin）等 7 名高级船员皆英国人；舵手 4 名皆菲律宾人；其余 68 名则为中国广东、福建、浙江籍人。除船长高惠悌、大副田泼林及舵手以下共 17 人得救外，二副威尔什（Joseph Welsh）、三副维克（Nathaniel Wake）、大伕戈尔顿（William Gardon）、

[①] Sino-Japanese War（1894），pp. 277~280

二伕哈雷（W. L. Halley）、三伕普利罗斯（J. Primrose）五名英国船员，以及菲律宾籍舵手格雷戈里奥（Gregerio）和中国船员56人，皆葬身海底。①

7月27日，李鸿章始得知日本海军在丰岛袭击中国军舰并击沉英国商船"高升"号，便于当天下午电告驻日公使汪凤藻："二十三（7月25日），日兵船在牙山口遇我兵船，彼先开炮接仗。"②当天，他还致电总理衙门，特别指出："至高升系怡和船，租与我用，上挂英旗，倭敢无故击毁，英国必不答应。"③并电告驻英公使龚照瑗："所租怡和'高升'装兵船被日击沉，有英旗，未宣战而敢击，亦藐视公法矣！"④ 30日，总理衙门也向各国发出照会，声叙朝鲜问题颠末，并揭露日本破坏国际公法的行径："何意该国忽逞阴谋，竟于本月二十三日，在牙山海面，突遣兵轮多只，先行开炮，伤我运船，并击沉挂英旗英国'高升'轮船一只。此则衅由彼启，公理难容。"⑤清政府认为公理在中国方面，希望借列强之力得到伸张。

日本海军击沉"高升"号的消息传到英国之初，人心激愤，舆论哗然，一致声讨日本之践踏国际公理。或谓：日本海军侮辱了大不列颠国之国旗，须向英国做必要的道歉。或谓：日本海军的行为是在战争开始之前，乃是和平时期的暴行。又或谓：日本政府应向沉没英轮的船主，以及因此次事件而遭受生命财产损失的英国臣民进行赔偿。旅居上海的英国侨民气愤异常，纷纷声讨日本，指责其行径不啻海盗行为。7月30日，英国驻上海总领事韩能（Nicholas John Hannen）亲

---

① British Documents on Foreign Affairs—Reports and papers from The Foreign Office, Part I, Series E, Vol. 5. Sino-Japanese War and Triple Intervention, 1894—1895, Bethasda, University Publication of America, 1989（以下引用时简称 Sino-Japanese War and Triple Intervention（1894—1895）），pp. 324~326.
②《李鸿章全集》，电稿，卷十六，第32页。
③《清光绪朝中日交涉史料》第15卷，第27页。
④《李鸿章全集》，电稿，卷十六，第33页。
⑤《清光绪朝中日交涉史料》第15卷，第31页。

自到日本总领事馆，谴责日本的暴举，并提出抗议。31日这天，在上海港，为悼念死难的"高升"号船员，停泊于港内的轮船大都降下了半旗。①

起初，英国官方的反应也是十分强烈的。先是7月27日上午，欧格讷得到"高升"号被日舰击沉的消息后，即向金伯利发电报告：

> 日本军舰击沉"高升"号轮船。该船载有1500名士兵，是开赴牙山的。它是中国租用的运兵船，悬挂英国国旗。当时，日本军舰在牙山港内等候出击。一艘中国军舰被日本俘获，另一艘受重创后逃逸。船上受雇于中国的德国军官汉纳根（Constantin von Hanneken）一同丧生。……没有事先警告就对"高升"号进行袭击，而且其时正为划区占领问题进行谈判，日本人也知道您的建议已经为中国所接受，尽管他们自己尚未作出明确的答复。这就更加说明了他们的行为非法和无耻。②

此时，欧格讷所得到的消息尚不够完全准确，但判定日舰击沉"高升"号，其行为非法无耻，还是客观公正的。

英国远东舰队司令海军中将斐里曼特（Freemantle）得此消息，感到特别气愤，即派英舰"射手"号（Archer）送信给日本联合舰队司令官海军中将伊东祐亨，向其质问："'高升'号是在船长未获得宣战消息，并未接到不得从事此项任务的任何命令的情况下，于法律上正常地从事于运送清国官兵的英国轮船。……浪速舰的行为是否奉司令官之命，还是征得司令官之同意？"③ 一面飞电诘责日本海军省，略云：

> 中日倘有战争之事，则当预先照会各国，然后各国按照万国

---

① 高桥作卫：《英船高升号之击沉》，东京秀英舍1903年，第66~67页。
② Sino-Japanese War（1894），p. 81.
③ 高桥作卫：《英船高升号之击沉》，第58~60页。

公法，不使轮船载运中国兵马。今日本并无照会至英国，则英国之高升轮船自应载运中国兵马，并无一毫背理之处。日兵无端燃炮轰击，以致全船覆没，船中司事均遭惨毙，是何理耶？明明见有英国旗号，而肆无忌惮一至如此！将与中国为难耶？抑与英国为难耶？请明以告我。①

同时致电向海军部报告，并提出建议：

建议我方应要求立即罢免并拘捕"浪速"号舰长和那些在两国政府谈判期间指挥军舰卷入事件的高级官员。若不遵从，我应被授权实行报复。最重要的是，应当做些事情以弥补大英旗帜所遭受的侮辱。考虑到此种野蛮屠杀，还应敦促交战国在战争中信守人道。②

英国怡和公司是事件的当事人，也是受害的一方，在获得消息后迅即致电欧格讷，提出申述和要求：

我们不得不十分痛心地就"高升"号轮船被一艘日本军舰击沉一事给您写信。当时，该轮船悬挂有英国国旗，日本人在该船沉没时曾残忍地向在水中挣扎的外国人和中国人开枪射击。……据我们所知，在"高升"号中弹起火之前，中日两国海军并未交火，并且迄至今日，两国也未正式宣战。日本领事仍在此间（指上海——引者）天天升挂日本国旗；并且据悉，日本公使也仍在北京。另外，海关税务司告诉我们，他昨天收到了日本领事的来信，抗议海关禁止向日本运送粮食，因为"中日两国尚未断交"。……所以我们认为情况是这样：中国政府租下了一艘英国轮船，用以从中国向朝鲜运送军队，而中国乃是朝鲜的宗主国，

---

① 《中倭战争始末记》，1895年刊本，卷一，第6页。
② Sino-Japanese War (1894), p. 111.

每年都从朝鲜得到贡品。该船是在和平时期被日本军舰拦击的，英国国旗被炮击，船只沉没，1 100多人被极其残暴地杀害，其中有10名外国人（7名英国人和3名德国人）。我们认为，这是在公海上发生的一种海盗行为，请您以英国公使的身份将这起对英国国旗犯下的暴行报告政府，相信他们在获悉事实后会立即要求赔偿。①

在此之前，金伯利也收到了印度支那轮船公司董事长马堪助（J. MaCandrew）之函件，其内称：

作为英国商船"高升"号的船主，谨向阁下报告：我们今天收到公司代理人贾丁、马西森先生及上海殖民部来电，告知"高升"号被中国租用，向朝鲜运送军队，在朝鲜近海被日本鱼雷击沉。……我们还没有得到租船的详细情况，之所以抗议日本当局的不友善行径，是因为一艘悬挂英国国旗的船只，在交战双方未经宣战、局势仍然和平的情况下，未接到投降警告就遭到袭击致毁。这是令人无法容忍的。……我们向阁下请求：一旦掌握了更为确切的情况，立即通报日本政府这一严重的、不可原谅的粗暴行径，要求他们对人员伤亡和财产损失负责。②

虽然日本当局策划了这次丰岛海上袭击，却并未料到发生击沉英船"高升"号事件。陆奥宗光获悉此事后，大吃一惊，担心"日英两国间或将因此意外事件而引起一场重大纷争"③。当即写信给伊藤博文说："此事关系实为重大，其结果几乎难以估量，不堪忧虑。"④ 但是，陆奥宗光反复权衡利害，决定一面先安抚英国政府，一面再采取措施

---

① Sino-Japanese War (1894), pp. 295~296.
② Sino-Japanese War (1894), p. 83.
③ 陆奥宗光：《蹇蹇录》，第70~71页。
④ 藤村道生：《日清战争》，第90页。

第六章 甲午开战的国际背景与战争责任

以变被动为主动。于是，他会见英国临时代理公使巴健特，告以：关于'高升'号事件的详细报告尚未到达，将继续进行调查，保证若"万一日本军舰错打了英国船，日本将赔偿全部损失"①。并指示驻英公使青木周藏按此精神通知英国政府。按照陆奥宗光的电令，青木周藏于7月31日和8月2日两次以私人函件的形式通报了日本政府的上述意见。

对于日本政府的表态，金伯利表示满意，即于8月3日致电青木周藏，称：

> 英国政府与国家法院的司法官们商议后，认为情况就像你代表日本政府写给我的信中陈述的那样。本政府认为，日本政府应承担由于日方海军军官之行动所造成的英国生命和财产损失之责任。我满意地注意到，日本政府愿意就他们军官造成之错误，给予适当的赔偿。我将在接到有关详细报告，英国政府并就此做出明确结论后，再荣幸地通知你。

就在当天，青木周藏即电复金伯利：

> 关于"高升"号不幸事件，我毫不犹豫地正式重申，日本政府已指示我以她的名义对这一事件的发生，表示非常遗憾。我能给予英国政府关于我国政府之忠实希望之保证：一旦证明日本海军军官之行动是违约的，日本政府将尽力给予一切赔偿。同时我满意地注意到，伯爵在此问题上，保留贵方明确结论之进一步消息。我将像以前一样，不中断这种非官方的通信，以了解此事件之详情。我希望伯爵能把此行动看成是我方真诚愿望之进一步证明，以促成这一令人痛心的问题之充分谅解。②

---

① Sino-Japanese War (1894), p. 86.
②《中日战争》（续编）第9册，第359~360页。

细读青木周藏的复电，有三点值得注意：金伯利用肯定的语气提出"日本政府应承担由于日本海军军官之行动所造成的英国生命和财产损失之责任"，青木则用不肯定的语气表示，"一旦证明日本海军军官之行动是违约的，日本政府将尽力给予一切赔偿"。此其一。双方的电文里都提及将就此做出"明确结论"，而含义却不相同，金伯利是指确定日本将如何赔偿，青木周藏则明显指的是此事件的结论。此其二。青木周藏电中特别强调与英方继续保持"非官方的通信"，其目的是通过这种方式充分做好英国政府的转化工作，此其三。所有这些，都预示着日本政府为摆脱此时所处的尴尬局面，准备玩弄新的花招了。

确实如此。先是在7月26日，即"高升"号事件发生的第二天，"浪速"号舰长东乡平八郎曾向日本联合舰队司令官伊东祐亨报告击沉"高升"号的经过：

> 明治27年7月25日午前8时30分，于济物浦海面与"高升"号相遇，判定其为奇怪之船只，放空炮二发，令其停泊，又令其抛锚。该船立即抛锚。然后，根据司令官将其带往根据地之命令，再次派分队长人见大尉至船内查询。该船为清国人所雇，乘清兵1100余人，并载有武器，正在驶向牙山途中。当交谈该船须随从本舰时，船长答曰："吾无他助，仅听尊命。"于是，立即下令抛锚。因该船发出希望送来小艇之信号，本舰立即送去小艇派军官与"高升"号船长对话："为何需要小艇？"船长曰："清国兵不许我随从贵舰，主张随航大沽。因彼等于外国船中，当于本国出发之际，并未得交战之通知。"军官答曰："待我等归舰后，可以信号传令。"于是归舰。因得知船长以下受清国人之胁迫，本舰立即以信号令其舍弃该船，商船发出送来小艇之信号，

我发出可以彼之小艇前来之信号，商船答以我等不被允许，故认定清兵胁迫船长拒绝我之命令，先于前桅杆悬挂红旗，同时以信号令其立即舍弃该船。至此，决定破坏之。午后1时半将其击沉。片刻，为袭击清兵派出之小艇二艘归舰。①

该报告虽站在侵略者的立场，但所述击沉"高升"号的过程还是大体上符合事实的。这样的报告是日本当局所不需要的。恰好到7月29日，"八重山"号舰长平山藤次郎也有报告到来。日本海军省主事山本权兵卫便在平山藤次郎报告的基础上亲自动笔修改。他确定了3条修改的原则：一是诬称是中国军舰首先发起攻击；二是谎称事后才知道击沉的运输船是英国商船"高升"号；三是把丰岛之战与击沉"高升"号事件乱拉到一起，以达到混淆视听的目的。② 修改后的平山藤次郎的报告如下：

> 7月25日午前7时，济远、广乙自牙山出航，操江保护搭载清兵之运输船从大沽向牙山驶来。吉野、浪速、秋津洲向牙山方向巡航途中，于丰岛附近与上述清舰二艘相遇。清舰不仅不向司令长官致敬，反而以战斗准备表示敌意。……此时，济远驶至距浪速约近300公尺以内，济远虽向浪速施放鱼雷，但并未命中。于是，浪速向济远发炮，吉野亦随之发炮。济远遂向威海卫方向遁去。虽尾追济远，但未追及；……运输船船长投降，但船员士兵拒绝并抵抗。于是，浪速终于将其击沉。③

陆奥宗光对山本权兵卫修改后的平山报告感到满意，立即转电青木周藏，作为以后与英国政府交涉的依据。

此报告公开后，立即遭到英国公使巴健特和驻长崎领事奎因

---

① 《中日战争》（续编）第9册，第344~345页。
② 戚其章：《甲午战争国际关系史》，第240页。
③ 《中日战争》（续编）第9册，第346~347页。

（John J. Quin）的批评和质疑。据巴健特致金伯利函，他们将报告与船长高惠悌、大副田泼林的证词作对比，发现"有两个主要异点：第一，高惠悌船长宣称，'高升'号是单独航行，并无中国军舰相随，而日本方面则说，它由'操江'号护航。'高升'只是在日本军舰出现前才见到一艘中国船。第二，日本方面明确宣称，当浪速接近高升并与它交换信号时，中国军舰经［济］远号开过来，在300公尺处从舰尾向日舰发射一枚鱼雷，因此浪速才向经［济］远开火。'高升'号船长在其证词中全然没有提及这一事实，很难想像是被忽视了"①。巴健特指出的这"两个主要异点"，已经点明了日本方面的报告有作伪的事实，理应受到英国政府的重视，而实际情况却并非如此。因为为时不久，英国政府对"高升"号事件的态度开始有所变化了。

先是从8月初以后，英国的舆论突然都改变了腔调。8月4日，青木周藏致电陆奥宗光称："《每日电讯报》、友好的《泰晤士报》和其他主要报纸，由于审慎地雇佣，均就上述消息改变了腔调。除路透社外，几家主要报纸和电讯报社都保证了合作。英国权威人士韦斯特莱克（J. Westlake）公开表示，根据国际法浪速是对的。在德国，《科隆报》的政治通讯员、友好的《大陆报》也因此而受到影响。你要提供我约1000英镑做特工经费。"② 可见，日本收买英国舆论的工作真是做到了家。

韦斯特莱克法学博士是剑桥大学教授，与牛津大学教授、法学博士胡兰德（T. E. Holland），都是当时英国的著名国际法权威，号称"英国二大国际法学者"。韦斯特莱克在8月3日《泰晤士报》上发表的文章，题曰《高升号之沉没》（The Sinking of the Kow—shing）。该

---

① Sino-Japanese War（1894），p. 256.
② 《中日战争》（续编）第9册，第357页。

文一开头便开门见山地指出:"关于日本巡洋舰'浪速'号击沉悬挂英国商船旗的清国运输船'高升'号的行为,虽然尚未取得肯定的意见,但此事件引起的船旗问题,却使我国人心激动。因此,我相信有必要就逐渐明确的几个问题进行说明,以便为需要深究的问题指明方向。"① 提出问题之前就先将英国商船"高升"号定性为"悬挂英国商船旗的清国运输船",设下尚有待于证明的虚假论题。这样一来,按照国际法,似乎日本所击沉的商船就不是英船,而是中国的"运输船"了。

无独有偶。8月6日的《泰晤士报》发表了胡兰德致该报编辑的一封信,指出:"许多报纸的愚蠢社论,仍然充满'海盗行为''不宣而战''对英国国旗的侮辱''严惩日本军官'等浮躁的文字,实在不可想像。但是,根据今晨的电报,关于这个问题事实已经基本明确。因此,我高兴地借此机会,表明我在这个问题上的国际法论断。"他认为,"'高升'号沉没时,不管在陆地上有没有战争,既然日本军官以实力强迫'高升'号服从其命令,这个事实本身就是一个充分的战争行为"。何况"'高升'号至少在接到日本军官命令的瞬间,就已经了解到战争的存在"。因此,在他看来,"高升"号负有两项责任:

第一,"'高升'号虽然是一艘孤立的轮船,但在不能使之接受停船临检并交付扣押审检所审判时,而且在日本的临检军官不能登上该船的情况下,日本司令官当然有权以必要的实力使对方屈服于其命令"。

第二,"'高升'号既然是受运输船和军舰组成的舰队的派遣,从事于支援地面作战部队的运输,那么,它显然就是交战远征军或可视为交战远征军这一组织的一部分。日本为了不使其到

---

① J. Westlake, The Sinking of the Kow—shing, Times, August 3rd, 1894.

达目的地,有权使用一切必要的实力"。
从而得出了这样的结论:

> "从扣押执行敌国任务的中立国运输船的角度说,在'高升'号事件中所使用的实力,并未超出阻止交战远征军的范围。被救起的船员,在办理了适当的手续以后被释放,对中立国国民的权利并没有任何侵犯。这就是说,英国政府没有借以要求日本道歉的口实,'高升'号船主及死者家属都不可能提出赔偿的要求。"①

其实,胡兰德的论据完全是虚构的。当日舰"浪速"号击沉"高升"号时,日本还根本不存在他所说的审检所。正如斐利曼特指出:"本来,在进行扣押中立国船只时,按照国际法的原则,应该将其带到合法的扣押审检所。但是,中国并没有设立扣押审检所。在战争初期,日本也没有设立审验所。"②

韦斯特莱克和胡兰德明显偏袒日本的言论,激起了英国民众的公愤,他们轻蔑地斥之为"卑怯的法学博士"和"不爱惜自己荣誉、违背职业道德的寡廉鲜耻法学家"。③尽管如此,由于他们的地位和影响,其公开站出来表态还是起到了舆论导向的作用。

在收买报纸作舆论阵地的同时,青木周藏又派公使馆德籍雇员西博尔德男爵(Baron Von Siebold)重点做英国外交部的工作。于是,西博尔德去会见副外交大臣柏提,"从军事观点、特别从国际法的观点"说明"浪速"号击沉"高升"号完全正确。其理由主要有二:

> 第一,"因为'济远'号向浪速舰发射了鱼雷,我想鱼雷的发射就意味着敌对行动"。"我相信在浪速舰开始阻拦之后,是中国军舰开了第一炮。""如果按时间顺序考虑此事,你可以看到浪

---

① T. E. Holand, To the Editor of the Times, Times, August 6th. 1894.
② 高桥作卫:《英船高升号之击沉》,第54页。
③ 高桥作卫:《英船高升号之击沉》,第68页。

速舰是完全对的。但'济远'号之行动,使中国和日本之敌对行动已开始了,战争法已开始实行了。根据战争法,交战一方有权阻止中立船只载运禁运品。"

第二,"当浪速舰舰长命令'高升'号跟随时,其船长却遭到了拒绝投降的中国人之阻止。……'高升'号船长已不再担任指挥,他已是中国人手中之囚犯。他们威胁他的生命,不让他放下小船。在法律上说,他们已占据了这条船。因此船尽管还挂着英国旗,但已不为英国人所有。所谓其代表船长已不自由而成为一个犯人。他们这样做,不是船上中国军队的自愿行动,便是中国将领下达的命令。在第一种情况下,船应已落入海盗之手(在法律上说);在第二种情况下,中国军队在日本和中国之敌对行动已经开始时,他们占领了船。这样,浪速舰完全有理由采取这样的军事措施。作为控制船上配备的武装和采取敌对行动的船员之反抗,是完全必要的"。"此外,浪速舰也近乎掌握在中国军人手中,并有被击沉的危险。因为一旦炮弹进入机房引起爆炸,它也就完蛋了。"①

其第一条理由是编造的,说"济远"号发射鱼雷和中国军舰开了第一炮都不是事实;第二条理由则颠倒了事件的因果关系。"正如强盗持枪威逼过路人,过路人不听威逼反被诬威胁强盗一样,这完全是强盗的逻辑!"②

事实上,对于日本政府来说,此时已经摸透了英国当政者的心态,即已确定联日防俄为外交战略,不会为一艘商船被击沉而改变其既定方针的。果然,英国政府撇开皇家法院主张要求日本赔偿"高升"号

---

① 《中日战争》(续编)第9册,第361~363页。
② 戚其章:《甲午战争国际关系史》,第249页。

损失的法官们，指示上海英国海事裁判所接手审理"高升"号被击沉一案，并命斐里曼特提出报告。8月8日，这个海事裁判所开庭审理，斐里曼特遵照政府的意旨，一反原来的态度，提出了一份完全为日本辩护的报告。其内容如下：

> 因为"高升"号悬挂英国国旗，所以日本海军对其履行国际法规定的手续。船长接受了这个要求，准备依照此种手续进行合法的处理。但是，搭乘该船的清兵不仅不服从船长的命令，反而胁迫船长，并向船长射击，已经构成从船长手中强夺"高升"号的事实。日本海军终于采取最后手段，击沉该船。此事发生在清军强夺该船之后，所以日本海军的处置是恰当的。①

在此之前，陆奥宗光先已指示日本法制局长官末松谦澄对"高升"号事件进行调查。10月10日，末松谦澄公布其调查结果，并向陆奥宗光报告称："关于此事，依据国际公法，我浪速舰的行为是否得当，不需下官论述。但根据上述事实，凡持公正态度的评论家，将会毫不怀疑地认为，其行为无不当之处。"② 根据末松谦澄的调查报告，陆奥宗光指出：

> 第一，"浪速"号是在战争已经开始以后才对"高升"号行使交战国的权利的；第二，"高升"号船籍虽原属英国，但在事变中途，该船船长完全被剥夺行使其职务的自由，该船已为中国军官所控制；严格说来，当时英船"高升"号已被中国军官强占；第三，该船船长事先曾与中国政府订立契约，一旦开战，须将本船交付中国，特别是该船在大沽启航时接有密令，无疑已经预料到中日两国有交战行为。既有上述理由，日本政府显然没有

---

① 《日清战争实记》第2编，第55页。
② 《中日战争》（续编）第8册，第11页。

第六章 甲午开战的国际背景与战争责任

如英国外交大臣所提出的对于其船员的生命财产负赔偿之义务，完全可以说是交战国行使当然之权利。①

看来，对于"高升"号被击沉事件的处理问题，英日两国政府已经达成了一种默契，即不要因小失大，为一艘商船问题而影响两国共同防俄的大局。正由于此，英国外交部才来了个180度的转变，认定日本方面不但无过，反而有理，写信劝说印度支那轮船公司向中国索取赔偿。其主要理由如下：

其一，"事实上，在浪速舰拦截并登上'高升'号之前，两国海军即已于7月25日实际发生敌对行动，因为在'高升'号被拦截前数小时，一艘中国军舰与一艘或多艘日舰就已发生交火，……所以说，敌对状态已经开始。实际上人们也承认，国际法准则也不反对，无须任何正式宣战，战争即可开始，战争状态即可存在"。

其二，"'高升'号所从事活动的性质尽管一开始可能是和平、合法的，但是，当战争爆发后，便使得日方有足够的理由对其行使交战国权；如果它想保持中立的话，就必须履行中立船只的义务。……但是，'高升'号上的中国军官强行夺取了对该船的指挥权，并将此用于交战目的，准备积极与日舰进行对抗'高升'号于是不再处在中立的英国船长的控制之下，事实上它已成为一艘交战船。所以，获悉这一情况的浪速舰长有权将'高升'号作为一艘交战船对待，没有任何一条国际法准则可作为船主向日本政府提出赔偿要求的根据"。

其三，"当7月17日'高升'号被租用时，曾预料到中日两国可能开战，因为在租船合同中曾特别规定，如果中日两国爆发

① 陆奥宗光：《蹇蹇录》，第73页。

309

战争，该船应立即改驶上海，租船合同将届时结束；另一种可供选择的办法是租赁者立即买下该船。由于事实上'高升'号是在敌对行动实际开始后从事向作战地点运送中国军队的活动，而且'高升'号的英国船长已被剥夺对该船的指挥权，船上的中国军官已实际控制该船，所以英国政府被劝告，对英国臣民和财产因此而蒙受的损失进行赔偿的责任在中国，而且，正如诸位所可能期望的那样，支持贵公司向中国政府提出任何合理的赔偿要求，或是通过我国驻北京公使馆提出此类要求"①。

至此，英国政府终就"高升"号的处理做出正式的结论。

英国政府的这一决定引起了诸多非议。印度支那轮船公司董事会对此极难理解，致函金伯利提出抗议：

> 您认为，根据法律，我们不能向日本政府提出任何赔偿要求，而应向对其军官的行为负有责任的中国政府行使我们的索赔权。……然而，既然承认"高升"轮在启航时所从事的是一种完全合法的运营活动，则董事们不免表示失望，因为日本人在制造了这场野蛮屠杀，使如此多的英国臣民无辜丧生（这一暴行曾使举国震惊），以及对英国国旗表示不敬之后，竟能逃脱任何惩罚。②

连英国驻华公使欧格讷也不赞成政府的态度，致电金伯利表示难以执行政府的决定：

> "高升"提出（向中国）索赔将损害英国的利益。"高升"号的沉没是战争留下的最大创伤，被认为是一次背叛行为。英国迟迟不想限制日本，使自己背上了"亲日"的重大嫌疑。一旦发

---

① Sino-Japanese War and Triple Intervention（1894—1895），pp. 53~54.
② Ibid, p. 71.

现英国又想在中国身上捞取补偿，将会极大地伤害中国人的感情，并造成极坏的影响。由于拒绝支持逼迫日本让步，将会中断友好关系，使接管重组海军的希望化为泡影，并将失去一大堆政治及其他方面的利益。

随后又致函金伯利，进一步申明说，"我无意从法律的角度判断是非"，但"人们普遍相信，日本是肇事者，中国和英国是受害者"。[①] 在这种情况下，英国政府只好将此案的处理问题暂时搁起，使之一时成为悬案。直到1900年八国联军占领北京后，英国才趁机旧事重提。英国首相兼外相索尔兹巴立（Lord Salisbury）向当时的中国驻英公使罗丰禄表示："高升"轮案，不论理之曲直，只论款之赔否。在英国的强索下，清政府赔英金33 411镑，合银312 922两，始将此案了结。[②]

从日本方面看，自法制局长末松谦澄奉命进行调查后，陆奥宗光在其报告的基础上定调，而且得到英国政府的完全认同，似乎对于"高升"号事件来说已成为定论了。为此，日本的国际法学者高桥作卫专门撰写了一部题曰《英国高升号之击沉》的书，为浪速舰的行为进行辩护，实则是为了达到扩大宣传的目的。当时，日本的另一位国际法学者有贺长雄甚至认为："击沉（'高升'号）事件的发生，无论是在开战之前还是开战之后，此事只能视为一个国家的正当防卫，是完全合法的。"[③] 这就没有什么道理可讲了。时至今日，在日本，坚持上述立场的国际法学者仍不乏人。如称："可以说，7月25日上午7时17分丰岛海战的第一炮，表明日清战役已经开始。显然，同天上午9时15分日本军队命令'高升'号停驶，并接受临检，是发生于开战

---

① Ibid. pp. 407~408.
② 季平子：《从鸦片战争到甲午战争》，华东师范大学出版社，1998年，第585页。
③ 有贺长雄：《日清战役国际法论》，日本陆军大学校，1896年，第35页。

以后。因此，日本军队是在行使其交战权，是合法的。"① 这就充分地说明，对于"高升"号事件的认识，决不能像索尔兹巴立所说那样，可以"不论理之曲直"，而是应该弄清楚其是非曲直，有一个合理说法的。

如果能够详细地查阅各方有关"高升"号事件的文书的话，那么，我们就不难发现，问题的性质本来就是很清楚的。试看以下几点：

首先，丰岛海战发生后，日本政府先是编造中国军舰"济远"号首先炮击日舰的瞎话，继而又篡改八重山舰长平山藤次郎的报告，把丰岛之战与击沉"高升"号事件拉到一起，将水搅浑，以嫁祸于中国方面。这是为什么？不是别的，而是日本当政者自知他们所发动的战争为不义之战，所以要千方百计地掩盖事实的真相。日本明治维新的元老胜海舟在论及日清战争时，即称日本兴的是"无名之师"。② 日本政府也好，英国政府也好，都把开战在先作为判断"高升"号事件性质的前提。可见，这个前提本身就是虚假的，怎么能据以断定"高升"号事件当事人双方的曲直呢？

其次，日方大肆宣扬日舰如何救护英国人，以赢得英国政府的好感，却矢口否认浪速舰长东乡平八郎下令枪杀落水中国士兵的事实。当时搭乘"高升"号的德国退役军官汉纳根（Constantin von Hanneken）称："我看见一只日本小船，满载武装士兵，我以为他们是要来拯救我们的，但悲伤得很，我是想错了，他们向垂沉的船上的人开炮。"③ 又称："我只能表示我对中国士兵的钦佩，他们宁死也不屈辱地为他们卑怯的攻击者俘虏。另外应注意的是，炮击无防卫能力

---

① 植田捷雄：《日清战役与国际法》，见《英修道博士还历纪念论文集》（庆应通信），1962年，第500页。
② 藤村道生：《日清战争》，第1页。
③ 《中日战争》（六），第21页。

的抛锚商船,向在水中挣扎求生的人射击,日本人的残忍真难以想象。""高升"号大副田泼林的证词也提到同样的情况:"我被救到小船上后,上面的日军向海面上的中国人坐的小船打过两次排射。对此,日军军官向我解释说,他奉命要击沉那些小船。在'高升'号沉没前,浪速舰桅楼上的机枪也曾向它扫射。""他们向坐满中国人、有些人还抓着救生索的小船开枪射击。"① 在当时的国际法学界有一句名言:"战者,邦国也,非人民也。"又云:"邦国既已失和,则为敌,其人民既不为敌,即不可以敌待之。"② 何况1864年8月22日在日内瓦所订《改善战地武装部队伤者境遇的公约》,其第6条即有规定:"伤病的军人应受到接待和照顾,不论他们属于哪个国家。"日本作为签字国,应当明白,此条的精神也是适用于海上的。所以,到1899年7月29日,在海牙又订立了《关于1864年8月22日日内瓦公约的原则适用于海战的公约》,即《海牙第三公约》,其第4条更明确地规定:"应向各交战国的伤者、病者和遇船难者给予救济和援助,而不分国籍。"日本浪速舰不仅"炮击无防卫能力的抛锚商船",而且还恶毒地"向在水中挣扎求生的人射击",这是公然蔑视和违犯国际法的暴行,所以时人指责说,"这是在公海上发生的一种海盗行为"。③

第三,日本政府强调,开战在先,击沉"高升"号在后。英国政府最后也这样认为。从时间顺序看,固然如此,但问题在于日本是在什么情况下向中国军舰开火的。在上海的贾丁—马西森公司致函欧格讷,认为日舰开火时中日两国关系还处在"和平时期",因为日本领事仍在此间天天升挂日本国旗,并且据悉,日本公使也仍在北京。特别是直到7月31日,日本领事还写信给海关税务司,"抗议海关禁止

---

① Sino-Japanese War (1894), pp. 293、262、304.
② 《公法会通》卷七,第6~7页。
③ Sino-Japanese War (1894), p. 296.

向日本运送粮食，因为'中日两国尚未断交'。"① 事实上，进入7月下旬以后，中日两国的外交联系尚未中断。7月22日，李鸿章还派人密访日本驻天津领事荒川已次，请其转告日本政府，他已决定派罗丰禄作为他的秘密特使前往东京，与伊藤博文内阁总理大臣商谈，以寻求和解办法。24日，陆奥宗光复电表示"日本政府不特别反对罗丰禄来日本"②。尤其是当时英国政府正为中日两国之纠纷而进行调停。从法理上说，黩武主义遗患无穷。故《公法会通》有云："两国遇有争执之端，应慎无动力，以留调处之地步。"又谓："两国争执，原无必请友邦调处之责，然按公法，皆有应请调处之理，庶免干戈。"③ 英国提出的中日两国在朝鲜划区占领的建议，一直到7月底还为之与各方斡旋。还在英国调停进行期间，日本就在海上对中国军舰开炮轰击，证明其挑起战端的决心是多么迫切，是与国际法的原则根本不相容的。

第四，日本还强调中日向朝鲜派兵对日本是"一个威胁"，并看成是"敌对行动"，④ 以此作为开战的理由，在法理上也是站不住脚的。无论朝鲜政府向中国乞兵，还是清政府应允而派兵入朝，不仅有《天津条约》为依据，也是符合国际法的。《公法会通》即指出："某国请助于邻邦，或邻邦前来予助，而某国许之，则其干预于理无所乖舛。"又指出："邦国之自主者，他国不得假托公法，以干预其内政、即遭内变，亦不得过问。"⑤ 日军之派大军入侵，不仅不符合《济物浦条约》的规定，而且不请自来，完全是违背国际法之举。更有甚者，它先是凭借强权干涉朝鲜内政，继而以武力攻占朝鲜王宫，擒王劫政，

---

① Ibid. pp. 295~296.
②《中日战争》（续编）第9册，第282页。
③《公法会通》卷六，第8~9页。
④《中日战争》（续编）第9册，第361页。
⑤《公法会通》卷六，第5~6页。

予取予求，从而制造对中国开战的借口和依据。可是，从法理上说，日本对中国开战的依据就是虚假的，它口口声声要"行使交战权"的前提也不是真实存在的。

然而，英国政府对"高升"号事件所做出的最后决定，却是其远东政策的重点完全移向日本的一个标志，即等于公开表明它支持日本发动这场大规模侵华战争了。

第四节 甲午开战时间与战争责任问题

"高升"号事件发生后，甲午战争的开战时间成为一时争论的热点问题，英、日两国的许多政界和海军界人士，以及著名的国际法学者，或撰写文章，或发表演说，积极地参加讨论。为什么有这么多人来关注甲午开战时间的问题呢？其原因很简单，因为这个问题直接与战争的责任问题相联系。

自日本挑起中日甲午战争之后，对于中国来说，无论是朝廷还是臣民，从来没有谁对开战的时间问题发出过什么疑问。且看光绪皇帝于1894年8月1日发布的宣战谕旨：

> 本年四月间，朝鲜又有土匪变乱，该国王请兵援剿，情词迫切。当即谕令李鸿章拨兵赴援，甫抵牙山，匪徒星散。乃倭人无故派兵，突入汉城，嗣又增兵万余，迫令朝鲜更改国政。种种要挟，难以理喻。我朝抚绥藩服，其国内政事向令自理。日本与朝鲜立约，系属与国，更无以重兵欺压强令革政之理。各国公论，皆以日本师出无名，不合情理，劝令撤兵，和平商办。乃竟悍然不顾，迄无成说，反而陆续添兵。朝鲜百姓及中国商民，日加惊

扰，是以添兵前往保护。讵行至中途，突有倭船多只，乘我不备，在牙山口外海面开炮，轰击伤我运船。变诈情形，殊非意料所及。该国不遵条约，不守公法，任意鸱张，专行诡计，衅开自彼，公理昭然。用特布告天下，俾晓然于朝廷办理此事，实已仁至义尽，而倭人渝盟肇衅，无理已极，势难再予姑容。著李鸿章严饬派出各军，迅速进剿，……将此通谕知之。①

该谕旨历数日本借朝鲜问题挑起衅端的种种事实，并明确指出日本海军突袭中国军舰的丰岛之战为中日甲午战争的开始时间。

仅就7月25日丰岛之战作为开战时间而言，起初日本方面并无不同意见。事后，日本政府经过反复修改而炮制出的一份致各国外交部的声明。该声明称：

7月25日，中国军舰"济远"号、"广乙"号驶离牙山，"操江"号同运兵船从大沽前往牙山。日本军舰"吉野"号、"浪速"号、"秋津洲"号也向牙山驶来，在丰岛附近与这两艘中国军舰相遇。中国军舰未向日舰致意，反作交战准备，态度极不友好。……济远舰接近了浪速舰尾部，在距离约300米处向"浪速"号发射了鱼雷，但未命中。"浪速"号遂向"济远"号开火，"吉野"号也一起开火。最后，济远舰向威海卫逃去，……运兵船船长表示投降，同船士兵拒绝投降并进行抵抗，浪速舰逐将其击沉。……事后发现，被击沉的运兵船是隶属印度支那轮船公司的英国船只，被中国租用运送军队和战备物资。②

尽管日本政府的声明满纸谎言，倒打一耙，将首先开火的责任推给中国，但仍承认7月25日的丰岛之战为甲午开战的时间。

---

① 《清光绪朝中日交涉史料》第16卷，第2~3页。
② Sino-Japanese War（1894）．p.86.

值得注意的是，日本当局在甲午战争期间，一直坚持7月25日开战说。8月1日，明治天皇在宣战诏书中提到战争原因时，虽然指责中国"以大军派往韩土，击我舰于韩海"①，把发动战争的责任转嫁给中国，但仍承认7月25日开战为事实。如上节所述，因为日舰"浪速"号击沉英国商船"高升"号，一度引起英国政府的强烈不满，于是日本驻英公使青木周藏特派德籍秘书西博尔德去做英国外交副大臣柏提的工作，谎称中国的济远舰先向日本浪速舰发射了鱼雷，又开了第一炮。随后，柏提签署的一份备忘录，竟赫然写道："7月25日，是中国开了第一枪。中国军舰发射了一枚鱼雷，继之以火炮击中日本军舰。"② 日本编造的谎言，既被写入英国外交部的正式文件之中，日本政府便更可逞其贼喊捉贼的伎俩了。于是，到9月10日，日本政府遂以内阁总理大臣伊藤博文的名义发布通告，称："今以明治二十七年（1894年）7月25日为实际战争的开始之日。特此周知。"③

由此看来，姑且不论丰岛海上开炮之谁先谁后，中日两国政府一致认定7月25日丰岛之战为甲午开战的时间，却是毫无疑问的。

这个看似简单的问题，却在西方人士中间引起了十分激烈的争论，或同意实战开始说，或反对实战开始说，亦有提出新说者，各有各的立场和观点，相持不下，争论长达数年之久。

这场争论首先在英国发生，主要是由日本军舰击沉英国商船"高升"号而引起的。先是在7月27日，英国驻华公使欧格讷知"高升"号被日舰击沉后，即致电外交大臣金伯利，告以"高升"号被沉之经过，并表明自己的看法，称："没有事先警告就对'高升'号进行袭

---

① 《中日战争》（续编）第9册，第283页。
② Sino-Japanese War（1894），p. 112.
③ Sakuye Takahashi, Caes on International Law During the China—Japanese War, Cambridge University Press, 1899, p. 46.

击，而其时正为划区占领问题进行谈判，日本人也知道您的建议已经为中国所接受，……这就更加说明了他们的行为非法和无耻。"30日，英国众议院开会时，便有议员就"高升"号被沉事件向外交部提出质询。当天，金伯利又收到印度支那轮船公司董事长马勘助的请求信，要求英国政府对日本采取强硬态度，提出："所以抗议日本当局不友善的行径，……是因为一艘悬挂英国国旗的船只，在交战双方未经宣战，局势仍然和平的情况下，未接到投降警告就遭袭击致毁。这是令人无法容忍的。……我们向您请求，一旦掌握了更为确切的情况，立即通报日本政府这一严重的、不可原谅的粗暴行径，要求他们对人员伤亡和财产损失负责。"[①] 8月2日，英国皇家法院的两位法官里德（R.T. Read）和里格比（John Rigby）也致函金伯利，进一步认定："我们认为，英国政府有权要求日本政府对沉船及由此带来的英国公民的生命财产损失提供全部赔偿。"[②] 英国舆论也一时为之大哗，民众情绪愤激。英国政府处于两难之中，其远东政策面临着严峻的考验，但对日本政府也不得不在表面上作出强硬的姿态。

当时，日本政府处于被告的地位，担心招致英国的干涉，使其处心积虑挑起侵华战争的计划前功尽弃，为之焦虑不堪。在这种情况下，日本贿买舆论这一招儿起了关键的作用。英国剑桥大学教授韦斯特莱克首先撰文，站在日本的立场上宣扬实战开始说，以为日本的侵略行径辩护。其主要论点有三：

其一，"'高升'号属英国人所有，并正常地悬挂着英国国旗，但它同时作为中国运输船使用的事实也是清楚的。提供该船就是把该船用于战争行动，因此即使该船仍悬挂英国国旗，船长

[①] Sino-Japanese War (1894), pp. 81~83.
[②] Ibid. p. 93.

仍是英国人，也绝对不能取得英国保护的任何权利"。

其二，"国际公法认为，两个国家实际开战之后，可以认为这是两交战国之间有效战争的开始。因为中立国对战争开始后负有新的特殊义务，所以有权利在此前得到交战国的通知。'高升'号……提供给中国用于运输，因此，如果中国确为交战国，则'高升'号自然是日本的'交战国'"。

其三，"为了向'高升'号的中立国船主和乘客证明日本的行为是正当的，就要证实日本在其他地方已经实际上开始了日中之间的战争，或者证实'高升'号及部分中国舰只在日本不能允许的地方实行了反对日本的行为。在朝鲜发生的日中之间的敌对行为，以及朝鲜在中国的援助下同日本之间发生的对抗行为，都足以成为证明前者的实例。而如果中国运兵船派出的目的是将日本势力从朝鲜驱逐出去，以防止日本视之为正当权利的留兵占据朝鲜，那么又完全可以证明后者"。①

牛津大学教授胡兰德虽然同样主张7月25日为开战时间，却别具见解，提出了以临检商船为战争开始的观点。陆奥宗光对这位胡兰德教授大加称赞，誉之为"实在不愧为国际公法的巨擘"②。其袒护日本的立场也就可想而知了。他在《泰晤士报》上发表的致该报编辑部的信，说读了韦斯特莱克的文章后，觉得有必要"表明自己在这个问题上的国际法论断"。其主要论点是："不能不承认，当时战争已经俨然存在了。……当'高升'号沉没时，不管在陆地有没有战争，我认为，既然日本军官以实力强迫'高升'号服从其命令，这个事实本身就是一个充分的战争行为。"③ 他的论点更武断，更适合日本的口味和

---

① J. Westlake, The Sinking of the Kow—shing, Times, August 3rd. 1894.
② 陆奥宗光：《蹇蹇录》，第75页。
③ T. E. Hollnd, To the Editor of the Times, Times, August 6th. 1894.

需要，怪不得受到陆奥宗光的赞赏，称其"论点之公正明确，真是洞若观火"① 了。

韦斯特莱克和胡兰德的混淆是非的昧心之论，虽然备受日本人的青睐，但毕竟是不得人心的，故遭到英国民众的轻蔑和唾骂。因为按照他们的观点，对战争可以不问是非曲直，也没有正义与非正义之分，侵略者随便找一个借口就可以发动对他国的战争，而且它本身也就有了"交战权"，可以为所欲为地肆意侵略了。显而易见，韦斯特莱克的实战开始说也好，胡兰德的临检开始说也好，都不过是把日本的无理变成有理，以掩盖其发动侵略战争的罪行罢了。

不久之后，丰岛海战的经过和日舰击沉"高升"号的真相大白于天下，日本所编造的中国军舰开了第一炮的谎言被揭穿，韦斯特莱克、胡兰德两位英国国际法权威为日本所作的辩护词更加没有市场了。于是又有8月1日宣战开始说的提出。这就是克林博士（Dr. Kleen）的观点。此观点的提出，主要是针对韦斯特莱克和胡兰德两位教授的。韦斯特莱克认为："战争开始时并不宣战，这是一种恶习。但自数世纪以来，这种恶习就被各国所实际保留。在本世纪后期，虽有开战前宣战之前例，但迄今仍不能以此排斥不宣战的做法。"② 胡兰德也认为："在法理上，战争可由一方的战争行为而开始，而不一定要事先宣战。"③ 克林不同意上述说法，认为开战前是应该宣战的。他指出："对日本可能要进行的唯一谴责，就是这个事件发生在形式上的宣战之前。"就是说，按正规的说法，8月1日中日两国宣战才是战争的正式开始时间。但是，他又不能不考虑英国政府的立场，所以补充说："当然，对于日本方面来说，形式上的宣战是毫无意义的，只要事实

---

① 陆奥宗光：《蹇蹇录》，第75页。
② J. Westlake, The Sinking of the Kow—shing, Tines, August 3rd, 1894.
③ T. E. Holland, To the Edilor of the Tines, Times, August 6th, 1894.

上战争状态成立便可以了。"①

克林的宣战开始说是极不彻底的，既缺乏有力的事实例证，又在法理上找不到其成立的依据，自然要招致利益受到触犯的日本国际法学家的不满了。早在1836年，美国外交官惠顿（H. Wheaton）出版《万国公法》（Elements of International Law）一书，指出："从前交战者必先宣知，否则不为公战。古时罗马国常依此例，而欧罗巴诸国直至1600年间亦俱遵守。于1635年，法国与西班牙交战，犹以彼时之例，遣兵使以宣知焉。其后诸国无用此例者，而宣知敌国之例遂废矣。"② 到19世纪80年代初，英国陆军中校毛里斯（Mauris）出版了《不宣而战》（Hostilitics with out Declaration）一书，因而名噪一时。他也指出，罗马时代有宣战的习惯，这是国际法建立以前的事。1657年，国际法开始为欧洲各国所承认。当时，瑞典向哥本哈根宣战，是最后一次履行古代战争习惯的宣战形式。此后200余年间，采取宣战形式者甚少。毛里斯在书中统计，从1700年到1870年的170年间，对所发生的110多次战争进行考察，结果有106次战争是未经宣战的。据此，高桥作卫反驳克林说："在炮火相交之后，宣战是没有任何意义的。"③

韦斯特莱克的实战开始说、胡兰德的临检开始说和克林的宣战开始说，三说鼎立，在西方喧嚣一时，争论不休。然而，其共同的要害是，用国际法的术语作概念游戏，充其量从事一点纯法理上的研究，其最终的目的和客观的效果，只能是让世人完全不去思考发生在中日两国之间的这场战争的真正起因和性质罢了。

---

① 高桥作卫：《英船高升号之击沉》，第84页。
②《万国公法》卷四，第3页。
③ 高桥作卫：《英船高升号之击沉》，第82~84页。

西方国际法学者所提出的甲午开战时间三说,或是从袒护日本出发,或是考虑到英国政府的立场,而在日本方面看来,并不能真正地解决问题,因为上述三说的弱点是相同的,都有意无意地回避了战争责任的问题。

有鉴于此,日本有贺长雄博士煞费苦心,炮制出来一个7月23日开始说。他在其专著《日清战役国际法论》第二章《日清战争的发端》中,曾专立一节论述中日甲午战争的开始时间问题。他写道:

> 日本应以何种事实作为日清战争之开端呢?应以击沉"高升"号之前清国对日本的所作所为作为开端,还是以击沉"高升"号作为开端呢?依我看来,清国拒绝我方提出的最后谈判建议,日本据此向北京的清廷言明,今后日本将独力从事于朝鲜之改革,嗣后因此即有不测之变,其责任全在清国。因此,应以此日为日清两国和平关系破裂之时,至于敌对行为,则始于因清国派出兵员,日本与之相应而派出战舰,即7月23日。
>
> 这发生在击沉"高升"号之前数日,是无需争辩的事。①

这就是有贺长雄的7月23日开始说。

在这里,有贺长雄提出了两个时间:第一,是中日和平关系破裂的时间。这是指7月14日日本驻华公使小村寿太郎致总理衙门的照会,陆奥宗光称这个照会为"第二次绝交书",故可确定为中日和平关系破裂的时间。因为照会不但拒绝了中国提出的中日两国同时从朝鲜撤兵的合理建议,反而无端指责说:"清国政府有意滋事也,则非好事而何乎?嗣后因此即有不测之变,我政府不任其责。"② 第二,是中日两国敌对行为开始的时间。这是指7月23日上午11时日本联合

---

① 有贺长雄:《日清战役国际法论》,第33~34页。
② 《清光绪朝中日交涉史料》第14卷,第32页。

舰队以交战为目的而驶离日本佐世保军港的时间。

此说之能否成立暂且不论，仅就其客观效果而言，却是值得重视的。我曾指出，此说承认"日本联合舰队出佐世保港驶向朝鲜西海域，是根据海军军令部部长桦山资纪传达的大本营关于袭击北洋舰队的命令，故在7月23日就预定这次海战将要发生了"①。日本历史学者田保桥洁也指出："在无线电报尚未发明海上通信机关之最不完备时代，向一旦发动之舰队变更当初所下之命令，实近于不可能，且思及舰队目的地群山浦为陆上电报所未到达之地点，则日本国政府当舰队出港之际，同时已预期开战，此无待说明者也。"并进而得出明确的结论："发炮时间孰先？亦不成重要问题。开战的责任在于日本舰队。当时日本国政府称济远首先发炮而开战端，努力将开战责任转嫁于清国政府者，大概欲努力将'日本国起于被动的'之概念传布于各国之故欤？""济远管带方伯谦不独并未如日本海军方面所言整顿战斗准备，且对于数倍于自己之优势的敌舰队而谓其具有战意，亦属难于凭信。""总之，丰岛冲海战有日本国舰队因清国舰队之挑战乃不得已应战的说明，在日本国暂置不论，但在第三国内全然不信此说。"正由于此，田保才认为："自实际上言之，有贺博士之说亦有一顾之价值。"②

尽管如此，从根本上说来，有贺长雄所炮制的7月23日开始说仍然是为了回避日本发动甲午侵华战争的战争责任。不过，此说有不利于日本的一面，故在日本国内不但没有受到重视，反而受到了批评。当时，日本仅有的两名国际法学者，除有贺长雄外，就是高桥作卫了。高桥作卫就认为有贺长雄之说"在法理上是说不通的"。首先，舰队

---

① 戚其章：《甲午战争国际关系史》，第138页。
② 田保桥洁：《甲午战前日本挑战史》，第186~189页。

离港不一定能成为事实上的战争，"在国际争议变得激烈的情况下，舰队常常由某停泊地驶向另一地示威"，此后可能通过第三国调停而解决了争议。其次，"如果以日本舰队从佐世保出发的事实作为战争的开端，能以此约束第三国，并使之遵守中立义务吗？在这种情况下，各国将拒绝遵守中立的义务"。复次，"如果以部队出动日期为开战时间，日本于23日出发，清国于21日出发，那么一场战争便有了两个开始时间。本来，所谓实际战斗，一定要有两方相遇，由一方将兵力加于另一方面而成立，并非仅由一方的部队从本国出发而成立。说有两个开战时间，必定是一个在先，一个在后，这是没有道理的。若承认有两个先后的开战时间，也只能以在先的7月21日为开战时间"。最后，"当今的欧洲国际法学者们毫不怀疑地认为，以7月23日为开战时间的观点是错误的"①。

当然，有贺长雄的7月23日开始说是难以成立的，因为这不仅在法理上难以自圆其说，而且，更为重要的是，揆诸事实，也是矛盾百出的。且看以下两件事实：

事实之一：迄于7月24日为止，清政府通过李鸿章与日本政府始终保持着外交联系，而且还在继续商谈朝鲜问题的善后事宜。《日本外交文书》里保存了若干件日本驻天津领事荒川己次与陆奥宗光的往来电报，就足以证明有贺长雄以7月23日为中日敌对行为的开始时间是不对的。例如：

7月14日荒川致陆奥："我的7月12日电报是应伍廷芳之秘密要求。被李鸿章正式派来的可能是罗丰禄。伍、罗都是被李鸿章授予秘密使命的。"

7月15日荒川致陆奥："我探听了伍廷芳。在我看来，李鸿

---

① 高桥作卫：《英船高升号之击沉》，第87~89页。

章好像倾向于同意你的看法中的一些原则来解决朝鲜问题，而不接触宗主国问题。……伍告诉我，李鸿章能够解决朝鲜问题而无需考虑北京的态度，并重复了他的要求。"

7月16日陆奥致荒川："告诉伍廷芳，过去的经验教育了我们，与中国进行朝鲜问题的谈判，最后只能使我们失望。所以，尽管李鸿章真的希望建议解决目前这一问题，除非此建议以最明确具体的形式，并通过适当公认的渠道传达给我们外，日本政府将不予考虑。"

7月23日荒川致陆奥："下述内容绝对保密：李鸿章于7月22日派他的秘书罗丰禄到我处，并秘密通知我，他已决定派罗到东京作为秘密特使与伊藤内阁总理大臣联系。他衷心希望和睦解决，并安排如何就朝鲜问题开始谈判。他要求日本政府保证在秘密特使到达东京前，在朝鲜的日本军队不要采取敌对行动。……罗假托在日本的中国公使之使命已准备出发。"

7月24日陆奥致荒川："尽管到目前为止，中国与日本的敌对行动还没有开始，日本政府也不能保证他们在朝鲜之军队放弃敌对行动。……然而，日本政府也不特别反对罗来日本。"①

直到7月24日，中日两国还在商谈遣使问题，而且日本外务大臣亦称"敌对行动还没有开始"，怎么能以7月23日作为中日战争的开始时间呢？

事实之二：日本军队虽然攻占了朝鲜王宫，并组织了一个傀儡政府，但它仍要寻找一个进攻牙山清军的名义。曾经担任日本驻朝临时代理公使的杉村濬，记述此事经过：

讨伐驻牙山清兵，虽然已有大本营的命令，但用什么名义进

---

① 《中日战争》（续编）第9册，第270~272、282页。

行讨伐,在朝鲜却无从得知。公使馆希望这是一次根据正当的理由而进行的讨伐。据此,按照本月20日送去的两个照会达成了协议:由朝鲜政府向清国代理官发出废止清朝条约的通知;并要求立即撤走清兵,而关于清兵撤退事宜委托日本公使妥善进行。25日午前11时,大鸟公使进宫,在大院君面前和赵外务督办详细讨论的结果,仅仅得到了一个类似委任状的书面材料。大院君和赵督办都是亲中国派,给这个材料时踌躇不决也是必然的。当时因为大岛旅团长已经出发,所以派特使把上述委任状送去。同时通知他,如果清兵不从驻地撤走,可采取适当措施。①

据此可知,直到7月25日傍午,日本还在寻找进攻牙山清军的名义,即所谓开战的"正当理由"也。如果7月23日可以作为中日战争开始时间的话,那么,日本方面又何必急不可待地去另外寻找开战理由,仅仅得到了一纸并不满意的"委托书"就如获至宝呢?

高桥作卫反对有贺长雄的7月23日开始说,却拣起了原先日本官方的7月25日实战开始说。田保桥洁认为:"法学博士高桥作卫氏之主张,7月25日丰岛冲海战为开战期。……后日为剑桥大学国际法教授韦斯特莱克所支持,而为今日一般所信者也。"② 田保桥洁是主张7月25日实战开始说的,故有此论。但在这里,他显得有些粗心,只看到问题的表面,没有进一步探究其主张的实质。事实上,认真分析起来,当时有三种实战开始说:一是中国方面的实战开始说,以光绪的宣战谕旨为代表,指出开战的责任在日方;二是日本官方的实战开始说,以日本政府致各国外交部的声明为代表,把开战的责任推给中国;三是韦斯特莱克的实战开始说,以其所撰《高升号之沉》一文为代

---

① 《中日战争》(续编) 第7册,第37页。
② 田保桥洁:《甲午战前日本挑战史》,第186页。

表，对开战的责任采取回避和模糊的态度。那么，高桥作卫主张的是哪种实战开始说呢？

根据田保桥洁的说法，似乎他和高桥作卫的主张没有多大区别。实则大谬不然。就立论的根本出发点而言，他们各自主张的是两种截然不同的7月25日实战开始说。不过遗憾的是，田保桥洁本人并没有意识到这一点罢了。试看在高桥作卫的笔下中日之间的"实战"是怎样开始的：

> 第一游击队奉伊东司令长官之命，以旗舰"吉野"号为先导，"秋津洲"号继之，"浪速"号殿后，向贝克岛进发。此为明治二十七年（1894年）7月25日之事。……（第一游击队）远远发现两艘轮船拖着煤烟，自丰岛方向南下。不久，又发现这是两艘军舰，司令官立即下令警戒，速度由12节提高到15节，并命令旗舰上之礼炮装弹，以准备与对方之礼炮相应，警戒信号发出后，当旗舰命令紧急动员之际，已经证实这两艘军舰为清国的"济远"号和"广乙"号，然尚未清楚地看到它们的国旗。渐渐驶近，尽管我之旗舰上悬挂着将旗，对方也不放礼炮。显然，对方是做好了战斗准备，等待开炮的时机。上午7时17分，彼此相距约3000米时，终于相继开炮。①

在这里，高桥作卫故意闪烁其间，规避日本舰队开战的责任，以把责任推给中国军舰。这与原先日本政府的声明如出一辙，并无实质上的不同。而田保桥洁则认为，"开战的责任在于日本舰队"，从根本上否定了日本官方的说法。可见，他与高桥作卫在谁是战争的责任者问题上的观点根本对立，是不能混为一谈的。

对此，日本浪速舰长海军大佐东乡平八郎在1894年7月25日的

---

① 高桥作卫：《英船高升号之击沉》，第28~30页。

日记里写得明明白白：

> 午前7时20分，在丰岛海上远远望见清国军舰"济远"号和"广乙"号，即时下战斗命令。7点55分开战。5分多钟后，因被炮烟掩盖，只能间断看见敌舰，加以炮击而已。①

东乡平八郎因为是在写日记，不像高桥作卫那样有意识地混淆视听，所以不必加以隐讳，写得较为真切。"上述事实，充分说明了丰岛海战是日本侵略者经过精心策划而蓄意挑起的，日本外务省关于'中国军舰在牙山附近轰击日军'的照会完全是一派编造的谎言。"②

至于田保桥洁认为高桥作卫之说曾为韦斯特莱克所支持，也并不完全准确。事实上，韦斯特莱克之说在前，高桥作卫之说在后。先是在1894年8月，韦斯特莱克便在《泰晤士报》上发表了他的实战开始说，认为战争可由实际的战斗得以成立。5年后，高桥作卫著《日清战争国际法事件论》一书，接过韦斯特莱克的观点，并加以发挥，即将其说的模糊之处明确起来了。他写道："因为事实上，两国的兵力在1894年7月25日上午7时半相遇，当时它们相互开火，随后又进行激烈的战斗。这就是这次战争事实上的爆发。"还颇为自信地指出："……对此观点已经没有更多

东乡平八郎

---

① 《中日战争》（六），第32页。
② 戚其章：《中日甲午战争史论丛》，山东教育出版社，1983年，第29页。

第六章　甲午开战的国际背景与战争责任

的讨论余地了。战争开始于25日上午7时半,从此时起日本军队便享有了交战国的权利。"[1] 不过,韦斯特莱克对高桥作卫就其说所作之发挥还是满意的,所以特地为高桥作卫之书写了长篇的绪论,这标志着他明确地赞同高桥作卫的主张。就是说,他们二人这时已公开同流合污,都成为日本官方的实战开始说的宣传者了。

根据以上所述,可以清楚地看出,归根到底,只存在着两种7月25日实战开始说:一是光绪皇帝在宣战谕旨中所明确提出的7月25日实战开始说,此为中国历史学者和某些正直的日本历史学家所主张的;一是日本政府声明中所声称的7月25日实战开始说,此为高桥作卫、韦斯特莱克等人所竭力宣扬的。这两种实战开始说,貌似相同,实则在根本点上完全对立,是不可不注意分辨的。笼统地说7月25日实战开始说"为今日一般所信者",不仅将两种相互对立的7月25日实战开始说混为一谈,而且更为重要的是,完全模糊了战争的性质和责任,所以是绝对不可取的。

甲午战争开战时间问题的讨论沉寂多年之后,到1994年,即甲午战争爆发100周年时,又有一位日本历史学者重新提出来讨论,他就是中塚明教授。他发表了题曰《中日甲午战争之开战与"陆奥外交"》的论文,提出:"通常认为甲午战争是始于1894年的丰岛海战。我认为,在此前两天7月23日日军占领朝鲜王宫和在此前后发生的控制中国管理的汉城电报总局,切断经义州通往中国的电报线路,就已标志着甲午战争的开始。"[2] 此说不同于有贺长雄以7月23日上午11时日本舰队离港为开始时间之说,而以是日凌晨日军攻占朝鲜王宫为甲午战争的开始时间,故可称为7月23日开始新说。

---

[1] Cases on International Law during the China—Japanese War, pp. 45~46.
[2] 山东社会科学院甲午战争研究中心编印:《甲午战争100周年国际学术讨论会论文提要》,1994年打印本,第55页。

中塚明主要从研究"陆奥外交"入手，曾于1992年出版了《〈蹇蹇录〉的世界》一书，对"陆奥外交"在日本近代史上的地位问题作了精辟的论述。先是在80年代末，日本的一位现任外交官冈崎久彦出版了两卷本的《陆奥宗光》，极力称赞"陆奥外交"，说"陆奥外交"可以说是"帝国主义外交的艺术"，指出弱肉强食是帝国主义时代的风气，用冷静而现实的方式来实现这一目标的"陆奥外交"正是帝国主义外交的精髓。并且认为，"尽管甲午战争的真正挑起者是日本，但是陆奥绞尽脑汁想要让清朝政府先动手"，这正是"陆奥外交"的狡狯之处。中塚明出于历史学家的责任感，尖锐地指出："把'陆奥外交'仅仅评价为'帝国主义外交艺术'，这是不愿从历史上接受任何教训的人的主张。"[①] 这真是一针见血之论！他还对陆奥宗光的开战外交作了进一步分析，并在此基础上提出了7月23日开始新说。

中塚明新说的基本内容，主要包括三层意思：

其一，"甲午战争是围绕朝鲜的统治权日中两国对立的结果而最终引起的战争。回溯历史，近代日本对朝鲜的侵略政策始于1868年以天皇为最高权威的新政府成立之时。包括陆奥在内的日本统治阶层，把甲午战争看作实现日本统治朝鲜的好时机。……但是，由于日中两国的出兵，朝鲜农民军和政府军讲和，农民战争趋向平息。日中两国失去了出兵的口实，日中交战也未如预想那样发生。因此，日本政府绞尽脑汁寻找开战的机会。在这样的状况下，陆奥外相以有关朝鲜的'清韩宗属问题'为理由，为导致开战而积极行动。"

其二，"当时内阁同僚，特别是伊藤总理不同意此时以宗属问题挑起日清两国的外交争议，……陆奥外相坚持主张，总之于借宗属问题促破绽之外别无他策。……正当甲午战争之开战穷于口实之时，找

[①] 《甲午战争与近代中国和世界》，第312、319页。

到了中国的出兵理由和《江华条约》的条文相矛盾这一借口。如果朝鲜是'自主之邦'的话，以'保护属邦'为理由，驻扎在牙山的中国军队就违反了《江华条约》，因此朝鲜政府应该负责将其赶出国外；如果朝鲜政府无法履行，就由日本政府代为行动驱逐中国军队，因此朝鲜国王要向日本政府提出一份请求将中国军队驱逐出朝鲜的公文——大鸟公使就是这样逼迫朝鲜国王的。朝鲜国王对此当然不答应。"

其三，"于是日本军队就占领朝鲜王宫（景福宫），事实上是以采取'擒朝鲜国王'的强制手段，蛮横地让国王发出请求'公文'的。由此而发生的就是1894年7月23日占领朝鲜王宫事件。驻扎在汉城的日本军队于7月22日半夜开始行动，7月23日清晨包围、控制了朝鲜王宫景福宫，与此前后还包围了位于汉城的汉城电报总局，切断了经义州通往中国的电信线路，在军事上先发制人的同时，又移兵南下以进击牙山的清军。甲午战争就是这样开战的。"①

要正确评价中塚明的7月23日开始新说，必须先要弄清与此相关联的两个问题：第一，甲午战争的当事国是中日两国还是中朝日三国？第二，"甲午战争"与"中日甲午战争"或"甲午中日战争"是否是等同的概念？

对于前一问题，此前很少有人从法理上进行探讨。甲午战争的当事国主要是日本和中国，自然不成问题。那么，朝鲜又处于何种地位？日本政府极力制造一种假象，似乎从7月23日开始朝鲜是站在日本一边的，一起成为中国的敌对国。事实绝非如此。杉村濬不得不承认："日朝两国的交往，以7月23日事变为界，形式上有了明显的变化。在前一天还是以清国为后援反对我国的韩国政府，从当天起不得不接

---

① 《甲午战争与近代中国和世界》，第313~315页。

受我方的指导，站在敌视清国的地位。然而，这只是表面的现象，内心里却相反。……所谓7月23日的事变，所谓日本兵警卫王宫，所谓未取得韩国政府的同意架设京仁及京釜间的电线，虽然我们都有正当的名义，但他们也不是没有反对的理由。如果一旦朝鲜国得到一个强国的援助，和我方处于敌对地位，这都不能不是构成两国间互相责难的好材料。"他隐约地供出，日本发动的7月23日事变及其所作所为，都是对朝鲜主权的公然侵犯，是没有法理根据的。尽管朝鲜政府从此完全处于日本的控制和支配之下，但朝鲜当政者的消极抵制态度，却使日本政府仍感到"与我征清的名义不符，对我颇为不利"。于是，日本又强迫朝鲜政府签订了一份《暂定合同条款》，其中开宗明义地提出，签订此条款的目的是"在汉城为解决两国军队发生冲突事件"，并明确规定："本年7月23日在王宫附近发生的两国士兵冲突，双方对此均不予追究。"① 看来，日本政府是处心积虑地想要消除日后对"7月23日事变"可能发生的异议。

那么，"7月23日事变"到底是什么性质的事件？试看日本方面对这次事变的记述：

（7月）23日早晨，公使率兵欲入王城，路过景福宫兴化门时，朝鲜兵开枪射击公使，我兵乃应击，使其溃走，先夺取门之两旁的亲军总营，即时进入城中，闯过正门，朝鲜兵四散，不敢抵抗。我兵更夺取东、北两门，终于内进"护卫"王宫。时为午前7点40分，战斗时间仅仅15分。到午后，我军要求引渡东营，朝鲜兵开枪抗战，我兵乃应战。此日前后小战两次，我兵仅仅死1伤5，而朝鲜兵却死17名，受伤70余名。其他军旗刀剑、步枪

---

① 《中日战争》（续编）第7册，第45~47页。

第六章　甲午开战的国际背景与战争责任

大炮等,为我所有者如山。……这样,我兵完全占领了王城的四门。"①"宫内外一切均由我军负责警卫,庆会楼下作为本部,其他的空屋作为宿舍和厨房等。"②

且置日方记载中关于"朝鲜兵开枪射击公使"等不实之词于不论,即以日军攻夺朝鲜王宫和东营"小战两次"及双方死伤近百名而言,这究竟能否称为实际的战斗?按照各方大都认同的实战开始说,即战争可由实际的战斗得以成立,怎么能够否认"7月23日事变"就是朝日两国间所发生的战争呢?显而易见,日本所发动的甲午侵略战争是从进攻朝鲜王宫开始的。至于后来日本强迫朝鲜政府订立《日朝攻守同盟》以至吞并朝鲜,绝不能以这些行动来改变"7月23日事变"的性质。这就充分说明,甲午战争不仅仅是中日两国之间的战争,事实上中朝日三国都是甲午战争的当事国,即中朝两国都是日本发动甲午侵略战争的受害国家。

前一问题弄清楚了,后一问题也就容易解决了。中塚明提出以日军攻占朝鲜王宫为甲午战争的开始时间,应该是没有问题的。甲午战争确实是以日军对朝鲜军队的实际战斗开始的。不过,需要补充的一点是,如果对甲午战争的整个过程进行全面考察的话,那么,便不难看出,日本在汉城发动"7月23日事变"只是甲午战争的序幕,而日本军队对中国的实际战斗才是甲午战争的正题和主体。这样,尽管一些有关历史著作中往往将"中日甲午战争"或"甲午中日战争"简称为"甲午战争",实则二者并不是等同的概念。若以国别作为划分标准的话,则甲午战争可分为两个阶段:第一阶段,是以7月23日日军攻占朝鲜王宫为起点,乃是日本发动的对朝鲜的侵略战争,第二阶段,

① 《中日战争》(一),第223~224页。
② 《中日战争》(续编)第7册,第34页。

是以 7 月 25 日日本海军在丰岛附近海域攻击中国军舰为起点，乃是日本发动的对中国的侵略战争。因此，中塚明提出的 7 月 23 日开始新说，与清廷宣战谕旨中宣告的 7 月 25 日实战开始说并不矛盾，反倒相互补充，只是在使用时应注意上述两个概念的适用范围而已。不仅如此。中塚明 7 月 23 日开始新说的提出，还具有积极的意义。此说不但可以提醒世人全面了解日本发动甲午战争的整个过程，而且从其对日本开战外交的深中肯綮的分析中可以进一步认识"陆奥外交"的侵略本质及其严重的危害性。

总括上述，可知关于甲午战争开始时间问题共有 6 种说法：（1）7 月 23 日上午 11 时日本联合舰队离开佐世保港为开始时间，以有贺长雄为代表；（2）7 月 23 日清晨汉城日军攻占朝鲜王宫为开始时间，以中塚明为代表；（3）7 月 25 日日本海军在丰岛海上袭击中国军舰"济远"号为开始时间，以清廷宣战谕旨为代表；（4）7 月 25 日中国军舰在丰岛海上首先炮击日本海军为开始时间，以日本政府声明及高桥作卫、韦斯特莱克等人为代表；（5）7 月 25 日日本军舰"浪速"号临检英国商船"高升"号为开始时间，以胡兰德为代表；（6）8 月 1 日中日两国宣战为开始时间，以克林为代表。在此六说中，（4）是违背历史事实的；（1）（5）（6）三说在法理上缺乏根据；只有（2）（3）两说既符合历史事实，又在法理上确有根据，不过（2）指的是日本对朝鲜的实际战斗的开始时间，（3）指的是日本对中国的实际战斗的开始时间。这两个实际战斗的开始时间得到确认，日本应当承担甲午开战的战争责任问题也就完全清楚了。

第七章　违反战争法规的犯罪行为与战争赔款及掠夺

第一节　日军违反战争法规的暴行

日本挑起甲午战争之后，尽力将其军队宣传为一支文明之师，其御用国际法学者也大加鼓吹，说日军在战争中很好地遵守了国际法。后来，这种论调在日本越叫越响，直到今天仍然不息。[①]

按照国际法，尽管处在战争的进行过程中，交战国的军队并非可以为所欲为，肆行不忌，恰恰相反，它应当受到相当的限制，遵守一定的战争法规。《公法会通》指出："古时敌人无权利之说，为今之公法所耻，盖与天理人情有所不合也。"又谓："古人谓遇战而筹制敌之策，无不可为之事。此说亦为有化之国所耻，盖邦国虽暂失和，仍不失其为人也，故非例之战为公法所严禁。"[②] 进入近代以后，国家间所订立的一些战争法规都体现了上述之原则。例如：1864 年在日内瓦所

[①] 戚俊杰　刘玉明：《北洋海军研究》，第 106 页。
[②] 《公法会通》卷七，第 7~8 页。

订立的《改善战地武装部队伤者境遇的公约》，其第5条规定："救援伤者的任何国家的居民应受到尊重和保有自由，交战国的将军们应负责将向居民发出的人道呼吁和由此而产生的中立地位通知居民。"其第6条规定："伤病的军人应受到接待和照顾，不论他们属于哪个国家。"1868年在圣彼得堡订立的《圣彼得堡宣言》规定："战争的需要应服从人道的要求。"稍后，于1899年7月29日在海牙订立的《陆战法规惯例公约》（《海牙第二公约》），其附件《陆战法规惯例章程》对前此提出的法规加以概括，作出更明确的表述。如第1条规定军队要"在作战中遵守战争法规和惯例"，第4条规定"战俘是处在敌国政府的权力之下，而不是在俘获他们的个人或军队的权力之下，他们必须得到人道的待遇"，等等。违反战争法规的犯罪行为，便构成了战争罪。《奥本海国际法》指出："战争罪包括违反犯罪者本国法而做的破坏国际法的行为，例如为满足个人的贪欲而杀人或抢劫，也包括奉命并代表敌国所作的违反战争法则的犯罪行为。"违反战争法规的犯罪事例有多种，如"虐待战俘或伤病者""杀害因病或因伤而失去作战能力的士兵或已经放下武器投降的士兵""杀害或攻击无害的敌国平民""无正当理由而占取和破坏他们私有财产，特别是抢劫"等皆常见之例。[1]

根据上述国际法有关战争法规的各种规定，再来看日本军队在战争中之所作所为，不能不令人感觉到巨大的反差。试分述如下：

先看日本军队是怎样对待失去作战能力的清兵的。日本政府屡次发表声明，声称日军所俘虏的"中国人皆受到良好待遇"[2]。有贺长雄在所著《日清战役国际法论》一书中，也煞有介事地写道："凡俘虏

---

[1]《奥本海国际法》下卷，第2分册，商务印书馆，1989年，第83~84页。
[2] Sino-Japanese War and Triple Intervention（1894—1895），p. 34.

第七章　违反战争法规的犯罪行为与战争赔款及掠夺

的中国人，都按照日本士兵一样供给饮食衣服，而军官则另居别室，较士兵待遇优异。"① 事实的真相究竟如何呢？试看以下二例：

例一：日本海军在丰岛附近海域迫使中国兵轮"操江"号投降后，由日舰"八重山"号于7月28日押送到佐世保港。同时被俘的丹麦人弥伦斯记述了当时情况：

> 午后2点钟，上岸之时极备凌辱，……船近码头即放气钟摇铃，吹号筒，使该处居民尽来观看。其监即在码头相近地方，将所拘之人分作二排并行，使之游行各街，游毕方收入监，以示凌辱。②

例二：9月15日平壤之战，清军官兵被俘者甚众。盛军被俘人员栾述善记述了被俘后的情形：

> 被拘者甚众，均系道署中，饮食俱无，并有火焚刀裂之说。……死既不能，生更犹死，两手背缚，发用绳连。十八日申刻，始发给饭团一握，舌为匕箸，膝作杯盘，俯首就餐。忽尘埃上坠，泥沙兼半，口难下咽。渴极频呼，仅给臭水一滴。如是者二十余日，忽称送往伊国。足无整履，身少完衣，由中和至黄州，奔波百余里之遥，不容喘息。九月初八日在江口上船，如入陷阱。坐卧不出寸步，便溺均在一舱，秽气薰蒸，时欲呕吐。十六日至日本广岛下船，狂奔十余里，立毙数人，始登火车。十七日到大阪府，往南御堂厂舍。……一日三餐，入口者无非霉烂萝卜。数月间，遍身尽是腌脏衣服。③

这就是日方所自夸的对中国被俘人员的"良好待遇"！另外，在平壤

---

① 有贺长雄：《日清战役国际法论》，第142页。
② 陈旭麓等主编：《盛宣怀档案资料选辑之一·甲午中日战争》下册，上海人民出版社，1982年，第147页。
③《中日战争》（续编）第6册，第183页。

被俘人员当中，因伤被俘者119人，其中因缺乏治疗而死者28人，还有47人被加以"企图逃亡"的罪名被"斩杀"。①

如果说同时被俘者众多时还或许有可能保住性命的话，那么，个别或少数清兵若被日本军队遇到，即使放弃抵抗也必杀无疑。日军攻占金州后，日本谍报人员向野坚一随军出发，他亲自听到一军官向上兵下令："见到敌兵，一个不留。"还在《从军日记》中写道："我到九里庄，看到我军砍杀一个支那人。据说此人向敌人发暗号。还枪杀一个清国兵。当时一士兵呼喊：'这个清人要求投降。军官回答说：'讨厌，杀掉！'随后在两枪声中，此清兵毙命。"② 日军进攻威海时，此类罪行不胜枚举。"巩军士兵周庚申请假回家，被日军发现后杀死。在柳林村，一清兵被俘，日军竟将他砍成几块。在皂埠村，巩军右营一军官阵亡未及埋葬，日军来到后被开棺戮尸。不仅如此，日本军队在攻占南帮炮台后，甚至对所有的清军阵亡官兵戮尸一遍。"③

一般说来，为了避免增加安置的麻烦和负担，日军不会收留俘虏，而采取就地消灭的办法。据目击者称，"1895年1月30日威海南岸炮台之战，清军战败溃围而出，有10余人行至九家疃南墙，被日兵捉住，一个不留地全部杀掉"④。皂埠村有张灵、张喜成、张二彪三人在副将陈万清手下当兵，杨枫岭炮台失陷后逃出，都被日兵捉去，押到崮山后村杀死。⑤ 2月7日北洋海军鱼雷艇队从威海港北口逸出，急沿海岸线西驶，其中一艘小鱼雷艇（"定一"号或"中乙"号）在麻子山后抢滩，艇上7人全部登岸，行至西涝台村西泊时被日军截住，盘

---

① 《日清战争实记》第8编，第19页。
② 《中日战争》（续编）第6册，第214、209页。
③ 戚其章：《中日甲午威海之战》，山东人民出版社，1962年，第74页。
④ 《邹居祥口述》（1958年记录稿）。按：邹居祥，威海九家疃人，当年15岁。
⑤ 《张玉秀口述》（1958年记录稿）。按：张玉秀，威海皂埠村人，当年22岁。

第七章　违反战争法规的犯罪行为与战争赔款及掠夺

问许久，然后挥手令去，日兵从其背后瞄准，一枪一个地击毙。①日军每占领一地，必挨家逐户地搜捕逃散的清军士兵，一律格杀勿论。最令世人震惊的是，日军于3月9日攻占田庄台后，日军第三师团长桂太郎中将因见房屋鳞次栉比，搜捕费时，便下令将田庄台付之一炬。顿时，"田庄台北部黑烟腾起。此日北风异常猛烈，火势逐渐蔓延到全城"。"一直烧了一夜，到10日晨，数千户的城镇变成了一片焦土。"②

日本军队违反战争法规的暴行，不仅表现在大量杀害失去作战能力的清兵方面，而且更为令人触目惊心的是，表现在残害中国无辜百姓方面。大量的调查材料证明，对日本军队来说，抢劫已成为一种通病。日本兵贪婪成性，每到一村，逐户搜寻可抢之物，遇到店铺更是一扫而光。时人有诗云："民间鸡豕竟吞噬，器皿钱财一掠空！"③确实是当时的真实写照。

日本兵在抢劫之后，往往还要拆房焚屋，以烤火取暖。如：在庄河县花园口宋屯，当时有35间房子，被烧掉30间；久隆兴屯，仅有4栋房子，烧掉了3栋。④金州南山村，高庆安家3间房子被拆，后街老杨家有10间房子被拆，箱柜也被劈了当柴火烧。⑤再看威海："宋家洼村房子被烧毁80余间；丁家庄房子被烧毁大半；后亭子夼村的房子几乎全部被烧光，至今还能看见当初烧毁的痕迹；而长峰村除村边残留几间房子外，全都被烧毁了。即使幸存的房子，门、窗以及木器也都被搬去烤火。如雅家庄全村仅剩一件木橱，其他各村的情形也就可

①《苗丰然口述》（1958年记录稿）。按：苗丰然，威海西冈岔河人，当年10岁。
②《中日战争》（续编）第8册，第459、454页。
③岳晓岩：《蜗庐杂咏·日本军》（手抄本）。
④《梁承德口述》（1971记录稿）。按：梁承德，庄河花园口人，当年11岁。
⑤陈本义、吴青云主编：《甲午旅大文献》，大连出版社，1998年，第68页。

想而知了。"①

日军的暴行使许多百姓流离失所，生活无着，民怨沸腾。英国传教士司督阁（Dugald Christie）作为目击者，在所著《沈阳三十年记》（Thirty years in Moukden, 1883—1913）一书中写道："起初发生许多暴行，人们被粗暴地赶出家园，财产被劫掠，家具被烧毁，妇女的处境也是不安全的。"② 日本军事占领当局一则想尽量缓和国际舆论的压力，一则也是出于保证日军生活供应的需要，于是发布告示，恬不知耻地晓谕，对中国"无辜农商民，不但秋毫无犯，反抚恤之应如慈母视儿"，并要求"在家者，各安旧居，各守恒业；避乱流离者，宜速回家"。③ 另外，又以行政厅的名义发布谕告，将日军的抢劫行为归咎于中国商民抬高物价，要求此后"从公论值，酌量定价"，进行所谓"买卖公平"。如金州日本行政厅的谕告称：

> 照得我军自抵金以来，在以爱护人民为心，毫无侵扰，斯以切谕商民，设局供给我军需用各物，价值只应以公决，不宜渔利熏心，高抬时价。兹查得所卖货物，价值太昂，当此货物短少之顷，自不能不价值稍高，然我军如此保护，尔等岂无天良？为此，出示严切晓谕尔商民人等，自示之后，如尚照前误抬高价，定照我国法律究办，决不姑容！尔商民人等，其各凛遵，勿谓言之不预也。切切特示！④

同时，还对中日货币的比价做了规定，像这样的谕告，自然不可能解决"买卖公平"的问题，只能是在"公平买卖"的掩饰下照旧抢劫或变相抢掠罢了。如在金州，有孙姓者开了一间烧饼铺，一日本兵来铺

---

① 戚其章：《中日甲午威海之战》，第74页。
② 《中日战争》（续编）第6册，第373页。
③ 有贺长雄：《日清战役国际法论》，第237页。
④ 有贺长雄：《日清战役国际法论》，第225~226页。

内买糖，因言语不通，抽刀向孙某头上砍去，当即鲜血直流，12天后死去。① 在威海、荣成等地，有些日本兵队依然抢劫成习，我行我素，许多亲历者和目击者提供了大量的证据。如荣成东白马村王佩芝称："日本兵进村说'公买公卖'，其实见东西就抢。这村里的牲畜都叫日本兵拉走了。"② 威海陶家夼村陶传忠称："在俺村，日本兵把陶传康家的猪打死，逼着我给抬到南竹岛；陶敬清家的猪也叫日本兵打死用马驮走了。"③ 有时偶尔给一点钱，也是日本兵随意给，少得可怜，往往不到应卖价的十分之一、甚至几十分之一。如威海海埠村邵启元揭露说："过了些日子，日本官出告示，要老百姓安居乐业，不用害怕，以后拿东西要给钱。其实都是骗人的，好让日本兵变相地抢，装出公平合法的样了。我家一口肥猪，能值七八吊钱，被日本兵拉走，只给了150个铜钱。"④ 荣成观里村夏锡奎也有相同的遭遇，他说："日本军队占了俺村，强逼老百姓交出鸡、鸡蛋、地瓜等吃食之物。以后日本官张贴告示，说要'公平买卖'。我家养了4口猪，全让日本兵拉去砸死了，一共只给4毛钱，说是4口猪的价钱，我气得将钱扔下就走了。"⑤ 北虎口村王文魁也说："我家的1口猪拉走，只给了1个钢钻子。"⑥ "4毛钱"，指日本40钱银货；"1个钢钻子"，指日本5钱白铜货，即相当于5分钱。根据日军公布的中日货币比价，日本银元1元，合中国大钱1140文。⑦ 可见，夏锡奎家的1口猪才付1角钱，即中国大钱114文，而王文魁家的1口猪才付5分钱，即中国大钱57

---

① 《甲午旅大文献》，第67页。
② 《王佩芝口述》（1959年记录稿），按：王佩芝，荣成东白马村人，当年11岁。
③ 《陶传忠口述》（1957年记录稿），按：陶传忠，威海陶家夼人，当年20岁。
④ 《邵启元口述》（1958年记录稿），按：邵启元，威海海埠村人，当年21岁。
⑤ 《夏锡奎口述》（1958年记录稿），按：夏锡奎，荣成观里村人，当年27岁。
⑥ 《王文魁口述》（1958年记录稿），按：王文魁，威海北虎口村人，当年14岁。
⑦ 有贺长雄：《日清战役国际法论》，第222～223页。

文。这就是日本官方所宣传的"买卖公平"！当然，对于中国老百姓来说，这比明火执仗的抢劫还是稍强一些的。

由于日本军事占领当局对日兵暴行采取纵容的态度，其抢劫行为非但不曾停止，反而发展到抢劫城镇的商家。例如，金州城里新顺当铺富甲一方，因当时兼营中日货币兑换，其家颇多金银财宝。日本军夫发现后，遂起歹心，聚集军夫20余人将其洗劫一空。此案影响巨大，日本金州行政厅不得不进行处理，按日本刑律对抢劫者处以监禁，并将抢劫所得归还失主。① 事实上，仍有许多大的抢劫案。只要案件未造成舆论影响，都不予处理。如威海温泉寨的广仁德杂货店被日本兵哄抢②，荣成县城里的通顺当铺被日兵并军夫洗劫，并砍杀店伙3人③等案，皆置而不问。

日军强暴妇女的兽行，尤令人发指。在金州，日军进城之后，到处强暴妇女。住城隍庙正门前的张玉思，其妻正坐月子，"被日本兵强奸后，把肚子大开膛，把孩子穿在刺刀上在大街上挑着玩"。城里刘姓"有女名翠子，年及笄，许配秦氏，毅然赴井"。西街曲姓一家有女性7人，城陷之日恐受辱，抱幼甥3人共投一井。时人有诗志其事曰："曲氏井，清且深，波光湛湛寒潭心。一家十人死一井，千秋身殒名不沉！"④ 在威海，"皂埠嘴炮台徐哨官的妻子在百尺崖所被敌人攻陷后，即因拒奸被杀，其3岁的孩子芸生被敌人活活地摔死在岩石上。有一次，敌兵闯入庙墙村刘某家，要强奸他的女儿，其妻上前抗拒，被敌兵一刀刺死还有同村谷某的妻子也因拒奸被杀。此外，有姓名可考者还有许多起"⑤。在皂埠村，日军甚至下令将全村庄的男子

---

① 有贺长雄：《日清战役国际法论》，第95~96页。
②《王振海口述》（1958年记录稿）按：王振海，威海温泉寨人，当年17岁。
③《李荫农口述》（1957年记录稿）按：李荫农，荣成东墉村人，当年25岁。
④（甲午旅大文献），第71~72、157页。
⑤ 戚其章《中日甲午威海之战》，第74页。

第七章 违反战争法规的犯罪行为与战争赔款及掠夺

都集合起来,强迫他们到北海上去拆炮台,等男人们都走了,然后到各家去寻找妇女。① 因此,当时威海各家的少妇少女皆披头散发,脸涂锅灰,扮成脏老太太的模样,准备随时同野蛮的敌兵拼命。②

日本军队对于手无寸铁的无辜百姓也是恣意杀戮,其罪行更是罄竹难书。日军进攻金州城时,"因城门紧锁,城中人民不能逃脱,死于爆炸的炮弹者甚多。如幼亦有数人,一家母子三口并排倒毙,……用炸药刚一炸开北门时,黑烟滚滚,方寸不辨,我军(指日军——引者)呐喊冲入时,城内妇幼正欲逃往城外,其间被蹂躏而死者不在少数"③。"路上遇有难民,不分男女老幼,枪击刀斫,直杀至西门外始止。"④ 从当时日本随军记者的笔下,也可看出经日军蹂躏后的金州城,是一幅多么凄惨的景象:"市街上到处可见兵士和市民的尸体,死猪、死狗杂陈,军旗遗弃在地,衣服、家具散乱各处,光景极为荒凉惨淡。"⑤

日军即使在其攻占之地,对无辜百姓仍然滥杀不已。"攻破金州城后就到处抓人,仅在东街一次就抓了47人,绑成一串,……这样杀了三十多人,还有十几人被杀在东门外城壕里和南山屯。""在东门口,日本兵一进城,见到一些四五岁、五六岁的孩子,一脚一个活活踹死。杀人最多的在西门外。城南的红崖子、丁官寨、七八里、杨屯一带的老百姓,大部分跑到城西北的后石灰窑子、葫芦套、鹿岛一带避难,后来听到枪炮声不响了,成群结队从北面经西海头往家走时,往往被日本兵用枪打死。有一次,几百难民往回走,被日本兵三面围

---

① 《张玉秀口述》(1958年记录稿)。
② 《刘东阳口述》(1958年记录稿)按:刘东阳,威海刘家台村人,当年16岁。
③ 龟井兹明:《甲午战争亲历记》,中央民族大学出版社,1997年,第80~81页。
④ 《甲午旅大文献》,第70页。
⑤ 《日清战争实记》第11编,第7页。

343

起往海里赶。但西海滩平,淹不死人,都被用枪从后面打死。"①

日本兵还到处寻衅逞凶,因细故而被杀的百姓比比皆是。金州城里吴家兄弟三人,皆是少年,日军入城后开门张望,被日兵用枪刺捅死,"死得很惨,捅死后还用石头把头砸碎了"。刘世宦、玉珍父子在东街设铁匠炉,"日寇入城,疑清军于城外埋地雷,缚世宦父子迫令出城践踏。世宦耻为强敌效力,玉珍与之格斗,日寇怒击毙之"。西街田家之儿媳,才二十几岁,患病在家,日兵硬说是传染病,"活活用高梁秸子洒上火油给烧死了"。大连湾李家村王明声,只因身穿青衣,日兵"硬说他是清兵,就拉到南山砍了"。南关岭塾师阎世开由塾中回家,日军逼令引路不从,被"拥至山麓剖心肝以死"。寺儿沟塾师侯玉灏正在书房里,一日本军官闯入,要用此处"画行军图,侯大声抗议,被日本兵一刀刺死",日军甚至对出家人也不肯放下屠刀。小平岛寺院主持圆明和尚平日不问俗事,日本兵"先要拆用庙内门窗取暖,后又要在庙中建指挥部,都遭圆明拒绝",竟恼羞成怒,将其"架火焚烧",活活烧死。②

日本军队侵占山东半岛以后,恣意屠戮如故。在威海,村村都有被日军杀害者,少则数人、十数人,多则数十人,几乎没有一村没有遇害者,连偏僻山村也难幸免。"当时不少人家男的被杀,女的被辱上吊,家破人亡,老人小孩哭声不绝,真是惨极了!"③ 其中,以1895年2月3日日军血洗威海长峰村的事件最具典型。先是1月30日,日军在长峰村头安设了大厨房,日本兵每天来来往往,进村里寻衅闹事,穿门入户,搜寻财物,侮辱妇女,坏事干尽。2月3日,一个日本兵

---

① 《甲午旅大文献》,第70、72页。
② 《甲午旅大文献》,第67~71、154~155页。
③ 《丛维祖口述》(1958年记录稿)。按:丛维祖,威海长峰村人,当年26岁。

第七章　违反战争法规的犯罪行为与战争赔款及掠夺

到村里丛大庆的店铺要酒喝，并动手抢东西，村民丛平安路见不平，用锨把将其打倒在地。这日兵逃走后，在当天傍晚叫来了一大队日兵，"村里老百姓听说日本兵来了很多，顺着街往西跑，准备躲一躲。日本兵发现了，就到村西面去截杀。"① 本村秀才丛绳泽挺身而出，同日军头目"对字"，即通过笔谈说理，却被刀劈路旁。此日有包括丛绳泽在内的17名村民遇害。翌年，该村村民举行公祭，以悼念遇害者。至今还保留着当时的这篇祭文，其全文如下：

> 呜呼，悲哉！诸公之亡，虽曰人事之所为，而吾独感慨歔欷蹙口而问彼苍：今夫人谁不死，死亦何常？若者以寿终，若者为夭殇，若者颠连毙，若者冻馁丧，若者为雉经而坠舌，若者饮鸩毒而绝肠，死虽不同，要皆足动亲朋之酸楚，垂邻里之涕滂。而况锋镝之危，盗贼之强，合此卜数人之性命，一朝委弃于挺杖斧斨！是为人生之至惨，凡在有情而共伤、吾想夫大难之方兴也，官军鼠窜，倭寇鸱张，兵马纷扰，突围村庄，操戈入室，持刀登堂，拆毁我房屋，搜取我衣裳，糟蹋我黍稷稻粱，屠杀我鸡犬牛羊，一至昏黄，四起火光。当此时也，朔风凛冽，天气惨凉，饥寒之儿童暮寝雪地，困惫之妇女夜走山岗，而此室家亡保聚，门户之持守，邻间之维系，有非丁壮老成而莫当。若诸公者，或为儒，或为农，或为工商，或为一家之主，或为一乡之望，异类之言语不通，方赖执笔，以应对，国人之忧患莫解，有资协力以扶匡。奈何变生不测，事出仓皇，欲救祸反遭奇祸，欲消殃而竟罹凶殃！当其时，或以子救父而首犯锋芒，或以弟救兄而身被旗枪，或被发缨冠以救乡邻，不转瞬而仆尸道旁。是以孝子悌弟仁人义士之骨肉，而供吞噬于熊虎豺狼，能不令人痛心疾首，而叹天道之茫

---

① 《姜树龙口述》（1958年记录稿）。按：姜树龙，威海长峰村人，当年16岁。

茫？昔在限厄，成礼不遑，今逢祭日，布奠倾觞。诸公有灵，尚其来飨！①

这篇祭文，既是对嗜血成性的日本侵略军的血泪控诉和声讨，也是记录日本军队在占领地血腥屠杀和平居民罪行的一份铁证。

根据上述可知，在整个甲午战争的过程中，日本军队违反战争法规的暴行是多方面和一贯的，而且发生的范围相当广泛，其罪证不胜枚举。对于日军违反战争法规的犯罪行为，日本军事当局乃至日本政府不是毫无所知，而是一清二楚。但为了不压抑军队士气的战略意图所驱使，便一面尽力封锁消息，使之不致造成舆论影响；一面大作表面文章，进行掩饰和正面宣传，以给西方国家造成一种印象，似乎日本军队在战争中是完全遵守国际公法的。日本的这种卑劣手法，确曾奏效于一时，蒙蔽了不少西方人士和记者，但纸里究竟包不住火，旅顺大屠杀事件的发生终将日本的"文明人皮"剥掉，使其野蛮的兽性真面目暴露于天下

第二节 旅顺屠杀事件及其性质

1894年11月21日至24日，日本军队在旅顺地区进行了为时4天的野蛮大屠杀，共杀害手无寸铁的无辜中国平民20 000余人。日军骇人听闻的野蛮暴行，引起了世界正义舆论的强烈谴责，指斥"日本披着文明的外衣，实际是长着野蛮筋骨的怪兽"②，"已经撕下其面纱，原形毕露，在此前4天里将文明踏于胜利之师的足下"。③当时，日本

---

① 戚其章：《中日甲午战争史论丛》，山东教育出版社，1983年，第246~247页。
② 陆奥宗光：《蹇蹇录》，第63页。
③ James Creelman, The Massacre at Port Arhur, The World, Dec, 20. 1894.

政府对其军队所犯下的滔天罪行矢口否认，百般辩解。日本外务大臣陆奥宗光竟然声称：这些对日军暴行的揭露和责难都是"过于夸张之词"，不过是"耸人听闻"而已。① 事实的真相究竟如何？事件的参加者和目击者的大量记述，可以做出明确的回答。

旅顺港作为北洋海军的基地之一，因其重要的军事地位，特别受到西方国家的重视。因此，当日本第二军进攻旅顺之际，在这里集中了一批西方的新闻记者、驻外武官和医务人员。如美国《世界报》（The World）记者克里尔曼（James Creelman）、《纽约先驱论坛报》（NY Herald）记者加维尔（A. B. de Guenville）、英国《泰晤士报》记者柯文（Thomas Cowen）、《标准报》（Standard）兼《黑白报》（Black and White）记者维利尔斯（Villiers）、路透社（Reuters）记者哈特（Stephen Hant），以及美国驻日公使馆武官海军上尉欧伯连（M. J. O'Brien）、担任日本运输舰指挥官的美籍军官康纳（George W. Conner）、俄国驻中国及日本的武官海军上校窝嘉克（Wogack）、英国武官海军上尉杜兰（Doulay）和英军医疗代表上校医官泰勒（Taylor）等。尽管他们的立场不尽相同，其中有些人倾向日本、甚至为日军的罪行辩解，但有一点是共同的，就是对日本军队在旅顺的残杀暴行却是一致承认的。他们作为事件的现场目击者，一般在内部报告或私人信件和谈话中是不会讳言事实的。例如：

欧伯连给美国驻日公使谭恩（Edwin Dun）的私函，"关于旅顺不幸的情况，自然我仅能说我所看到的。……我曾亲眼看到一些人被屠杀的情形。这些人本来是可以作俘虏的，他们不但没有抵抗，而且显然是没有武装又是最恭顺地投降了的。我又曾看见一些尸体，双手是绑在背后的。我也看见一些被大加屠割的尸体

---

① 陆奥宗光：《蹇蹇录》，第64页。

上有伤,从伤创可以知道他们是被刺刀杀死的。从尸体的所在地去看,可以确定地知道这些死的人未曾抵抗。我看到了这些事情,并不是我专为到各处看可怖的情况才发现的,而是我观察战争……的途中所看到的。"[1]

英国驻烟台领事阿林格(Clement F. R. Allen)致欧格讷私函中转述斐里曼特短笺中的话:"他肯定旅顺港没有伤员,因为日本人是见人就杀。……泰勒大夫在该城那条主要街道上,200码内就见到了70具尸体,船坞内更是尸堆如山,他在旅顺港时,日本人射杀了一些中国人。照他的话说,'想起来就令人恶心,但在第一天过后,确实有一场残酷的屠杀'。"[2]

英国驻日本临时代理公使楚恩迟给外交大臣金伯利的秘函:"近来,海内外新闻媒体上满是有关日军在旅顺港所犯暴行的文章和报道。除《日本邮报》之外,所有英文报纸都在猛烈抨击日军,……《泰晤士报》记者柯文先生在广岛拜访了陆奥子爵,并向他描述了大屠杀的情景。据柯文说,这场屠杀持续了4天。陆奥子爵说,他'对素以温和、人道和纪律受到举世称赞的日军竟会干出这样残酷的事深感震惊和痛心,这与大和民族的精神是完全背道而驰的'。"[3]

"《标准报》兼《黑白报》记者维利尔斯先生告诉我,直到攻占旅顺,日军的行为一直可堪称道,但其后来的所作所为却给其伟大的胜利抹上了一道不光彩的阴影,他为此深感惋惜。他说,……'使我感到极其震惊、痛心和惊愕的是以后3天里所发生的事。日军表现出了毫无必要的残忍,……在旅顺犯下如此野

---

[1]《中日战争》(上),第462页。
[2] Sino-Japanese War and Triple Intervention (1894—1895), p. 23.
[3] Ibid, pp. 37~38.

蛮的暴行。'《泰晤士报》记者柯文说：'在后来的4天里，我没有见到任何抵抗。日军摧毁了整个城市，实际上是见到男人就杀。我曾见到成群的中国战俘被反绑双手，开胸剖腹，大卸八块。许多人还被焚尸灭迹。'"[1]

以上这些私函和内部报告中所引述目击者的叙述，尽管对事件的认识程度和角度有所差别，但都不否认日军在旅顺进行了一场为时4天的野蛮屠杀。

当时，从西方的舆论看，各报大同小异，都报道了日本军队在旅顺的屠杀事件，但评论则有所不同。如《纽约先驱论坛报》发表署名文章说，日军的屠杀是对中国军队野蛮行为的报复，因而是正当的。伦敦《泰晤士报》发表的一些通讯，指责日军的残杀暴行说："日本攻取旅顺时，戕戮百姓四日，非理杀伐，甚为惨伤。又有中兵数群，先用洋枪击死，然后用刀肢解，……日本士卒行径残暴若此，督兵之员不能临时禁止，恐为终身之玷。"[2] 但又表示在获悉日本政府将采取一些措施后感到满意。[3] 这些评论，或为日军的暴行开脱罪责，或将大事化小，加以淡化，以减少事件的影响。

在这种情况下，美国《世界报》于12月20日所刊载的克里尔曼的长篇通讯《旅顺大屠杀》（The Massacre at Port Arthur）便弥足珍贵了。《世界报》是美国著名报人普利策（Joseph Pulitzer）经营的最成功的一家报纸。克里尔曼出生于加拿大，进入报社后，以名人专访而闻名报界。他的文章以文字简洁、风格优美、客观主义与适度描写相结合而获得好评。在当时的美国舆论中，支持日本占压倒的优势。认为日本的胜利意味着"文明"在远东的进步；认为日本的战争目的是

---

[1] Ibid. p. 44
[2]《清光绪朝中日交涉史料》第27卷，第39页。
[3]《甲午战争与近代中国和世界》，第630页。

在于保障朝鲜独立，是完全正义的。唯其如此，故对日本怀着厚爱和偏袒的感情。在甲午战争中作为随军记者的克里尔曼，最初也是抱着这种心态到前线去的。他在10月24日发表的关于平壤之战的报道，便称赞日军"勇敢而人道"，以表现这场战争的主题是文明对野蛮之战。但是，此后不久，他便对日本的战争目的产生怀疑了。后来，他随日本第二军在辽东半岛登陆，亲眼看到了日军对金州城的进攻，了解到战争的现实与"文明"相距甚远。从11月21日到24日，他又目击了日军进攻旅顺和屠杀事件的全过程。他曾经一度相信日本所主张的日清战争是"文明的义战"的论点，而此时此刻，以往所信奉的这种观念却真的崩溃了。① 这种内心的变化促使他拿起笔来，写下了这篇题为《旅顺大屠杀》的长篇报道。在文章的开篇，他便以颇带感情色彩的笔触写道："几乎当时在旅顺的所有中国人都被残杀了，屠杀暴行持续了一天又一天，直到街道上躺满了被砍去手脚的尸体。我在写作此文时，仍然能够听到步枪射击声。……正是一种庄严的义务感，使我要把亲眼看到的这场屠戮无辜的惨案记述下来。"②

克里尔曼《旅顺大屠杀》的主要内容如下：

> 自占领旅顺之日，日本即露出其本性。虽有神情严肃的英、美武官及外国新闻记者在场，亦毫无顾忌而止其凶残之屠戮。我曾屡次提出抗议，求请免杀无辜，均无效果。日本人的行为是对红十字标记的嘲笑：既杀失去家园手无寸铁的百姓，又将遇难者的尸体踏在脚下恣意劫掠，而日军司令官及诸将校则在奏乐声与枪弹声的错杂中频频碰杯，并微笑地踱着方步。……
>
> 作为目击者，我亲眼看见旅顺难民对侵略者并无任何抵抗。

---

① 大谷正：《旅顺屠杀事件与国际舆论》，《甲午战争与近代中国和世界》，第628-629页。
② James Creelman, The Massacre at Port Arthur, The World, Dec. 20, 1894.

第七章　违反战争法规的犯罪行为与战争赔款及掠夺

日本人声称，有人从窗户和门内向他们开枪射击，这都是谎言。日本兵并不想捉俘虏。我看见一人跪在地上乞求开恩，日本兵用刺刀将其刺倒，又一刀砍下头来。另一人躲在墙角里，被一队日本兵用排枪乱穿其身。一个老人跪在街中几乎被砍成两段。有一难民爬上屋脊亦被击毙。还有一人闻枪击之声，从屋脊跌到街心，被日本兵用刺刀连刺十余次。……

有人带着妇女儿童向山里逃，日本兵一边追赶一边射击。整个市区均遭日本兵抢劫，躲在自己家里的居民也被杀戮。惊慌失措的大人孩子，骑着牲口成群地往外逃。在旅顺西边，难民涉水过一道浅水湾，在冰冻的水里踉踉跄跄前行，一队日本兵追至水湾边上，向水中的人一齐开火，……最后涉水的两个男子，领着两个孩子，刚到达岸边立足未稳之际，一队日本骑兵赶过来，用马刀砍倒一个男子，另一个男子和两个孩子退到湾里躲避，却被像狗一样被射杀。在街道旁边，我不断看见店铺主人苦苦乞求，但不是被击毙，就是被砍死。日本兵拆下每一间店铺的门窗，并进屋抢劫。第二军先头部队到达黄金山炮台时，发现已被弃守，惟见港内有一只满载难民的舢板，日本兵立即在码头上排列成行，齐向舢板射击，直到老少男女尽死为止。港外则有10只挤满惊恐万状的难民的舢板，也被日本鱼雷艇全部击沉。

大约午后5点钟，校场上响起乐声。除西宽二郎追击逃敌外，第二军司令官与兵官皆聚集于此，热烈握手，尽情欢笑。乐队奏起庄严的旋律。当此之际，一直能听到街上步枪齐射之声，知市街又有人家被抢掠，居民遭杀戮。是夜，天气极冷，温度降至华氏20度。妇女儿童逃到山上，忍受寒冻；男人遭到日本兵连夜追杀。次日早晨，我经过各街，到处可见面目全非的尸体，已被开膛裂肚，其残毁如野兽所啮之状。被杀之店铺生意人，堆积道旁，其眼中之泪，伤痕之血，皆已冻结成块。甚至有灵性之犬，见主人尸体僵硬，不禁悲鸣于侧，其惨可知。还到处可见饥饿之犬，尚在撕咬体温仍存的死尸。

我和柯文先生结伴而行，见到一具无头尸体，其头颅滚出二三码开外，一只狗正在撕咬其颈部。日本巡逻兵看见，伫立注目，哈哈大笑。又看见一生意人，白发苍苍，满口无牙，腹破肠出，倒在店铺的门槛，而店铺已被日兵抢劫一空。另一被开膛的遇害者，其腋下还躺着他的爱犬不肯离去。又见一死去的妇女，压在一摞男尸下边，脸上备极哀惨求怜之状。在一街道拐角处，堆放25具尸体，肯定是日兵在最近距离处向其开枪，以至死者衣服着火，尸体半数烧焦。在相距20英尺之处，有一个满脸皱纹的白胡子老头，其喉咙被割断，眼睛和舌头都被剜割出来。……

第二天，屠杀仍在进行。我看见4个男子顺着城边悄声走过，其中一个怀里抱着婴儿。突然，一队日本兵一齐向他们射击起来，……整个一天，日本兵不断从各家将男子拉出门外，或用弹击，或用刀挥，以致身分数段。我见日本兵从尚在抽搐的临死之人的身体上踏过，以进入遇害者的家里抢劫财物。日本人肆无忌惮，没有谁试图掩盖其骇人听闻的罪行，因为他们已经丧失了羞耻之心。逃难者从这个角落逃到另一个角落，像猎物被日本兵所追逐，即使跪地求饶也难免一死。看到此情此景，令人断肠。整个第二天，杀人之风仍不稍减。居民成百成百地被杀害，仅一条路上就有227具尸体，其中被反绑双手从身后开枪打死的不下40人。……

战后第三天。天刚亮，我为枪弹声惊醒，日本人还在屠杀。

第七章 违反战争法规的犯罪行为与战争赔款及掠夺

我走出住所，看见一名日军军官带领一队士兵追赶3个男子。其中，一个怀抱一丝不挂的婴儿，因跑得太急，让婴儿跌落地下。一个小时后，我发现这个婴儿已经死了。那两个人被击倒在地；第3个即婴儿的父亲则失足跌倒，瞬间一日本兵赶到，手执枪刺朝其背后扑来。我走上前，手指胳臂上所带之红十字标记，欲加以制止，但毫无作用，那日本兵用刺刀朝这摔到的男子脖颈上连刺三四下，然后扬长而去，任受害者在地延喘待死。我急忙跑回住所，叫醒维利尔斯，一起回到原处，见那人已死，但伤口里还向外冒气。当我们弯身查看尸体时，又听到离路上几码外响起枪声，于是上前探看何事。只见一老人站在路上，双手被缚于背后。在他旁边，另外3个被反绑双手的男子则被击倒在地，痛苦辗转于老人之侧。当我们朝前走来，一日本兵又开枪将老人击倒，见他仰面朝天呻吟叹气，眼珠儿还在转动。那个日本兵扒开老人的衣服，看其胸膛还在冒血，又开一枪。老人状极痛苦，身体瑟缩抖动，日兵不独不肯垂怜，且唾其面并嘲笑之。……

翌日（战后第4天，即11月24日——引者），我和维利尔斯先生一同去看一处躺满肢体不全的尸体的院落。当我们进去时，看见两个日本兵曲身于一具尸体之旁，深感诧异。原来他们已将尸体剖开，其中一日兵手操匕首，正在把心脏挖出来。那两个日本兵一看见我们，即抽身回避。我相信，在旅顺之战中阵亡的清兵不超过100人，而被屠杀的非武装人员至少有2 000人。……我所记述的每一个场面皆我亲眼所见，并且不是有英、美武官在场，就是有柯文或维利尔斯先生在场。[①]

这篇长篇通讯的主要价值所在，就是作者一秉作为新闻记者的良知，

[①] James Creelman, The Massacre at Port Arthur, The World, Dec. 20, 1894.

面对现实而能够抛开先入之见,报道了日军在旅顺接连4天的大屠杀真相。

在旅顺大屠杀期间,日本第二军司令官大山岩大将因见有不少西方报纸记者在旅顺前线采访,担心日军暴行被报道出去,即派有贺长雄去做工作。有贺长雄来到西方记者的住所,希望向各自国内发回电稿时不要用"屠杀"这个词。其实,这些西方记者的嘴是很难完全封住的。他们离开旅顺后,也就把大屠杀的事传扬开来,而且还有的人当面质问陆奥宗光。这使日本政府大伤脑筋。陆奥宗光已经料到,此事非同小可,决不能掉以轻心,必须认真对待。11月30日,他向日本驻西方国家公使发出一份内容相同的电训,告以"从旅顺口返回的欧洲报纸的记者们宣称,日军在攻陷那里后犯下了一些暴行",要在思想和行动上有所准备,并等待政府的进一步训令。[①]

6月1日,陆奥宗光在英国《泰晤士报》记者柯文的要求下进行会见,重点是谈旅顺屠杀事件。对于此事,陆奥宗光感到非常棘手,将会见经过电告外务次官林董说:

> 今日与由旅顺口归来之《泰晤士报》驻外记者面会。据云,日本军战胜后有极其残暴之行为。杀害捆缚之俘虏或平民、特别是妇女之事,不仅为欧美各报社所目睹,且为各国舰队之军官、尤其英国海军中将等亦于现场所亲见。故此新闻,必将于东京、横滨之间广为传播。今日《泰晤士报》驻外记者,一再询问:日本政府所采取之善后措施如何?本大臣答以:阁下所云如果属实,实甚令人悲叹。然而,我于得到大山大将正式报告之前,不能表明日本政府的意见。日本军队遵守纪律,若有如阁下所云之事实,

---

[①]《中日战争》(续编)第9册,第529~530页。

亦必有起因。相信由其原因之发展,此不幸之事实应有所减少。①日本政府此时还未想好对策,只好一面应付柯文,一面又强调"必有起因",为以后的辩解留下伏笔。

在此关键时刻,日本政府又故技重演,像"高升"号事件发生后那样,继续采取贿买外国新闻媒体的卑劣手段。据日本驻英临时代理公使内田康哉给陆奥宗光的电报:

> 每当出现失实报道,《中央报》总是予以反驳。《泰晤士报》记者证实一个报道说,旅顺口战役后,日本人不加区别地残杀了200名中国人。《中央报》予以否认,并报道说,除了正式战斗而外,并无中国人被杀。我已经压下了路透社由上海发来的关于我们的士兵在旅顺口犯下最野蛮暴行的电稿。你能否批准我要求的款子,以开始从事报界行动,我已没有钱可用了。②

看来,日本政府的"从事报界行动",在欧洲、尤其是在英国确实收到了效果。

但是,日本政府万没有想到的是,在日本人面前从来不露声色的克里尔曼,却在12月12日的纽约《世界报》发表了一篇题为《日军大屠杀》(The Japanese Massacre)的电讯。日本驻美公使栗野慎一郎于14日致电陆奥宗光说:"《世界报》开始以极强烈的措词攻击我们,尤其反对新近的谈判。"15日,美国驻日公使谭恩拜访陆奥宗光,谈及旅顺屠杀事件,谓:"日本政府如不施行一定善后对策,迄今日本所获之名誉,必尽消失,实令人惋惜。"当时谭恩是偏袒日本的,所以他的话表面上看来有警告之意,实际上是暗示陆奥宗光快想挽回之法。同一天,俄国驻日公使希特罗渥(Mikhail Hitrovo)也随后来访,

---

① 《中日战争》(续编)第9册,第530~531页。
② 《中日战争》(续编)第9册,第530页。

仍是谈旅顺屠杀事件，"彼之所云，虽与美国公使所言略同，然其口气冷淡，令人可怕"。陆奥宗光时在东京，难以独自做出决断，即电在广岛的伊藤博文请示："如事先所担心者，其结果已逐渐表现出来。此等事实如最终不能否定，应有一定善后之考虑。如有妙计，乞速电示。"此电是在当天下午5时45分发出。伊藤博文斟酌再三，还是觉得驻德公使青木周藏的建议最为上策。青木周藏曾从柏林来电称："报纸报道了日本人对投降的中国人所犯的暴行，但也阐述了合理的环境。明智之举就是不理睬此事。"伊藤博文认为，除此之外别无他策，只有采取不承认主义。当晚10时20分，复电陆奥宗光云："关于旅顺口之事，其后虽与大本营磋商，但究竟问罪一事，颇多危险，亦非上策。似乎置之不理，完全采取辩护手段外别无良策。"①

日本政府既然决定对旅顺大屠杀采取死不认账的态度，但要如何辩解才能洗清罪责，还需要缜密研究。为此，日本大本营专门派要员亲带参谋总长炽仁亲王致大山岩的书函，要求对旅顺屠杀事件作出公开的辩解。第二军司令部为此反复研究，并征求第二军国际法顾问有贺长雄的意见，对屠杀的发生提出了两点辩解理由：第一，11月21日的情况是，因为旅顺口为军港，商业发达，街道甚多，败逃的敌兵从居民房屋里向外发炮，每户都有遗弃的武器弹药可以证明；而日军进入市街正是黄昏时分，对清兵与一般居民难以区分，况且清兵是脱掉军服后逃跑，躲入居民家中改穿百姓服装，故杀人稍多是实难避免的。第二，11月22日以后的几天里，回避屠戮平民之行为，只承认有杀害俘虏的事，是因为这些被俘清兵不肯服从，或进行顽抗，或伺机逃跑，故不得已而采取惩戒的手段。②

---

① 《中日战争》（续编）第9册，第531~533页。
② 有贺长雄：《日清战争国际法论》，第118~122页。

第七章　违反战争法规的犯罪行为与战争赔款及掠夺

但是，日本第二军司令部对旅顺屠杀事件所提出的辩解理由，外务省并不满意，特别是认为其中第 2 点关于杀俘之事，与法理有抵触之处。因为即使清兵被俘后仍进行抵抗，又企图逃跑，诚为不争的事实，然而将其杀害仍要有十分充足的理由。凡处死俘虏，必须是在一定的条件之下，并履行一定的程序，否则，杀俘便违反了战争法规。如果俘虏企图抵抗而未付诸行动，或有行动而又就缚，唯一的处置办法是交付军法会议审判。《日本陆军治罪法》第 25 条曰："俘虏降者犯罪，由军法会议审判。"即指此也。再者，关于俘虏逃跑一事，假令俘虏企图逃跑而未付诸行动，或已经逃跑而中途又被捕获，唯有对其采取更严格的监禁，也不得随意杀戮。《布鲁塞尔宣言》第 28 条及《国际法协会提要》第 68 条即有此规定。① 据此，日本外务省决定不采用第二军司令部关于杀害俘虏的辩解理由，干脆直截了当地不承认有杀害俘虏的事。于是，又重新拟订了 7 点说明："（1）逃跑的中国士兵把制服丢弃。（2）那些在旅顺口被杀的身着平纹服装的人，大部分都是伪装的士兵。（3）居民在打仗前就离开了。（4）一些留下来的人受命射击和反抗，并照此办理。（5）日本军队看到日本俘虏被肢解的尸体的残酷景象（有的被活活杀死，有的被钉死在架子上），受到很大刺激。（6）日本人仍然遵守纪律。（7）旅顺口陷落时抓到的大约 355 名中国俘虏，受到良好的对侍，并在几天内送往东京。"②

12 月 16 日，陆奥宗光将上述"7 点说明"作为关于旅顺口事件善后工作之训令，电寄栗野慎一郎。同时，又按"7 点说明"的精神，起草了一份《日本政府声明》：

在旅顺肯定发生了比别处更多的流血。也许血流得是太多了

---

① 有贺长雄：《日清战役国际法论》，第 124~125 页。
②《中日战争》（续编）第 9 册，第 534 页。

一些，但外国记者、特别是《世界报》记者，为哗众取宠而发往国外的报道，不仅大肆渲染，而且严重夸大事实。旅顺被攻陷后，中国士兵见公开抵抗无济于事，便脱下军装，乔装改扮成平民的样子，然后逃进该城居民丢弃的空房子里。这些空房的真正居民早在日军攻打旅顺的前几天即已逃离，和平恢复后又都返回。中国士兵之所以如此，是害怕如果他们投降，会受到比日俘毫不逊色的虐待。所以，他们千方百计地伪装起来，同时设法武装，一旦被日军发现，便拼战到底。据说有些在日军攻城前没有离开的居民，后来也奉命抵抗，对日军开火，他们这样做了。但是，在旅顺遭杀戮者大部分是伪装起来的士兵，这一点可以从下述事实得到证明，即几乎每具尸体的外衣里面都穿着军服。一位外国记者说，在旅顺被杀者身上都有刀伤，这比弹伤更为可怕。这也许是使得外国记者夸大其词的原因之一。日军看到被中国士兵俘虏的战友的缺手断足的可怕尸体，群情大为骚动。那些日军战俘有的被活活烧死，有的则被折磨而死。尽管如此，日军仍然严守纪律。……①

栗野慎一郎根据陆奥宗光的训令，一面向两家新闻协会强烈否认旅顺屠杀事件，一面在政界展开活动，获得了塞曼（Morgan John Sherman）等一些参议员的大力支持。②

当时，纽约《世界报》的表现格外引人注目。12月17日，该报在第1版的头条位置重新刊登12日发表的克里尔曼的电讯《日军大屠杀》的同时，又以很大的篇幅刊载了日本政府的辩解声明，并且还有

---

① Sino—Japanese War and Triple Intervention（1894—1895），pp. 519~5204.
②《中日战争》（续编）第9册，第534页。

第七章 违反战争法规的犯罪行为与战争赔款及掠夺

日本驻纽约领事桥口的谈话。① 但仅仅过了3天、即12月20日,《世界报》却以两个整版的篇幅刊发了克里尔曼的著名长篇通讯《旅顺大屠杀》,产生了极大的轰动效应。到此地步,日本政府感到已没有任何回旋之余地,只有开动一切舆论工具,批驳克里尔曼的报道。例如,《自由报》说:"在当时的那种情况下,集体屠杀是维持秩序的必要手段。"《东京日日新闻》则辩解说:"战争天生就是残酷的,杀人多少必须由形势来决定。"② 一本刊名为《日本人》的杂志发表署名文章,专门批驳《世界报》12月20日的长篇通讯,其题目就叫做《克里尔曼何许人也》,重弹陆奥宗光的老调,指责其报道"过于夸大其词,在战争中有一些屠杀是常有的事"。③ 美国驻日公使谭恩也站出来为日本辩护,致函国务卿格莱星姆(W. Q. Gresham)说:"1894年11月21日对旅顺的中国兵有一次屠杀,但是克里尔曼对纽约《世界报》所报告的该日以后的恐怖情况是不真实的。克里尔曼报告容易给人的印象是大大夸张了事实的。"④ 到12月28日,陆奥宗光见旅顺屠杀事件所引起的风波已成式微之势,便将前引之《日本政府声明》另以《关于旅顺口事件之辩解书》的名目寄给日本驻欧美国家公使,以作为日本政府的最后的立场和态度。

日本当局所精心炮制的辩解声明,尽管谎话连篇,但其中却突出了两个关键问题:

其一,日本军队在旅顺的过度杀戮,是由于为清军的暴行所激怒。这是指11月18日的土城子之战。此战相当激烈,日军死12人,其中

---

① 大谷正:《〈世界报〉与日清战争报道》,见日本专修大学社会科学研究所《社会科学年报》第23号(1989年),第166页。
② Sino-Japanese War and Triple Intervention (1894—1895). p. 33.
③ 见前引《社会科学年报》第23号(1989年),第167页。
④《中日战争》(七),第461~462页。

包括有些伤者不能行走,"举刀自刎",或"在敌人尚未靠近的瞬间,自割喉咙而死"。还有中万德二中尉战死,其仆从将其首级"挥泪割下,带回部队"。① 日本方面借此大肆渲染,制造舆论,以期赢得西方人士的同情。这一招还真起了作用。《标准报》兼《黑白报》记者维利尔斯便声称:"在这种情况下,我相信任何一支如此怒火满腔的军队都会毫不留情地摧毁他们面前的一切生命,不管是男人、女人,还是孩子甚至畜牲。即使他们的纪律再严明,军官们恐怕也难以约束。"② 一位从旅顺回到东京的法国武官也认为:"如果欧洲士兵受到这样巨大的刺激,一怒之下,可能也会以同样的方式为自己的战友复仇。"③ 其实,他们都是被日本的倒因为果的手法所欺骗。恰恰相反,最受到刺激的应该是中国人。是日本发动了这场大规模侵略中国的甲午战争。从日本海军击沉"高升"号运兵船起,中国军民便义愤填膺,都发誓要"拿东洋人报仇"④。及日军登陆花园口后,所到之处烧杀淫掠,罪行累累,怎能不燃起中国军民的怒恨之心?特别是11月6日的金州之战,日军沿途杀人,不但杀害俘虏,而且"遇有难民,不分男女老幼,枪击刀斫"⑤,其滥杀无辜的恶行早已昭彰。金州之战早于土城子之战12天,能说日军的上述屠杀暴行是起因于对清军的报复吗?当然,不可否认,个别清军士兵为强烈的仇恨心所驱使,在土城子之战中有过凌辱日兵尸体的行为。但日本当局对此大加渲染,却是别有用心的。正如有的论者指出:"两军交战,必定互有杀伤,但是杀害俘虏和百姓却是违背人道和国际公法的。清军官兵为保卫国家,对侵华日军进行抵抗,是无可指责的,至于个别士兵出于义愤,产生

---

① 《日清战争实记》第12编,第4~5页。
② Sino-Japanese War and Triple Intervenion (1894—1895). p. 44.
③ Ibid. p. 33.
④ 戚其章:《甲午战争国际关系史》,第215页。
⑤ 《甲午旅大文献》,第70页。

第七章　违反战争法规的犯罪行为与战争赔款及掠夺

过激行为,这种错误在战场上也是难免的。日本在这种个别问题上大作文章,不过是转移视线,制造屠杀借口而已。"①

其二,旅顺的真正居民早已离开,留下的都是伪装成平民的清兵。这纯属无稽之谈。日本政府的《辩解书》说平民"早已逃离",而大山岩在辩解中却说"市内兵民混杂,致遭杀戮"②,这怎么可能呢?前后之说岂不是自相矛盾!其实,无论西方记者的报道也好,大量的口碑史料也好,还没有发现旅顺居民早已逃离的记述。何况《辩解书》所说清军士兵皆藏进市街空房也是不可能的。因为一般说来,旅顺各炮台的清军守兵不是溃逃,而是败退,也就是说,各军都是集体行动,而不是分散个别行动。即使从个人自身的安全考虑,清兵也不会自己潜逃。根据许多日本参战者的记述,清军从旅顺败下来的部队,主要是沿海岸或大道向北撤退;步兵少则数百人股,多则2 000人或3 000人一股;骑兵一般是数十人一股。也有数百清军士兵见北撤的道路为日军封锁,便潜伏在旅顺以北的山里。③ 当然,也不排除有少数清军散兵因无法归队,而躲进市区,但说成旅顺市街到处都是伪装平民的清兵,则是毫无根据的。

日本之所以编造这种谎言,是企图达到两个目的:一是表明日军没有杀害俘虏,杀的都是奉命抵抗而伪装平民的清兵;二是洗刷日军屠杀无辜平民的罪责,有些平民被杀则是在兵民难以区分的情况下的误杀。旅顺屠杀事件发生后,随着日军暴行之不断被揭,日本政府面前摆着两条可供选择的道路:要么是尽快采取善后措施和处分有关人员;要么不承认日军在旅顺杀戮俘虏和平民的罪行。日军最高当局看

---

① 关捷:《日军旅顺屠杀研究》,见张海鹏主编《第二届近百年中日关系史国际研讨会论文集》,中华书局,1995年,第5页。
② 有贺长雄:《日清战争国际法论》,第120页。
③ 龟井兹明:《甲午战争亲历记》,中央民族大学出版社,1997年,第191~198页。

得很清楚："如果是调查这次屠杀事件，那么从第一师团长山地（元治）到第二军司令官大山（岩）都有涉及责任问题的危险。如果是这样的话，那就要更换包括山县（有朋）大将在内的两个出征军的司令官。召回在外地指挥作战的最高司令官，不仅会使出征军的士气沮丧，而且政府也有受军部反击的危险。"① 这就是为什么伊藤博文最终决定选择后一条路、即"置之不理，完全采取辩护手段"的根本原因。

对于日本军队杀害俘虏的问题，尽管日本政府在公开场合矢口否认，声称日军所杀的皆是奉命抵抗而伪装平民的清兵，但日本的参战者在私人记述或谈话中并不讳言日军的杀俘行为。例如，据日军随军记者龟井兹明在日记中所记述：11月21日日军乃木部在旅顺后路三十里堡附近与北撤的清军相遇。"此战俘获白马数头，清兵多达300人。此日俘虏大半被枪杀，剩下的把辫子吊在柿子树上，其中4人咬断了辫发，藏在高粱地里。第二天早晨发现都刎颈而死。其余的俘虏也准备自刎。军夫争着每人要了一名俘虏，借来军刀全都杀死了他们，这时军夫的勇敢不亚于军人。"11月23日，日军"搜索藏匿者，终于捉到30多名清军逃兵，全都砍下了他们的头，曝尸路旁"②。龟井兹明作为此次战争亲历者的这份自供，彻底戳穿了日本政府《辩护书》的谎言。事实上，日本第二军在进攻旅顺之前，早已在内部作出不留俘虏的规定。在旅顺大屠杀期间，日军第二军法律顾问有贺长雄在一些西方新闻记者的追问下，无意之中说出了内情：日军"在平壤捉了数百名俘虏，不但费钱养活，而且防守费事，故此间不再去捉俘虏"。③ 对照龟井兹明在日记里的记述，可知日军的杀害俘虏并不是自发的和偶然的犯罪行为，而是贯彻执行其上级命令的有组织的集体犯

---

① 藤村道生：《日清战争》，第119页。
② 龟井兹明：《甲午战争亲历记》，第199、203页。
③ James Creelman, The Masscre at Port Arthur, The World, Dec. 20, 1894.

罪行为，这表现出日本军事当局对国际公法战争法规的公然蔑视。

至于日本军队屠杀平民的问题，日本政府考虑难以完全否认，便采取狡辩的办法，一则说旅顺居民早已离开，留下的所剩无几，没有多少人可杀，再则说当时兵民混杂，难以区分，因而造成"误杀"，也是毫无事实根据的。龟井兹明在日记中写道："到中新街的剧场，入口挂着'集仙茶园'的匾额，这个剧场在以前21日我二团扫荡市街的敌兵时，人们悉向四面八方逃窜，惟独只有此剧场正在开演中，在充满杀气之地，音乐嘹亮别有一番春风骀荡、花开鸟舞之风趣，在我兵冲进去的时候，由于宪兵的制止没有开枪，为此免遭兵难，……战斗时很多流弹打来，剧团的职员中有十七八人为之而失掉了性命，演员的百名儿童幸免于难。"① 有贺长雄在记述旅顺之役时亦称："中街有漂亮的剧场，由天津来的童伶100人演出，戏班内有大人20余人，其中十几人于21日夜被杀。"② 正可与龟井兹明的日记相互印证。由此可以清楚地看出：旅顺市街的居民是在日军杀入市内时才仓皇地"悉向四面八方逃窜"的，而不是早已离开的；如果不是日本宪兵制止日兵开枪，这上百名童伶也必死无疑。据龟井记述，这些童伶皆是十四五岁的少年③，他们虽幸免于难，但也说明日军的旅顺屠杀暴行之发生与"兵民混杂"是完全扯不上边的。

事实上，当时日本的众多参战者也都留下了许多记述旅顺屠杀事件的文字，进一步证明日本政府的《辩解书》是彻头彻尾的谎言。兹略举数例如下：

日本第二军法律顾问有贺长雄："（旅顺）市街北面为入口处，其中央有一座庙宇叫天后宫，道路两侧民屋连列，户内户外

---

① 龟井兹明：《甲午战争亲历记》，第203~204页。
② 有贺长雄：《日清战役国际法论》，第110页。
③ 龟井兹明：《甲午战争亲历记》，第204页。

尽是尸体，路上也是尸体横陈，非踏越尸体实难通过。从天后宫东拐，再走便是道台衙门及海军公所，建筑宏伟。其前面是船坞入口，船坞前有广场，沿广场东西行为长街，中间成直角一街向南，将旅顺市街分为东街、中街、西街三条街道，也都堆满了尸体。"①

日本随军记者龟井兹明："我历览市街战后的惨状。旅顺市街向南有三条新街，在街头挂着'东新街''中新街''西新街'的牌子，……墙倒房塌甚荒凉，路上尸骨堆积如山，血流成河。两侧的民户外边散乱着破烂、瓦片、纸屑、中国鞋等，甚为狼藉。屋内也有伏尸，鲜血淋漓，无处插足。仔细地看看这些尸体，有的被砍掉了头，脑浆迸裂，有的从腰部腹部砍成两半，肠胃全部露出来，其状惨不忍睹。"②

日军第二联队步兵洼田仲藏："看见中国兵就杀，看到旅顺市内的人皆屠杀，因此道路上满是死人，行走很不方便。在家里住的人也都被杀，一般人家也都有三个到五六人被杀，流出的血使人作呕。"③

日军野战炮兵第一联队辎重兵小野六藏："我们第一分队得到允许外出到旅顺市街散步，看到每家多则十多名少则二三名敌尸，有白发老头儿和婴儿同被打死，还有白发老婆儿和媳妇手牵手陈尸在地，其惨状不可名状。"④

据以上所引，已经铁证如山，日军进入旅顺市街后，见人就杀，不分男女老幼。试看在被杀者中间，既有白发老人，又有新妇稚儿，能说

---

① 有贺长雄：《日清战役国际法论》，第108~109页。
② 龟井兹明：《甲午战争亲历记》，第199~200页。
③ 洼田仲藏：《从军日记》，见《第二届近百年中日关系史国际研讨会论文集》，第9页。
④ 《小野六藏日记》，见大谷正：《近代日本の对外宣传》，日本研文出版1994年，第184页。

第七章　违反战争法规的犯罪行为与战争赔款及掠夺

他们同清兵"难以区分"吗？这是无法自圆其说的。连陆奥宗光在私下里也承认："把俘虏绑上屠杀，杀害平民，甚至妇女也不例外，这些似乎都是事实。"① 但在公开场合，他却故意模棱两可，说："关于这个事件的真假，或者即使是事实，其程序又如何，这里都没有追究的必要。"② 对此惨案，他认为不屑一提，企图用几句疑似之词不了了之。当时日本政府对旅顺屠杀所采取的掩饰和回避责任的做法，产生了极其恶劣的影响。有日本历史学者指出："这样一来，旅顺屠杀事件的责任问题就被搁在一边。但结果从日军的军纪来说，却产生了一个不能掩盖的污点，对残暴行为毫无罪恶感，以致后来又连续发生了这种行为。"③ 不仅如此，由于当年日本政府千方百计地掩盖事件的真相，这便给后来日本国内某些人士为旅顺大屠杀翻案找到了由头。正由于此，旅顺大屠杀的历史真相问题迄今仍是甲午战争史研究中争论的热点问题之一。

由于日本政府对旅顺屠杀采取不承认主义，加上统一口径的辩护宣传，这个事件在日本逐渐被人们淡忘。对于中国历史学者来说，因受资料的限制，对此项研究则长期难以开展。1898年，经历了旅顺大屠杀的英国海员艾伦（James Allan）所写的回忆录《在龙旗下》(Under the Dragon Flag) 一书，在伦敦出版。作者艾伦是英国兰克郡一个棉商的儿子，因破产而另寻生计，于是随美国的一艘货轮赴华，为正在同日本侵略军作战的清军运送军火，因此有机会目击了日军在旅顺的野蛮屠杀罪行。当时他困于旅顺，后侥幸逃出虎口，辗转回国，又过了3年出版了这本回忆录。此书早在30年代末在我国就被翻译出来，为费青、费孝通合译，连载于《新生》杂志第1卷第7、8、9期

---

① 信夫清三郎：《日本外交史》上册，第274页。
② 陆奥宗光：《蹇蹇录》，第63页。
③ 藤村道生：《日清战争》，第119页。

上。书名为《中日战争目击记》，用的是该书的副标题。可惜的是，此译文流传不广，罕为人知。《在龙旗下》的第二个译本的译者是兰言，书名为《旅顺落难记》，收入阿英所编《甲午中日战争文学集》一书，开始受到学界的注意。后来人们读到的一般都是这个译本。但是，这个译本有一个很大的缺陷，就是从书名到体裁都是按章回小说的要求来命笔的。这样一来，人们很容易对《在龙旗下》所记述之事实的真实性产生怀疑。如有论者称："《旅顺落难记》是一篇小说体的文学作品，虽然它在总的方面反映了当时的客观实际，但小说终不同于一般的事实记载，把小说中的描写当作史料来运用，反而削弱了揭露日军暴行的效果。"① 有的日本学者也对此抱有同感②，都是受《在龙旗下》的第二个译本《旅顺落难记》误导所致。

其实，《在龙旗下》一书，除个别地方因作者记忆不准或表述不够清楚外，其基本内容不仅真实可信，还提供了不少新材料，弥补了前此披露的史料之阙。试看以下数例：

（一）旅顺有几家剧场，未见有人对此有过记述。《在龙旗下》第3章明确地说旅顺有"两家大剧场"③，是否可靠呢？根据前引之龟井兹明《甲午战争亲历记》和有贺长雄《日清战役国际法论》，旅顺中新街有一家叫"集仙茶园"的剧场。日军占领旅顺期间，命剧场天天演出，慰问日军，还以日本红十字会的名义举行过义演。④ 又据日谍向野坚一《从军日记》，可知集仙茶园演出的节目有《庄子点化》《秋胡还家》《二进宫》《胭脂计》等。事实上，《在龙旗下》所记的另一家剧场也是存在的，那就是旅顺南山岗的"和顺戏园"。11月21日晚

---

① 陈东：《评贾逸君〈甲午中日战争〉》，载《光明日报》1956年2月2日。
② 大谷正：《近代日本の対外宣伝》，第234~237页。
③《甲午旅大文献》，第89页。
④ 龟井兹明：《甲午战争亲历记》，第204页。

日军进入旅顺后，刺死了班主王滨，逼令演员开台演戏，留两名日兵在台上监视。演至深夜，两守兵瞌睡，演员们乘机杀之，从戏院后门逃出。① 此事不见于日方的记述，一则因为和顺戏园此后无戏班为日军演出，二则传扬出去于日本人也不光彩，所以也就无人提及了。

（二）《在龙旗下》第 5 章记述他看到墙上贴着悬赏捉拿倭人的告示，但他不识汉字，通过翻译才知道了大体的内容他写道："我忘记了赏银的确切数目。我想活捉一个俘虏赏银 50 两，对砍头或断臂的赏银较少一些。"② 此事虽不见于一般文献记载，但肯定是真实的。当时在金旅一带，这种告示种类不一，到处张贴。如向野坚一《从军日记》里提到，他进入金州后发现一座庙宇大门上贴有布告："倭寇奸细，潜入甚多，来往严视，捕拿重赏。"③ 龟井兹明还在旅顺发现了龚照玙与清军驻旅诸统领于 11 月 19 日发布的一份军令。该军令说："各弁勇临阵杀敌，定当各予重赏。"④ 至于规定具体赏格的布告，虽在旅顺尚未发现，但此前毅军的一份文件，却有这样的规定："如生擒倭人一名者，赏银 60 两；枪毙一名割取首级者，赏银 20 两。"⑤ 艾伦说他记不住赏银的确切数目，但说出的赏格却与此大致相同，这说明他确实看到了悬赏捉拿倭人的布告。

（三）《在龙旗下》第 6 章写到，日军进入旅顺市街后，一面大肆屠戮无辜平民，一面由第二军司令部通知各将校集合举行祝捷会。并指出这是发生在"四天大屠杀的头一天"⑥，即 11 月 21 日的事。克里尔曼在长篇通讯《旅顺大屠杀》中提到过这次祝捷会，但却没有说在

---

① 《甲午旅大文献》，第 71、76 页。
② 《中日战争》（续编）第 6 册，第 390 页。
③ 同上书，第 203 页。
④ 龟井兹明：《甲午战争亲历记》，第 187 页。
⑤ 《日清战争实记》第 8 编，第 109 页。
⑥ 《中日战争》（续编）第 6 册，第 402 页。

什么时间。龟井兹明日记在11月21日只字未提祝捷会的事,却在11月24日详细地记述了当天举行的祝捷宴会。① 是艾伦所记有误,还是有两次祝捷会呢? 有贺长雄有一段记述有助于弄清这个问题,他写道:"(11月21日)午后4时,据报旅顺口的敌兵营全都被我占领,于是军司令部进入旅顺市街,前行半里即敌人阅兵场。军司令部命各部队将官在此处会合,并各部下将校皆集,庆祝此日之捷,并奏'君之代'。此时,后方忽然送来急报:敌兵大约2 000人沿海岸逃跑,出于我军背后,向金州城及大连湾进袭。因此命第一旅团当夜向金州城增援。时至日暮,阅兵场上一片肃静,将校集会因之解散。"② 据此,日本侵略军确实在旅顺举行了两次祝捷会:11月21日午后这次,因突然发生紧急情况,只能提前中止;11月24日午后这次只是补开而已。艾伦所记的11月21日祝捷会,是确实举行过的。

类似的事例尚多。不必一一列举。仅据上述诸例可知,《在龙旗下》的作者艾伦必定是曾经亲临其境,否则是不可能写出这些事情来的。

最为关键的问题还在于:艾伦书中所记述的有关旅顺大屠杀的内容是否真实? 它是否像某些论者所认为那样,"不同于一般的事实记载",不能"当作史料来运用"? 最好的办法是验证一下书中所述是否符合历史事实。如果认真考察一番的话,便不难发现,艾伦书中的基本内容是经得起检验的。例如.

(一)记日军刚杀入旅顺市街的情景:"我四周都是仓皇奔跑的难民。此时,我第一次看到日军紧紧追赶逃难的人群,凶狠地用步枪和刺刀对付所有的人,像恶魔一样刺杀和乱砍那些倒下的人们。"③ 这跟

---

① 龟井兹明:《甲午战争亲历记》,第209页。
② 有贺长雄:《日清战役国际法论》,第107页。
③《中日战争》(续编)第6册,第395页。

368

前文所引洼田仲藏《从军日记》的记述是完全一致的。许多调查也都证实了这一点。如称："日本军队打进旅顺，……不管男女老幼，见人就杀，看到小孩子就摔死。人们都跑回家挤在一起，日本兵踢开门就杀，一片惨叫声，把人都捅死在地上，全杀光后再到另一家去杀。人倒一地，鲜血横流。"① 日本随军记者龟井兹明也供认，日本兵个个成了杀人狂，只要是中国人必遭杀戮，"无一遗留"。"二团八连的人员总计230人中，斩杀'敌兵'15人以上者18名，斩杀30人以上者两名，同时在三团的宿营地也斩杀700余人，由此可知其杀戮之多。"②

（二）记旅顺市街路上满是尸体横陈的情景："日军正在很快遍布全城，击毙他们所遇见的人们。几乎在每条街上走路时都开始踩着死尸，……""街道上呈现出一幅可怕的景象。地上被血水浸透了，遍地皆是可怕的肢体残缺的尸体，有些较窄的胡同完全被尸体堵塞了。"③ 这与许多日本参战者的记述也是一致的。如前文所引之龟井兹明说"路上尸骨堆积如山，血流成河"，洼田仲藏说"看到旅顺市内的人皆屠杀，因此道路上满是死人，行走很不方便"，有贺长雄说"天后宫道路两侧民屋连列，广内户外尽是尸体，路上也是尸体横陈，非踏越尸体实难通过。……东街、中街、西街三条街道，也都堆满了尸体"。相互比照，即可知义伦所述是完全真实的。

（三）记日军将中国平民反绑成一串然后杀害的情景："一路上成堆的尸体和杀戮的景象不断出现。在某个地方，我看到人约10名或12名日军和许多被他们反缚在一起的不幸的人们。日军对他们发射一排排子弹，并按照通常的那种可怕的方式，着手肢解他们的尸体。不

---

① 《节天理口述》（1871记录稿）按：节天理，旅顺昌家沟人，当年9岁。
② 龟井兹明：《甲午战争亲历记》，第160页。
③ 《中日战争》（续编）第6册，第396、399页。

管是男人、妇女或儿童,没有一个能够幸免。"① 有贺长雄承认,他"看见有少数日本士兵用绳子把中国人三三五五地绑在一起拉往郊外,也就是说拉出去杀死"②。中国目击者也说,看到"日本兵把抓到的许多人用绳子背手绑着,十几个人连成一串,拉到水泡子边上,用刀砍……"③。可见当时在旅顺,日军将中国平民成串地绑起来屠杀是普遍的事实,这就是为什么连陆奥宗光也不得不承认此类暴行的原因所在。

(四)记日军在湖边屠杀中国平民的情景:"我看见了一大片水。我立即认出这是船坞后面的一个水位很浅的大浅水湖。……该湖被许多日军包围,日军把大批难民驱入水中,从四面八方向他们开枪射击,并用刺刀把那些力图挣扎逃出湖面的难民赶回湖水中去。湖面上漂浮着死尸,湖水被血染红了。……难民中间有很多妇女。我看到一个抱着小孩子的妇女,当她拚命挣扎着向前的时候,向日军举着那个小孩子,似乎是向他们哀求。她到达湖边时,一个鬼子用刺刀把她捅穿,她倒下后,鬼子又刺了一刀,将这个约两周岁的孩子刺穿了,并把小尸体高举起来。……新的一批批受害者继续被赶到湖水中……"④ 艾伦所说的"湖",当地居民俗称"水泡子"。据一位目击此次屠杀的老人称:"我看到日本兵把中国人抓住,用一根绳子绑着胳臂连成一大串,被绑着的人有的被割去了耳朵,有的被割掉了手。日军把这些人赶到大医院前面的大水泡子边上,用刺刀挑死,或用枪打死。他们拿中国人当活靶子打,打死后推入大水泡子里,整个大水泡子变成了一

---

① 《中日战争》(续编)第6册,第397页。
② 有贺长雄:《日清战役国际法论》,第109页。
③ 《苏万君口述》(1977年记录稿)。按:苏万君,旅顺苏大岭人,当年8岁。
④ 《中日战争》(续编)第6册,第396~397页。

片血海。……在大坞后面的大水泡子里也是一片血海。"① 二者恰好相互印证，说明他们说的都是一回事，只是两个人观察的注意点有所不同罢了。当时在旅顺的日本人肯定有许多人目睹了这样的野蛮暴行，不过都不愿记录下来，只见到有贺长雄轻描淡写地提到……一句船坞西面"水中有许多尸体"②，含蓄地承认了这起残暴屠杀的罪行。

（五）记日军屠杀躲在一家钱庄里的难民的悲惨情景："这个房间可能曾经是一家银行或钱庄……地板上布满了混杂在一起的男人、妇女和孩子的尸体。他们是到那里来避难的难民，却被残酷的杀害了。尸体的头都被割掉了，血淋淋的头颅挂在柜台隔板上的一长排大钉上。……一个才几个月的婴儿被钉在下面的柜台上，有一根锋利的铁钎刺穿他那小小的尸体。"③ 再看当年一位参加抬尸者的回忆："日本人用刺刀逼着我们去抬尸体，把分散在各地的尸体都送往旅顺。我们到旅顺一看，家家户户都敞着门，里面横七竖八地倒着尸体，有的掉了头，有的被大开膛，肠子流在外面一大堆，鲜血喷的满墙都是。日本兵烧杀之外还奸淫妇女，有的妇女被奸后杀害。……当我们收尸到一家钱庄时，看到柜台上的木栅栏上面插着好几个人头，一个小孩子被钉在墙上，真是惨不忍睹。"④ 这真是想不到的巧合，这位抬尸者竟同艾伦都记下了发生在这家钱庄里的人间惨剧，可见其印象之深刻了。

根据以上所述，我们完全可以得出这样的结论：尽管艾伦社回忆录中可能有夸大个人的成分或记述不够准确之处，但其基本内容还是符合历史事实，是真实可信的。

从目前看来，陆奥宗光所说的"关于这个事件的真假"应该不成

---

① 《苏万君口述》（1977年记录稿）。
② 有贺长雄：《日清战役国际法论》，第109页。
③ 《中日战争》（续编）第6册，第404~405页。
④ 《王宏照口述》（1951年记录稿），按：王宏照，旅顺水师营人，当年21岁。

为问题了，但在对一些具体问题的认识上仍然分歧很大，争论主要集中于两个方面：第一，日军在旅顺的屠杀暴行持续了几天？第二，日军在旅顺共屠杀了多少人？

关于旅顺屠杀持续的时间，一般有三种说法，即"三天说""四天说"和"五天说"，调查材料多持"三天说"。如称："日本兵打进旅顺口，杀了三天三夜。"① 但这三天三夜从哪天算起，则未说清楚。又如称："十月二十四日（11月21日），日本兵进攻旅顺，在旅顺口把清军打败。……二十五日（22日）吃过早饭，日本兵开始大屠杀。"② 可见，当地习惯上把日军的屠杀从11月22日算起，因而有三天之说。其实，日军在旅顺的屠杀从11月21日就开始了，"三天说"并不完全符合历史实际。

"五日说"的提出，是根据登莱青道刘含芳致李鸿章的两封电报：一则说："二十四（11月21日）夜，倭兵由后路进旅。"③ 一则说："二十五、六、七、八等日（11月22日至25日）搜山，二十九（11月26日）即不杀人。"④ 故有论者认为："日军屠杀计5日，加上夜间，即5昼夜。3天、4天或3天4夜说都不准确。"⑤ 这涉及到何日"住刀"的问题。按照此说，"住刀"是在二十九（11月26日）。而根据调查材料，也有二十六日（11月23日）"住刀"的说法。⑥ 这两种不同的说法反映了两个情况：第一，日军在二十八日（11月25日）还有屠杀行为；第二，旅顺地区各村"住刀"的时间并非都在一天。所以，对"五天说"还要重新考虑，屠杀持续的时间要根据总的情况

---

① 《任德胜口述》（1974年记录稿），按：任德胜，旅顺刁家村人，当年12岁。
② 《徐长英口述》（1974年记录稿），按：徐长英，旅顺石灰窑人，当年8岁。
③ 《清光绪朝中日交涉史料》第25卷，第33页。
④ 《清光绪朝中日交涉史料》第27卷，第4页。
⑤ 《第二届近百年中日关系史国际研讨会论文集》，第6页。
⑥ 《胡崇真口述》（1964年记录稿）。按：胡崇真，旅顺胡家村人，当年15岁。

第七章　违反战争法规的犯罪行为与战争赔款及掠夺

确定，不能单纯看是否有零星的杀人的事。

在日军旅顺屠杀期间，来自西方国家的目击者的记述都支持"四天说"。例如，艾伦在回忆录《在龙旗下》里就说屠杀是4天。《泰晤士报》记者柯文也说："这场屠杀持续了4天。"① 《世界报》记者克里尔曼于11月24日这天在旅顺撰写他的那篇著名的长篇通讯时，日本兵还正在街上杀人，所以他写道："我在写作此文时，仍然能够听到步枪射击声。"② 并且在文中从11月21日到24日逐日记下了日军屠杀的场面。从日本方面的记载看，有贺长雄在记述11月21日日军在旅顺市街的屠杀惨相后，也写道："22、23、24这几天里，看见日本士兵用绳子把中国人三三五五地绑在一起拉往郊外，也就是说拉出去杀死。"③ 可见，一般地说，"四天说"是比较恰当的。

日军在旅顺究竟屠杀了多少人？对此，也有多种不同的说法，其中以2 000人说和20 000人说比较具有代表性。日本学者秦郁彦说："我估计是2 000人以上，中国方面说20 000人，这与（旅顺）平时人口10 000人相对照，似乎过多了。"④ 乍看起来，秦郁彦的说法似乎是有根据的。据三田村龙之介《金州旅顺之大战》称："21日一战，（旅顺）街道上横尸千余具，在此后每天都屠杀数百人。"⑤ 4天合计起来，被杀者当有2 000多人。这与一些目击者的估计是非常接近的。如有贺长雄说："在街道上的尸体总数大约有2 000人。"⑥ 克里尔曼也说："被屠杀的非武装人员至少有2 000人。"⑦ 所谓2 000人只是一个约数。而据刘含芳密派队长王国端、亲兵丛毅都化装赴旅顺调查后报

---

① Sino-Japanese War and Triple Intervention (1894—1895), p. 33.
② James Creelman, The Massacre at Port Arthur, The World, Dec. 20, 1894.
③ 有贺长雄：《日清战役国际法论》，第109页。
④ 秦郁彦：《旅顺虐杀事件》，见《日清战争与东亚世界的变化》下册，第295页。
⑤ 见《日清战争记》，大阪松云堂1894年，第66页。
⑥ 有贺长雄：《日清战役国际法论》，第109页。
⑦ James Creelman, The Massacre at Port Arhur. The World, Dec. 20, 1894.

称:"旅顺街道所杀民人实有二千六七百人,以大坑收埋。各山兵民被杀尤多,皆未掩埋。"① 可见,经过落实,旅顺市街被杀人数为2 600到2 700人。请注意:这个数字仅是指旅顺市街的被杀人数而言,并不包括旅顺的郊区和山区被杀的人数,同时也不包括在炮台阵地或北撤过程中阵亡的清军官兵。秦郁彦说旅顺平时人口10 000人,系专指旅顺市街人口而言。龟井兹明在日记里写得很清楚:"(旅顺)市街房屋约2 000户。"② 以每户5口计,约合10 000人。显而易见,这个数字并不等于旅顺地区的人口总数,因为它未将旅顺郊区和山区的人口包括在内。秦郁彦根据旅顺市街平时人口10 000人来断定日军不可能在旅顺全区屠杀20 000人,是没有道理的。

实际上,旅顺被杀害者是全区到处皆有的,而且从数量上看主要在郊区和山区。前引刘含芳派人赴旅调查结果,即已证实"各山兵民被杀尤多"。这与从旅顺逃出者的口述"二十五六(11月25、26日)搜山后,所杀兵民男女更多"③ 是完全一致的。根据从50年代初到70年代对旅顺郊区和山区村庄的调查,东到龙王塘,西到老铁山,北到石灰窑,没有哪个村庄没有被杀害的村民。搜集旅大地方史志资料多年的孙玉田,曾对旅顺屠杀事件多方调查,并向当年的抬尸者取证,得出的结论是:"除有家人领尸择地安葬者千余外,据扛尸队所记,被焚尸体实有一万八千三百余,骨灰以柳木棺三口盛之,丛葬于白玉山东麓。"④ 两者相加,近20 000人。这个数字也只是一个不完全的统计。有论者认为:"战乱之中,尸横如山,又分散于城乡沟壑路旁,殉难者的数字实难准确统计。扛尸队抬来的尸体肯定不会是死难者的

---

① 《清光绪朝中日交涉史料》第27卷,第16页。
② 龟井兹明:《甲午战争亲历记》,第200页。
③ 《清光绪朝中日交涉史料》第25卷,第35页。
④ 孙宝田:《旅大文献征存》卷三,《甲午战争旅顺屠杀始末记》(稿本)。

全部。"① 此说甚是。举一明显之例：当时旅顺有大量兵民沿半岛西海岸北逃，半路遭日军截击，死亡累累，战后收集尸体 1 200 具，皆扛至金州城外焚烧丛葬，② 即不会统计在白玉山东麓丛葬的数目之内。所以，1948 年旅顺《重修万忠墓碑文》称："我同胞之死难者凡二万余人。"③ 这应该是最接近于历史事实的一个数字。

至此，旅顺屠杀事件的性质也就十分清楚了。它不是一起一般日本军人违反国际公法战争法规的犯罪，而是日本第二军自上而下有组织地进行的大规模屠杀暴行，其性质更加恶劣。日方的一些记载也并不讳言是日本第一师团长山地元治中将下达的屠杀令。④ 这是真实可信的。日本间谍向野坚一随日本第二军第一师团进攻旅顺，目睹了一切，便在回忆录里承认，山地元治下达了"除妇女老幼外全部消灭掉的命令，因此旅顺实在是惨而又惨，造成了旅顺港内恰似血流成河之感"。正由于此，师团所属军官皆命令士兵："见到敌兵，一个不留！"向野坚一还在日记里记述，山地元治看见第三联队的士兵闯入民家，杀害两个平民，"鲜血四溅，溢于庭院"，不但不加以制止，反倒嘱咐杀害平民的日兵"不要对外讲"。⑤ 日方的记载还证明，第一旅团长乃木希典少将和第二旅团长西宽二郎少将都是屠杀令的积极执行者。

那么，作为日本第二军司令官的大山岩大将，对于所属第二师团所犯下的如此严重的战争罪行，是否毫不知情而可以置身事外呢？回答是否定的。因为说大山岩对屠杀并不知情，无论从军事作战纪律还是从情理来说，都是绝对不可能的。当时，伦敦《泰晤士报》指出：

---

① 韩行方：《甲午旅顺大屠杀有关问题浅探》，见《甲午旅大文献》，第 178 页。
② 有贺长雄：《日清战役国际法论》，第 138～139 页。
③ 曲传林：《甲午战争日军旅顺大屠杀纪实》，见《甲午旅大文献》，第 174 页。
④ 三田村龙之介：《日清战记》，第 66 页。
⑤ 《中日战争》（续编）第 6 册，第 190、214 页。

"日本攻取旅顺时，戕戮百姓四日，非理杀伐，……督兵之员不能临时禁止，恐为终身之玷。"① 连原先倾向日本的英国牛津大学教授胡兰德（Thomas Erskine Holland）此时所撰《关于中日战争的国际公法》（International Law in the War between Japan and China）一文，也认为："当时日本官员的行动，确已越出常规。"② 都强调旅顺屠杀的责任主要在统兵官员。因为当时在旅顺的西方人士都非常清楚："日军司令官和他的所有将军们都知道，大屠杀正在一天接一天地进行。"大山岩是旅顺日军的最高指挥官，对于接连4天的大屠杀当然不会不清楚。此其一。11月21日午后，日军在旅顺的屠杀已经开始了，大山岩在阅兵场主持祝捷会，一面命军乐队奏"君之代"，一面听外面杀戮平民的枪声。纽约《世界报》记者克里尔曼看见他此时正与诸将校"在奏乐声与枪弹声的错杂中频频碰杯，并微笑地踱着方步"③。可见，他不但完全清楚日军的屠杀，而且还为此而感到满足。此其二。最能够说明问题的是，在旅顺屠杀期间，他专门派他的法律顾问有贺长雄去做西方新闻记者的工作，说服他们不要将日军的屠杀报道出来。若不是他心中有鬼，何必多此一举？此其三。这些证据都足以说明大山岩是旅顺大屠杀的元凶和最高责任者。当然，日本政府与大山岩一起策划为屠杀辩解，以掩饰暴行和回避责任，最终仍难逃罪责。

---

① 《清光绪朝中日交涉史料》第27卷，第39页。
② T. E. Holland, International Law in the War between Japan and China, See Studies in International Law, Oxford, 1898, p. 119.
③ James Creelman, The Massacre at Port Arthur, The World, Dec. 20, 1894.

第七章 违反战争法规的犯罪行为与战争赔款及掠夺

第三节 甲午战争的赔款和掠夺

战争的赔款问题总是和战胜国的战争目的密切相关的。日本政府同意清政府派代表议和的两个前提条件：一个是割地，另一个就是赔款。从历史上看，赔款实际上是战胜国对战败国的一种惩罚，并不管其中之是非曲直，也不管究竟理在谁家。在这里，力量和强权起着决定性的作用。但是，从法律观点看来，战胜国对战败国的赔款要求也应该有一定的限度。一般地说，或者"只是为了偿还战胜国的战费"，或者"可能是要使战胜国增加财富"。① 那么，日本是怎样看待中国的赔款呢？这确实还是一个值得探讨的问题。

当李鸿章赴马关议和时，对赔款问题想划出一条底线，就是只赔日本此次的战费。他对日方谈判代表伊藤博文、陆奥宗光说："日本所索赔款，既名为兵费，似即指此次用兵之费而言。"并且提出："其款既以兵费为名，即应查明用兵所费实数。"② 这就引出来这样一个问题：从甲午开战到马关议和时，日本究竟支出了多少军费？

要了解日本的军费数目，先要看日本的军事预算是多少。先是1894年10月18日，在日本大本营所在地的广岛，第十届临时议会开会，通过了临时军事费1.5亿日元和募集军事公债1亿日元的预算案。③ 根据这一预算案，有的日本学者估计支出军费超过了2.5亿日元。④ 但这样的估计很难做到准确。其实，1亿日元的公债并未全部售

---

① 《奥本海国际法》下卷，第2分册，第104页。
② 《中日战争》（五），第388~389页。
③ 信夫清三郎：《日本外交史》上册，第272页。
④ 远山茂树：《日本近现代史》，商务印书馆，1983年，第1卷，第127页。按：作者认为，日本政府用7900万日元的赔款抵补了甲午战费的30%，按此说法换算，军费支出为2.63亿日元。

出。据 1895 年 2 月 23 日东京出版的英文报纸披露，到此时为止，"其八十兆元股票虽经售出，而银洋究未收齐"。① 后来日本公布公债认购的结果是 76 949 000 日元。② 可见，当时东京英文报纸所登载的这则消息是可靠的。因为这个 2.5 亿日元的军事预算案是在宣战两个多月后通过的，只是一个大体的估算，到实际执行时，情况还是会有变化的。

战后，日本政府公布了临时军费决算的结果，其中实际收入款为 2.25 亿日元。据此，或认为这就是日本的临时军费数目。如称：待日本发动甲午战争之际，明治政府确定临时军费预算为 250 000 000 日元，实际使用的军费为 225 230 127 日元。③ 但是，临时军费决算应包括两项：一是实际收入项目，一是实际支出项目。二者不能混为一谈。因此，将实际收入作为军费支出的数目是不妥的。

实际上，日本政府所公布的临时军事决算结果，其中既有实际收入项目，也有实际支出项目。如下表所列④：

---

① 《中日战争》（五），第 388~389 页。
② 同上书（一），第 230 页。
③ 孙克复、关捷：《甲午中日陆战史》，黑龙江人民出版社，1984 年，第 63 页。
④ 参看《甲午战争与近代中国和世界》，第 860 页。

第七章 违反战争法规的犯罪行为与战争赔款及掠夺

	决算项目	金额（千日元）
收入	1893年国库剩余金	23 439
	公债募集金	116 805
	军资捐纳金	161
	陆海军恤兵捐纳金	2 789
	杂收入	1 519
	占领地收入	624
	台湾及澎湖列岛诸收入	936
	特别资金滚入	78 957
	合计	225 230
支出 陆军	运送费	33 953
	粮食费	24 875
	其他各种费用	164 520
海军	舰船费	12 826
	武器弹药及水雷费	10 080
	其他各种费用	35 955
	合计	282 209
	剩余金	24 754

据此，许多学者认为，决算实际支出款282 209 000日元，才是日本军费的支出数目。如日本学者井上清、中塚明、伊原泽周和中国学者万峰等都持有相同的观点。①

至此，似乎这个问题可以定论了。其实不然，因为以上日本军费收支决算的终止时间是1896年3月。② 这就是说，决算不仅包括日本

---

① 井上清：《日本军国主义》第2册，第142页；中塚明：《日清战争》，见《日本史讲座》近代四，岩波书店1962年，第155页；伊原泽周：《关于甲午战争的赔偿金问题》，见《甲午战争与近代中国和世界》，第860页；万峰：《日本近代史》，中国社会科学出版社，1978年，第225页。
② 高桥诚：《日清战后的财政、金融问题》，见《日本经济史大系》卷六，东京大学出版会，1965年，第121页；《甲午战争与近代中国和世界》，第859页。

379

对朝鲜和中国大陆用兵的军费支出,而且还包括了日本对澎湖和台湾用兵的军费支出。而日本开始进攻澎湖是在 1895 年 3 月 23 日,中日双方代表在日本马关正式谈判是在 3 月 20 日;《马关条约》签订的时间是在 1895 年 4 月 17 日,双方在烟台完成互换条约手续是在 5 月 8 日,日军开始进攻台湾则在 5 月 29 日。日本利用马关中日谈判之机抢先攻占澎湖,其用兵的费用本不应列入所应统计的军费支出之内;至于日本之进攻台湾是在《马关条约》签订和换约之后,将其用兵的费用作为这次战争的军费支出更是没有任何道理的。日本从开战到马关议和时的军费支出必定要低于 2 亿日元这个数目。

李鸿章在马关议和时,曾对日本的军费支出有一个估计,指出:"查兵端未开之先,日本大藏省计存现洋三十兆元,中间计用多少作为兵费,外人虽未确知,今姑将全数作为兵费而论。迨兵端既开,日本复借国债洋一百五十兆元,作为兵费。……东京英字新报云:第一次国债洋一百五十兆元中,有五十兆之股票尚未销售,其八十兆元股票虽经售出,而银洋究未收齐等语。此外尚有民间报效之数,如大藏省存款、所借国债等项,统共合算,日本与中国用兵之费,迄今似必不能过一百五十兆之数。"① 对于这段话,一般认为不过是李鸿章在寻找讨价还价的理由,没有谁去注意和认真对待。实际上,李鸿章的这些话,大都来自已公布的日本官方资料和东京的日、英文报纸所刊载的消息,是有一定根据的。但其中有一点还须重新考虑:李鸿章说"日本大藏省计存现洋三十兆元,中间

《马关条约》谈判场景

---

① 《中日战争》(五),第 388~389 页。

计用多少作为兵费,外人虽未确知,今姑将全数作为兵费",只是一种推测,未必准确。日本国库剩余金到1894年夏计为3 000万日元,究竟拿出多少作为军费,确实外人是难以知晓的。但英国人朗福德(Longford)从日本方面获得一份机密情报,其中恰恰涉及此事。情报中有一段话谈到山县有朋大将说:"他感谢国会在此次战争中所表现出来的慷慨大度。在以往与中国的多次争端中,他一贯倾向于采取果断行动,但政府总是回答说缺乏资金。在最近的争端中,幸亏国会决定削减政府的年度开支,才得以从国库中拿出2 000万日元来,从而解决了战争的最初费用。对此他深表感谢。"[1] 朗福德的情报表明,日本国库剩余金3 000万日元并未全部拿出来作军费,而拿出的是2 000万日元。不过,这2 000万日元可能是实数,也可能是一个概数。现根据日本政府所公布的临时军费决算结果,可知国库剩余金最终拿出的总数是23 439 000日元。

日本政府当时的全年财政收入大致在8 000万日元左右。由于大力扩军备战,连年增加军事预算,如1890年军费占全年财政支出的28%,1892年军费占全年财政支出的41%,弄得国家财力维艰,捉襟见肘。到1893年年度决算,岁出总计8 458万日元[2],只能勉求平衡而已。所以,日本要发动一场大规模的侵略战争,其军费支出要靠年度财政收入是根本不行的。看来只有两个办法:一是提用国库剩余金,一是另辟财源。国库剩余金才3 000万日元,何况也不便于全部提用,焉能济事?而另辟财源也只有劝购公债之一途了。但是,对公债的认购并不踊跃,售出不足8 000万日元。

这样,日本政府才于1894年12月决定两次共发行了总额为400

---

[1] Sino-Japanese War and Triple Intervention (1894—1895), p. 166.
[2] 明治财政史编纂会:《明治财政史》第3卷,东京凡善株式会社1898年,第729~734页。

万日元的有息流通券，并在此后两个月内，要求国民必须向政府交纳3 000万日元的土地税和第二次战争贷款。① 这样，对日本军费的来源就可以做出一个大致的估算：

项目	金额（万日元）
国库剩余金	2 344
公债募集金	8 000
有息流通券	400
土地税和第二次战争贷款	3 000
合计	13 744

137 400 000日元，约合库平银9 163万两。可见，李鸿章估计日本军费支出不超过1.5亿日元之数，即折合库平银不足1亿两，是接近于事实的。

但是，日本政府却不以中国赔偿其实际支出的军费为满足，而是想趁战胜之机向中国索取数倍、甚至多倍于实际军费的巨额赔款。早在1894年12月，日本官方报纸就为此大造舆论，以便为日后和谈时逼索巨款预作准备。有的报纸要求中国"赔偿军费至少3亿元以上"②。再据英国驻日公使楚恩迟于12月20日致外交大臣金伯利的一封密信透露，日本报纸正在讨论如果中国求和应提出何等条件的问题。其中，建议之一就是"要求不少于5亿美元的巨额赔款"。5亿美元折合库平银6亿多两。而且，还编造所谓来自中国的"可靠消息"：中国议和大臣已接到皇帝的谕旨，可以接受支付战争赔款在5亿至7亿两白银之间作为缔约的条件之一，另外还准备拿出2 000万两用来抚恤战死日军的遗属。这些消息传播甚广，连俄国财政大臣维特（Count

---

① Sino-Japanese War and Triple Intervention (1894—1895), p. 55.
② 陆奥宗光：《蹇蹇录》，第116页。

第七章 违反战争法规的犯罪行为与战争赔款及掠夺

Sergius Witte）都相信："日本将提出总额 20 亿法郎的战争赔款要求。"① 20 亿法郎约折合库平银 5 亿两。日本报纸对赔款问题传出的不同声音，正反映了日本政府内部在此问题上的意见不一。

在日本政府内部，大藏省因管理财政，故胃口特别大，希望借此机会获得巨额赔款，力求多多益善。松方正义再度出任大藏大臣后，极力主张要求 10 亿两赔款。② 其实，日本报纸上建议要求不少于 6 亿多两的赔款，也并非是空穴来风。前外务大臣、进步党领袖大隈重信就提出："日本可以堂堂正正地向中国要求 10 亿日元的赔款。在目前情况下，中国一次最多只能拿出 1 亿日元。对于剩下的那 9 亿日元，日本必须要求 5% 的年息。此外，为保证得到全部赔款，必须根据债权要求得到关税和岁入。按此利率计算，年息可高达 4 500 万日元。中国要每年拿出这么一笔巨款定将财力枯竭，无力付清本金或重整军备，从而实际上永远沦为日本的附庸国。"③ 10 亿日元约折合库平银 6.7 亿两。驻英公使青木周藏致电陆奥宗光，也积极提出自己的建议："赔款应为英币 1 亿镑，其中一半为生金，另一半为银币，分 10 年偿清。"④ 1 亿英镑跟 10 亿日元差不多，经折合库平银 6 亿多两，数目也都是相当惊人的。特别是关于赔款要用英镑的建议，正与陆奥宗光的意见不谋而合，成为其后日本变相向中国榨取巨款的一种手段。陆奥宗光草拟《媾和预定条约草稿》，其第 3 条便是要求清政府将金币或纯金交付日本，作为赔偿军费。但在当时的日本政界，也有"二三有识之士"为此担忧，认为"媾和条件若失之过苛，并非上策"。⑤ 这种

---

① Sino-Japanese War and Triple Intervention（1894—1895），pp. 37. 66~67、54.
② 陆奥宗光：《蹇蹇录》，第 115 页。
③ Sino-Japeunese War and Triple Intervention（1894—1895），p. 165.
④ 《日本外交文书》第 27 卷，第 793 号。
⑤ 陆奥宗光：《蹇蹇录》，第 116 页。

383

认识上的反差，是有一定缘由的。当时，从日本的统治集团看，存在一种普通的心理，就是乘这次战胜之机，不但要逼迫中国支付巨额赔款，而且还要使中国一蹶不振，永难复兴，从此臣服日本，成为其恣意欺凌的附庸。这也是其既定不变的方针。但是，面对复杂多变的国际形势，日本的决策者不得不既要考虑清政府承受能力的极限，不能一下子将它搞垮，因为这对日本不利，又要小心翼翼地避免西方列强的插手和干预，以确保日本获得最大限度的利益。直到1895年1月上旬，日本内阁会议在东京举行，在内阁总理大臣伊藤博文的主持下，几经煞费苦心地斟酌，才通过了中国赔偿军费的条款，即要求中国赔偿军费库平银3亿两，第一次交付1亿两，其后4年每年交付5 000万两，年息5%。[①]

1895年3月，清政府决定派李鸿章赴日议和。在此之前，伊藤博文和陆奥宗光对和约条款作了多次修改，才草就了一份《和约底稿》，其第四款的内容是："中国约将库平银三万万两交日本国，作为赔偿军费，该赔款分为五次交完，第一次交一万万两，嗣后每次交五千万两，第一次应在本约批准交换后六个月之内交清。所余四次，应与前次交付之期相同，或于期前交付，又第一次赔款交清后，未经交完之款，应按年加每百抽五之息。"[②] 这就将原先内阁会议通过的赔偿军费条款具体化了。但是，考虑到谈判过程有可能情况多变，陆奥宗光又同外务省顾问美国人端迪臣（Henry Willard Dennison）商议，将赔偿军费要求确定为甲、乙两个方案[③]：

[①] 戚其章：《甲午战争国际关系史》，第369页。
[②] 王芸生：《六十年来中国与日本》第2卷，第252页。
[③] 中塚明：《日清战争》，《日本史讲座》近代四，第154页。

项目	甲案 日金(亿日元)	甲案 白银(亿两)	乙案 日金(亿日元)	乙案 白银(亿两)
陆海军动员、远征、平时编成及复归费	2.20		3.45	
修复军需品、履行战时契约、年金、报酬等费	0.60		1.20	
日本在中、朝商业及国内产业、定期班轮损失	0.15		0.30	
对战争以外日本人被杀赔偿	0.05		0.05	
合计	3.00	2.00	5.00	3.33

按陆奥宗光的设想，与李鸿章谈判时要准备两手：一是拿出所谓"充分理由"要求得到3亿两的战争赔款，即力争乙案；一是确定以2亿两战争赔款作为谈判的底线，即确保甲案。

果然，到马关谈判时，日本终于抛出了包括中国向日本赔偿军费库平银3亿两条款的《和约底稿》。李鸿章对日方的《和约底稿》用《说帖》的形式进行答复，就其第4款提出了4点意见：第一，"此次战争，中国并非首先开衅之人，战端已开之后，中国亦并未侵占日本土地，论理似不当责令中国赔偿兵费"；即使赔款，亦只应算至光绪二十年十月二十五日中国认明朝鲜自主之日止，"过此不应多索"。第二，日本所拟索的军费，非中国财力所能承担，必须"大加删减"。第三，日本"所得中国兵船、军械、军需，折价为数甚巨，自应从拟赔兵费中划出扣除"。第四，"限年赔费，复行计息，更属过重不公，亦难照办"。① 答复也可算有理有节。问题是作为战败者，仅有理而无力，理也就不顶什么用了。与此同时，他还随即将条款电告清政府，设法争取列强的同情和支持。日本最终考虑到西方国家的反应，决定将3亿两的赔款减少三分之一，以暂时缓和列强的不满情绪。4月17日，李鸿章奉旨签订《马关条约》，其第4款的内容最后敲定如下：

> 中国将库平银二万万两交与日本，作为赔偿军费。该款分作八次交完：第一次五千万两，应在本约批准互换后六个月交清；第二次五千万两，应在本约批准互换后十二个月内交清；余款平分六次，递年交纳。其法列下：第一次平分递交之款，于两年内交清；第二次于三年内交清；第三次于四年内交清；第四次于五年内交清，第五次于六年内交清；第六次于七年内交清。以上年分均以本约批准互换之后起算。又第一次赔款交清后，未经交完之款，应按年加每百抽五之息。但无论何时，将应赔之款，或全数或几分，先期交清，均听中国之便。如从条约批准互换之日起，三年之内，能全数清还，除将已付利息，或两年半或不及两年半，于应付本银扣还外，余仍全数免息。②

日本政府根据国际形势的变化情况，从乙案退到甲案，主要是从缓和与西方国家矛盾的需要出发。李鸿章认为这完全是他"力与坚持，多方开导"③的结果，未免将问题看得过于简单，论者或信从之，皆是由于不太了解内情的缘故。

根据《马关条约》的规定，中国应赔偿日本军费库平银2亿两，分8次付清。与此同时，还订有《另约》3款，其中第1款规定，赔款交清前，日本在威海卫驻军费用，由中国每年支付库平银50万两。

---

① 《中日战争》（五），第388~389页。
② 《中日战争》（七），第496页。
③ 《清光绪朝中日交涉史料》第38卷，第18页。

其后，中日两国又签订了《辽南条约》，其第 3 款规定中国再向日本支付赎还辽南费库平银 3 000 万两。按这几项条约的规定，则从 1895 年起，到 1902 年止，中国将向日本支付赔款及利息共达库平银 2.5472 亿两。这样几近天文数字的巨款，相当于年度财政收入的 3 倍之多，对于清政府来说，是很难承受的。为了节省 2 100 多万两的利息和 200 万两的威海驻军费，清政府无奈决定大举外债，按条约在 3 年内交清赔款，这样，中国就不是分 8 次支付赔款，而是分 4 次付清赔款的。

兹查总理衙门档案，可知这 4 次付款的情况是：第一次，是 1895 年 10 月 31 日，在伦敦，由中国使馆参赞马格里（Sir Samuel Halliday MaCartney）、曾广铨将一期款库平银 5 000 万两折合英镑数面交日本使馆参赞国寺新作。第二次，是 1896 年 5 月 7 日和 8 日，分别在柏林和伦敦，由中国驻德、英使馆各将二期款库平银 2 500 万两折合英镑数交付日本两处使馆之代表。第三次，是 1897 年 5 月 8 日，在伦敦，由中国使馆将三期款 1 666 余万两折合英镑数交日本使馆代表接收。第四次，本应在 1898 年 5 月 8 日交付，因当日为西人之礼拜天，银行不办公，故提前一天改为 5 月 7 日交付。到此时为止，尚有应交之 4、5、6、7、8 期赔款，合计库平银 8 333 余万两，拟在第四次作一次性付清。在此以前，中国已向日本交付了 4 次息银，计库平银 1 083 万两，按条约需要扣除。故此次由中国驻英使馆参赞马格里、罗忠尧到英国国家银行，将只应交付之款库平银 7 250 万两折合英镑数交日本使馆书记官山座圆次郎收讫。至此，所赔军费库平银 2 亿两始全部付清。另外，赎辽费库平银 3 000 万两和日军在威海的驻守费库平银 150 万两，也都按时交付。其具体交付情况如下表所列：

支付项目	交付时间及地点			库平银（两）	折合英金		
					英镑	先令	便士
赔偿军费款	第一次	1895.10.31	伦敦	50 000 000	8 225 245	1	$10\frac{3}{4}$
	第二次	1896.5.7	柏林	25 000 000	4 112 622	10	$11\frac{3}{8}$
		1896.5.8	伦敦	25 000 000	4 112 622	10	11
	第三次	1897.5.8	伦敦	16 666 666	2 741 748	8	3
	第四次	1898.5.7	柏林	72 500 000	1 000 000		
			伦敦		10 926 605	7	9
	1896—1897年息银补四至八期付款不足数			10 833 333	1 782 135	15	$2\frac{1}{8}$
	小计			199 999 999	32 900 977	7	7
赎辽费	1895.11.16		伦敦	30 000 000	4 935 147	1	$1\frac{13}{20}$
威海驻军费	第一次	1896.5.8	伦敦	500 000	82 252	9	
	第二次	1897.5.8	伦敦	500 000	82 252	9	
	第三次	1898.5.8	伦敦	500 000	82 252	9	
	小计			1 500 000	246 756	7	
总计				231 500 000	38 082 884	4	$10\frac{3}{10}$

仅就上表来看，日本通过甲午战争向中国索取了库平银 2.315 亿两的赔款，似乎十分清楚了。其实，事情并不是这样简单。因为《马关条约》签订后，日本新任驻华公使林董一到北京，就急不可待地要同清政府商谈中国交付赔款的办法问题。为了从中国尽可能榨取更多的实际赔款，他以库平银成色不足为由，提出要库平十足。本来，马关和谈时提出以库平银作为赔款计量的标准，一直到和约最后签字，伊藤博文也好，陆奥宗光也好，没有谁曾向李鸿章提出过任何意见。其后，日本外务省发现中国库平银有不同成色，便打起主意来了。库平乃是清政府所规定的国库收支银两的计算标准，并无白银实物存在，实际上只是一种"作为价值符号的虚银两"①。确定银两的标准成色，源于康熙时，"其成色约为935.374，即是每1 000 两纹银含有935.374两纯银，所以习惯上每100 两纹银须申水 6 两始等于足银，这是虚银两最早的一种"②。可知康熙标准库平银每两为 544.6296 英厘（grain），即 35.292 公分（gramme）。或认为康熙时规定每库平两约等于 37.301 克③，这是不符合历史情况的。因为此规定出现的时间最早是在清末。《户部则例》第 4 条案语称，库平系指农工商部会同户部奏定划一度量衡章程，内库平一两，合法国衡数 37 格兰姆（gramme）又 301‰，④ 到 1915 年，权度法颁布后，又进一步明确 37.301 公分为库平 1 两。⑤ 这就很清楚：康熙标准库平每两为 35.292 公分，而不可能是 37.301 公分。

但是，在以后的长期流通中，库平银的成色在全国范围内未能保

---

① 杨端云：《清代货币金融史稿》，三联书店，1962 年，第 81 页。
② 魏建猷：《中国近代货币史》，群联出版社，1955 年，第 23 页。
③ 《第二届近百年中日关系史国际研讨会论文集》，第 34 页。
④ 彭信威：《中国货币史》，上海人民出版社，1958 年，第 800 页注④。
⑤ 张家骧：《中华币制史》第 2 编，北京民国大学 1926 年，第 55 页；张辑颜：《中国金融论》，商务印书馆，1930 年，第 152 页；千家驹、郭彦岗：《中国货币史纲要》，上海人民出版社，1985 年，第 187 页。

持标准一致。不仅中央政府的库平与各省地方的库平各不相同,有大小之别,而且各省之间亦有长短之分,甚至一省之中有藩库平、道库平、盐库平之差。即以顺天府一地而言,库平既有三六库平和三四库平之分,成色相差甚大①,还有成色介于二者之间的北京库平。② 兹将这几种库平的成色加以换算,以资比较:

库平名称	成色(‰)	英厘(grain)	公分(gramme)
康熙标准库平	935.374	544.6296	35.292
三六库平	988.540	575.6170	37.300
北京库平	987.000	574.6900	37.240
三四库平	909.000	529.3210	34.300

在这几种通用的库平中,三六库平和北京库平成色比康熙标准库平高出不少;相反,三四库平成色则比康熙标准库平低出许多。显而易见,比较合理的办法是,中国赔款所用之库平银应以康熙标准库平来计算。而林董却以贴足实足色为借口,要求成色为988.89,即库平银1两为575.82英厘,合37.31256公分。③ 这就不仅远远高于康熙标准库平,而且比三六库平和北京库平还要高。尽管这一要求毫无道理,但在日本的压力下,清政府只能被迫接受下来。这样一来,中国实际上交付的库平银数目就多出许多了,试比看下表:

---

① 钱屿主编:《金银货币的鉴定》,上海远东出版社,1993年,第102页。
② 魏建猷:《中国近代货币史》,第36页附《各主要银两比较表》。
③ 千家驹、郭彦岗:《中国货币史纲要》,第183页。

第七章　违反战争法规的犯罪行为与战争赔款及掠夺

库平名称	每两含纯银数		两种成以库平赔款数比较（万两）
	英厘（grain）	公分（gramme）	
日方指定库平	575.82	37.31256	24475
康熙标准库平	544.6296	35.292	23150
多付康熙标准库平	31.1904	2.0206	1325

仅此一项，中国就比康熙标准库平银多付给了日本 1325 万两。

当时，中日两国的金融制度都是实行银本位，而西方主要国家则都已实行金本位了。日本企图借甲午战争胜利之机，为在战后实行金本位打下财政基础，便要求中国在伦敦用英镑支付赔款。因为连年以来，金价上涨，银价跌落，已成不可逆转的趋势，故银镑兑换比率虽偶有上下波动，但镑价上扬的势头是难以遏止的。这就形成了"镑亏"。试看以下银镑对换比率表[①]：

年份	1865	1879	1885	1887	1894	1895	1896	1897	1898
每英镑折合库平银（两）	3.18	3.425	3.59	4.05	6.21	6.1161	6.25	6.11	7.14

可见，尽管几十年来，镑涨银落已成为总的趋势，但进入 1895 年后，镑价却稍有回落，即从 1894 年的平均镑价每镑兑换库平银 6.21 两落至约 6.11 两。问题是镑价肯定还要看涨。日本看准了这一点，知道如先将镑银比率定死，对日本是极为有利的。于是，林董单方面提出了一套对日本最为有利的划定镑价办法，即按当年 6、7、8 三个月伦敦市价折中核算，而且作为固定的核算标准，即 1 英镑折合库平银 6.0788 两。总理衙门提出，"银价合英镑早晚不定"，应就"交款之

[①] 许毅等著：《清代外债史论》，中国财政经济出版社，1996 年，第 686 页附录：《清代各种货币折合表》。按：《清代各种货币折合表》中 1895 年栏："1 库平两合 3 先令"，即 1 英镑合库平银 6.666 两。这里显然是将"规元银"误作"库平银"了。兹按总理衙门档案重新换算，应为 1 英镑合库平银 6.1161 两（见《中日战争》续编，第 5 册，第 443 页）。至于 1897 年的镑价系以蔡尔康《李鸿章历聘欧美记》之所记补入。

日，照上海规银总镑市价"，然后"升算库平银，即从西币若干合成千万两最公允"。① 这不失为一个比较合理的建议，却被日本方面拒绝。日本为从中国榨取尽可能多的实际赔款，一方面压低镑价，一方面又确定固定不变的镑价，真可谓机关算尽了。

为什么这样说呢？因为日本规定的镑价比伦敦市场的镑价低，中国兑换时就得多付库平银，实际上中国多付的库平银是被日本所得了。此其一。再说将镑价在几年内固定为一个比值，而在以后镑价连续处于坚挺的情况下，中国还要格外多付巨额银款，却只能吞下苦果而无话可言，而这些格外多付的巨款，实际上也是为日本所得。此其二。例如，1896年4月，中国即将交付二期赔款库平银5 000万两时，镑价稍有下落，中国如按市场行情涨落兑换，是可以节省一大笔银两的。赫德即函呈总理衙门称："上月底银价行市三十一便士一法丁，现落至三十一便士之数。按此核计，中国照上年定价交银，可省英金十五万零五百十四镑十九希令三便士，约合规银一百零四五万两。"② 尽管市场镑价时有涨落，而中国应支付赔款的镑价却是死的。这样，中国得用高价购买英镑，而按低价折算支付给日本，其结果是中国大吃其亏，而日本则占尽了便宜。且看下表：

年度	赔款名目	库平银（两）	折合英金（镑）	日方规定镑价比市场每镑差价（两）	中国多付库平银（两）
1895	一期款	50 000 000	8 225 245	0.037 3	490 882
	赎辽费	30 000 000	4 935 147		
	小计	80 000 000	13 160 392		

---

① 《第二届近百年中日关系史国际研讨会论文集》，第35页。
② 《中日战争》（续编）第5册，第516页。

(续表)

年度	赔款名目	库平银（两）	折合英金（镑）	日方规定镑价比市场每镑差价（两）	中国多付库平银（两）
1896	二期款	50 000 000	3 225 245	0.171 2	1 598 263
	息银抵军费	6 250 000	1 028 155		
	威海驻守费	500 000	82 252		
	小计	56 750 000	9 335 652		
1897	三期款	16 666 666	2 741 748	0.031 2	111 632
	息银抵军费	4 583 332	753 980		
	威海驻守费	500 000	82 252		
	小计	21 749 998	3 577 980		
1898	四至八期款	72 500 000	11 926 605	1.061 2	12 743 793
	威海驻守费	500 000	82 252		
	小计	73 000 000	12 008 857		
	总计	231 499 998	38 082 881		14 944 570

由上表可知，以"镑亏"一项而言，日本又从中国轻易地多得了约 1 500 万两。

据上所述，可知一般中外论著中有关甲午战争赔款的记述是需要重新考虑的。从条约的字面上看，中国的赔款是 3 项：(1) 军费库平银 2 亿两；(2) 赎订费库平银 3 000 万两；(3) 威海日军驻守费库平银 150 万两。3 项合计，共为库平银 2.315 亿两。其实，日本实际得到的数目还应该加上两项：(1) 以库平实足为借口多得的 1 325 万两；(2) "镑亏"一项多得的 1 494 万两。以上 5 项，总计为库平银 2.597 亿两，折合日金为 3.895 亿日元，是日本实际军费支出的 2.8 倍多，也是日本年度财政收入的近 5 倍。日本有关明治财政史的著作，对中国赔款皆按库平银2.31亿两折算，得出3.64亿日元之数①，并为许多日本学者所引用②，殊觉考察未能全面，是十分不妥的。

李鸿章在马关与日方代表谈判赔偿军费时，曾提出无论赔偿多少，日本"所得中国兵船、军械、军需，折价为数甚巨，自应从拟赔兵费中划出扣除"。结果怎样呢？当时，伊藤博文、陆奥宗光根本不予理会，实际上是将这些已经到手的战利品，视为赔款以外的自然补偿，没有任何讨论的余地。但是，这些被日本掠夺的兵船、军械、军需等等，究竟能折价多少？李鸿章没有细说，可能他本人一时也说不清楚。后来，也一直未见有人对此问题进行专门研究。这倒真的成为历史之谜了。但正如李鸿章所指出，其"折价为数甚巨"，关系到日本通过甲午战争究竟从中国获得多少款项或财政收入，且对中日两国都有极大的影响，所以还是很有必要探究一番。

要真正算清这笔账，难度太大了。这是因为：第一，日兵占领一地后，抢劫是其习惯，正所谓"民间鸡豕竟吞噬，器皿钱财一掠空"，这种民间损失，涉及范围广泛，而且非常分散，很难进行统计。第二，即使日方公布的数字，也是挂一漏万，故一再声明"此外在各地所获数量不遑统计"，"不能作精确计算"③等。因此，以下所列各项表格，都只能是一种极不完整的统计。

无论如何，当时的日本随军记者对此还是做了一些工作，这便成为我们今天进行统计的基础。从总理衙门的档案里发现了一份译自日本报纸的《日军自开战日至十二月杪所获武器弹药船只等物清单》④，其中除威海卫、牛庄、营口、田庄台诸役外，对此前的各次战斗所获武器、弹药、舰船等物及其价值作了具体估算：

---

① 《明治财政史》第2卷，第290~291页。
② 高桥诚：《日清战争赔偿金的研究》，见《经济志林》第23卷，第2号（1955年），第72页。
③ 《中日战争》（续编）第7册，第608~609页。
④ 《中日战争》（续编）第5册，第282~283页。

品名	数量	折算日金（万日元）	折合库平银（万两）
大炮	608（门）	200.00	133.3
步枪	7 400（枝）	3.0	2.0
炮弹	2 601 741（颗）	300.0	200.0
枪弹	17 458 785（发）	10.0	6.7
米谷	16 957（石）	5.0	3.3
马匹	368（匹）	0.2	0.1
营帐	3 326（架）	3.0	2.0
华式运船	15（只）	10.0	6.7
商轮	3（只）		
帆船	1（只）		
挖泥船	1（只）		
操江兵轮	1（艘）	100.0	66.7
敏捷兵轮	1（艘）		
海镜兵轮	1（艘）		
水雷、火药、开矿器具等杂物，加大连、旅顺之炮台及机器等件		6 300.0	4 333.3
合计		7 131.2	4 754.1

可见，以甲午开战到同年夏历腊月底，日本从中国获得的兵船、军械、军需等物，价值7 130余万日元，折合库平银约4 754万两。

日本随军记者川崎三郎在甲午战后做过一份《日清战役战利品概

算》①，对统计极有参考价值。这个《日清战役战利品概算》的内容是从甲午开战到乙未战争结束，包括了所有各次战役的战利品统计数字，从中减去甲午年腊月底以前的部分，得出的就是乙未正月以后的数字了。如下表：

品名	数量	折算日金（万日元）	折合库平银（万两）
大炮	143（门）	467.4	311.6
步枪	2 483（枝）	1.0	0.7
炮弹	22 010（颗）	2.5	1.7
枪弹	2 551 000（发）	0.3	0.2
米谷	2 300（石）	0.7	0.5
蒸汽船	5（只）	10.0	6.7
半制汽船	1（只）		
帆船	2（只）		
小船	100（只）		
镇远铁甲舰	1（艘）	213.6	142.4
济远巡洋舰	1（艘）	130.5	87.0
平远巡洋舰	1（艘）	78.6	52.4
广丙兵轮	1（艘）	30.0	20.0
镇东、镇西、镇南、镇北、镇中、镇边炮舰	6（艘）	135.0	90.0
湄云兵轮	1（艘）	15.9	10.6

---

① 《中日战争》（续编）第7册，第606~609页。

第七章　违反战争法规的犯罪行为与战争赔款及掠夺

(续表)

品名	数量	折算日金 (万日元)	折合库平银 (万两)
福龙、右一、右三、镇二鱼雷艇及飞霆轮船	5（艘）	45.0	30.0
地雷、水雷、火药、其他武器工兵用具、威海炮台余炮、刘公岛炮台及机器等		750.0	500.0
合计		1 880.5	1 253.8

这样，将以上两表的合计数字相加，便可得知，日本通过甲午战争从中国所获得的舰船、武器、弹药及其他军需物品等，按日金计算，共值9 011.7万元，折合库平银6 007.9万两。这个数字当然很不完整，也不可能完整。正如川崎三郎本人所指出："征清之役，我军所得战利品数不胜数，今举其重要战利品概算。"①说的确系实情。

除以上这些实物以外，日本还通过这次战争掠夺了大量的金银货币。对此，如姚锡光《东方兵事纪略》称：平壤一战，"将弁私财，军士粮饷，凡有金币12箱，内共金砖67块，金锭61锭，金沙14箱，大小30包，皆将领私财；而军士粮饷，除粮食以外，尚存饷银约及10万两"，皆为日人所得。蔡尔康等编《中东战纪本末》所译日本官报亦称，此战"得金银40箱，每箱约重英权300磅，高丽钱不计其数"。并注曰："英金1磅合华权4两，英权1磅合华权12两。"②其

---

①《中日战争》(续编)第7册，第606页。
②《中日战争》(一)，第23、175页。

实，这些记述皆限于平壤之役，且不甚具体，很难据以作出比较准确的计算。现根据日本当时所发表的历次战报，将其所获金银货币种类及其数量开列并折算如下①：

获得地	类名	数量	折算日金（万元）	折合库平银（万两）
平壤	金块	11贯350目		
平壤	砂金	14贯		
平壤	银块	43贯900目		
平壤	金属混合物	4贯600目		
平壤	日本纸币	5 995元		
平壤	日本通货	8钱5厘	3 000	2 000
平壤	外国货币	14枚		
九连城及凤凰城	中国钱	28 240贯		
金州及大连	中国货币	6 000两		
威海卫	铜钱	44贯400文		
牛庄	马蹄银	230个		

这些金银货币类别甚杂，计值单位不一，现据日方的逐一计算，计其值约为3 000万日元②，折合库平银2 000万两。以上统计，遗漏多多，自不待言。其明显之例，如日本海军从中国运船"操江"号上掠去的20万两饷银，即未列入其中。如加上这20万两，则日军所掠夺的金银货币当值3 030万日元，即折合库平银2 020万两。以上3项总计，共为1 2042亿日元，折合库平银8 028万两。

①《中日战争》(续编)第7册，第608页；第8册，第61页。按：日本重量单位，1贯为1 000目，相当于3.75公斤。

②《中日战争》(续编)第7册，第608页。

第七章　违反战争法规的犯罪行为与战争赔款及掠夺

总括以上所述，可以得出以下几点结论：第一，日本从甲午开战到马关议和前，其军费支出不过1.37亿日元，约合库平银9 160万两。第二，日本实际得到的战争赔款数约为库平银2.6亿两，折合日金约3.9亿元。第三，日本还在赔款之外掠夺了大量舰船、武器、弹药、机器等及金银货币，其价值约为库平银8 028万两，折合日金1.204 8亿元。这样，日本通过这次侵略战争从中国所得到的财物及现金，总计合库平银3.4亿多两，折合日金5.1亿多元。这是一笔突然到手的巨大财富，其数目是日本当时全国年度财政收入的6.4倍，而不是一些日本有关论著中所说的4.1倍多。① 总之，通过这次战争，日本成了名副其实的战争暴发户。日本当局真正尝到了发动侵略战争的甜头，也切实感觉到了发动侵略战争是一本万利的买卖，于是凭借这笔滚滚而至的巨款，大搞所谓"战后经营"，实行金本位制，进一步扩军备战，使整个日本国家战争机器化，成为此后东亚地区的主要战争策源地。

起初，日本是以维护"朝鲜独立"的名义发动了这场战争。当然，所谓维护"朝鲜独立"，纯属自欺欺人，不过是它挑起战端的一种借口罢了。撕下日本当局的这层伪装，剥掉它的画皮，其真实的面目也就暴露在世人面前。大隈重信曾经坦承：日本通过这场侵略战争，一方面要迫使中国拿出一笔巨额赔款，"将财力枯竭，无力付清本金或重整军备，从而实际上永远沦为日本的附庸国"；另一方面，"日本有了新扩充的领土，有了比目前更加强大的陆海军，有了一些重要工业的迅速发展，有了近10年内可成倍增长的对外贸易，有了可翻5番

---

① 加藤佑三：《东亚近代史》，中国社会科学出版社，1992年，第100页。

的关税收入,日本无疑将拥有第一流的财富和实力"①,即既是经济大国又是军事大国,成为主宰东亚世界的霸主。这反映了当时日本政界人士的主流思想。从战争的最后结局看,日本基本上达到了它发动这场侵略的最初目的。

---

① Sino-Japanese War and Triple Intervention (1894—1895), p. 165.

第八章　钓鱼岛的主权归属与国际法

第一节　日本窃取钓鱼岛的经过

日本通过甲午战争不但大发其财，成了战争暴发户，而且还逼迫清政府割让大片领土，以满足其扩张主义野心。在日本所获得的土地中，有的是通过《马关条约》而公然掠夺的，如台湾及其周围的小岛和澎湖列岛；有的则是在《马关条约》签订前偷偷窃取的，如钓鱼岛列岛。这便为后来的钓鱼岛主权归属争端埋下了隐患。

钓鱼岛是个列岛，由钓鱼岛、黄尾屿、赤尾屿及若干岛礁组成，总面积6.3平方公里。其中，钓鱼岛最大，东西长3.2公里，南北宽1.6公里，面积为4.3平方公里。它位于我国台湾基隆东北约102海里处，西距中国大陆福建、浙江海岸约174海里。钓鱼岛列岛地处我国东海大陆架南侧边缘地带，"贯穿第三纪层所喷出的幼年锥状火山岛屿，在地质构造上，与迤西南面的彭佳屿、棉花屿、花瓶屿一脉相承，均由台湾省北部海底陆架向东北延伸而组成；而台湾海峡的海底陆架，又是由大陆福建、广东两省相接处向东伸出，至巴士海峡以北，再北行露出海面成为台湾大岛"。"由于钓鱼岛等岛屿位于我国大陆架上，其西及西南面的海深均在 200 公尺以内，愈近大陆深度愈浅；而其东与琉球岛弧，其南与宫古、八重山岛的方面，则因断层而使海底地层急剧下陷，深度骤增，形成一道深达一两千公尺以上的琉球海沟——西为台湾海底盆地，东为琉球群岛。因之，钓鱼岛等岛屿与琉球群岛在地理上毫无关连。"① 这里所说的"琉球海沟"，近年中日两国出版的地质构造图，皆作"东海海槽"②。这条深达 2 000 多公尺的东海海槽，便成为中国与琉球国领土之间的天然分界。

大量的文献资料证明，钓鱼岛是中国最早发现和命名的。而且，最迟到 15 世纪初叶，钓鱼岛列岛便正式地划入中国版图，并成为中国舟师经常巡逻的海上防区。所以，谁也无法否认，钓鱼岛列岛自古以来就是中国的领土。

日本之觊觎钓鱼岛，由来已久。这与日本明治政权建立后推行对外扩张政策是相联系的。日本历史学者井上清指出："1871 年（明治 4 年），废除诸藩，奉天皇为惟一最高专制君主，建立起高度中央集权的统一国家。此时的天皇政府已怀有征服朝鲜、（中国）台湾及琉球的野心。天皇政府对这三个地区的政策相互密切关联，浑然一体，天皇制的军国主义已初露端倪。不久，军国主义就把矛头指向了钓鱼群岛。"③

事实上，日本在 1879 年吞并琉球之前始终承认钓鱼岛列岛是中国的领土。据《钓鱼台列屿之历史与法理研究》一书的作者郑海麟考察，从 18 世纪初期到 19 世纪 70 年代，日本史地学家和军方所绘制的琉球国图都标明：琉球中部诸岛西南边界地名是久米岛（姑米岛、姑

---

① 吴天颖：《甲午战前钓鱼列屿归属考——兼质日本奥原敏雄诸教授》，社会科学文献出版社，1994 年，第 21~22 页。
② 郑海麟：《钓鱼台列屿之历史与法理研究》，香港明报出版社，1998 年，第 132 页。
③ 井上清：《钓鱼岛：历史与主权》，中国社会科学出版社，1997 年，第 78 页。

米山）；琉球南部诸岛西南边界地名是八重山群岛的与那国岛（也有个别标八重山群岛的入表岛和石垣岛，或只标八重山群岛）。迄今为止，还没有发现一种琉球国图将钓鱼岛列岛绘入其版图之内的[①]试看下表：

成书年代（公元）	作者	著作名称	所附地图名称	琉球国中部诸岛西南边界地名	琉球国南诸岛西南边界地名
1719	新井白石	《南岛志》	《琉球国全图》	久米岛	与那国岛
1785	林子平	《三国通览图说》	《琉球三省并三十六岛之图》	姑米岛	八重山群岛
1809	高桥景保		《日本边界略图》	久米岛	入表岛、石垣岛
1873	大槻文彦	《琉球新志》	《琉球者岛全图》	姑米岛	与那国岛
1876	日本陆军参谋局		《大日本地图》	久米岛	与那国岛
1877	伊地知贞馨	《冲绳志》	《冲绳岛全图》	久米岛	与那国岛

在上表所列的 6 种日人绘制的地图中，《大日本地图》出自日本军部，《冲绳岛全图》作者伊地知贞馨是日本政府接管冲绳县的官员，此时都不认为钓鱼岛列岛属于琉球，而属于中国，很能够说明钓鱼岛的主权归属问题。特别是林子平《三国通览图说》所附之《琉球三省并三十六岛之图》，在琉球中部诸岛西南边界姑米山之西，绘有赤尾山、黄尾山、钓鱼台、彭佳山、花瓶屿诸岛，所涂颜色皆与中国浙江、福建、广东等省相同，全都为淡红色，明确标示为中国领土。另外，1813 年日本人绘制的一幅现代地图《地球舆地全图》，除在琉球方面，

[①] 郑海麟：《钓鱼岛列屿之历史与法理研究》，第 126~128 页。

中部诸岛西南绘以久米岛为界,南部诸岛西南绘以与那国岛为界外,还绘有中国东海诸岛,其中在福建与琉球之间,绘有花瓶山、彭佳山、钓鱼台、黄尾屿、赤尾屿等,也都明显标示为中国领土。

不过,最能够说明钓鱼岛是否属于琉球,还应该是琉球国本身的史籍和图志。《球阳》是琉球国中山王府第一部编年史,全书22卷,附录3卷,其记事有年代可考者,起自1238年(舜马顺熙王即位元年,宋嘉熙二年),止于1876年(尚泰王二十九年,清光绪二年),内容可谓详备,然竟无一处提及钓鱼岛列岛的名称。书内记中部西南界久米岛、甚至南部西南界与那国岛之事甚多,而唯独只字不提钓鱼岛等岛的名称,这绝非偶然,而是钓鱼岛列岛根本不在琉球的管辖区域之内。再看1650年琉球国相向象贤监修的《中山世鉴》是书乃是琉球国第一部正史,它全文收录了1534年(明嘉靖十三年)陈侃的《使琉球录》,文中涉及中琉分界之语有云:"见古米山,乃属琉球者。"正因为自古以来古米山为琉球之国界,其西之赤尾屿、黄尾屿、钓鱼岛等为中国领土。基于这样的事实,向象贤才会在书中收录陈侃《使琉球录》全文的。更值得注意的是,琉球紫金大夫程顺则于1708年所撰之《指南广义》,该书附图将钓鱼台、黄尾屿、赤尾屿连为一体,与古米山之间成一明显的分界线。证以冲绳县岛尻博物馆所藏之古地图《琉球全图》(年代待考)、琉球学者蔡温增订之《中山世谱》(1725年)所附《琉球舆图》,其所绘琉球中部诸岛西南边界为姑米山,南部诸岛西南边界为八重山群岛之由那姑尼山(与那国岛)[①],可知当时中琉两国之间的疆域分界十分清楚,而且在琉球朝野也是人所共知的。

上述日本、琉球之史籍与图志所标明的中琉之间的疆域分界,在

[①] 郑海麟:《钓鱼台列屿之历史与法理研究》,第124~126页。

国际上也是得到公认的。如朝鲜人申叔舟著《海东诸国纪》（1471年）所收《琉球国之图》，是迄今所知的最早琉球古图，所绘与中国相邻之边界岛屿分别是，中部西南方向为九米岛（即古米山，今称久米岛），南部西南方向为花岛（八重山群岛）。这幅古琉球图表明：早在15世纪，钓鱼岛列岛不为琉球国所领有，已是当时国家间的共识。一些西方国家所绘制的地图，标示更为明显可见。如法国地理学家拉比（Pierre Lapie）所绘《东中国海沿岸各国图》（1809年），将琉球群岛绘成绿色，钓鱼台、黄尾屿、赤尾屿等绘成与台湾及其周围岛屿相同的红色，以标示其国别。1859年美国纽约出版的题为《柯顿的中国》（Colton's China）的中国地图，也绘有钓鱼台和黄尾屿，虽然所标位置有错，但将其归入中国版图之内则是毫无疑问的。再如西班牙人莫尔（J. P. Morales）所绘日本与中国的海域疆界图（1879年），尽管是年日本将琉球吞并，仍清楚地标明钓鱼台、黄尾屿、赤尾屿在中国海域辖区范围之内。[①]

  1879年日本吞并琉球后，即企图染指钓鱼岛列岛。同年12月，日本内务省地理局编纂出版《大日本府县管辖图》，即公然将钓鱼岛列岛划入琉球群岛的领域范围。[②] 从目前所能够接触到的材料看，这是日本官方首次片面地将钓鱼岛列岛列入琉球管辖范围，表明了日本政府当时即有窃取钓鱼岛列岛的野心。但是，靠改绘地图的小动作是改变不了钓鱼岛属于中国的事实的。何况当时中日两国之间正在进行关于"琉案"的交涉，日本政府提出"分岛改约论"，即将琉球南部的宫古、八重山等岛分给中国，琉球王国的存续尚处于未定之中，因此将钓鱼岛的位置改绘为尚为悬案的琉球管辖区域之内，是毫无实际

---

① 郑海麟：《钓鱼台列屿之历史与法理研究》，第125~128页。
② 张启雄：《钓鱼台列屿的主权归属问题——日本领有主张的国际法验证》，《近代史研究所集刊》第22期下（1993年），第117页。

意义的。

不过，日本并未从此而死心，觊觎钓鱼岛的念头始终未消。正在这个当口儿，一个名叫古贺辰四郎的日本商人出场，一度扮演了重要的角色。古贺辰四郎原籍福冈县，日本吞并琉球后不久移居那霸，开始从事近海的海产品捕捞和运输业务。1885年，古贺航行到钓鱼岛，发现岛上有大量信天翁栖息，想到采集羽毛销往欧洲，当可大发其财。于是，他于同年6月通过冲绳县厅转呈内务省份《租借官地申请书》，请求准许租用和开发该岛。9月初，时任内务卿的山县有朋正打算将钓鱼岛列岛划进冲绳县辖区，便密令冲绳县厅对该岛情况进行调查。冲绳县令西村捨三乃命属下石泽兵吾办理此事。9月22日，西村捨三根据石泽兵吾的调查结果，向山县有朋报告称：

> 盖久米赤岛、久场岛及鱼钓岛自古皆为本县所称之名。本县所辖之久米、宫古、八重山诸群岛彼邻之无人岛屿，为冲绳县所属，决无异议。然其与数日前所至之大东岛（位于本县及小笠原岛之间）地势相异，而与《中山传信录》中所载之钓鱼台、黄尾屿、赤尾屿相同，无置疑之处也。若果为一者，则已为清国册封之旧中山王之使船所详悉，且各命其名，以为琉球航海之目标。故若效此次大东岛之行，勘察之后即立标桩，恐有所不妥。10月汽船出云丸将出航两先岛（宫古、八重山），归前将赴实地勘察。实应呈报陈情，请示明谕，再行立国标诸事。

西村捨三报告中提到"鱼钓岛"这个名称，颇值得注意。"鱼钓岛"是从中国的"钓鱼岛"转译而来，还是日本人的发现和发明？从中国史籍考察，最早记有钓鱼岛等岛名的航海指南，当推《顺风相送》一书。此书系一誊清抄本，现藏英国牛津大学波德林图书馆（Bodleian Library Oxford）。书中叙永乐元年（1403年）分别派差赴西洋等国开诏，因记"累次较正针路"，故此书之原本当即撰于当年。《顺风相送》称钓鱼岛为"钓鱼屿"，有明一代相沿成习。如陈侃《使琉球录》（1534年）、郑舜功《日本一鉴》（1556年）、郑若曾《郑开阳杂著》（1561年）、胡宗宪等《筹海图编》（1562年）等皆是。到清康熙以后，虽仍称"钓鱼屿"，如汪楫《使琉球杂录》（1683年），但也有称"钓鱼台"的，如徐葆光《中山传信录》（1719年）、周煌《琉球国志略》（1756年）等。大约即在此时，中、琉两国文献中都出现了"钓鱼台"这一名称。有论者称："'鱼钓岛'一词，最初写作'鱼钓台'，它确是由中国人的'钓鱼台'演变而来。"并引琉球官员蔡大鼎诗为证。1876年蔡大鼎作《闽山游草》诗，内有"回头北木白云里，鱼钓台前瞬息过"之句。诗中为协调平仄，故将"钓鱼台"写作"鱼钓台"。显然，西村报告中的"鱼钓岛"一词，是由蔡大鼎诗中的"鱼钓台"脱胎而来，而不是日本人的发现和发明。[①]

再看西村捨三的报告。从西村本人来说，作为冲绳县令，他当然希望将"所辖之久米、宫古、八重山诸群岛彼邻之无人岛屿"，即中国的钓鱼岛列岛划归冲绳所属，还煞费心机将钓鱼台称作"鱼钓岛"，认为这是好事，但又担心未必行得通。其原因在于他们（指西村捨三、石泽兵吾等——引者）认为这些岛屿与《中山传信录》中所载的钓鱼岛同属一地。既然同属一地，则这些岛屿已经为中国"详悉（详细了解），且各命其名，以为琉球航海之目标"。这就是说，这里极可能是中国的领土。"故不能像在明确为无主地的大东岛那样，进行实地勘察之后就立即在这些岛屿上建立国标。"[②] 钓鱼岛等岛屿虽是无人岛，却并非无主地，而为中国所领有，他的这一认识是正确的。其后，

[①] 郑海麟：《钓鱼台列屿之历史与法理研究》，第91~92页。
[②] 井上清：《钓鱼岛：历史与主权》，第101页。

西村捨三根据对钓鱼岛列岛的实际情况调查，编成《南岛纪事外编》一书，即未将钓鱼岛列岛划入冲绳县的管辖范围之内。①

日本内务卿山县有朋本是狂热的对外扩张论者，正想借古贺辰四郎申请租用和开发钓鱼岛之机会，将钓鱼岛列岛划入日本的版图，对冲绳县令西村捨三的报告置诸不顾，强辩称：

> （钓鱼岛列岛）虽然与《中山传信录》所记载的岛屿为同一之物，但这只是为了掌握针路的方向而已，别无些许归属清朝之证迹。而且，一如岛名，我与彼各异其称，又是接近冲绳县所辖宫古、八重山等无人岛，因此只要冲绳县加以实地勘察，建立国标之事，当可无碍。②

山县有朋认为，两国对该岛"各异其称"，该岛"接近"宫古、八重山等岛，且是"无人岛"，因此应当纳入日本之版图。他完全不顾钓鱼岛列岛的历史和实况，发此强词夺理之言。

日本企图窃占钓鱼岛的消息不胫而走，竟为上海报纸之探事人所得悉，并刊诸报端。1885年9月6日（光绪十一年七月二十八日）的上海《申报》，登载了一则重要的消息：

> 台岛警信《文汇报》登有高丽传来消息，谓台湾东北边之海岛，近有日本人悬日旗于其上，大有占踞之势。未悉是何意见，姑录之以俟后闻。

此消息中所说"台湾东北边之海岛"，即指钓鱼岛，自无疑问。有论者指出："'台岛警信'四字，意义至为重大。因为它准确而简明地反映了明、清以来数百年间，钓鱼岛等岛屿就是我国固有领土台湾不可分割的一部分这个历史实际：从1556年郑舜初所记'钓鱼屿小东小屿

---

① 西村捨三：《南岛纪事外编》，榕阴书屋1896年。
② 张启雄：《钓鱼台列屿的主权归属问题》，《近代史研究所集刊》第22期下，第119页。

也',到1736年黄叔璥有关台湾'山后大洋北,有山名钓鱼台'的记载,到1767年蒋友仁《坤舆全图》,直到1863年《皇朝中外一统舆图》,连同这条特别强调日本侵犯钓鱼岛就是侵犯台湾的警报,都不啻给了那些胡诌钓鱼岛等岛屿为'无主地'论者一记响亮的耳光!"①

尽管上海的英中文报纸相继发出警示,山县有朋还是要一意孤行。1885年10月9日,他决定在将此事交付太政官会议讨论之前,先和外务卿井上馨交换一下意见。山县有朋所提出的理由已如上述。10月21日,井上馨对山县有朋答复如下:

> 兹冲绳县实地勘察冲绳县与清国福州间散布之无人岛久米赤岛外二岛,并建立国标之事,本月9日第83号文中协商之意已悉。此岛屿近清国之境,较之前番勘察已毕之大东岛方圆甚小,且清国已命其岛名。近日清国报纸等,风传我政府欲占台湾近旁之清国所属岛屿云云,对我国心怀猜疑,我国已屡遭清政府之警示。此时若公然骤施立国标诸策,则易为清国所疑。窃以为目下可暂使其实地勘察,细报港湾之形状及有无开发土地、物产之望,建立国标、开发诸事可留待他日。……此次勘察之事,不宜见诸官报及报端为上,万望以之为念。②

从井上馨对山县有朋的答复中,可以清楚地看到,井上馨明明知道钓鱼岛等岛屿"近清国之境",即在"台湾近旁",并且为"清国所属岛屿",所以不能"公然骤施立国标诸策",明目张胆地纳入日本领土。但是,这并不意味着井上馨不想染指钓鱼岛。在当时的日本政府内部,对外扩张论已成为主导的既定方针,井上馨自不能例外。所以,他提出了两条:一是"目下可暂使其实地勘察";一是"建立国标、开发

---

① 吴天颖:《甲午战前钓鱼列屿归属考》,第100页。
② 井上清:《钓鱼岛:历史与主权》,第102~103页。

诸事可留待他日"。就是说，要改变原先所想的办法，即变公然占领为偷偷窃取，而且还须等待合适的时机。从此时起，日本政府便确定了伺机窃取钓鱼岛的方针。

此后，日本政府一面等待冲绳县厅实地勘察钓鱼岛等岛屿的结果，一面密切地注视着中国方面的动向。先是1885年6月21日，清廷总结中法战争的经验教训，发布上谕："当此事定之时，惩前毖后，自以大治水师为主。"并谕令沿海督抚"各抒所见，确切筹议，迅速具奏"。① 这是继1875—1879年的"海防议"之后再一次筹议海防。9月以后，左宗棠遗折建议专设海防全政大臣、李鸿章入觐是否与筹议海防有关等内情，都为日本所关切日本外务省先后向驻天津领事波多野承五郎、日本驻华临时代理公使岛田胤则发出密训，令其多方探听，随时报告。10月12日，清廷颁布懿旨，正式批准成立总理海军事务衙门。同一天，又决定将台湾府改建为台湾省，以刘铭传为首任巡抚。10月31日，《京报》上登载了这两件懿旨，对日本震动很大。日本公使馆在给外务省的报告中即指出：

> 以上所陈关于台湾创设巡抚与扩充海军事，盖为清国今日当务之急，再加实行铁路建设，洵为三件大事。故李鸿章之入觐，实系军国大计，极关重要。李鸿章之对北京政府，可谓煞费振聋发聩之苦心，然庐山外之吾军却在崎岖之途中。

这样，正如论者所说："由于清政府应变及时，增设了总理海军事务衙门加强海防，并把台湾由府升格为省，打乱了日方侵略日程表。因为当时就中、日两国实力对比言，日本显然并无稳操胜券的把握。"② 所言极是。在这种情况下，日本政府窃取钓鱼岛列岛的方针，不得不推迟执行了。

1885年11月24日，西村捨三已根据日本政府先前的训示将钓鱼

---

① 张侠等编：《清末海军史料》，海洋出版社，1982年，第42页。
② 吴天颖：《甲午战前钓鱼列屿归属考》，第110页。

岛等岛屿实地勘察完毕，便将勘察情况上报山县有朋，但对建立国标事提出质疑，并请求紧急指示："建立国标一事，如前呈文，或事关清国，万一有何不测，则当如何处理?"在此以前，山县经与井上馨协商后，决定对钓鱼岛采取伺机窃取的方针。此时，既接到了西村的紧急请示，一来在国际法上找不到公开占领的法理依据，二来在当时看来窃取的时机确实不够成熟，于是山县有朋、井上馨经反复磋商后，于12月25日联合下达指示："复书面请示：目下勿建立为盼。"

日本政府决定暂不在钓鱼岛上建立"国标"，从表面上看此事似乎宣告结束，其实不然，其侵夺之心无时或已。到1890年1月13日，新任冲绳县知事丸冈莞尔重提旧案，以"基于水产取缔之必要"为理由，想将钓鱼岛列岛划入其管辖区域，向内务大臣建议"乘此际将之定为八重山公所管辖"。当时，正是山县有朋内阁期间，山县有朋为内阁总理大臣兼任内务大臣，便命内务省县治局处理，而县治局长末松谦澄除令冲绳县补送呈请始末书及各项文件外，对建立"国标"之事未置一词。1893年11月2日，继任冲绳县知事奈良原繁又向内务大臣井上馨和外务大臣陆奥宗光呈报：

> 近来有向该岛尝试渔业等等者，关于在取缔上有不少关系之事，就如明治18年之签报，因想将之列入本县所辖建设国标之故，请火急指示。

1894年4月14日，内务省县治局长江木千之指示冲绳县收集以下情报：（一）该岛港湾之形状；（二）物产及土地有无开拓之可能；（三）关于旧记、口碑等等属于日本之佐证，以及其他与宫古岛、八重山岛等向来的关系。5月12日，奈良原繁就此回答说：

> 自（明治）18年中派县属警察勘察以来，就不曾再作实地勘察，因之难有确实情报。关于该岛之旧记书类，以及属于我国之明文佐证或口碑传说等，均付之阙如。纵使有之，仅为早期县下

渔夫时自八重山岛渡航南岛渔猎而已。①

于此可知，从1885年到1894年，日本内务省和冲绳县花了10年的时间，始终没有找到一条有关钓鱼岛列岛属于琉球的证据。相反，从西村捨三以来的调查证明，旧记、书类也好，口碑、传说也好，都足以证明钓鱼岛列岛是中国所属的岛屿。这就是为什么长期以来日本当局迟迟未敢对钓鱼岛下手的根本原因所在。

不过，到1894年下半年，日本明治政府所企盼的时机终于到来了。日本挑起甲午战争后，军事上进展顺利。本来，当发动战争之初，日本对取得这场战争的胜利并无绝对的把握，曾根据海战的决战结果确定了不同的作战方案。9月17日的黄海海战后，日本完全掌握了黄海的制海权，战争越来越向着有利于日本的方向发展。10月上旬，当英国出面调停时，清政府便开始露出与日本讲和之意。到11月间，形势的发展急转直下，一方面是清政府求和愈急；另一方面，日本对议和之事口气松动，同意由美国担任中日两国间传递信息的中间人。此时，尽管战争仍在进行，但对于中国来说，由于最高领导层缺乏坚决抵抗的决心，可以说败局已定了。正在这时，在日本领导层内部也发生了对华作战方向之争。11月3日，日本第一军司令官山县有朋大将向大本营提出了一份以直隶决战为最终目的的《征清三策》。内阁总理大臣伊藤博文不同意山县有朋的直隶决战计划，于12月4日提出《应进攻威海卫并攻略台湾之方略》，主张在渡海攻取威海卫的同时，将台湾亦夺取之。他认为："苟欲以割让台湾作为和平条约重要条件之一，我方如不先以兵力将其占领之，则无使彼将其割让之根据，将奈之何？"并特别强调"南向获取台湾为大计"②。在此中日战局胜败业已明朗的情况下，奈良原繁再次提出钓鱼岛建标案，请内务大臣野村靖提交阁议。

---

① 张启雄：《钓鱼台列屿的主权归属问题》，《近代史研究所集刊》第22期下，第121~122页。
②《中日战争》（续编）第7册，第128页。

第八章 钓鱼岛的主权归属与国际法

早在10年以前，日本就对钓鱼岛确定了伺机窃取的方针，此正其时矣，野村靖当然不会怠慢。12月27日，他致书外务大臣陆奥宗光进行磋商。其内称：

> 为在久场岛、鱼钓岛树立管辖航标事，如附件甲（原注：省略）所示，冲绳县知事早已呈报在案。关系此件之附件乙，系明治十八年时，业经与贵省磋商后，以指令下达。惟因今昔情况已殊，故拟以另文将此事提交内阁会议审议。特此先行协商，敬希核夺。①

文中提到的拟提交内阁会议审议的"另文"如下：

> 居冲绳县所辖八重山群岛西北之久场岛、鱼钓岛，历为无人之岛，然近有至该岛从事渔业者。因需管理之，故该县知事呈报建立标桩，以示其为该县所辖。为准其为该县所辖，乃使建立标桩为要。特呈内阁审议。②

这份野村靖致陆奥宗光的协商书，特用朱笔标上"秘"字以示不宣。可见日本政府极其注意此事的保密，以保证此问题不会泄露出去。

野村靖所说的"今昔情况已殊"，陆奥宗光早已心有灵犀，于1895年1月11日答复曰："本省对此别无异议，应依贵省之见从事。"在陆奥宗光的支持下，伊藤博文为此举行内阁会议，通过了内务省的提案。决议称："本件困别无障碍，应当如议。"③ 这里的"别无障碍"与野村所说"今昔情况已殊"相互照应，正表明日本政府是乘中国败局已定之机才决定采取"窃取"行动的。日本历史学者井上清指出：

> 内阁会议并不是在"慎重证实的基础上"才通过了占有钓鱼群岛的决定。1885年的时候日本不得不顾忌中国的抗议，而现在，对华战争已经取得了胜利，甚至还确定了夺取台湾的方针，

---

① 吴天颖：《甲午战前钓鱼列屿归属考》，第114页。
② 井上清：《钓鱼岛：历史与主权》，第111页。
③ 井上清：《钓鱼岛：历史与主权》，第112页；张启雄：《钓鱼台列屿的主权归属问题》，《近代史研究所集刊》第22期下，第124页。

政府是在"慎重地证实了"这些以前和现在的决定性的"情况相异"的基础上通过了 1895 年 1 月的内阁会议决定……

　　这些岛屿在历史上就是中国的领土。在 1885 年时政府由于顾忌到清政府的抗议而终究未能下得了决心，而在 1895 年政府却乘着战胜清朝之机，下决心把这些中国的岛屿占为己有。也就是说，钓鱼群岛不是像台湾那样根据和约公然从清朝抢过来的，而是乘着战胜之机，不缔结任何条约，也不进行谈判，偷偷从清朝窃取过来的。①

总括以上所述，可以清楚地看出，日本为占有我国台湾附属岛屿之钓鱼岛列岛，差不多经历了长达 16 年的时间。先是在 1879 年吞并琉球之初，日本即想染指钓鱼岛。到 1885 年，又确定了对钓鱼岛伺机"窃取"的方针。日本挑起甲午战争后，终乘战胜之机，于 1895 年 1 月以内阁会议决定的方式，非法地"窃取"了钓鱼岛列岛。

第二节　钓鱼岛的历史与主权

　　日本之所以对钓鱼岛采取非法"窃取"的办法，是因为非常清楚它是属于中国的。明清以来的大量文献资料，充分地证明钓鱼岛是中国的固有领土。

　　早在明朝洪武年间（1368—1398），中国即频繁地派遣官船自福建出海，途经钓鱼岛等岛屿，直航琉球。这些官船，或是乘坐朝廷特派的专使，或属舟师船队追击犯境的倭寇。仅据《明史》所载，这样的活动至少有 6 次以上。如下表所示：

---

① 井上清：《钓鱼岛：历史与主权》，第 118~119 页。

公元	中国纪年	中国派官船到琉球事由	出处
1372	洪武五年	命行人杨载以即位建元诏告其国，其中山王察度遣弟泰期等随载入朝，贡方物。	《外国传·琉球》
1374	洪武七年	海上有警，总兵官吴祯率舟师出海捕倭，追至琉球大洋，获其兵船，献俘京师。	《吴祯传》
1374	洪武七年	命刑部侍郎李浩赍赐文绮、陶铁器、且以陶器七万、铁器千就其国市马	《外国传·琉球》
1382	洪武十五年	中山王派使臣来贡，遣内官送其还国。	《外国传·琉球》
1383	洪武十六年	中山王、山南王与山北王争雄，互相攻伐，命内史监丞梁民赐之敕，令罢兵息民，三王并奉命	《外国传·琉球》
1388	洪武二十一年	明军袭破元嗣君，获其次子地保奴及妃主等，诏安置地保奴于琉球。	《太祖纪》

当时，中国官船多次往返于福建与琉球之间，钓鱼岛等岛屿为其必经之路，久而久之便形成了几条习惯的航线，并在福建练就了一大批熟悉这一带海域的舟工。据《明史·外国传·琉球》载："（洪武帝）嘉其（中山王）修职勤，赐闽中舟工三十六户，以便贡使往来。"可为足证。所以，中国人至迟在明朝洪武年间便发现了钓鱼岛等岛屿并予以命名，是十分自然的事情。

最早记录的钓鱼岛命名的书籍是明朝永乐元年（1403年）的《顺风相送》。这是迄今为止世界上所存在最早记载中国官船在钓鱼岛海域活动的文献。该书乃为明初使臣往东西洋各国开诏时查勘航线及校正针路而作。书中有《福建往琉球》条，就是对福建往琉球的航线作多次查勘的航海记录。据考证，前后共有5次，其中经过钓鱼岛的航路有两条：

> 一是先在福建沿海北行，再向东航："北风，东涌开洋，用甲卯，取彭家山；用甲卯及单卯，取钓鱼屿。"意思是说，船从福建三沙湾外东南方之东引山下启航，偏北风，航向用东微偏北（82.5度），航至彭佳屿；由此继续航行，航向由东微偏北转正东（90度），即航至钓鱼岛。这是一条航程较远的航线。

> 一是直向东航："正南风，梅花开洋，用乙辰，取小琉球；用单乙，取钓鱼屿南边；用卯针，取赤坎屿；用艮针，取枯美山……"意思是说，船从福建闽江口外梅花所启航，航向东南偏东（112.5度），航至基隆屿；航向转东偏南（105度），从钓鱼岛南边之洋面经过；航向改用正东（90度），继续航行至赤尾屿；航向转用东北（45度），再继续航行至久米岛。①

《顺风相送》的记载，不仅详尽地写出了由福建到琉球的航路，而且指明了钓鱼岛、赤尾屿等列岛的方位皆在福建海域的范围之内，将其列入中国疆域。

从明太祖开始，便向琉球派遣专门代表中国政府册封琉球王的使节，这就是册封使。据史籍所载，自1372年（明洪武五年）派遣杨载以建元诏告琉球后，迄于1879年（清光绪五年）日本吞并琉球为止，凡508年间，中国派册封使前往琉球共24次。其中，大多数人留下了出使经过的文字记录，并独立成书，留传后世。②

这些册封使录以其具有官方文书的性质，故其史料价值是很高的。从册封使录的记载中，可以知道，册封使自福建前往琉球，其航路必

---

① 郑海麟：《钓鱼台列屿之历史与法理研究》，第16~17页。
② 吴天颖：《甲午战前钓鱼列屿归属考》，第40~41页附《册封使简况表》。

经钓鱼岛和久米山，概莫能外，在钓鱼岛与久米山之间，有黄尾屿和赤尾屿，则或经过，或不经过。如下表所示：

公元	中国纪年	册封使	便录名称	经过岛屿 中国	琉球
1534	嘉靖十三年	陈侃	《使琉球录》	钓鱼屿 黄毛屿 赤屿	古米山
1562	嘉靖四十一年	郭汝霖	《使琉球录》	钓鱼屿 赤屿	古米山
1579	万历七年	萧崇业	《使琉球录》	钓鱼屿 黄尾屿 赤屿	粘米山
1606	万历三十四年	夏子阳	《使琉球录》	钓鱼屿 黄尾屿	粘米山
1683	康熙二十二年	汪楫	《使琉球杂录》	钓鱼屿 赤屿	姑米山
1719	康熙五十八年	徐葆光	《中山传信录》	钓鱼台 黄尾屿 赤尾屿	姑米山
1756	乾隆二十一年	周煌	《琉球国志略》	钓鱼台	姑米山
1800	嘉庆五年	李鼎元	《使琉球记》	钓鱼台 赤尾屿	姑米山

上表中的岛屿名称，钓鱼屿或钓鱼台，即钓鱼岛；黄毛屿即黄尾屿；赤屿即赤尾屿；古米山即粘米山或姑米山，今名久米山。从钓鱼岛航行至久米山，是否经过黄尾屿或赤尾屿，完全根据风情与针路而定。因为钓鱼岛、黄尾屿、赤尾屿三个岛屿并不位于一条从西到东的直线上，而是构成一个钝三角形：钓鱼岛在西；黄尾屿与其相距较近，位于其东北方向；赤尾屿与其相距较远，位于其正东偏北之处。因此，从钓鱼岛到久米山的航路上，在一般情况下经过的岛屿有 3 种可能。(一) 先经过黄尾屿，再经过赤尾屿；(二) 不经过黄尾屿，只经过赤尾屿；(三) 只经过黄尾屿，不经过赤尾屿。

弄清了从钓鱼岛到久米山的航路，再来进一步探讨中国与琉球两国疆的分界，便比较容易了。《甲午战前钓鱼列屿归属考》一书作者吴天颖，针对日本学者奥原敏雄等人否定钓鱼岛为中国领土的论调，提出了"三大问题",① 确实皆为确定钓鱼岛列岛主权归属之关键所在。兹分述如下：

第一，怎样认识久米山的归属及其地位？答曰："古米山（久米山）乃属琉球者。"此语见于陈侃的《使琉球录》。该书称：

> 至（五月）八日，出海口，方一望汪洋矣。九日，隐隐见一小山，乃小琉球（基隆屿）也。十日，南风甚迅，舟行如飞，然顺流而下，亦不甚动。过平嘉山（彭佳屿），过钓鱼屿，过黄毛屿（黄尾屿），过赤屿（赤尾屿），目不暇接，一昼夜兼三日之程。夷舟帆小，不能及，相失在后。十一日夕，见古米山（久米山），乃属琉球者。夷人鼓舞于舟，喜达于家。

这段话说得很明确，古米山系琉球所属，船上的琉球船工快要到家，非常高兴，不禁欢欣鼓舞。但是，册封船一路上经过许多岛屿，如小琉球、平嘉山、钓鱼屿、黄毛屿、赤屿等，都未提到其所属，而唯独到古米山却说明"乃属琉球者"呢？唯一的正确解释是，古米山位于琉球的边界，其西便是中国海域，赤屿、黄毛屿、钓鱼屿、平嘉山等岛屿皆为中国所属。

类似的记载，不仅见于陈侃的《使琉球录》，而且也屡见于其他册封使的使录。如：

> 夏子阳《使琉球录》："二十九日，望见粘米山，夷人喜甚，以为渐达其家。"

> 李鼎元《使琉球记》："（五月）初十日辛卯，晴，丁未风，仍用单乙针，东方黑云蔽日，水面白鸟无数。计彭家（彭佳屿）至此（钓鱼台），行船十四更。辰正，见赤尾屿。屿方而赤，东西凸而中凹，凹中又有小峰二，船从山北过。……十一日壬辰，

---

① 吴天颖：《甲午战前钓鱼列屿归属考》，第43页。

阴，丁未风，仍用单乙针。计赤尾屿至此，行十四更船，午刻见姑米山。山共八岭，岭各一二峰，或断或续，舟中人欢声沸海。"
"夷人喜甚，以为渐达其家"，与"夷人鼓舞于舟，喜达于家"正是相同的意思，但表达更为准确，不是"达于家"，而"渐达其家"。就是说，一望见姑米山，就快回到久离的家乡了。

还应该指出，陈侃《使琉球录》关于"古米山乃属琉球者"记载，绝非孤证。再看徐葆光《中山传信录》所引程顺则《指南广义》的一段话：

福州往琉球，山闽安镇出五虎门，东沙外开洋。用单乙（或作乙）辰针十更，取鸡笼头（见山即从山北边过船，以下诸山皆同）、花瓶屿、彭家山。用乙卯并单卯针十五，取钓鱼台。用单卯针四更，取黄尾屿。用单寅（或作卯）针十或作更，取赤尾屿。用乙卯针六更，取姑米山（或作一）。用单卯针，取马齿；甲卯及甲寅针，收入琉球那霸港。

徐葆光到琉球后，花了8个多月的时间研究琉球的情况，一面查阅王府的文献资料，一面取得当时琉球的地理学家程顺则和蔡温的协助，终于写成《中山传信录》一书，故此书所记可信度极高。不久，此书便传入日本并被译成日文，"成为日本人在当时至1867年前了解关于琉球情况的最主要来源"。程顺则的《指南广义》则"是第一部向清朝皇帝和清政府介绍福州至琉球的往返航线，琉球的历史、地理、风俗、制度等的书"[①]。书中在写到姑米山时，加上了"琉球西南方界上镇山"的夹注。此夹注非常重要，是否为程顺则所加？井上清推测

---

① 井上清：《钓鱼岛：历史与主权》，第33~34、19页。

此句夹注为徐葆光所加。甚是。吴天颖亦对此书进行研究，认为《指南广义》一书现存者至少有7种传写本，一概没有这句夹注，唯有徐葆光在《中山传信录》中引用的《指南广义》文字才有此句夹注。同时，将各种写本与《中山传信录》"稍加对照，便可看出前者疏漏错讹甚多，而后者是经过徐葆光校勘订正后写成"。这就进一步证明："这句注文，并非《指南广义》原文，而是徐葆光所加。"① 明乎此，便可以得出这样两点认识：

其一，"琉球西南方界上镇山"指明了古米山的方位。徐葆光在这里所说的"西南方界"，应该是指琉球中部列岛的西南方边界，是毫无疑问的。因为在同书中，他在介绍八重山列岛时，称："琉球极西南属界也。"这就清楚地告诉世人：古米山是位于琉球中部西南的边界，八重山则是位于琉球南部最西南的边界。如此而已！所以，井上清对此句夹注解释说："单纯从地理上看，八重山群岛位于全琉球的最西南，所以把它用'此乃琉球极西南属界也'和久米岛区分开来。……用'西南方界上镇山'的注解，说明了久米岛是往来中国与琉球的国境。"② 他的这一解释是可信的。

其二，称久米山为"界上镇山"，而不像对八重山那样称为"属界"，可见其必有特殊的含义。古时称一方之主山为镇。《书·尧典》曰："封十有二山。"孔传曰："每州之名山殊大者，以为其州之镇。"《周礼·春官·大司乐》曰："四镇五岳崩。"郑玄注："四镇，山之重大者。"久米山在琉球西南边界不算小山，汪楫《使琉球杂录》称其"非寻常小山可比"，但究竟称不上大山。之所以称久米山为"镇山"，不仅是因其山之大，而且是以其山地位之重。在明清时代，久米山是

---

① 吴天颖：《甲午战前钓鱼列屿归属考》，第47页。
② 井上清：《钓鱼岛：历史与主权》，第36页。

琉球国王所派迎封船首迎册封使之处。对此，明清册封使录多有记述。如：

陈侃《使琉球录》："十一日夕，见古米山，……又竟一日，始至其山，有夷人驾小朝来向，夷通事与之语而去"

郭汝霖《使琉球录》："至申刻，乃见小古米山（久米山属岛之一），夷人望见船来，即驾小艀来迎。"

夏子阳《使琉球录》："二十九日，见粘米山，……午后，有小艀乘风忽忽而来；问之，为粘米山头目，望余舟而迎者。三十日，过土那奇山（今渡名喜岛），复有一小夷舟来迓，即令导引前行。午后，望见琉球山，殊为欢慰。次日，始达那霸港。"

周煌《琉球国志略》："十三日，丁午风，甲卯针，行船二更，见姑米山，……夜，丁午风，乙卯针二更，姑米人登山举火为号，舟中以火应之。十四日，单甲风，姑米头目率小舟数十，牵挽至山西下椗。……七月初四、初五日，王世子连拨国中海舶迎载，……初八日至那霸港。"

由上述可知，每当中国册封使坐船驶近久米山时，沿途皆有迎封船迎接，久米山即为首迎之处。当时，这已定为制度，而且对中国册封船来时与久米山联络也规定了一套办法。周煌曾提到"举火为号"，此在夜间可行，在白天则不可行。据1800年（清嘉庆五年）作为册封正使赵文楷随员前往琉球的沈复，在《浮生六记》第5卷《中山记历》中记道："戌刻，舟中举号火，姑米山有火应之。洵知为球人暗令：日则放炮，夜则举火。《仪》注所谓得信者，此也。……于是，球人驾独木船数十，以纤挽舟而行，迎封三接如仪。"如果琉球的迎封官员在久米山迎接不到册封使，那他就难辞其咎了。也确实曾经发生过这种偶见的情况，如1683年（清康熙二十二年）册封使汪楫即碰到了。《使琉球杂录》记载：

> 二十四日，天明见山，则彭佳山也，不知诸山何时飞越。辰刻，过彭佳山。酉刻，遂过钓鱼屿。船如凌空而行，……二十五日，见山，应先黄尾而后赤屿，不知何以遂至赤屿，未见黄尾屿也。……过赤屿后，按图应过赤坎屿，始至姑米山，乃二十六日倏忽已至马齿山，回望姑米横亘来路，又非寻常小山可比，而舟中人皆过而不觉。是时，琉球接封大夫郑永安骇叹之余，继以惶急，谓：天使从天而降，国中无由前知，突入其境，百无一备，则陪臣且重得罪，惟求暂泊舲中，容其驰报。情词哀切，于是亟令泊船。

由此可见，对于琉球国来说，迎接册封使是国家的大典，仪式非常隆重，即所谓"迎封三接如仪"也。久米山处于中国册封使进入琉球国境之地，也是琉球国接封官员首迎中国册封使之处，地当边界要冲，地位特别重要，这就是称之为"界上镇山"的原因。想由此引出久米山以西岛屿属于琉球的结论，是绝对做不到的。

第二，怎样认识赤尾屿的归属及其地位？答曰"界琉球地方山也。"此语见于郭汝霖的《使琉球录》。该书称：

> 五月二十九日，至梅花开洋。幸值西南风大旺，瞬目千里，……闰五月初一日，过钓鱼屿。初三日，至赤屿。赤屿者，界琉球地方山也。再一日之风，即可望古米山矣。

这段话是记从中国福建闽江口梅花所到琉球久米山的航程，当写到航经赤屿（赤尾屿）时，特别加了一句解释："赤屿者，界琉球地方山也。"这是必有深意的，否则就毋庸多写这一句了。此句的重要意义就在于，它明确了赤尾屿的归属及其地位。对"界琉球地方山"的理解，关键在"界"字上。按古代汉语的用法，"界"字在这里是名词作动词用，中国学者把它解作"接界"或"分界"，是正确的。这句话的意思是说，赤尾屿是与琉球地方分界（或接界）的山。

把郭汝霖"赤屿者，界琉球地方山也"这句话的意思弄明白，再联系前引陈侃所说"古米山，乃属琉球者"，便可以看出，中国与琉球的疆域分界是十分清楚的。对此，论者多有论述。例如：

> 整句的文义极其明确，只不过与陈侃换了个角度：陈侃是说古米山及其迤东属于琉球，郭汝霖则说赤尾屿是与琉球接界地方的山，赤尾屿及其迤西属于中国。这是不言而喻的。①

> 郭汝霖明确地指出："赤屿者，界琉球地方山也。"意谓赤尾屿是（中国）与琉球的地方分界。赤尾屿以西为中国领地，以东为琉球领地。而古米山在赤尾屿以东，因此属琉球领地，故陈侃有"古米山，乃属琉球者"之语。②

> 陈、郭两篇使录是记录钓鱼岛情况的最早期的文献。人们不仅应该注意到这一点，而且，陈侃将久米岛说成"乃属琉球者"，郭汝霖把赤屿写作"界琉球地方山也"，这也是很重要的。在这两个岛之间有条水深约2000米的海沟，没有任何小岛存在。所以，陈自福州东渡那霸时最先到达的琉球领土是久米岛，故写到这里即是琉球领土；郭将中国东端的小岛赤尾屿说成是琉球地方以此为界的小山，表明他们是在以不同的角度记述同一件事情。……琉球的向象贤的《琉球国中山世鉴》以"嘉靖甲午使事纪日"的形式，摘录了大段的陈侃使录。其中原文照抄了五月十日和十一日的记事，并未加任何注解。……这说明当时不仅中国人，而且任何琉球人也明白：久米岛是琉球领土的边界，赤屿以

---

① 吴天颖：《甲午战前钓鱼列屿归属考》，第51页。
② 郑海麟：《钓鱼台列屿之历史与法理研究》，第119页。

西不是琉球的领土。①

以上所引中外学者的有关论述，足以证明，中琉之间的疆域分界本来是极其明白的事情，只要是不先入为主，摈弃已有的成见，客观地分析上述文献记载，是必定会得出同样的结论来的。

赤尾屿是中国东端的海中小岛，也是钓鱼岛列岛中最东端的个岛，而且，它和钓鱼岛一样，都是中国人最早发现和命名的，并载入史籍，不绝于书。如下表所示：

公元	中国纪年	岛屿称谓	出处
1403	永乐元年	钓鱼屿　　　　赤坎屿	佚名《顺风相送》
1534	嘉靖十三年	钓鱼屿　黄毛屿　赤　屿	陈侃《使琉球录》
1557	嘉靖三十六年	钓鱼屿　黄麻屿　赤坎屿	郑舜功《日本一鉴》
1561	嘉靖四十年	钓鱼屿　黄毛山　赤　屿	郑若曾《郑开阳杂著》
1562	嘉靖四十一年	钓鱼屿　　　　赤　屿	郭汝霖《使琉球录》
1562	嘉靖四十一年	钓鱼屿　黄毛山　赤　屿	胡宗宪等《筹海图编》
1579	万历七年	钓鱼屿　黄尾均　赤　屿	萧崇业《使琉球录》
1683	康熙二十二年	钓鱼屿　黄尾屿　赤　屿	汪楫《使琉球杂录》
1719	康熙五十八年	钓鱼台　黄尾屿　赤尾屿	徐葆光《中山传信录》
1800	嘉庆五年	钓鱼台　　　　赤尾屿	李鼎元《使琉球记》

该表中的赤坎屿或赤屿，即赤尾屿。它和黄尾屿都是属于以钓鱼岛为中心的列岛中的岛屿，这是自明代以来世所公认的。对此，郑舜功所著《日本一鉴》便是最好的证明。

1555年（明嘉靖三十四年），明廷以倭寇为患招聘"有御侮平倭长策者"，布衣郑舜功"伏阙陈言"，奉诏宣谕日本国。翌年夏，他到

---

① 井上清：《钓鱼岛：历史与主权》，第22、23页。

达日本，停留大约半年。他是个有心人，"自广至倭，山川物色，见无不询，询无不志"。到日本之后，他以"大明国客"之名，一面晓谕日本，一面采访夷情，"若岛屿都域之统属，水陆途次之程期，往泊经由之处所，莫不各究其指归"。此行之所得皆见于所著《日本鉴》一书。该书第三部分《桴海图经》卷一之《万里长歌》有"一自回头定小东，前望七岛白云峰"之句，自注云：

> 小东岛，岛即小琉球，彼云大惠国。按此海岛，自泉永宁卫间抽一脉，渡海乃结澎湖等岛；再渡诸海，乃结小东之岛。

又有"或自梅花东山麓，鸡笼上开钓鱼目"之句，自注云：

> 梅花，所名，约去永宁八十里，自所东山外，用乙辰缝针或辰巽缝针，约至十更，取钓鱼屿。……某自梅花渡澎湖，之小东，至琉球，到日本，为昔陈给事出使琉球时，从其从人得此方程也。……而澎湖岛在泉海中，相去回头百六十里。钓鱼屿，小东小屿也。尽屿，南风，用正卯针，东南风，卯乙缝针，约至四更，取黄麻屿。

由上引作者两条自注可知，文中所说的小东岛即是台湾。据此，"钓鱼屿，小东小屿也"一句，显然就是说：钓鱼屿乃是台湾的小岛。有论者指出："郑舜功离京前，在兵部尚书杨博处接受的'往日本国采访夷情、随机开谕、归报施行'三项任务，他最终是完成了的。他的特使身份是确实无误的。他所撰写的《日本一鉴》其书具有官文书性质，书内所记'钓鱼屿，小东小屿也'是当时连日本方面也确认的事实。"[①] 所言甚是。由此也可知道，当时明朝政府始终把包括赤尾屿在内的钓鱼岛列岛看作是台湾的附属岛屿，当然是中国所属领土，这与郭汝霖所说"赤屿者，界琉球地方山也"的话，正可相互印证。

[①] 吴天颖：《甲午战前钓鱼列屿归属考》，第81页。

从明初以来，中国福建以东的疆域所至特别清楚，这也是有其历史原因的。钓鱼岛等岛屿是中国册封使自福建往琉球的必经之路，故很早便形成了明确的领土意识。明清时代的有关历史地理著作大都记载，自中国福建往琉球，到久米山即进入琉球国境，从而证明了久米山以西诸岛屿皆中国之属地。1629年（明崇祯二年）成书的茅瑞征《皇明象胥录》，其卷一之《琉球》条记往返福州与琉球的季节云："往以西南风，期孟夏；归以东北风，期季秋。望见古米山即其境。"时茅瑞征所任职的兵部职方司，正是掌管舆图等事的机构，如《明史·职官志一·兵部》所说"凡天下地理险易，边腹疆界，俱有图籍"。由此可以看出，茅瑞征以久米山为琉球边界，是根据记述中国周边疆界的历史图籍而定的。

其后，潘相于1764年（清乾隆二十九年）撰成了《琉球入学闻见录》一书，其《星土》条亦明确记云："自福州至琉球姑米山，四十更计二千四百里；自琉球姑米山回福州，五十更计三千里。"在"姑米山"前加上"琉球"作定语，正与茅瑞征所说"望见古米山即其境"是完全相同的意思。潘相在乾隆年间任京师国子监教习，有志于对琉球史地的研究。时琉球国王所遣至京师就读的"入学陪臣"郑孝德和蔡世昌，俱明时闽籍三十六姓移民后裔，汉学根底既佳，又颇熟悉琉球之历史地理。潘相与之朝夕相处4年，相互切磋，遂以徐葆光《中山传信录》、周煌《琉球国志略》二书为底本，"逐条核问，又参阅其国人程顺则等所编诸本，颇多异同，用是频加考订，别为义例"，撰成《琉球入学闻见录》四卷。可知在当时，久米山为琉球界，其西之赤尾屿为中国界，已成为中、琉两国人民的共识。

清初以来传世的大量古地图也充分地证明了这一点。例如：

1719年（清康熙五十八年），徐葆光所撰《中山传信录》附有

《琉球三十六岛图》，对琉球所属之东四岛、东北八岛、西北五岛、正西三岛、南七岛、西南九岛，一一分列无遗，唯独将钓鱼岛等岛屿排除在外。1725年（清雍正三年），琉球蔡温增订之《中山世图》所附《琉球舆图》，亦作同样的处理。这绝非偶然的巧合，而是充分证明："中、琉两国官方人士，实际是把姑米山视为琉球西南方界上镇山，确认黑水洋以西的赤尾屿、黄尾屿、钓鱼岛、彭佳山、花瓶屿，以及南杞山以下诸岛，如同福州、台湾一样，都是中国的版图。"①

进入19世纪40年代，以上情况并无任何改变。曾在福建做官多年的徐继畬本酷爱舆地之学，后更探究域外史地，"于外国山川道里，政事风俗，一切战守之势，张弛之宜，无不了然心目，如聚米画沙，烛照而数计"②。他初识美国传教士雅稗理（David Abeel），多次向其请益，"暇日引与晤谈，四海地形得其大致，就其图摹取二十余幅，缀之以说"，复参考中国有关海国诸书，撰成《瀛环考略》二卷。其后，他又购得西方印刷的世界地图二册，并先后请教英国福州领事李太郭（George Tradescant Lay）及其继任阿礼国（Rutherford Alcock），"乃依图立说，采诸书之可信者，衍为之篇，久之积成卷帙"③。到1848年（清道光二十八年），终将《瀛环考略》二卷增补为十卷，易其名曰《瀛环志略》。此书卷 附有《东洋二国图》，图虽绘得简略，却特别突出了琉球与中国福州相对的姑米山的镇山地位。并"依国立说"云："琉球，在萨峒马（今日本九州岛）以南，东洋小国也。周围三十六岛，……自前明世修贡职，……王薨，则世子遣使请命。例遣文臣二人为正副使，赐一品服，持节航海，册其世子为中山王。故其国之风土，多有能言之者。由福州之五虎门放洋，用卯针，约四十

---

① 吴天颖：《甲午战前钓鱼列屿归属考》，第62页。
② 杨笃：《松龛先生传》，《松龛先生全集》，《徐氏本支叙传》附录。
③ 徐继畬：《瀛环考略》序；《瀛环志略》自序。

余更，至孤米山，其国之大岛也。再东即至其国。"孤米山，或作姑米山、古米山，即今之久米山。徐继畲说"孤米山，其国之大岛也"，将茅瑞征的话"望见姑米山即其境"更具体化了，直接点明久米山是位于琉球国境上的大岛，使人对其理解不致产生任何怀疑。

至于最具权威性的古地图，则要数乾隆时法国传教士蒋友仁所绘之《坤舆全图》了。明清之际，许多西方传教士来到中国，开始用西洋方法绘制地图。意大利传教士利马窦（Matthaeus Ricci）即其第一人。他用西方绘制的《山海舆地全图》曾多次刊刻。以此为倡导，随后来华之意大利传教士多有效之者，如艾儒略（Julius Aleni）绘有《万国全图》，毕方济（Franciscus Sainbiasi）绘有《坤舆全图》，现皆藏梵蒂冈图书馆。1674年（清康熙十三年），供职钦天监的比利时传教士南怀仁（Ferdinandus Verbiest）又将其所绘之《坤舆全图》刊印，迄今尚有藏本。其后，法国传教士蒋友仁（Michael Benoist）在前人的基础上重绘《坤舆全图》，进呈乾隆皇帝。此即闻名中外的《乾隆内府舆图》。图之下方有《题记》云："友仁以观光陪臣，幸逢盛际，谨取新辟西域诸图，联以西来所携手辑疆域梗概，增补《坤舆全图》。"此图于1767年（乾隆三十二年）付印，他增补的内容即有钓鱼岛等岛屿，成为本图的重要特色尤值得注意的是，他将钓鱼岛等岛皆用闽南方言注名，如赤尾屿注"车末须"，黄尾屿注"欢末须"，钓鱼屿注"好鱼须"，连同"华宾须"（花瓶屿）、"彭嘉"（彭佳屿），皆绘于台湾岛以北迤东，从而说明皆是中国所属之岛屿。1722年（康熙六十一年），以御使巡视台湾的黄叔璥著有《台海使槎录》一书，其卷二称："台湾州……山后大洋北，有山名钓鱼台，可泊大船十余。"蒋友仁图与此正好暗合。所以，其《题记》又称："或穷此疆尔界以察地形，或访圣贤名流以资师友，……载籍所传，或有或无，皆可按图而辨。"

皆属可信,并非夸张之言。这也就是蒋友仁图的重要价值所在。黄叔璥书被收入《钦定四库全书》,蒋友仁图又是根据乾隆皇帝"钦命"而绘制的官方舆图,这等于明确地宣告中国对钓鱼岛列岛的领有是在中央政府名义下实现的国家行为。

还必须指出的是,自明初以来,钓鱼岛等岛屿是中国册封使自福建往琉球的必经之路,而且也是当时"备倭"的海防要区,因为此处正当倭寇侵扰福建沿海所必经的往来通道。《明史·张赫传》记1374年(洪武七年)明军追击倭寇至"琉球大洋"事:

> 是时,倭寇出没海岛中,乘间辄傅岸剽掠,沿海居民患苦之……赫在海上久,所捕倭不可胜计。最后追寇至琉球大洋,与战,擒其魁十八人,斩首数十级,获倭船十余艘,收弓、刀、器械无算。

"琉球大洋"究竟是指何处,从以下两件奏折可以知其大概:其一是1757年(清乾隆二十二年)福建巡抚钟音奏报册封使臣全魁、周煌由琉球回闽情形折,称:"头号宝船。……在姑米山洋面遭风,碇索尽断,冲礁破坏。……又有贰号宝船亦在姑米山洋面遭飓飘流。……臣查两船驶抵琉球洋面,或冲礁损坏,或遭飓飘回。"[①] 其二是1866年(清同治五年)册封使臣赵新奏称:"臣等奉命差往琉球,……舟抵琉界之姑米山外洋。"[②] 这里所说的"琉球洋面",应即《明史·张赫传》中的"琉球大洋",殆无疑义。所谓"琉球大洋",就是指"姑米山洋面"或"球界之姑米山外洋"。而明军由福建沿海追击倭寇至姑米山洋面,不能不经过钓鱼岛等岛屿,可见当时明朝政府是把钓鱼岛列岛划在舟师的防御区域之内的。

---

① 《宫中硃批奏折》,外交类,第37号卷,中国第一历史档案馆藏。
② 《军机处录副奏折》,外交类,第1066号卷。中国第一历史档案馆藏。

认为"琉球大洋"乃指"姑米山洋面",从而确定钓鱼岛等岛屿属于中国的管辖区域,并为舟师所守御之地,从明代的海防地图中也可得到充分的证明。1562年(明嘉靖四十一年)刊印的《筹海图编》,其卷一《沿海山沙图》即将钓鱼屿、黄毛山、赤屿等列入中国的海防区域。此书是在抗倭最高军事长官胡宗宪主持及抗倭名将谭纶、戚继光的参与下,由海岸地理学家郑若曾绘图并撰写的。此书《凡例》有云:"不按图籍不可以知扼塞,不审形势不可以施经略。边海自粤抵辽,袤延一万五千余里,皆倭奴入犯之处。"可见,凡绘入本图之岛屿皆在中国的"边海",是属于中国的领土;而不属中国领土的地区或岛屿概未包括进去。自兹以降,刊行的一些武备志书,皆将钓鱼屿(或称钓鱼山)、黄毛山、赤屿等明确地划为福建的管辖范围。如茅元仪《武备志》卷二百一十《福建沿海山沙图》、施永图《武备秘书》卷二《福建沿海山沙图》等,即其较为著名者。在此前一年,郑若曾还撰成《郑开阳杂著》一书,其卷八之《海防一览图》尤值得注意。此图将中国岛屿名称如钓鱼屿、黄毛山、赤屿等皆加长圆形框,而将邻近钓鱼岛等岛屿的琉球岛屿名称如古米山等则加长方形框,疆域分野十分清楚。

至此,我们便可知道,郭汝霖"赤屿者,界琉球地方山也"一语,是对钓鱼岛列岛主权归属问题的一个最确切的回答,其重要意义是不言而喻的。

第三,如果说久米山为琉球西南方界上镇山,赤尾屿乃中国与琉球地方分界的山的话,那么,中琉之间海域的分界又在哪里?答曰:"黑水沟"。对此,周煌《琉球国志略》讲得最明白。此书卷五记琉球云:

> 环岛皆海也。海面西距黑水沟,与闽海界。福建开洋,至琉

球，必经沧水过黑水，古称沧溟，溟与冥通，幽元之义。又曰：东溟，琉地。

这段话虽短，却说了三层意思：第一层，即第一句，是说琉球海面西到黑水沟，与闽海为界。句中的"距"字，其义为"至"或"到"。《尚书·皋陶谟》："予决九川距四海。"孙星衍疏云："'距四海'谓'至于海'"。《汉书·食货志》注孟康云："'距，至也。'《广雅·释诂》同。"第二层，即第二句，是说自福建出海往琉球，必经绿色海水再进入黑色海水，古时称作"沧溟"。"幽元"本作"幽玄"，因避康熙皇帝玄烨名讳而改，与"溟""冥"皆有"黑"义，用来形容海水的颜色。第三层，即第三句，是说"沧溟"之东乃是琉球之地。可见，周煌这段话非常重要，给后人记录下来这件谁也无可否认的历史事实：黑水沟为中国与琉球之间的海疆分界。

"黑水沟"，又简称"沟"，或称"郊"，因在闽南方言里"沟""郊"读音是相同的。周煌所说的"黑水沟"，实际上是横亘琉球以西的一条深达1 000至2 700多公尺的海沟，即今天的东海海槽。夏子阳《使琉球录》记册封船经过黑水沟的情况说："风急浪狂，舵牙连折。连日所过水皆深黑色，宛如浊沟积水，或又如靛色。"这就是黑水沟以"黑水"为名之由来。正因为此处风急浪狂，险象丛生，所以行船者过此必有祭海之举。也正由于此，黑水沟才成为中琉之间海上的天然分界。潘相《琉球入学闻见录》之《星槎》条云："黑水沟为中外界水，过沟必先祭之。"汪楫《使琉球杂录》亦云："薄暮过郊（原注：或作沟），风涛大作，投生猪羊各一，泼五斗米粥，焚纸船，鸣钲击鼓，诸军皆甲，露刃俯舷作御敌状，久之始息。问：'郊之义何取？'曰：'中外之界也。'"说黑水沟为"中外界水"或"中外之界"，与周煌"（琉球）海面西距黑水沟，与闽海界"的话讲的正是同一个意思。

现在的主要问题是：黑水沟究竟具体位于何处？对此，明清时代的册封使的答案不尽相同。这并不足怪，系因其航程中之经历各异使然。但从使录看，大多数册封使还是肯定黑水沟在中国钓鱼岛列岛东端的赤尾屿与琉球久米山之间。如 1808 年（清嘉庆十五年）出使的齐鲲在《续琉球国志》中便记述得很明确："午刻见赤屿，又行船四更五，过沟祭海。"汪楫《使琉球杂录》亦称："二十四日……西刻遂过钓鱼屿，船如凌空而行，……二十五日见山，应先黄尾而后赤屿，不知何以遂至赤屿未见黄尾屿也。薄暮过郊（原注：或作沟），风涛大作。"汪楫乘坐的册封船经钓鱼屿后径向东航，以致未看见黄尾屿，而到了赤尾屿，但也明确无误地记述船是在赤尾屿以东过黑水沟的。1800 年（清嘉庆五年）出使的李鼎元《使琉球记》所述颇有意思：因为船上的"琉球伙长"不知有"黑沟"，所以"开洋已三日，莫知沟所"，只好在过钓鱼台后便"祭黑水沟"。其实，按同行之沈复在《中山记历》中所述，该册封船过赤尾屿后即遇到"大雷雨"，"舵无主，舟转侧甚危"，无意中描绘的正是过黑水沟的情景。

检阅使录，发现似乎也有例外的情形。兹有二例：一是夏子阳《使琉球录》记册封船过黄尾屿后，"连日所过水皆深黑色"，始"望见姑米山"；一是周煌《琉球国志略》记册封船过钓鱼台后，"见赤洋"，"过沟祭海"，终"见姑米山"。实际上，这都是针路偏差所致。当时，中国册封船多用"琉球伙长"领航，因各人的经验不同，在用针方法上也不尽一致。汪楫《使琉球杂录》卷五《神异》条指出："海行以针为路，针盘即伙长主之臣惧其偶忽也，亦手一盘，针少移则呼而警之。出洋后，主用辰针，考之《图说》亦然；而琉球人为响导者，自以为历年归国者皆用辰乙针，争之甚力。不得已，参用辰乙针。"可见，对于用针来说，各有各的用法，加以风向时刻转换，风力起落不定，故往往造成偏离航线的情况。夏子阳的船是从黄尾屿的北面驶过，所以见不到赤尾屿，而直接到了久米山。尽管如此，他的船还是要过赤尾屿以东的黑水沟，才到达久米山的。至于周煌的船，显然也是由于针路不对而导致大大地偏离航线，由钓鱼台南面向东行，既见不到黄尾屿也见不到赤尾屿，径进入黑水沟，即绕到了赤尾屿的东南方向，然后取东偏北的航向，才到达久米山。由此可见，无论是夏子阳还是周煌，他们的船或向北或向南绕过了赤尾屿，但都是在赤尾屿以东过黑水沟则是毫无疑问的。

根据以上所述，可以知道，中国的册封船自福建往琉球，无论经过赤尾屿到琉球的久米山也好，还是绕过赤尾屿到琉球的久米山也好，都是必经赤尾屿与久米山之间的黑水沟的。这已为现代的科学勘探所证实。古代中、琉两国政府和人民对以黑水沟为海疆之分界，业已形成共识，这是不容改变的历史事实。

本来，从明代以来，中国与琉球之间的地方分界及海疆分界，可谓判若鸿沟，清楚得不能再清楚了。1640年（明崇祯十三年），琉球国中山王尚丰在致福建等处承宣布政使司咨文有云："照得琉球世守东隅，休戚相关，册连福建，壤绵一脉，天造地设，界水分遥。"[①]1719年（清康熙五十八年）册封副使徐葆光所撰《中山传信录》，实际上是中、琉双方官员共同的成果，带有官方文书的性质。该书中的《琉球三十六岛图》表明，姑米山为琉球西南界上镇山，钓鱼岛等岛屿并不在琉球三十六岛之中。这一点特别清楚，所以徐葆光在所作《三十六岛歌》中称："琉球属岛三十六，画海为界如分疆。" 1785年（日天明五年，清乾隆五十年），日本仙台人林子平出版了《三国通览

[①]《琉球历代宝案》第1集，卷二〇。转见吴天颖著《甲午战前钓鱼列屿归属考》，第60页。

图说》一书，内附《琉球三省并三十六岛之图》，这是 1868 年日本明治维新以前唯一涉及钓鱼岛等岛屿的著作。在图的设色说明中，"赤"的下面即有中国。井上清在东京大学图书馆里发现了《图说》的最早版本，证明从中国山东到广东的沿海诸省与钓鱼岛等岛屿的着色确实都是赤色的。其后，他又在京都大学图书馆的谷村文库里发现了两种江户时代《琉球三省并三十六岛之图》的彩色临摹本，虽然着色有些改变，但将中国沿海诸省与钓鱼岛等岛屿都画成一种颜色则是相同的。如下表：

	日本	琉球	中国	
			沿海诸省	钓鱼岛列岛
东京大学藏本	灰绿	浅灰	淡红	淡红
京都大学藏本（之一）	深绿	茶红	淡茶	淡茶
京都大学藏本（之二）	绿色	黄色	淡红	淡红

可见林子平对"钓鱼群岛是中国领土一事深信不疑"[①]。

总之，上述种种，足以证明钓鱼岛列岛自古以来就是中国的固有领土。任何企图回避、歪曲以至否认有关钓鱼岛真实史料的做法都是徒劳的，也不可能以此来改变钓鱼岛是中国领土这一客观的历史事实。

第三节 钓鱼岛主权归属争端的法理评判

钓鱼岛是中国的固有领土，事实昭昭俱在，世人皆知。日本明治政府也明知钓鱼岛是中国的领土，故在 1895 年 1 月利用甲午战争稳操

[①] 井上清：《钓鱼岛：历史与主权》，第 38~39、41~42 页。

胜券之机，对钓鱼岛采取了偷偷窃取的办法。日本此举是对中国领土主权的侵犯，违反国际公法，因此从来不敢公之于世。当中日马关议和时，李鸿章被迫同意割让台湾，但当即提出："交割是大事，应先立简明章程，日后照办，方免纠葛。"① 不管从哪方面讲，这都是最起码的要求。因为日本要割占中国的台湾省，那么要交割时理应对该省所辖区域先有一个明确的分界，就是说"先立简明章程"，以免日后发生纠葛。但是，此时日本已不待中日谈判而事先窃取了钓鱼岛，故在谈判时日方代表伊藤博文坚决反对立简明章程，其目的是企图用打马虎眼的办法掩盖其窃取钓鱼岛的非法行为。这样，在《马关条约》第二款让与日本土地的规定中便出现了很奇特的现象：

　　台湾全岛及所有附属各岛屿。

　　澎湖列岛，即英国格林尼次东经百十九度起至百二十度止，及北纬二十三度起至二十四度之间诸岛屿。

对澎湖列岛的经纬度的划分十分明确，而"台湾全岛及所有附属各岛屿"一语在表述上则带有一定程度的模糊性，二者适成鲜明的对比。钓鱼岛列岛历来就是台湾的附属岛屿，伊藤博文对此是十分清楚的，而采取模糊表述的方法，则既不影响割占台湾及其他岛屿，又可将窃取钓鱼岛的行为掩盖得天衣无缝，正可谓一举两得！这就是伊藤博文的如意算盘。正由于此，便为后来钓鱼岛主权归属争端之起埋下了隐患。李鸿章的话不幸而言中了。

　　从中日《马关条约》签订，迄于1945年日本战败投降，日本统治台湾达50年之久，钓鱼岛等岛屿也被日本长期霸占。本来，日本战败之后，理应将钓鱼岛列岛连同台湾、澎湖群岛等一起归还中国。1943年12月1日中美英三国《开罗宣言》即明确宣告："我三大盟国

---

① 《东行三录》，上海书店，1982年，第252~253页。

此次进行战争之目的,在于制止及惩罚日本之侵略。"并规定,"日本所窃取于中国之领土,例如满洲、台湾、澎湖群岛等"必须归还中国。不仅如此,《开罗宣言》还宣布:"日本亦将被逐出于其以暴力或贪欲所攫取之所有土地。"此条亦值得注意,显然它既适用于琉球,也适用于钓鱼岛列岛。

说琉球在"日本亦将被逐出于其以暴力或贪欲所攫取之所有土地"的范围之内,是有充分根据的。在开罗会议期间,即曾讨论过琉球的处理问题。中方表示:"中国愿与美国共同占领琉球,俟该地托管之时,与美国共同管理之。"对此,中美两国达成共识,并记录在案。① 对于中国的主张,罗斯福曾征询斯大林的意见。1944 年 1 月 12日,罗斯福告诉当时的中国驻美大使,斯大林也赞成战后琉球应归还中国。他说:"斯大林熟悉琉球历史,他完全同意琉球属于中国并应归还它。"② 再看中美英三国促令日本投降之《波茨坦公告》,其第 8 条规定:"《开罗宣言》之条件必将实施,而日本之主权必将限于本州、北海道、九州、四国及吾人所决定其他小岛之内。"这里所说的"其他小岛",当然不包括琉球,更不能包括在"窃取"前与日本毫无关系而且相距遥远的钓鱼岛列岛了。所以,就钓鱼岛列岛而言,无论从历史还是从法理来说,都是属于中国的。或者将钓鱼岛作为台湾的附属岛屿归还中国;或者将钓鱼岛作为日本"以暴力或贪欲所攫取"之土地归还中国;二者必居其一。

1945 年日本无条件投降后,台湾和澎湖列岛等虽归还中国,但钓鱼岛等岛屿却处于美军的占领之下。到 1951 年 9 月 8 日,美国在排斥中华人民共和国参与的情况下,竟炮制了所谓的《旧金山和约》。这

---

① 梁敬錞:《开罗会议与中国》,香港亚洲出版社,1962 年,第 41、43 页。
② Foreign Relations of the United Sates, Diplomatic Papers: The Conferences at Cairo and Tehran 1943, Supra, note (51), p. 869. 转见张启雄:《钓鱼台列屿的主权归属问题》,《近代史研究所集刊》第 22 期下,第 130 页。

个由美国一手包办的单独对日和约，规定美国对琉球实行独家"托管"，"行使一切及任何行政、立法与司法权力"。早在此前的8月15日，即《旧金山和约》草案文本出笼之翌日，当时的中国外交部长周恩来便发表声明，指出美国排斥中华人民共和国而一手包办对日和约是非法的，中国人民绝不承认。同年9月18日，周恩来代表中国政府重申，这个所谓的《旧金山和约》因无中华人民共和国参加准备、拟制和签订，所以是非法的和无效的。事实上，即按这个所谓的《旧金山和约》，其第三条列出的美军托管的琉球地区，其范围也并不包括钓鱼岛列岛。直到1953年12月25日，美国政府又以"美国琉球民政府"的名义发布第27号令，声称根据《旧金山和约》第三条，实施所谓《琉球列岛的地理境界》，其所划琉球列岛地界包括从北纬24度到28度、东经122度到133度的所有岛屿，从而将钓鱼岛、黄尾屿、赤尾屿等岛屿包含其中。本来，美国一手包办的《旧金山和约》就是非法的和无效的，由这个所谓《旧金山和约》派生出来的《美国琉球民政府第27号令》当然也是非法的和无效的，根本不能具有国际法的效力。

20世纪60年代后，这一带大陆架被发现蕴藏着丰富的石油。此消息在日本引起了震动。1968年5月20日，先由当时任"冲绳问题恳谈会专门委员"的高冈大辅出面，组成一个"尖阁列岛视察团"到钓鱼岛活动。其后，又于1969年夏和1970年夏两次组织"关于尖阁列岛周围海域、海底地质学术调查团"，到这一带进行勘测。与此同时，日本政府又故技重演，开始了侵夺我钓鱼岛列岛的图谋。于是，它一面大肆制造舆论，面唆使在美国琉球民政府监督下的琉球政府加紧采取实际的步骤。

琉球政府不辱使命，接连地采取了以下几项措施：

其一，1969 年 5 月，由琉球石垣市政府派出工程队，前往钓鱼岛，树立"行政管辖标志"。

其二，1970 年 8 月 31 日，琉球政府立法院通过了《关于请求防卫尖阁列岛领土的决定》。

其三，1970 年 9 月 10 日，琉球政府发表了《关于尖阁列岛主权及大陆架资源开发权的主张》的声明。

其四，1970 年 9 月 17 日，琉球政府又发表了《关于尖阁列岛的领有权》的声明。此声明提出了一系列对钓鱼岛列岛拥有主权的似是而非的根据。

对日本政府来说，琉球政府的铺垫工作差不多做足了，便于 1972 年 3 月 8 日由日本外务省以《关于尖阁诸岛的领有权问题》为题，正式公布日本政府的主张。其内容如下：

> 尖阁列岛是日本政府于明治 18 年后，以通过冲绳县当局的方式，并经再三实地调查，慎重确认该地不但是无人岛，而且也没有清国统治所及的迹象，然后内阁才于明治 28 年 1 月 14 日决议于该地建立标桩，正式编入我国领土。
>
> 自此以来，该列岛在历史上始终是构成我国领土西南诸岛的一部分，而不是包含在基于明治 28 年 5 月生效的《马关条约》第 2 条，得自于清国割让的台湾及澎湖群岛者。
>
> 因此，在《旧金山和约》中，尖阁列岛并非包含在基于该和约第 2 条之规定，为我国所放弃之领土者；而是基于该和约第 3 条之规定，作为西南诸岛的一部分，置于美国托管之施政下，为包含于去年 6 月 17 日签署的日美间关于琉球诸岛及大东诸岛的协定，将施政权还于我国者。
>
> 以上事实，显示出尖阁列岛作为我国领土的地位是极为清

第八章 钓鱼岛的主权归属与国际法

楚的。

再者，基于《旧金山和约》第3条的规定，该列岛包含于美国托管的区域之内，对此中国从未表示任何异议，由此可知中国并不认为尖阁列岛是台湾的一部分。……

这真是一篇奇文！它连同琉球政府立法院的"决定"和琉球政府的两次"声明"所提出的一系列日本领有钓鱼岛列岛的根据，到底有多少分量和价值？我们不妨根据国际法的法理对其稍加评判，便很容易得出明确的回答。

首先，值得注意的是，日本政府也好，琉球政府也好，都非常重视钓鱼岛列岛的命名问题，为此也确实煞费苦心。琉球政府的《声明》称："历史上，自14世纪下半叶即知晓尖阁列岛的存在。"这句话很有意思：一是缺少主语，回避中国最早发现钓鱼岛等岛屿的历史事实；二是用"知晓"一词来替代"发现"，以此来抹煞中国对钓鱼岛等岛屿的"原始发现"（Original Discovery）；三是打出"尖阁列岛"这个名称，以给世人造成一种错觉，似乎日本人所起的"尖阁列岛"这个名称早在14世纪下半叶便出现了。这种故意用含糊其词来掩盖事实真相的做法，既是不光彩的，也是不足取的。

事实上，日本开始使用"尖阁列岛"这个名称是非常晚的，比中国给钓鱼岛列岛命名要晚5个世纪。据日本学者井上清和中国学者郑海麟考证[1]，日本的"尖阁列岛"名称是从英文 Pinnacle Groups 或 Pinnacle Islands 对译过来的。1845年6月，英国军舰"萨玛兰"号（Samarang）对钓鱼岛等岛屿进行了测量。该舰舰长巴尔契（Sir Edward Balcher）在航海日志中记述了此次测量的经过。1848年，他

---

[1] 参看井上清：《钓鱼岛：历史与主权》，第63~76页；郑海麟：《钓鱼台列屿之历史与法理研究》，第89~105页。

将测量结果加以整理后，以《萨玛兰号航海记事》（Narrative of The Voyage of HMS Samarang during the years 1843—46）为题，在伦敦出版。日本海军早期出版的《水路志》，如《环瀛水路志》（1886）、《日本水路志》（1894）等，其中有关钓鱼岛等岛屿的记述都是以巴尔契的书为蓝本的。巴尔契把位于钓鱼岛以东6海里处的一群小岛，即南小岛、北小岛、飞濑、冲南岩、冲北岩等，称作 Pinnacle Groups，以其"岛上有尖岩突起多处，形状恰似尖塔"也。"尖阁列岛"是始于1900年黑岩恒的命名。黑岩恒本是冲绳县师范学校教谕，曾多次到钓鱼岛采集动植物标本，于1900年写《尖阁列岛探险记事》发表。此文称：

> 这里称为尖阁列岛，它是位于我冲绳与清国福州中央的一列小岛，……由钓鱼屿、尖头诸屿及黄尾屿组成，乃茫茫苍海之一粟也。……而此列岛尚未有总称，在地理学上造成许多不便，故此我提出了尖阁列岛这个新名词。

可见，黑岩恒对 Pinnacle Groups 采取两种不同的译法：一译"尖头诸屿"，用来称钓鱼岛东侧的几个小岛；一译"尖阁列岛"，用来作此列岛的总称。从此，"尖阁列岛"这个名称先在地理学界流传，继之便为日本官方文书所采用。不过，黑岩恒所称之"尖阁列岛"，却没有将赤尾屿包括进去。这说明当时日本对钓鱼岛列岛的了解还是相当片面和混乱的。

众所周知，从15世纪初期以来，钓鱼岛等岛屿已被中国人发现和命名，并处于中国政府的管辖之下，即使从近代的国际法看，也不能不承认是属于中国的领土。这在国际法上叫做"原始的取得方式"[①]。日本之所以要另起炉灶，重新给钓鱼岛列岛命名，其目的无非是制造混乱，迷惑世人，为日本混充最早发现者制造"佐证"。这当然是枉

[①]《奥本海国际法》上卷，第2分册，第69页。

第八章　钓鱼岛的主权归属与国际法

费心机的。正如论者指出："概括地说，日本人关于钓鱼台列屿的知识最初得自英国人，而英国人的知识又得自闽语系的中国人。钓鱼台列屿最早实为福建、台湾渔民的活动场所，大致可成定论。至此，日本人称钓鱼台列屿（日称"尖阁列岛"）是由他们最早发现的无人荒岛之说不攻自破。"[1]

其次，日本政府声称钓鱼岛是无主岛，这是它获取该岛的主要法理依据："日本政府于明治18年后，以通过冲绳县当局的方式，并经再三实地调查，慎重确认该地不但是无人岛，而且也没有清国统治所及的迹象，然后内阁才于明治28年1月14日决议于该地建立标桩，正式编入我国领土。"此说实际上是对国际法"无主地先占"原则的歪曲。关于对无主地的领有观念，从国际法看经历了两个发展的时期：十五六世纪，是"发现即领有"的时代；18世纪后半叶，是"无主地先占"原则取代"发现即领有"的时代。但这并不是说发现成为毫无意义的了。发现具有"初步的权利"（inchoate—right）[2]，"发现使那个为其服务而发现的国家有一种不完全的所有权"[3]。因此，发现的重要意义在于："第一，发现本身虽然并不意味着取得领土，但它具有在进行有效占领所必要的相当时间内阻止他国占领的作用；第二，发现意味着发现国获得领土的优先，它可以通过占领的措施将不完全所有权变为真正所有权。"日本政府熟知至迟在15世纪初中国已经发现了钓鱼岛并给予命名，所以在这篇正式代表官方意见的文件中干脆避开了"发现"这个字眼，专从"无主地先占"原则入手，作为领有该岛的法理和事实根据。

但是，"无主地先占"原则也帮不了日本多少忙。按照国际法，

---

[1] 郑海麟：《钓鱼台列屿之历史与法理研究》，第105页。
[2] 王铁崖主编：《国际法》，法律出版社，1981年，第144页。
[3] 《奥本海国际法》上卷，第2分册，第78页。

441

先占是一个国家的占有行为，通过这种行为该国有意识地取得对于当时不在其他国家主权之下的土地的主权，先占必须具备两个条件：（一）先占的客体只限于"无主地"（Terra nullius），即未经他国占领或虽经占领但已放弃的土地；（二）实行有效的占领，即仅仅象征性的占领是不够的，还要行使管辖的权力。根据国际法的这些规定和要求，可知钓鱼岛列岛不但不是什么"无主地"，而且从明朝以来就是属于中国的领土了。

第一，1403年（明永乐元年）中国派往琉球的使臣所撰《顺风相送》一书，即已记载了对钓鱼岛等岛屿发现和命名的事实，且不说当时还处国际法上"发现即领有"的时代，即使按照后来的"无主地先占"原则，这在国际法上已构成"初步的权利"或"不完全的所有权"。

第二，从明朝初年开始，为了"备倭"的需要，明朝政府即将钓鱼岛等岛屿作为海防管辖区域，并且"设官制驭"。"夫东南边幅莫大于海，而诸夷莫狡于倭，倭之为中国患久矣。洪惟我太祖高皇帝混一区宇，经略四禺，西北故云详密，而东南亦未始略也。观其设官制驭咸曰'备倭'，可见矣。"① 朱元璋的高明之处，就是他认识到了中国"东南边幅莫大于海"的现实及其重要性。所以，他把从东南沿海到钓鱼岛列岛最东面的赤尾屿的广阔海域都划入中国海防区。1374年（明洪武七年），明军在福建福清县海面与倭寇作战，曾一直追过赤尾屿，到达琉球之古米山洋面，即其显例。到1562年（明嘉靖四十一年），胡宗宪主持编纂的《筹海图编》卷一《沿海山沙图》，作为明朝"备倭"前线最高军事指挥当局刊印的图籍，正式地将钓鱼屿、黄毛山（黄尾屿）、赤屿（赤尾屿）编入中国领土，行使管辖的权力。后

---

① 《筹海图编·跋》，明嘉靖四十一年初刻本。

来，倭患虽然平息，但这并不能改变中国拥有钓鱼岛主权的既成事实。正由于此，入清以后，情况并无改变。清朝出版的官方地图，如乾隆《坤舆全图》、同治《皇朝中外壹统舆图》乃至日人林子平所绘《琉球三省并三十六岛之图》等，皆将钓鱼岛列岛列为中国版图，可为确证。对于如此多的证据，日本当局皆视而不见，反而说什么岛上"没有清朝统治所及的迹象"，真是荒唐之至！

第三，钓鱼岛列岛不仅早已编入中国领土，而且与琉球的分界从来都是清楚的。在中国与琉球之间有一道天然的边界。这在现代国际法上叫做"自然疆界"，可以由界于两国之间的自然物如河流、海域、山岭等构成。关于中琉地方分界的记载，如久米山为琉球西南方界上镇山，赤尾屿为中国界琉球地方之山，已如前述。至于以黑水沟为中琉海疆分界，史籍中也有极其清楚的记载，是不容怀疑的。正如论者所指出："对于这种疆界的划分，不但当时的琉球王国官方没有异议，而且也为当时的西洋各国所认同，并有大量的地图文献可资证明。国际间所熟悉的林子平《琉球三省并三十六岛之图》，就是根据当时中、琉两国疆界划分的国际共识而绘制的。"[1]

钓鱼岛列岛属于中国领土，本不是无主地，对此日本政府完全清楚，所以它对该列岛就绝不是"先占"，而是窃占。如果是"先占"的话，何必要偷偷摸摸地行事呢？当1885年日本内务卿急欲在钓鱼岛上"建立国标"时，时任外务卿的井上馨即认为不能"公然骤施立国标诸策"。这是为什么？不是别的，而是他明知该地为中国所属，而日本此时羽翼尚未丰满，不可造次，只可先秘密地进行勘察，但"不宜见诸官报及报端"，而"建立国标"等事，"可留待他日"。盖此时尚非侵夺钓鱼岛之良机也。1890年，当冲绳县厅重提旧案，再次要求

---

[1] 郑海麟：《钓鱼台列屿之历史与法理研究》，第5页。

时任内阁总理大臣兼内务大臣的山县有朋允准将该地划入其管辖区域时，这位当年海外扩张论的急先锋却对此不置一词。到1893年，冲绳县厅第三次呈请将该地列入所辖并"建设国标"，也因找不到有利于日本的"佐证"而作罢。日本在10年间先后3次企图染指钓鱼岛都未敢公然下手，这件事本身就很能说明问题：钓鱼岛列岛是中国的固有领土。如果钓鱼岛真是"无主地"的话，那么，日本接连3次都有"先占"的机会，为什么迟迟不敢付诸行动呢？直到1895年1月，日本内务省鉴于"今昔情况已殊"，才将在钓鱼岛"树立管辖航标事"提交阁议，而内阁会议也以"别无障碍"为由，作出"如议"的决议。什么叫"今昔情况已殊"？什么叫"别无障碍"？此皆毋需解释。一句话：日本此时获取钓鱼岛绝不是"先占"，而是违背国际法原则的窃占，是完全非法的，也是无效的。

日本当局对自己违背国际法的行为是心知肚明的，所以又抬出国内法来，以便左右逢源。由琉球政府发表的声明，先声叙日本内阁会议作出决定的经过：

> 内务大臣于明治27年（1894年）12月27日征询外务大臣意见，谓拟提出阁议讨论，而外务大臣并无异议。明治28年（1895年）1月14日，阁议遂正式批准，位处八重山群岛西北的鱼钓岛及久场岛（指黄尾屿——引者）为冲绳县所辖。且于该月21日发出指令，传达阁议决定，并密令该岛知事建立标志。

即使对于日本来说，此时获取钓鱼岛业已"别无障碍"，却仍采取"密令"的方式下达指示，可见它决定对该岛实行"窃取"了。接着，该声明又大谈日本此举的国内法根据：

> 明治29年（1896年）4月1日，基于阁议决定，借发布《第13号敕令》到冲绳施行之便，我国对该列岛已完成了国内法上的

编入措施。《第13号》所指的"八重山诸岛",据冲绳知县解释,理应包括尖阁列岛,故在划分地方行政区域时,将该岛编入八重山郡。把列岛编入八重山郡的措施,并非纯是地方行政区域划分编入,且亦是国内法编入领土的措置。

此段不足200字的话,却极尽牵强附会之能事。此时"尖阁列岛"这个名称日本还没有编造出来,怎么能说"理应包括尖阁列岛"?何况冲绳知县何许人也?他有什么资格对"敕令"做出解释?像这样常识性的错误,竟出现在极为严肃的官方文件中,实在令人不可思议。至于《第13号敕令》,不过是一份宣布冲绳县首次设立郡制的公告,其中既未提到钓鱼岛列岛,又与对该列岛的管辖毫无关系,竟然成了日方主张的法理依据,岂不过于离谱?靠东扯西拉的文字游戏充作郑重的政府声明的低级手法,来蒙骗国人和世人,以达到侵占钓鱼岛的目的,是不可能得逞的。退一步说,先将琉球政府声明的种种问题搁置一边,即使日本是按国内法行事,但"有一项原则是肯定的,即国家不能以国内法为理由来作为违反或规避国家自己的国际义务的根据"。"如果一个国家的国内法不符合国际法,导致有关国家遭受损害,就在国际上引起承担国际责任的结果。在这一点上,在国际法与国内法的冲突中,国际法是优于国内法的。"[①] 日本当局企图用国内法来压国际法,只能证明自己的理屈和心虚而已。

复次,日本主张领有钓鱼岛的一张王牌,是1951年的《旧金山和约》。日本政府称,钓鱼岛列岛是"基于该和约第3条之规定,作为西南诸岛的一部分,置于美国托管的施政下",又在1971年6月17日,由美日签署《归还冲绳协定》而交给日本的,所以应属日本领土。此说是难以成立的。如前所述,《旧金山和约》是美国排斥中华

---

① 王铁崖:《国际法引论》,北京大学出版社,1998年,第201~202页。

人民共和国而一手包办的对日和约，完全是非法的，因而是无效的。即使对该和约的合法性暂置不论，从该和约条文中也找不到日本政府所说的内容。试看该和约第 3 条的全文：

> 日本对于美国向联合国提出将北纬 29 度以南之南西诸岛（包括琉球群岛与大东群岛）、孀妇岩岛以南方诸岛（包括小笠原群岛、西之岛与琉横列岛）及冲之鸟岛及南鸟岛置于联合国托管制度之下，而以美国为唯一管理当局之任何提议，将予同意。在提出此种建议，并对此种建议采取肯定措施以前，美国将有权对此等岛屿之领土及其居民，包括其领海，行使一切及任何行政、立法与司法权力。

这一条毫无涉及钓鱼岛列岛之处，是一清二楚的。翌年，日本政府曾对《旧金山和约》第 3 条所包括的地域作了明确的说明："历史上的北纬 29 度以南的西南群岛，大体是指归琉球王朝的势力所及范围。"[①]也不打自招地承认此条未将钓鱼岛列岛包括在内。前文业已指出，美国将其托管区域擅自扩大，并将钓鱼岛列岛包括在内，乃源自 1953 年 12 月 25 日其托管琉球当局所发布的第 27 号令，自然不可能具有国际法的效力。何况这个第 27 号令，也并未涉及钓鱼岛列岛的主权问题。因此，美日签署的《归还冲绳协定》中包括"尖阁列岛"，在国际法上也决不能成为日本拥有钓鱼岛列岛主权的主要依据。对此，美国政府作为主要的当事者，即于 1971 年 10 月表示：

> 美国认为，把原从日本取得的对这些岛屿的行政权归还给日本，毫不损害有关主权的主张。美国既不能给日本增加在它们将这些岛屿行政权移交给我们之前所拥有的法律权利，也不能因为归还给日本行政权而削弱其他要求者的权利。……对此等岛屿的

[①] 每日新闻社刊：《对日和平条约》，东京 1952 年，第 36 页。

任何争议的要求均为当事者所应彼此解决的事项。①

直到 1996 年 9 月 11 日,美国政府仍然表示:"美国既不承认也不支持任何国家对钓鱼岛的主权主张。"②

1895 年,日本趁甲午战争战胜中国之机,窃取了中国的固有领土钓鱼岛列岛。50 年后的 1945 年,日本宣布无条件投降,接受《波茨坦公告》,承认放弃所攫取的所有中国领土,钓鱼岛列岛作为台湾的附属岛屿当然包括其中。这就是我们的结论。

---

① 美国参议院外交关系委员会听证会,第 92 届国会记录,1971 年 10 月 27 日至 29 日,第 91 页。
② 香港《东方日报》,1996 年 9 月 12 日。